中国城市群研究丛书

丛书主编　张学良　肖金成

滇中城市群研究

Study on Urban Agglomerations of Central Yunnan

潘玉君　高庆彦　张谦舵　刘　化　肖　翔　等著

中国财经出版传媒集团

经济科学出版社

Economic Science Press

图书在版编目（CIP）数据

滇中城市群研究/潘玉君等著 . —北京：经济
科学出版社，2021.8
（中国城市群研究丛书）
ISBN 978 - 7 - 5218 - 2703 - 3

Ⅰ.①滇… Ⅱ.①潘… Ⅲ.①城市群 - 城市发展 - 研
究 - 云南 Ⅳ.①F299.277.4

中国版本图书馆 CIP 数据核字（2021）第 140281 号

责任编辑：刘战兵
责任校对：王苗苗
责任印制：范 艳 张佳裕

滇中城市群研究

潘玉君 高庆彦 张谦舵 刘 化 肖 翔 等著
经济科学出版社出版、发行 新华书店经销
社址：北京市海淀区阜成路甲 28 号 邮编：100142
总编部电话：010 - 88191217 发行部电话：010 - 88191522
网址：www. esp. com. cn
电子邮箱：esp@ esp. com. cn
天猫网店：经济科学出版社旗舰店
网址：http://jjkxcbs. tmall. com
北京季蜂印刷有限公司印装
710×1000 16 开 23.25 印张 460000 字
2021 年 10 月第 1 版 2021 年 10 月第 1 次印刷
ISBN 978 - 7 - 5218 - 2703 - 3 定价：93.00 元
（图书出现印装问题，本社负责调换。电话：010 - 88191510）
（版权所有 侵权必究 打击盗版 举报热线：010 - 88191661
QQ：2242791300 营销中心电话：010 - 88191537
电子邮箱：dbts@ esp. com. cn）

云南省万人计划教学名师潘玉君名师工作室

国家自然科学基金项目（41261033、41671148、41971169）

中国城市群研究丛书
学术委员会

主　任：范恒山

副主任：肖金成　　张学良

委　员：（以姓氏拼音首字母排序）

白永亮	鲍曙明	曹文炼	陈建军	杜凤莲
樊　杰	方创琳	高新才	高志刚	郭爱君
郭淑芬	郝寿义	何立胜	江曼琦	金　碚
李　刚	李　红	李　郇	李国平	马　涛
马学广	倪鹏飞	潘玉君	屈凌波	孙海鸣
唐　杰	王雅莉	魏后凯	吴传清	谢一春
杨开忠	尹　稚	赵作权	郑长德	钟业喜
周国华	周加来			

中国城市群研究丛书
编辑委员会

主　编：张学良　肖金成

编　委：（以姓氏拼音首字母排序）

白永亮　崔新蕾　杜凤莲　高志刚　郭爱君

郭淑芬　何文举　江曼琦　景朝阳　李　刚

李　红　李　郇　梁育填　林芳莹　刘乃全

刘雅轩　刘修岩　马　涛　马学广　毛锦凰

孟美侠　潘玉君　屈凌波　孙中叶　汪增洋

王　哲　王雅莉　吴　康　吴传清　于兰军

赵儒煜　郑荣华　郑长德　钟海燕　钟业喜

周国华　周加来　周靖祥

《滇中城市群研究》
编委会

主　　编：潘玉君

副 主 编：高庆彦（常务）　张谦舵　刘　化　肖　翔

编　　委：（按姓氏笔画排序）

丁文荣　马立呼　马佳伸　马颖涛　王　爽

王胜德　甘德彬　成忠平　吕赛鹄　朱海燕

华红莲　刘　化　刘　玉　孙　俊　杜　斌

李　佳　李　润　李玉琼　李可可　李晓莉

杨　倩　杨晓霖　肖　翔　吴菊平　辛会杰

汪顺美　张谦舵　陈永森　林昱晨　郑省念

施　玉　姚　辉　高庆彦　郭映泽　宴祥选

韩　磊　韩丽红　童　彦　潘玉君

中国城市群研究丛书
主编简介

　　张学良，1978 年 6 月生，安徽安庆人，经济学博士，中国区域经济 50 人论坛成员，上海财经大学长三角与长江经济带发展研究院执行院长。上海财经大学讲席教授、创新团队首席专家，博士生导师，美国密歇根大学、佛罗里达大学访问学者。入选中组部国家"万人计划"哲学社会科学领军人才、中宣部文化名家暨"四个一批"人才、教育部新世纪优秀人才等多个国家级人才计划，为国家社科基金重大项目首席专家，兼任全国经济地理研究会副会长、长三角城市经济协调会专家咨询委员会专家，主持了国家社科基金重大（重点）项目、国家自然科学基金项目与各级政府委托重大课题 50 余项，研究方向为区域经济与城市经济。

　　肖金成，1955 年 9 月生，河北邯郸人，经济学博士，研究员，享受国务院特殊津贴。现任中国宏观经济研究院研究员、中国社会科学院研究生院博士生导师、中国区域经济学会副会长、中国区域科学协会理事长。曾任国家发展和改革委员会国土开发与地区经济研究所所长、国家发展和改革委员会经济研究所财政金融研究室主任、国家原材料投资公司财务处处长、中国城市规划学会区域规划和城市经济委员会副主任委员。2011 年，被中国国土经济学会评为"中国十大国土经济人物"，2012 年，被中国国际城市化发展战略研究委员会评为"中国城市化贡献力人物"，被中国科学技术协会评为"全国优秀科技工作者"。

大力推动城市群高质量发展

城市群是城市发展的最高层次的空间组织形式。作为资源要素的主要集聚地和协同创新的最强承载体，城市群在区域和国家经济社会发展中发挥着核心支撑作用。资料显示，世界排名前 40 名的城市群为全球贡献了 66% 的经济总量和 85% 的科技创新成果，而城市群都是各国经济发展格局中最具活力和潜力的地区①。我国已由高速增长阶段转向高质量发展阶段，抓住世界百年未有之大变局带来的机遇，适应形势变化构建以国内大循环为主体、国内国际双循环相互促进的新发展格局，实现国家经济更高质量、更有效率、更加公平、更可持续、更为安全的发展，必须高度重视城市群发展，采取更加有力的举措推动城市群建设。

一、进一步认识推动城市群发展的重要意义

党的十八大以来，我国把城市群作为新型城镇化的主体形态予以积极部署、大力推进。在《国家新型城镇化规划（2014—2020 年）》中，对优化提升东部地区城市群、培育发展中西部地区城市群和建立城市群发展协调机制做了安排。国家"十三五"规划纲要明确了城市群的具体建设任务。近些年来，19 个城市群和 2 个城市圈的规划编制工作相继展开。党的十九大报告进一步指出，要以城市群为主体构建大中小城市和小城镇协调发展的城镇格局。十九届五中全会通过的

---

① 范恒山：《推动长三角城市合作联动新水平》，载于《智库时代》2017 年第 4 期，第 57 页。

《中共中央关于制定国民经济和社会发展第十四个五年规划和二〇三五年远景目标的建议》强调，发挥中小城市和城市群带动作用，建设现代化都市圈。在新的发展阶段，践行新发展理念，推动形成新的发展格局，应进一步认识并充分发挥城市群建设的重要作用。

第一，有利于促进城乡区域协调发展。当前我国存在的主要问题是发展不平衡不充分，而这在城乡区域发展方面表现得尤为突出。东西部差距过大问题没有完全解决，南北地区悬差又凸显出来；近些年城镇居民与农村居民人均可支配收入比有所缩小，但综合考量城乡差别依然很大。建设城市群有利于加快缩小城乡间、地区间的发展差距。城市作为优质资源要素的主要集聚地，不仅构成了经济社会发展的主体动源，而且是带动区域发展的核心力量，而由多个城市有机组合而成的城市群，依托其网状形态和联动机制对周边地区发挥着更加广泛和更具强度的辐射带动作用，从而能大大加快欠发达地区的发展进程。不仅如此，依据东、中、西地区资源禀赋和发展潜能构造城市群功能和布局供应链价值链，则可以形成区域间联动发展、合作共赢的格局。就城市群内部看，通过城市间的合理分工及交通通信等基础设施网络连接等举措，不仅能发挥中小城镇各自的比较优势，还可以充分发挥中心城市的引领带动作用，促进域内各城市间在关键领域和重点环节的一体发展、协调发展，从而大大提升相对落后地区的发展速度与品质。

第二，有利于防止和治理"大城市病"。城镇化发展进程寓含着两个演进趋势：一个是农村生产要素向城镇的流转集聚，这更多地体现为土地城镇化的发展；另一个是产业和人口等向大城市的转移集聚，这更多地体现为人口城镇化的发展。前一种演进容易形成粗放发展，而后一种演进很容易导致"大城市病"。大城市具有的综合优势吸引众多的人口和企业进入，众多人口和企业的进入推动了城市产业多元扩张和功能全面拓展，大而全的产业体系和混杂的功能结构，造成城市不堪重负，从而形成了交通拥堵、环境污染、资源浪费等一系列"大城市病"。因此，注重于发展单个城市，不仅大概率会使城市患上各种病灶，而且一旦患病，很难通过自己进行有效治理。发展城市群则能够较好地解决这个问题。通过功能疏解重组既能够化解中心城市人口多、产业杂、环境乱、服务难等难题，又能强化各适宜中小城市的主体功能，推动其产业结构和公共服务等的优化提升。借此也能有效克服各城市间基于局部利益造成的不良竞争，促进优势互补、资源并济和风险共担。

第三，有利于进一步提升资源配置效率。作为由众多不同规模等级城市组合而成的空间结构紧凑、经济联系紧密的有机体，城市群为一体发展、协同运行提供了坚实的组织体系和空间构架，而一体发展、协同运行给城市个体和城市群整体都能带来强大的发展动能。城市间的合理分工减少了不良竞争、带来了地区协作，防止了资源配置分散、带来了专业效能的提升，强化了比较优势、提供了产业衔接配套条件。与此同时，在一体化、同城化等机制下，各城市可以突破行政区划约束，在城市群范围内自由进行资源要素配置，这不仅能有效化解自身面对的"巧妇难为无米之炊"困境，还能大大降低配置成本，提高适配水平，从而大大提升发展质量与效率。

第四，有利于加快形成双循环战略格局。城市群不仅是国家和地区发展创新的主体，而且是全面承载生产、分配、流通、消费过程，衔接供给、需求体系，连接国内外市场的平台，城市群的循环不仅是国家双循环的基础与支撑，也是动能和推手。通过加强城市群各城市间跨行政区的开放合作，打破阻梗与封锁，畅通内部"小循环"，实现中心城市的引领带动作用与其他城市联动崛起效应的有机结合，全面激发各个地区的发展潜能，提升城市群整体竞争力，带动周边区域加快发展。通过深化城市群间的开放合作，形成合理的区域分工和全方位的合作联动局面，形成供给与需求的配套促进、产业链创新链的联动提升，通过发挥内需潜力，使国内市场和国际市场互相联通，持续挖掘新动能、拓展新空间。

二、不断提高城市群的建设水平

为了契合经济进入高质量发展新阶段的要求，服务加快推进国家现代化建设重大使命，努力在形成新发展格局中担当砥柱职责，我国城市群发展必须走内涵式的高质量发展道路。要遵循客观规律要求，着眼解决关键问题，不断提高城市群的建设水平。考虑到城市群建设所涉及领域的广泛性与关系的复杂性，在具体方略上，宜坚持从实际出发，灵活施策、多措并举。特别要围绕五个方面下功夫。

第一，强化区域战略协调互动，进一步优化城市群功能分工。围于历史基础和自然禀赋的差异，我国城市群在国土空间中总体呈现出"东高、中平、西低"的分布格局，而东部地区城市群的经济实力、可持续发展能力远远领先于中西部地区城市群。现有城市群本身发展很不平衡，既有已经较为成熟的，也有正在快速发展之中的，还有处于培育形成阶段的。这种不平衡状态要求城市群发展在总体战略上坚持分类指导、因地制宜，并根据各城市群的发展水平和比较优势，进一步明确功能定位、确立发展重点。在此前提下，应大力推动成熟型城市群与发展型城市群、培育型城市群的战略互动。长三角、粤港澳、京津冀等成熟型城市群应充分发挥辐射带动作用，将发展型城市群和培育型城市群作为产业转移和跨区域合作的主要依托，发展型城市群和培育型城市群应进一步加强与成熟型城市群的交流合作。一方面，通过移植借鉴成熟经验和科学做法，夯实经济社会运行和治理的软硬基础，建立国际一流的发展环境；另一方面，通过飞地经济、租赁经济、托管经济、共享经济、平台经济等多种组织形态和合作模式，实现优质资源要素的共享互补，进一步强化地区比较优势和特色经济体系。

第二，加快都市圈建设，完善城市群空间结构。通常意义上，都市圈是城市群内部以超大特大城市或辐射带动功能强的大城市为中心，以约 1 小时通勤圈为基本范围的城镇化空间形态，它以同城化为方向，构筑中心城市和周边城市一体化发展的运行格局。都市圈是城市群的基本支撑和主要带动力量，从根本上决定着城市群发展的能量与质量。放眼世界，城市群的发展几乎都得益于都市圈的优强发展。据 2018 年美国经济分析局数据，纽约大都市区以占美国东北部大西洋沿岸城市群不到 25% 的总面积集聚了超过 40% 的就业，创造了约 40% 的国民生产总值，其集聚带动效应十分显著。因此，推动城市群发展，必须加快都市圈建设。都市圈建设仍然要坚持分类指导、因地制宜的总体原则，而操作的重心，一方面应是进一步塑造和突出中心城市的主体功能，增强其核心竞争力，另一方面则是大力推动中心城市与周边城市的一体发展、协调联动，这两个方面应该有机结合、相互支撑。可以利用空间换产业、市场换技术、园区换资本等手段，在疏解中心城市非主体功能的同时，将中心城市发展中的一般功能和"臃肿"事务向周边地区进行"梯度转移"，扶助周边地区突破发展的瓶颈制约。同时，以体制机制创新为保障，以基础设施一体化为支撑，促进中心城市和周边城市市场统一建设、产业错位布局、公共服务协同共建、生态环境一体保护，在合作联动中实现互利共赢。通过促进中心城市和周边地区功能互补和同城化建设，进一步完善城市群的空间结构，形成更大的发展能量。

第三，依托经济联动规避行政区划约束，最大限度地提升城市群综合承载能力。我国京津冀、粤港澳、长三角、成渝等19个城市群承载了全国78%的人口，贡献了超过80%的地区生产总值，成为承载资源要素、引领经济发展的主要空间载体。其中的奥妙在于，城市群各城市间通过协调联动强化了资源要素的跨行政区划配置，即通过拓展经济边界提升区域资源能源、生态环境、基础设施、公共服务等对经济社会发展的承载和支撑能力，缓解单个城市因行政区划限制所受到的土地、生态、环境等的约束。推进城市群发展，应进一步通过共建经济区、深化互补性经济合作、促进体制对接与市场开放等途径，突破行政边界限制，打通人员、资金、技术、土地、数据等要素的自由流动通道。土地是城市群发展的核心要素，往往受制于行政区约束和城市分割，应作为城市群改革创新的重点。就这方面而论，在加强建立全国性建设用地、补充耕地指标跨区域交易机制探索的同时，重点应加快城乡接合部农村集体土地制度改革，盘活存量建设用地，并深化农村宅基地制度改革试点，完善城乡建设用地增减挂钩政策，通过这些举措改变中心城市土地紧缺而外围地区土地闲置的不良状况。

第四，强化数字技术开发利用，夯实城市群现代化建设的智能基础。伴随全球新一轮科技和产业革命的蓬勃兴起和深入发展，以互联网、大数据、人工智能等为代表的数字技术将直接作用于经济发展，形成"数字经济＋"模式，带动人类社会生产方式变革、生产关系再造和生产空间重构。如果说过去区域经济乃至整个国民经济的快速发展在很大程度上得益于各类战略的大力推动的话，那么数字技术将成为现在和未来国家高质量发展的核心支撑力量。对于城市群建设来说，数字技术不仅是高效运行、有效治理和一体联动的支撑，还是内涵拓展、品质提升、功能集聚的条件。要把握新的科技革命的机遇，立足争取未来发展的主动地位，加快推进城市群数字技术的开发利用。在这方面应当竭尽所能，能走多快就走多快。当前应当重视的是，加快5G基站、智慧高速公路、未来社区等数字基础设施或运行载体在城市群内深度布局；大力推动传统产业数字化改造，促进制造业与数字技术融合发展；结合本地比较优势，发展和壮大数字经济核心产业；加快完善相关法律法规体系，优化数字经济投资促进机制，强化保障措施。通过努力，在城市群内形成优质高端、开放包容的数字技术基础设施与经济运行体系。

第五，协调优化"三生"空间，努力提高城市群的内在品质。高质量发展的城市群应当是生产、生活和生态功能的有机结合体。回顾我国城镇化发展历程，"三生"空间布局失衡是一个突出问题。在比较长的一个时期里，对生产功能的过度重视，导致生活空间和生态空间不断被蚕食侵夺，相应影响了城市品质的提升和人民福祉的增长。随着新发展理念特别是绿色发展理念深入人心，今天城市生态和生活空间建设已受到各方面高度重视，但协调发展和优化布局仍然面临着不少难题。必须明白，城市群发展"三生"协调并不是简单强化自然景观或休闲场所建设，不是三种功能空间的物理拼凑，而是从整体规划到具体设计上全方位多层次体现三者的交融耦合。高质量发展前提下的"三生"协调，要把绿色作为全部经济社会活动的底色，融入生产格局和生活方式之中。要站在绿色发展、经济发展与环境保护有机结合、人和自然和谐共生的基点上来考虑"三生"的建设与布局，通过"三生"的融合协调，更好地满足人民日益增长的美好生活的需要，实现城市群的高品质建设、高质量发展。

三、完善城市群一体化发展的支撑协调机制

城市群在超越单个城市的更大空间范围内承载着资源要素的集聚与配置，它不是简单的城市集合体，而是特定空间内由不同规模等级的城市在分工与协作基础上形成的具有密切联系的一体化功能区域。可以说，一体化是城市发展的基本品质所在，也是其旺盛的持续发展潜力所在，而一体化的本质和核心则是资源要素的无障碍自由流动和地区间全方位开放合作。因此，推动城市群发展，还要以促进资源要素自由流动和各城市间全方位开放合作为导向，建立健全各种支撑协调机制，尤其要重视以下一些方面的机制建设。

第一，完善规划指导协调机制。事前的统筹布局、一体规划不仅可以避免低水平重复建设，还可以促进各个城市的发展紧扣自身功能定位，充分发挥比较优势，从而促进城市群内部合理分工与协调发展，

进而提升区域的整体竞争能力。我国实施规划指导具有特殊的优势和丰富的经验，世界上一些国家和地区在城市群规划建设方面也有可资借鉴的做法。例如纽约都市区区域规划协会的工作经验表明，尺度较小、精准度较高的区域规划更能促进区域间交流合作。因此，应当进一步完善城市群规划的指导、管理与协调机制，在强化政府规划部门指导的同时，针对不同区域的城市群发展建立社会层面的规划引导和协调机制。在规划重点上，考虑到都市圈发展对城市群发展的特殊功能，应在统筹谋划城市群发展总体方向、战略布局、地区特色和发展重点的同时，把加强都市圈建设的规划指导与协调放到突出重要的位置。

第二，创新产业集群发展跨区域协调机制。产业集群的跨区域建设是城市群建设的核心内容，而形成世界级产业集群是实现城市群高质量发展的关键支撑。产业集群组织在欧盟、美国、德国、日本等发达国家世界级产业集群的建设过程中发挥了至关重要的作用。在坚持政府引导、市场决定和企业推动的基本思路与操作原则的基础上，我国推动城市群内跨区域产业集群建设，还应借助已有的区域合作机制，尝试建立包括政府、企业、高校、科研院所、行业协会、投资机构等在内的多元化集群管理组织架构，通过其更好地协调各方利益，维护公平竞争秩序、优化产业结构，并不断推动产业发展政策的调整和创新，支持先进特色产业做强做大。

第三，探索公共服务优化配置机制。以医疗、教育为代表的公共服务跨地区共享是城市群高质量一体化发展的重要标志，也是提升人民群众获得感和幸福感的重要途径，但在现阶段仍然是城市群建设的一个难点。解决这一难题，一个可以探寻的思路是建立教育、医疗协同发展体系，形成公共服务跨区域优化配置机制。在具体操作上，可以通过中心城市医疗、教育等公共服务部门与周边地区签署合作协议等方式，促进资源共享、研训协同；可以采取设立分院、科室合作、学校共建、专家义诊、线上云平台等办法促使中心城市优良医疗教育资源服务于周边城市居民。值得强调的是，此次新冠肺炎疫情的突然袭击，警示城市群建设必须高度重视生物安全和卫生安全。应依此进一步优化城市群空间布局和城市建设格局，完善突发公共卫生疫情联防联控机制，健全跨区域公共卫生应急管理体系，做到反应及时、应对有力，严谨有序、万无一失。

第四，建立成本共担、利益共享机制。交通基础设施互联互通、生态环境联保联治、产业发展协同协作、市场要素对接对流等跨区域事务都涉及成本分担和利益分配问题。保障城市群一体化高质量发展应进一步畅通多层次政府间沟通协商机制，按照稳定存量、改善增量的原则，建立成本共担、利益共享的分配机制，以全面调动各城市、各地区的积极性。为切实推进一体化发展进程，可以以政府资金为引导，探索设立城市群共同投资基金，相应建立科学高效的基金投资决策机制和运行监督机制。

总体来说，城市群发展是一项宏大而又艰巨的系统工程，要审时度势、统筹兼顾，并谋于高远、工于细末。特别是要基于百年未有之大变局的形势和实现高质量发展、建设现代化的要求来谋划和推进。通过持续努力，让我国城市群真正成为带动国家发展的创新高地和核心增长极。

顺应新形势新使命的要求，上海财经大学张学良教授等发起的中国城市群研究联盟运用"互联网＋科研"的新思维，采取"众筹、众包、众研"的项目组织方式，从2017年7月起，在深入调研的基础上，对我国城市群发展的诸多理论与现实问题进行了全面系统的研究，经过艰苦努力，编写出了"中国城市群研究丛书"。丛书在梳理京津冀城市群、长三角城市群、粤港澳大湾区、成渝城市群、长江中游城市群、中原城市群、关中平原城市群、山东半岛城市群、滇中城市群、环鄱阳湖城市群、呼包鄂城市群的地理环境、历史脉络与发展历程的基础上，对我国城市群空间结构、产业发展、交通网络、经济联系、区域合作、资源环境承载能力等进行了分析论证，揭示了当前城市群发展取得的基本成就和存在的主要问题，提出了未来实现高质量发展的方向性思路与操作性建议。这套通过各团队成员集体参与、充分沟通，可谓集百家之所长、融众人之所思的丛书，将思想性、政策性、学术性、资料性归为一体，特色鲜明、见解独到，不乏真知灼见，是了解、研究和推进我国城市群发展不可多得的工具类书籍，于理论研究者、政策制定者、实践推进者诸都适用。若据而读之，必深受其益。故此竭力推荐，希望引起关注。

范恒山

2020 年 11 月 21 日

代 序

城镇化战略与城市群规划

城镇化战略在中国已经达成了共识。城镇化关系到经济发展、社会发展，关系到人口素质的提高。城镇化和城市建设存在非常密切的关系，城市和城镇是城镇化的载体。城市规模的扩大和城镇数量的增加，使中国涌现出若干城市群。通过城市群规划，促进城市的分工合作与功能互补，实现大中小城市与小城镇协调发展。

一、城镇化与城镇化战略

城镇化作为农村人口从分散的乡村向城市和城镇集中的历史过程，是一种世界性现象。进入21世纪，中国开始实施城镇化战略，城镇化速度不断加快。中国"十五"计划（2001～2005年）纲要提出"要不失时机地实施城镇化战略"。中共十九大报告提出："以城市群为主体构建大中小城市和小城镇协调发展的城镇格局，促进农业转移人口市民化"。

加快农村富余劳动力向城市和城镇转移，提高城镇化水平，是中国全面建成小康社会、实现全面现代化的必然选择。一是城镇化是解决日益严重的农村富余劳动力的根本出路。农业现代化的顺利推进，需要将滞留在农村的大量富余劳动力转移到城市和城镇的二、三产业，摆脱严重失调的人口城乡分布格局对国民经济持续健康发展的制约。根据国家统计局的数据显示，2000年，中国的城镇化水平为36.22%，农村人口8.08亿人，2017年，中国的城镇化水平为58.52%，农村人口仍有 57688 万人，还不包括 2 亿多的农民工。二是城镇化是提高人口素质的重要举措。城镇丰富的教育资源和高效的资源利用有利于人口科学文化素质的提高。三是城镇化有利于减轻生态脆弱地区的压力，从而改善生态环境。随着城镇化进程的不断推进和城镇化水平的不断提高，农村居民的数量不断减少，农民人均收入不断提高，对土地等自然资源的压力也随之降低，为生态退化问题的解决提供了重要条件。

统计数据表明，城镇化水平每提高 1%，就可拉动当年国民生产总值增长 1% ~ 2%。[①] 由此可见，城镇化已经成为决定中国经济增长的关键性因素，不加快城镇化进程，就难以实现农业现代化，中国国民经济发展就难以跃上一个新台阶。

城镇化的本质是实现人口由农村向城市和城镇的转移，城镇化的最终目的是要为人的全面发展创造条件，让进城的农民进得来、留得住、过得好。解决农业转移人口（农民工）问题是城镇化战略的重要组成部分，正确的选择是让进城的农民留下来，并且让他们的家属进城居住。解决农民工问题的基本途径就是农业转移人口市民化。

农业转移人口市民化就是让已进城的农民工不管是在大中城市，还是小城市、小城镇都能享受与城市居民同等的福利待遇、同等的社会保障、同等的权利与义务，不再是城市的"边缘人"。农业转移人口市民化可从解决农民工的福利与保障入手，再逐步解决其他问题。

中国改革开放以来，一批批农民脱离农业，离开农村，进入工厂，进入城市，形成了庞大的农民工群体，他们不仅为中国的工业化做出了贡献，也为城镇化做出了贡献，但时至今日，虽然在统计数据上大部分已属于城市常住人口的一部分，但身份问题没有解决，大多数人的家属没有进城，未能享受与城市居民同等的待遇，所以，农民工问题受到社会各界的广泛关注。

首先应该解决的是农民工的社会保障问题。在社会保障制度方面，主要是解决流动人口社会保障的可转移问题。加快农民工输入和输出大省之间进行养老保险关系转移的对接试点工作，在取得经验的基础上推向全国。应尽快研究建立不分城乡区域的社会保障体系。其次是农民工的子女教育问题。儿童教育当然应是输入地政府的责任，不应

---

① 肖金成：《城镇化战略与城市群的发展》，载于《今日国土》2013 年第 9 期，第 15 ~ 17 页。

该有任何的歧视。实质上这已不是农民工的福利而是农民工子女的权益，应追究城市政府不作为的责任。再次，在住房方面，要城市政府包下来也不现实，应多层面完善农民工的住房问题。参照城市居民住房公积金制度，制定并实行外来务工人员住房公积金制度，对建立公积金账户的外来务工人员允许其以公积金购房和支付房租；建设一批小户型的廉租房，向包括外来人口在内的无力购房的低收入群体出租。在户籍制度方面，应废除城乡分割的户籍制度，建立全国统一的以居民身份证和居住证为基本依据的人口管理体制。超大城市和特大城市可建立有序的准入制，降低门槛，允许具有可靠职业和稳定收入的外来人口在经常居住地落户，引导流动人口融入当地社会。城市应该宽容、主动、创造条件去接纳农民工成为城市居民。鼓励家庭移民，家庭中凡有一人在城市有固定职业者，允许其家庭成员落户。

二、城市群：城镇化的主体形态

进入 21 世纪，中国区域经济发展的重要特点是城市群的出现。城市群是在工业化、城镇化进程中出现的区域空间形态的高级现象，能够产生巨大的集聚经济效益，是国民经济快速发展、现代化水平不断提高的标志之一。所谓城市群是在特定的区域范围内云集相当数量的不同性质、类型和等级规模的城市，以一个或几个特大城市为核心，依托一定的自然环境和便捷的交通条件，城市之间的内在联系不断加强，共同构成一个相对完整的城市"集合体"。在城市群范围内，原来单个的城市和另外的城市形成了互补关系，大城市的功能不断升级，给小城市和小城镇带来了机遇。小城市和小城镇在城市群范围内，区位劣势在弱化，而成本优势在强化。原来一些小城市之所以发展缓慢，是因为有区位劣势，产业和人口难以集聚，始终保持很小的规模，但在城市群中，由于交通条件的改善，区位劣势被化解。小城市和小城镇要素成本很低，比如零部件产业就可以在小城市和小城镇得到发展。长三角城市群、珠三角城市群之所以有很多小城镇能够集聚那么多产业，和处于城市群之中有非常密切的关系。另外，在城市群里大中小城市和小城镇能够协调发展，而且基础设施能够共享共用。

一个区域是否形成了城市群，需具备三个条件：一是要有一定的城市数量；二是要有大都市，没有大都市，都是中小城市，各自的辐射半径就很小，城市和城市之间难以形成合理分工；三是城市之间的联系要十分密切，交通要十分便捷。

根据我们的研究，中国已经形成了十大城市群，即长三角城市群、粤港澳大湾区城市群、京津冀城市群、长江中游城市群、川渝城市群、中原城市群、辽中南城市群、山东半岛城市群、海峡西岸城市群和关中城市群。这十大城市群的面积约占全国国土面积的 10% 多一点，承载人口占全国 1/3 多，GDP 占全国的比重将近 2/3。①

未来还会形成几大城市群，如湘东城市群、江淮城市群、北部湾城市群、哈长城市群、天山北坡城市群等。原来大家只听说过长株潭城市群，实际上这三个城市离得很近，这三个城市实际上是一个城市的三个组团，它的发展会带动周边城市的发展，如益阳、衡阳、岳阳、娄底和常德，还有江西的萍乡，会形成以长株潭为核心的湘东城市群。像长沙、合肥、长春、哈尔滨、南宁、乌鲁木齐，近年来发展非常快，随着辐射半径的扩大，和周边城市的联系不断加强，城市群就有希望形成。

总之，由于中国人口众多，适宜人类生存发展的国土空间并不大，绝大多数人集中生活在东中部平原地区，所以，中国的城市群不仅数量多，而且规模大。我们预测，中国将形成若干世界级城市群。长三角城市群已经名列世界第六大城市群，珠三角将与香港、澳门融为一体，形成比珠三角范围更大的粤港澳大湾区世界级城市群。未来，京津冀和山东半岛两大城市群将融合为一体，形成京津冀鲁世界级城市群，还有长江中游地区、川渝地区、东北地区，也有可能形成世界级城市群。这些世界级城市群将矗立在世界的东方，和美国、美加、欧洲、英国、日本的世界级城市群遥相辉映。

三、城市群规划：城市分工与功能互补

为什么要做城市群规划？因为在城市群内部，由于区位的变化，竞争比较激烈，如北京与天津、广州与深圳、沈阳与大连、济南与青

---

① 肖金成、申兵：《我国当前国土空间开发格局的现状、问题与政策建议》，载于《经济研究参考》2012 年第 31 期，第 15～26 页。

岛、福州与厦门等，均要发展成为金融中心，出现"虹吸效应"和"寡头效应"，周边城市很难发展起来，而核心城市由于功能过度聚集，出现了比较严重的"大城市病"。因此需要国家出面进行规划，明确各自的分工，消除行政壁垒和恶性竞争，促进城市间的合作。2011年3月6日发布的《中华人民共和国国民经济和社会发展第十二个五年规划纲要》指出，要科学规划城市群内各城市功能定位和产业布局，缓解特大城市中心城区压力，强化中小城市产业功能，增强小城镇公共服务和居住功能，推进大中小城市基础设施一体化建设和网络化发展。

城市群如何规划？城市群规划与区域规划和城市规划有很大的区别。区域规划范围一般大于城市群规划，规划对象既要包括城市也要包括农村，内容比较庞杂。城市规划主要对一个城市未来一定时期扩展的部分与需要重建或改造的部分进行设计，包括交通设施、地下基础设施、空间布局、城市风貌等，一般不涉及其他城市，甚至也不涉及农村。而城市群规划的对象是城市群范围内的城市和城镇，确定各城市的功能及相互之间的关系等。

第一，科学界定城市群的范围。城市群包括多个城市，但范围并非越大越好。是否纳入城市群范围，应根据城市的辐射半径、城市之间的联系度和交通条件。城市的辐射半径最远不会超过200公里，也就是说大都市的辐射半径远一些，小城市的辐射半径会近一些。一般来说，都市有都市圈，城市有城市圈，都市圈和城市圈相互耦合，也就是各自辐射的范围连在一起，城市群的范围就清楚了。

第二，明确城市群内各城市的功能定位。城市群内的每个城市都要承担一定的功能，根据产业基础、比较优势进行分工。比如京津冀城市群，北京的功能、天津的功能、河北省各城市的功能均要在规划中明确。

第三，确定城市群的空间布局。预测城市群内大都市和其他城市发展的速度和方向，明确同等规模城市之间的关系，确定哪个城市重点发展哪些产业，各城市发展到多大规模，为各城市的规划提供依据。

第四，构建合理的城镇体系。城市群内有特大城市甚至有超大城市，也有大城市、中等城市、小城市，还有小城镇。规划主要明确大中小城市和小城镇之间的关系，构建比较合理的城市体系。我们说京津冀城市群城市体系不太合理，是因为有两个人口在 1000 万以上的超大城市，经济实力很强，吸引力很强，而河北省均是 300 万人以下的城市，存在断崖式落差，所以，在城市群内建立合理的城镇体系非常重要。

第五，产业发展与分工协作。产业选址、产业发展一般由企业决策，但在规划中可明确负面清单，即明确哪些城市不能发展什么产业，如核心城市一般发展现代服务业，限制发展劳动力密集型制造业，禁止发展高排放产业。产业链条应向整个城市群延伸，向中小城市和小城镇延伸，促进产业分工协作。

第六，基础设施互联互通。之所以要对城市群进行统一规划，直接动因就是要解决"断头路"问题。交通一体化和建设交通网络体系是城市群规划的重要内容。

第七，生态环境共建共保。城市群中有的城市在流域的上游，有的城市在下游，流域上下游要一体化规划，规划生态走廊，划定生态红线，共同保护生态环境。

第八，基本公共服务共享。在城市群内一体化的公共服务十分必要。规划中要明确缩小公共服务差距的途径与举措。

此外，要有保障措施，上级政府应加强组织领导，强化督促检查。要推进体制机制创新，如建立市长联席会议制度，建立合作办公室、建立共同发展基金等。

在"中国城市群研究丛书"出版之际，我将在丛书组稿会上的发言作为序言，希望这一丛书得到研究城镇化和城市群的学者的欢迎，希望社会各界的读者了解和认识城镇化和城市群。

肖金成

2020 年 2 月 14 日

总前言

　　城市群的日益崛起是当前我国区域经济发展的一个重要特征。伴随着城镇化的快速推进，城市之间的联系日益密切，企业和要素的跨城市配置日益明显，一个城市的发展愈发受到其他地区和城市影响，传统的行政区逐渐向经济意义上的功能区转变，由地域上相近的不同规模和功能的多个城市聚合而成的城市群逐渐成为我国区域经济发展的主要空间单元，同时，以城市群为主要载体来实现大中小城市和小城镇的协调发展也已成为被普遍认可的城镇化道路。党的十九大报告指出，要以城市群为主体构建大中小城市和小城镇协调发展的城镇格局。《中共中央关于制定国民经济和社会发展第十四个五年规划和二〇三五年远景目标的建议》也进一步提出，要发挥中心城市和城市群的带动作用，建设现代化都市圈。此外，国家还集中出台了多项有关城市群和经济区的专项规划，特别是近年来京津冀协同发展、粤港澳大湾区建设、长三角一体化发展、成渝双城经济圈上升为国家战略，更加凸显了城市群在区域发展中的重要作用。

　　城市群的崛起源于其特定的竞争优势，这种优势内生于城市群的形成和演化过程之中。城市伴随着集聚经济而发展，产生两个好处：地方化经济与城市化经济，二者推动专业化城市和综合性城市的形成。但是，当城市发展到一定规模，经济活动在单个城市的集中会带来集聚不经济问题，此时要素和产业会从中心城市以人流、资本流、信息流和商品流的形式沿着交通轴线和通信渠道向外围低梯度城市地区扩散，甚至在区域其他地方产生新的经济中心，这些新的经济中心与原来的经济中心在发展和空间上相互联系、组合，形成区域的经济中心体系。每个经济中心都会有与其规模相应的大小不一的外围地区，这样，区域中就出现了若干规模不等的"中心—外围"空间结构，大、中、小城市在地理空间上"聚集"在一起，并最终形成一个完善的由不同等级规模城市构成的城市体系，即城市群。

城市群的核心竞争力在于城市群经济效应。城市群是基于交通高度发达、社会分工深化、市场深度扩张、要素高度聚集而演化形成的空间组织形式，从城市向城市群的演进，是经济集中化的产物，体现了生产从企业聚集到产业聚集再到城市聚集的延伸，能够实现要素在更大范围城市体系内的集聚与整合。现有理论强调单一城市的集聚对城市内部市场主体形成的外部性，但城市之间彼此的空间聚集和联动发展也会形成一种互为溢出的外部性，产生"1＋1＞2"的更强的经济效应，提高城市群整体的资源配置效率，获得更大的规模效益和分工收益。城市群经济的发挥就在于集聚空间由城市向城市群的扩展，地理邻近、功能邻近、交流邻近能够带来城市间交易成本的降低和知识信息的溢出，使得网络外部性作用得以充分发挥，实现城市与区域间的经济边界、行政边界、地理边界与社会文化边界的耦合。所以，要真正实现地方化经济和城市化经济向城市群经济的延伸，城市群各个城市之间必须要形成联系密切、结构合理、布局优化的城市体系。只有通过整合发展，构筑合理的城市等级规模结构、产业分工结构和空间布局结构，实现各个城市在市场一体化基础上的密切联系和交流，才能优化要素配置，发挥城市群经济的优势，从而具备更强的竞争力。中国地域广阔，各大城市群的发展必然处在不同的发展阶段，资源环境所承载的人口规模和经济发展水平也均有不同，我们在前期的系列研究中，也将处于不同发展阶段的城市群划分为成熟型城市群、发展型城市群和形成型城市群，以因地制宜、分类指导，更好地寻求其各自发展的侧重点。

由此看来，城市群问题是中国区域经济发展的重大综合性问题，需要综合多学科开展系统性、整体性、协同性的深化研究。为此，一直以来坚持以"组织科研"方式创新、实现"科研组织"形式变革的中国城市与区域实验室（CCRL），于2017年7月，与南开大学城市与区域经济研究所、中国人民大学区域与城市经济研究所、兰州大学经济学院、西南民族大学经济学院、东北财经大学国民经济管理研究所、中山大学城市化研究院、首都经济贸易大学特大城市经济社会发展研究院、哈尔滨工业大学（深圳）经济管理学院、哈尔滨工业大学经济管理学院、湖南师范大学资源与环境科学学院、武汉大学、中国地质大学（武汉）、中国海洋大学法政学院、山东省城乡规划设计研究院、河南工业大学、云南师范大学地理学部、广西大学商学院、江西师范大学江西经济发展研究院、山西财经大学资源型经济转型发展研究院、内蒙古大学经济管理学院、安徽财经大学经济学院、新疆财经大学经济学院、上海财经大学区域经济研究中心等 23 个研究机构共同发起成立了"中国城市群研究联盟"，并举办了系列城市群发展高端论坛。联盟旨在让一群对中国城市群有研究基础、有研究能力、有研究兴趣的学者或团队聚集在一起，运用"互联网＋科研"的新思维，秉持"众包、众筹、众研"的项目组织方式，让学术回归学术，平等参与、平等讨论，充分发挥科研比较优势，分享研究成果，共享知识溢出，构建中国城市群研究的学术生态圈。

"中国城市群研究丛书"就是在联盟成员充分沟通、达成共识的基础上，共同参与、集体创作的综合性研究成果。全书结合中国城市群发展实际，坚持用数据说话，牢固树立问题导向，从理论与实践相结合的高度，对我国城市群发展做出全面考量与客观评价。各研究团队不仅梳理了京津冀城市群、长三角城市群、粤港澳大湾区城市群、山东半岛城市群、哈长城市群、环鄱阳湖城市群、滇中城市群、兰州—西宁城市群、中原城市群、江淮城市群等相应城市群的地理环境、历史脉络与发展历程，研究了不同城市群的空间结构、产业结构、经济结构、区域合作方式与进程，并就不同城市群目前存在的问题与未来的可持续发展方向提出了意见与建议，具有重大的理论价值和现实意义。

展望未来，中国城市群发展的道路、模式、机制等都十分复杂，有中国改革开放空间试验场的独特故事，书中虽对全国各大城市群已经做了比较系统、独特的综合性研究，但在中国进入新发展阶段，以国内大循环为主体、国内国际双循环相互促进的新发展格局中，城市群的理论与实践还在不断发展，关于城市群空间范围科学界定、内部城市间产业分工合理测度、城市联系度量等研究在广度、深度上仍有待深入探索。比如，"大城市—都市圈—城市群"三个空间尺度紧密相连，都市圈作为突破城市行政边界、促进生产要素跨区域优化配置的更小空间尺度，在城市群建设中正发挥着放大城市群核心城市辐射力、突破行政边界束缚、实现区域融合发展的重要作用，是城市群发展不可逾越的阶段。我们会在后续都市圈系列丛书中对此问题进行深入探讨，敬请关注。

最后，丛书是在经济科学出版社领导和编辑同志支持下完成出版的，中国地质大学（武汉）区域经济与投资环境研究中心副主任白永亮教授，内蒙古大学经济管理学院院长杜凤莲教授，新疆财经大学副校长高志刚教授，兰州大学经济学院院长郭爱君教授，山西财经大学资源型经济转型发展研究院院长郭淑芬教授，南开大学城市与区域经济研究所原所长、中国城市经济学会学科建设专业委员会主任江曼琦教授，安徽财经大学经济学院院长李刚教授，广西大学商学院李红教授，中山大学地理科学与规划学院梁育填副教授，哈尔滨工业大学（深圳）经济管理学院林芳莹助理教授，哈尔滨工业大学可持续发展与城市治理研究所所长马涛教授，中国海洋大学法政学院马学广教授，云南师范大学地理学部潘玉君教授，郑州大学副校长屈凌波教授，深圳市原副市长、哈尔滨工业大学（深圳）经济管理学院唐杰教授，东北财经大学公共管理学院王雅莉教授，武汉大学经济与管理学院吴传清教授，首都经济贸易大学城市群可持续发展决策模拟北京市重点实验室常务副主任吴康副教授，西南民族大学经济学院原院长郑长德教授，江西师范大学地理与环境学院执行院长钟业喜教授，湖南师范大学资源与环境科学学院副院长周国华教授，安徽财经大学副校长周加来教授等共同参与了丛书的讨论与编写工作。此外，丛书还得到了国家发改委原副秘书长范恒山教授，中国科学院科技战略咨询研究院副院长樊杰教授，中国科学院地理资源所区域与城市规划设计研究中心主任方创琳教授，中国区域科学协会副会长、南开大学郝寿义教授，中国社科院学部委员、中国区域经济学会会长金碚教授，南开大学经济与社会发展研究院院长刘秉镰教授，中国社科院城市与竞争力研究中心主任倪鹏飞教授，华东师范大学中国现代城市研究中心原主任宁越敏教授，上海对外经贸大学原校长、上海市政府参事孙海鸣教授，中国人民大学区域与城市经济研究所原所长、全国经济地理研究会会长孙久文教授，中国社会科学院农村发展研究所所长魏后凯教授，国家发改委国土开发与地区经济研究所原所长肖金成教授，中国社科院生态经济研究所党委书记、中国区域科学协会会长杨开忠教授，清华大学中国新型城镇化研究院执行副院长尹稚教授，中国科学院赵作权教授等专家学者的关心与支持，特此深表谢意！

张学良

2020 年 11 月于上海

前 言

城市群是地理学研究的重要主题，是人地关系研究的重要组成部分，是人类城市聚落的重要体现，其研究内容丰富，横跨自然科学和人文科学，且空间尺度关联较强，既涉及与背景地域及相关地域的远程耦合关系，又涉及区域尺度内部的近程耦合。因此，城市群是实现新时代区域高质量协调发展的重要地域空间载体。目前，我国共有 5 个国家级城市群（京津冀城市群、长江三角洲城市群、珠江三角洲城市群、长江中游城市群及成渝城市群）、8 个区域级城市群（哈长城市群、辽中南城市群、山东半岛城市群、海峡西岸城市群、中原城市群、关中平原城市群、北部湾城市群及天山北坡城市群）、6 个地区级城市群（呼包鄂榆城市群、兰西城市群、滇中城市群、黔中城市群、晋中城市群及宁夏沿黄城市群）。滇中城市群作为我国 19 大城市群之一，无论是对全国还是对云南省的发展都具有重要的意义。

地理要素及其综合体是区域重要的空间基础。云南省作为我国西部重要的省区，是众多国际国内河流的源头，是连接东南亚及南亚国家的重要节点，在"一带一路"建设中发挥着举足轻重的作用，是我国重要的地理空间单元。本书以自然地理环境和人文地理环境为基础，以"地理科学研究范式理论"为指导思想，深入系统地研究了云南省重要增长极——滇中城市群——城镇发展水平、空间形态、空间结构、产业结构、空间联系、资源环境承载力及可持续发展等主题，以期为适度的环湖开发和低缓坡城镇上山提供参考。结合各主题研究结果及滇中地区特殊的人地关系，我们初步认为滇中城市群具有以下特点：（1）低纬高原型城市群。滇中城市群地处东经 102°54′~103°55′，北纬 24°43′~25°58′，位于滇中红色高原及滇东喀斯特高原两大地貌单元区上，是一个宜居的城市群。(2) 山坝型城市群。滇中城市群地区整体属于山坝型城市群。其中，有 21 个半山半坝县，占县区数量的 42.86%；有 15 个山区县，占县区数量的 30.61%；有 13 个坝区县，占县区数量的 26.53%。(3) 生态脆弱型城市群。滇中城市群地处小江断裂带、嵩明断裂带、普渡河断裂带、元谋—绿汁江断裂带、弥勒—师宗断裂带等，历史上地震灾害发生频度大。同时，该地区石漠化严重，生态环境在快速城镇化的进程中显得尤为脆弱。(4) 规模缺失型城市群。首位城市规模不突出，缺失中间位序的城市，使得大城市与小城市之间的差距非常大。(5) 民族聚集型城市群。滇中城市群中包含楚雄彝族自治州和石林彝族自治县、禄劝彝族苗族自治县、寻甸回族彝族自治县、峨山彝族自治县、新平彝族傣族自治县及元江哈尼族彝族傣族自治县等 6 个民族县。(6) 低发育型城市群。无论是从经济联系层面还是从交通联系层面看，滇中城市群发育程度整体较低。

虽然滇中城市群的系统研究对于指导未来该区域的发展具有重要的参考意义，但由于我们的研究水平较弱且经费有限，因此本书还存在很多不足和有待深入研究的地方，诚请各位专家、学者和读者给予批评指正。

潘玉君

2019 年 8 月于昆明

第一章

滇中城市群的特点

城市与地理环境关系研究是地理学人地关系研究的重要内容之一。其研究既包括城市形成的自然地理环境条件，又包括城市形成过程中的内部环境结构。同样，作为区域城市化高级阶段性现象的城市群，与自然地理环境和人文地理环境有着密切的联系。每一个城市群的特点无不打上了地理环境的烙印。滇中城市群由于特殊的地理环境而具有低纬高原型城市群、山坝型城市群、生态脆弱型城市群、规模缺失型城市群、民族聚集型城市群、低发育型城市群等特点。

第一节 滇中城市群的自然性特点

一、低纬高原型城市群

滇中城市群地处东经 102°54′~103°55′，北纬 24°43′~25°58′，境内东西方向约 111 千米，南北约 111 千米，面积 111379 平方千米，占全省面积的 29%。滇中城市群地处滇中红色高原及滇东喀斯特高原两大地貌单元区上，是我国纬度较低的高原城市群，特殊的地理环境塑造了滇中城市群发展的特殊外部条件，使得滇中城市群具有不同于东部地区城市群的特点：该城市群位于东亚季风的边缘区，远离台风的影响，是一个冬暖夏凉的城市群，是一个宜居的城市群；是中国实现西南地区对外开放的重要枢纽，尤其是在"一带一路"倡议下实现"澜湄"合作及孟中印缅经济走廊的重要节点。

二、山坝型城市群

由于云南省高原面在内外营力驱动下不断发生解体，省域内部形成大量断陷湖盆，使得云南在山地间分布着许多坝子。滇东、滇中的云南高原地貌区内，共有面积大于等于 1 平方千米的坝子 1045 个，约占全省坝子总数的 55.94%，总面积为 14485.73 平方千米，占云南坝子总面积的 56.39%；云南西部横断山区共有面积大于等于 1 平方千米的坝子 823 个，约占全省坝子总数的 44.06%，总面积11201.93 平方千米，占云南坝子总面积的 43.61%（童绍玉等，2007）。滇中城市群地区面积大于等于 1 平方千米的坝子总面积 12643.11 平方千米，占云南坝子总面积的 49.22%，占滇东及滇中总面积的 87.28%。结合杨子生等（2014）在《基于第二次全国土地调查的云南省坝区县、半山半坝县和山区县的划分》一文中的研究可知：滇中城市群地区整体属于山坝型城市群。其中，有 21 个半山半坝县，占县区①数量的 42.86%；有 15 个山区县，占县区数量的 30.61%；有13 个坝区县，占县区数量的 26.53%。

三、生态脆弱型城市群

滇中城市群集中分布于扬子准地台上的昆明建水褶断区、大姚楚雄上迭拗陷、东川隆褶区、武定易门隆褶区等，主要断裂带有小江断裂带、嵩明断裂带、普渡河断裂带、元谋—绿汁江断裂带、弥勒—师宗断裂带等（云南省地方志编纂委员会，1998）。这样的地质构造条件，导致滇中地区地震发生频度较高。结合历史上云南 5.0 级以上地震目录（皇甫岗，2009）可知：滇中城市群地区自公元前 26 年至 2009 年 7 月 10 日，共有 149 次震级 5.0 以上的地震，主要地震核心分布如下：（1）以通海为中心的核心区和以姚安为中心的核心区；（2）滇中城市群地区的南部为地震核心分布区，东部的曲靖市历史上地震发生较少。加之历史上滇中地区矿产资源的大规模开发，加剧了区域泥石流发生的频度。随着近现代滇中地区人类活动的加剧，尤其是农业活动及采掘业快速发展，使得滇中地区水土流失较为严重。

同时，由于滇中地区地表喀斯特地貌分布广泛，主要有各类石灰岩溶蚀洼地、溶斗、盲谷、干谷、溶丘及峰林、峰丛、石芽及石林等，致使滇中广大地区水资源匮乏，生态环境脆弱。另外，云南省仅有的 27 个县区为国家级重点开发区，它们均分布在滇中城市群中，占滇中城市群县区数量的 55.10%。综上所述，滇中城市群既是生态脆弱型城市群，又是以限制开发区为主要背景的城市群。

---

① 研究区中的县级行政区包括县级市、县级区、县级县，为简明起见，本书中将其统一称为"县区"。

第二节　滇中城市群的人文性特点

一、规模缺失型城市群

从人口规模角度研究滇中城市群，发现其具有如下特点：（1）滇中城市群 2013 年的 Zipf 维数为 0.936 < 1，说明首位城市规模不够突出，中小城市比较发达。（2）从基尼系数模型分析看，昆明市基本上成为区域的经济中心，但是中小城市比例失调，缺少中间位序的城市，这造成大城市与小城市之间的差距非常大，城市规模趋于分散。（3）从城市金字塔角度分析看，城市体系出现断层，没有特大城市，中等城市实力偏弱，小城市众多，城市规模等级序列不完整。综上所述，滇中城市群由于人口规模的不足而呈现出城市等级规模不完整的特点。

二、民族聚集型城市群

从民族自治区层面看，滇中城市群包含楚雄彝族自治州和石林彝族自治县、禄劝彝族苗族自治县、寻甸回族彝族自治县、峨山彝族自治县、新平彝族傣族自治县及元江哈尼族彝族傣族自治县 6 个民族县。从民族多样性指数层面看，民族多样性指数较高区域主要分布在滇中城市群南部的玉溪市、红河州北部地区及楚雄州的部分县区，具体表现为：大姚县（0.7822）、永仁县（0.9698）、元谋县（0.9607）、石屏县（0.9166）、南华县（0.8678）、双柏县（0.8598）禄丰县（0.7694）、个旧市（1.2953）、弥勒市（1.0738）、建水县（1.0167）、武定县（1.3098）、开远市（1.3849）、蒙自市（1.4125）。因此，滇中城市群由于少数民族聚集而具有民族聚集型城市群特点。

三、低发育型城市群

从经济联系层面看，滇中城市群具有以下特点：（1）由于五华区和西山区处于一级中心区上，所以彼此之间存在较强的双向经济联系，盘龙区与西山区之间的双向经济联系较弱，官渡区与西山区之间的经济联系方向主要集中于官渡区→西山区方向。昆明四个主城区与麒麟区和红塔区之间的经济联系强度虽然不高，但方向明显，经济联系的主要方向是麒麟区→昆明四主城区和红塔区→昆明四主城区方向。麒麟区和红塔区之间的双向经济联系强度基本相当，都较弱。（2）由于呈贡区和安宁市、弥勒市与蒙自市两地区处于二级中心区上，所以彼此之间的经济联系强度较高，且双向经济联系强度基本相当。楚雄市与安宁市之间的经济联系强度也较高，经济联系的方向主要是楚雄→安宁方向。红河州辖区内的开远市和个旧市之间的经济联系强度也比较明显，但经济联系的主要方向是开远→个旧方向。剩余其他各县区之间的经济联系强度都较弱。

从交通联系层面看，滇中城市群具有以下特点：（1）综合 2008 年、2013 年、2017 年滇中城市群的交通通达性指数、年均通达性指数变化值和年均通达性指数变化率来看，滇中城市群 49 个县区的交通通达性指数总体呈下降趋势，交通通达度水平显著上升。（2）综合 2008 年、2013 年、2017 年滇中城市群县区交通通达性指数的克里金插值示意图来看，滇中城市群县区交通通达性指数的低值区（即交通通达性较高）、中值区（即交通通达性一般）与高值区（即交通通达性较差）处于不断发展的过程中。其中低值区的中心呈现出由滇中城市群的西北部地区往东、东南方向迁移的现象，并且低值的面积在不断的扩大；中值区、低值区的分布状况也处于不断发展的过程，基本呈"圆圈"状分布于低值区外。因此，综合经济联系及交通联系看，滇中城市群处于发育的初期，内部联系较弱，即不紧凑型城市群（方创琳等，2008）。

参 考 文 献

［1］方创琳、祁魏锋、宋吉涛：《中国城市群紧凑度的综合测度分析》，载于《地理学报》2008 年第 10 期。

［2］皇甫岗：《云南地震活动性研究》，中国科学技术大学博士学位论文，2009 年。

［3］童绍玉、陈永森：《云南坝子研究》，云南大学出版社 2007 年版。

［4］云南省地方志编纂委员会：《云南省志·地理志》，云南人民出版社 1998 年版。

［5］杨子生、赵乔贵：《基于第二次全国土地调查的云南省坝区县、半山半坝县和山区县的划分》，载于《自然资源学报》2014 年第 4 期。

第二章

滇中城市群自然地理及自然资源基础

第一节　滇中城市群地区的自然地理基础

一、滇中城市群地区地理位置

滇中城市群位于云南省中部地区，北部与四川省、东部与贵州省接壤。地处东经102°54′~103°55′，北纬24°43′~25°58′，境内东西方向约111千米，南北约111千米。国土面积111379平方公里，占全省的29%。滇中城市群中各县区到达省会城市的平均直线距离约102千米。区域地处滇中红色高原及滇东喀斯特高原两大地貌单元区上（云南省国土资源地图集编辑委员会，1990），由昆明市、曲靖市、玉溪市、楚雄彝族自治州及红河哈尼族彝族自治州北部的7个县（市）组成（《滇中城市群规划》（2016－2049年）（再一次征求意见稿）），包括五华区、盘龙区、官渡区、西山区、东川区、呈贡区、晋宁区、富民县、宜良县、石林县、嵩明县、禄劝县、寻甸县、安宁市、麒麟区、马龙区、陆良县、师宗县、罗平县、富源县、会泽县、沾益区、宣威市、红塔区、江川区、澄江市、通海县、华宁县、易门县、峨山县、新平县、元江县、楚雄市、双柏县、牟定县、南华县、姚安县、大姚县、永仁县、元谋县、武定县、禄丰县、个旧市、开远市、蒙自市、弥勒市、建水县、石屏县、泸西县49个县区（见图2－1）。该区域是云南省自然地理环境相对优越的地区，为滇中城市群发展提供了重要的自然地理基础保障。其中，有石林彝族自治县、禄劝彝族苗族自治县、寻甸回族彝族自治县、峨山彝族自治县、新平彝族傣族自治县及元江哈尼族彝族傣族自治县等6个民族县；东川区、禄劝县、寻甸县、富源县、会泽县、双柏县、南华县、大姚县、姚安县、武定县、永仁县及泸西县等12县区为国家级贫困县。

审图号：云S（2020）064号

图2-1 滇中城市群地区政区图

二、滇中城市群地区的自然地理要素基础：地貌

（一）滇中城市群地区地貌的地质基础

结合板块构造理论可以知道，云南省位于印度洋板块与亚欧板块的碰撞接触带上。这使得云南省整体上处于华南褶皱系、扬子准地台、松潘甘孜褶皱系和三江褶皱系四个大地构造单元的交接地区，地震活跃。滇中城市群地区整体集中分布在扬子准地台上的昆明建水褶断区、大姚楚雄上迭拗陷、东川隆褶区、武定易门隆褶区等地区。滇中城市群区内主要断裂带有小江断裂带、嵩明断裂带、普渡河断裂带、元谋—绿汁江断裂带、弥勒—师宗断裂带等（云南省地方志编纂委员会，1998）。这样的地质构造条件，导致滇中地区地震发生频度较高。结合历史时期云南5.0级以上地震目录（皇甫岗，2009）可以发现（见图2-2和表2-1）：滇中城市群地区自公元前26年至2009年7月10日，共有149次震级5.0以上的地震；滇中城市群地区历史时期的地震震级整体上为5~6级；滇中城市群地区历史时期的地震存在着以通海为中心和姚安为中心的两个核心分布区；滇中城市

群地区的南部为地震核心分布区，东部的曲靖市历史时期地震发生较少；滇中城市群地区历史上最大震级 8.0 的地震发生在 1833 年 9 月 6 日的嵩明县杨林一带，据杨林镇小屯村观音寺碑祀（公元 1836 年立）记载："道光十三年岁□□巳七月二十三巳时，地忽大震，将寺坍塌，被害者嵩明等十州县共倒瓦草房八万七千六百零七丁□。又大雨时行，洪水遍流，可怜上无栖身之所，下无糊口之资。"（注：文中□为缺损字）此次地震震中位于小江断裂带西支嵩明杨林一带，最高烈度达 X 度。"嵩明、河阳（今澄江）、宜良、寻甸、蒙自、昆明、呈贡、晋宁（今晋宁区东北晋城）、江川（今江川东北江城）、阿迷（今开远）等十周县严重受灾，城垣衙署倾圮，庙宇仓监坍塌。山崩地裂，黑泉涌流，河流改道，或高者谷，或渊者陵。计倒塌瓦房 4888 间，草房 38733 间，压毙 6707 人，伤 1754 人，受灾 153358 人"。"昆明塌房 7422 间，塌墙 1388 堵，压毙 611 人，受灾达 24856 人。城府四垣多圮，东塔震裂，万里坊、土主庙、文明阁、玉皇阁、斗母阁倾圮，准提庵、西山三清阁坍塌，昙花寺梵宇倾塌，金殿新修殿宇、牌坊、客座茶房摧坏。城东南太和街一带尤甚，死伤 200 余人，凉亭村房屋倒塌近半。盘龙江岸及巡津街、土桥、大板桥地裂复合。大板桥房屋有震倒者，土山坡有崩塌。西山岩崩，滇池水沸"（国家地震局震害防御司，1995）。

图 2-2　滇中城市群地区历史地震灾害点

表 2-1　　　　　　　　　　滇中城市群地区历史时期地震分布点

序号	县区	经度	纬度	震级	序号	县区	经度	纬度	震级	序号	县区	经度	纬度	震级
1	建水	102.80	23.60	5.50	31	泸西	103.80	24.50	5.00	61	宣威	104.10	26.20	5.00
2	大姚	101.30	25.70	5.00	32	楚雄	101.60	25.00	6.75	62	弥勒	103.40	24.40	5.00
3	曲靖	103.80	25.50	5.50	33	泸西	103.80	24.50	5.50	63	宣威	104.10	26.20	5.50
4	宜良	103.10	24.90	7.00	34	昆明	102.80	25.00	5.75	64	华宁	103.00	24.40	6.00
5	易隆	103.30	25.40	5.50	35	富民	102.50	25.20	5.50	65	华宁	103.00	24.40	6.50
6	安宁	102.60	24.80	5.25	36	寻甸	103.30	25.60	6.75	66	会泽	103.10	26.60	5.75
7	楚雄	101.60	25.00	5.50	37	峨山	102.40	24.20	5.00	67	晋宁	102.70	24.70	5.00
8	通海	102.60	24.10	5.75	38	嵩明	103.10	25.10	6.75	68	峨山	102.45	24.15	7.00
9	陆良	103.60	25.20	5.50	39	石屏	102.50	23.70	5.00	69	峨山	102.50	24.20	6.00
10	建水	102.80	23.60	5.50	40	东川	103.10	26.30	7.75	70	会泽	103.30	26.40	5.00
11	通海	102.70	24.20	5.50	41	石屏	102.50	23.70	5.00	71	会泽	103.30	26.70	5.25
12	宜良	103.10	24.90	5.50	42	澄江	102.90	24.70	6.25	72	寻甸	103.30	25.60	5.00
13	通海	102.80	24.10	6.25	43	楚雄	101.60	25.00	5.00	73	陆良	103.70	25.00	5.00
14	宣威	104.10	26.20	5.00	44	易门	102.20	24.70	6.50	74	弥勒	103.50	24.40	5.50
15	澄江	102.90	24.40	5.00	45	石屏	102.80	24.00	5.00	75	开远	103.30	23.70	5.00
16	建水	102.80	24.00	7.00	46	玉溪	102.60	24.40	6.25	76	泸西	103.80	24.50	5.00
17	南华	101.10	25.10	5.00	47	玉溪	102.60	24.40	5.75	77	寻甸	103.00	26.00	6.00
18	嵩明	103.00	25.30	5.00	48	江川	102.80	24.20	6.50	78	新平	102.00	24.10	5.00
19	昆明	102.80	25.00	5.25	49	大姚	101.10	25.90	5.25	79	富民	102.50	25.20	5.50
20	建水	102.80	23.60	6.75	50	沾益	103.80	25.60	5.25	80	禄丰	101.80	25.40	5.00
21	寻甸	103.10	25.30	5.25	51	华宁	102.90	24.20	7.00	81	建水	102.50	23.50	5.25
22	蒙自	103.20	23.60	5.00	52	石屏	102.40	23.80	7.00	82	通海	103.00	24.00	6.00
23	寻甸	103.30	25.40	5.50	53	石屏	102.50	23.70	6.00	83	个旧	103.20	23.40	5.25
24	楚雄	101.60	25.00	5.25	54	杨林	103.00	25.00	8.00	84	个旧	103.20	23.40	5.00
25	南华	101.00	25.40	5.00	55	宜良	103.00	25.00	5.00	85	弥勒	103.10	24.50	5.00
26	曲靖	103.50	25.50	5.25	56	新平	102.00	24.10	5.25	86	石屏	102.70	23.70	6.00
27	姚安	101.10	25.70	5.50	57	弥勒	103.40	24.40	5.50	87	东川	103.10	26.60	5.25
28	武定	102.40	25.50	5.00	58	弥勒	103.40	24.40	5.75	88	建水	103.00	23.50	5.50
29	玉溪	102.60	24.40	5.00	59	石屏	102.50	23.70	7.00	89	呈贡	102.80	24.90	5.00
30	禄丰	102.20	25.20	5.50	60	禄劝	102.50	25.60	5.00	90	禄丰	102.00	25.00	5.50

续表

序号	县区	经度	纬度	震级	序号	县区	经度	纬度	震级	序号	县区	经度	纬度	震级
91	玉溪	102.60	24.40	5.50	111	宣威	104.50	26.20	5.00	131	姚安	101.30	25.50	5.50
92	玉溪	102.40	24.40	5.00	112	南华	101.10	25.30	5.10	132	武定	102.20	25.90	6.50
93	石屏	102.30	23.90	6.00	113	通海	102.68	24.20	7.80	133	武定	102.30	25.90	5.10
94	玉溪	102.60	24.50	5.75	114	通海	102.50	24.20	5.20	134	武定	102.20	25.90	5.00
95	石屏	102.50	23.70	5.00	115	通海	102.53	24.25	5.50	135	武定	102.20	25.90	5.00
96	个旧	103.20	23.40	5.00	116	通海	103.08	24.07	5.90	136	武定	102.20	25.90	5.00
97	大姚	102.00	25.00	5.50	117	通海	102.68	24.08	5.30	137	武定	102.20	25.70	5.10
98	华宁	103.00	24.20	5.25	118	通海	102.98	24.12	5.00	138	姚安	101.10	25.50	5.90
99	建水	103.10	23.50	5.75	119	江川	102.75	24.30	5.40	139	姚安	101.10	25.50	6.50
100	个旧	103.20	23.60	5.00	120	玉溪	102.37	24.28	5.70	140	澄江	102.80	24.50	5.20
101	弥勒	103.20	24.20	5.00	121	通海	103.08	23.93	5.20	141	弥勒	103.60	24.20	5.50
102	姚安	101.00	25.50	5.00	122	通海	102.95	24.02	5.90	142	武定	102.20	25.80	5.10
103	南华	101.20	25.20	6.20	123	石屏	102.60	23.50	5.60	143	楚雄	101.38	24.93	5.30
104	南华	101.40	25.20	5.00	124	楚雄	101.60	24.90	5.00	144	江川	102.63	24.33	5.10
105	峨山	102.50	24.00	5.20	125	开远	103.30	23.90	5.30	145	大姚	101.23	25.95	6.20
106	东川	103.10	26.10	6.50	126	峨山	102.30	24.10	5.30	146	楚雄	101.50	24.70	5.00
107	东川	103.10	26.00	5.00	127	建水	102.75	23.72	6.00	147	会泽	103.10	26.60	5.30
108	会泽	103.00	26.50	5.30	128	富民	102.49	25.43	5.20	148	姚安	101.50	25.35	6.00
109	东川	103.18	26.00	5.20	129	寻甸	103.21	25.47	5.20	149	姚安	101.10	25.60	5.20
110	东川	103.01	26.01	6.20	130	大姚	101.40	25.90	5.30					

资料来源：皇甫岗：《云南地震活动性研究》，中国科学技术大学博士学位论文，2009 年。

　　由于地质构造带的分布广泛、地震活跃、人类活动强度大等原因，使得滇中城市群地区滑坡、泥石流等自然地质灾害时有发生。其中，五华区、盘龙区、官渡区、西山区、东川区、呈贡区、晋宁区、富民县、宜良县、石林县、嵩明县、禄劝县、寻甸县、安宁市、红塔区、江川区、澄江市、通海县、华宁县、易门县、峨山县、新平县、元江县、楚雄市、双柏县、牟定县、南华县、姚安县、大姚县、永仁县、元谋县、武定县、禄丰县、个旧市、建水县、石屏县 36 县区为滇中局部泥石流较发育，滑坡较密集区。麒麟区、马龙区、陆良县、师宗县、罗平县、富源县、沾益区、宣威市、开远市、蒙自市、弥勒市、泸西县 12 县区为滇东泥石流滑坡极稀少区。会泽县为滇东北滑坡较密集区。

（二）滇中城市群地区地貌的地势地形

滇中城市群地区地势整体上呈现北高南低的格局，北部分布着一系列的高山（见图2-3）。其中，地势最高区位于大姚县北部的桂花镇和三台乡、碧湾民族乡境内的百草岭。它包括大白草岭与小白草岭两处山体，为滇中高原边缘的原边侵蚀山地。因山中产多种中草药材，得名为百草岭，谐音"白草岭"，分为大白草岭和小白草岭。山地平均海拔2500米，主峰为帽台山，海拔3957米，次高峰小白草岭，海拔3847米。两峰均为滇中高原上的高峰。位于昆明市附近的拱王山，地处禄劝县、寻甸县与东川区境内，呈近南北向展布，是金沙江支流小江和普渡河的分水岭。山体北部宽、中间窄，南部向东南展开，呈"K"字状。山体北起金沙江边，南止于寻甸县牛街大河，东部则以小江与乌蒙山分隔。山长30余千米，最宽约15千米，面积450平方千米。山体中北部较高，山峰线海拔在3000~3500米，主峰雪岭海拔4344米，高于4000米的高峰有马鬃岭（海拔4247米）、轿子山（海拔4221米）、絮风口（海拔4123米）。南部较低，也较开阔，山峰一般均在3000米以下并夹有一些小型山间盆地，边缘涉及禄丰县北部及禄劝县西部的三台山，分为三列：西列山地为武定县勐果河谷地以西与元谋县龙川江以东的两河分水岭，包括万应山、雷应山、大黑山等山段，它北高，海拔在2500米以上，南略低，海拔2300米，最高峰砧天坡海拔2832米。中列为勐果谷地以东禄劝县的石板河与掌鸠河谷地以西的一片山地，包括白龙会山、卧璋山、狮山、老青山山段，海拔北部超过2500米，南部在2000米以上，白龙会山主峰海拔2956米为中支最高点。东列为普渡河谷地以西、西板河—掌鸠河以东的诸山地，包括跑马梁子、撒永山、鲁干大山等山体。此列山地为三列山地中地势最高的一组。北部海拔超过3000米。主峰为跑马梁子的风帽岭，海拔3306米，南部山地也在海拔2500米以上。

构造运动塑造了区域地貌的宏观格局，但是在各个县区内部存在着巨大差异。由表2-2可知：海拔较高的地区为会泽县、寻甸县、禄劝县、东川区、姚安县及大姚县，县区平均海拔分别为2265.11米、2221.94米、2198.74米、2191.07米、2182.32米及2153.47米，这些县区在云南省129个县区的平均海拔类型中划分为Ⅵ类。滇中城市群地区平均海拔较低区域出现在元江河谷地区。平均坡度较大区域也是分布在滇中城市群地区的北部地带，地形起伏指数较大区域也是分布在这一地区。

审图号：云S（2020）064号

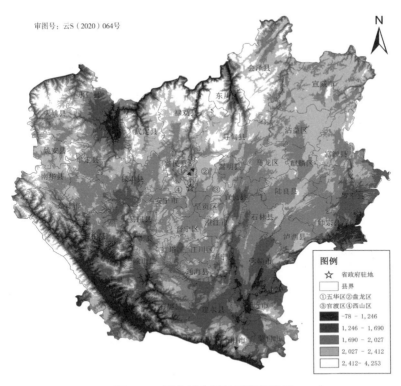

图2-3　滇中城市群地区高程格局

表2-2　　　　　　　　　　　滇中城市群地区地形指数

县区	最高海拔（米）	最低海拔（米）	地形指数	类别	平均坡度指数	类别	平均海拔（米）	类别
五华区	2611	1702	3.77992	I	14.80380	III	2053.21	V
盘龙区	2554	1692	3.71494	I	12.78010	II	2100.63	V
官渡区	2686	1757	3.51670	I	8.20227	I	2046.76	V
西山区	2590	1661	3.63842	I	13.54550	II	2061.87	V
东川区	4253	622	9.17104	VI	24.39170	VI	2191.07	VI
呈贡区	2785	1609	3.71903	I	8.08571	I	2003.98	V
晋宁区	2635	1316	4.33749	I	12.85480	II	2043.92	V
富民县	2772	1444	4.58324	II	17.07990	IV	2007.23	V
宜良县	2683	1189	4.55401	II	13.42990	II	1825.08	IV
石林县	2596	1458	3.75992	I	8.08417	I	1909.87	IV
嵩明县	2823	1718	4.05625	I	11.42030	II	2116.30	V

续表

县区	最高海拔（米）	最低海拔（米）	地形指数	类别	平均坡度指数	类别	平均海拔（米）	类别
禄劝县	4164	−78	10.52020	Ⅶ	20.76030	Ⅴ	2198.74	Ⅵ
寻甸县	3299	1456	5.68250	Ⅲ	13.81850	Ⅱ	2221.94	Ⅵ
安宁市	2713	1659	3.94788	Ⅰ	13.50870	Ⅱ	2001.18	Ⅴ
麒麟区	2508	1715	3.40064	Ⅰ	9.03709	Ⅰ	2023.73	Ⅴ
马龙区	2475	1730	3.38182	Ⅰ	9.63563	Ⅰ	2048.86	Ⅴ
陆良县	2673	1619	3.62709	Ⅰ	7.53854	Ⅰ	1998.28	Ⅴ
师宗县	2381	662	4.87282	Ⅱ	14.04510	Ⅱ	1661.48	Ⅲ
罗平县	2446	654	4.97505	Ⅱ	14.22370	Ⅱ	1654.17	Ⅲ
富源县	2747	1047	5.21142	Ⅱ	13.44240	Ⅱ	1978.74	Ⅳ
会泽县	3978	711	8.56789	Ⅵ	17.71070	Ⅳ	2265.11	Ⅵ
沾益区	2546	1555	3.77473	Ⅰ	8.83303	Ⅰ	2080.50	Ⅴ
宣威市	2870	928	5.75658	Ⅲ	14.53380	Ⅲ	2061.85	Ⅴ
红塔区	2593	1462	3.96489	Ⅰ	14.72920	Ⅲ	1902.83	Ⅳ
江川区	2635	1557	3.62632	Ⅰ	10.69740	Ⅱ	1880.76	Ⅳ
澄江市	2766	1279	4.16066	Ⅰ	11.96120	Ⅱ	1930.48	Ⅳ
通海县	2414	1327	3.77783	Ⅰ	13.06280	Ⅱ	1887.51	Ⅳ
华宁县	2641	1030	4.84508	Ⅱ	16.72580	Ⅳ	1788.97	Ⅳ
易门县	2585	1010	4.92709	Ⅱ	19.61440	Ⅴ	1858.07	Ⅳ
峨山县	2516	760	5.12510	Ⅱ	17.42090	Ⅳ	1716.99	Ⅲ
新平县	3141	301	7.10243	Ⅴ	20.29750	Ⅴ	1512.75	Ⅲ
元江县	2536	266	5.82880	Ⅲ	21.18300	Ⅴ	1383.94	Ⅱ
楚雄市	2910	684	6.20245	Ⅳ	19.21340	Ⅴ	1894.50	Ⅳ
双柏县	2988	535	6.48626	Ⅳ	21.04020	Ⅴ	1639.26	Ⅲ
牟定县	2805	1140	5.11655	Ⅱ	14.54700	Ⅲ	1958.65	Ⅳ
南华县	2848	943	5.77647	Ⅲ	17.88410	Ⅳ	2069.96	Ⅴ
姚安县	2867	1529	4.72659	Ⅱ	16.40510	Ⅳ	2182.32	Ⅵ
大姚县	3627	1045	7.22723	Ⅴ	21.47850	Ⅴ	2153.47	Ⅵ
永仁县	2887	869	5.74269	Ⅲ	17.06230	Ⅳ	1858.28	Ⅳ
元谋县	2818	808	5.24836	Ⅱ	15.26330	Ⅲ	1537.50	Ⅲ

续表

县区	最高海拔（米）	最低海拔（米）	地形指数	类别	平均坡度指数	类别	平均海拔（米）	类别
武定县	2924	757	6.33510	Ⅳ	17.26640	Ⅳ	2113.34	Ⅴ
禄丰县	2768	1215	4.84314	Ⅱ	14.78490	Ⅲ	1898.39	Ⅳ
个旧市	2745	132	6.48480	Ⅳ	17.46600	Ⅳ	1561.76	Ⅲ
开远市	2802	950	5.10678	Ⅱ	15.07360	Ⅲ	1624.53	Ⅲ
蒙自市	2543	157	5.91365	Ⅲ	13.93670	Ⅱ	1663.09	Ⅲ
弥勒市	2332	732	4.52261	Ⅱ	13.18600	Ⅱ	1377.42	Ⅱ
建水县	2482	177	5.83257	Ⅲ	14.16230	Ⅱ	1589.81	Ⅲ
石屏县	2554	246	6.10883	Ⅳ	19.47670	Ⅴ	1661.99	Ⅲ
泸西县	2447	770	4.84214	Ⅱ	11.40950	Ⅱ	1843.55	Ⅳ

资料来源：本书课题组根据相关资料整理。

三、滇中城市群地区的自然地理要素基础：气候

滇中城市群地区地处东经 102°54′~103°55′，北纬 24°43′~25°58′，主体属于北亚热带地区，局部地区属于中亚热带地区、南亚热带地区、北热带地区。其中，滇中城市群处北亚热带，主要包括楚雄州大部、昆明市大部、曲靖市南部及个旧等地，该热量带东部地区海拔高度在 1500~1900 米之间，西部高度在 1700~2000 米之间。区内气候四季如春，冬无严寒，夏无酷暑，热量条件尚好，日照充足，雨量中等（罗平雨量较多）。年平均气温为 14℃~16℃，最热月气温 20℃左右，最低月平均气温 6℃~9℃，活动积温（≥10℃）4200℃~5000℃，霜期长达 4~5 个月，年均降水量 900~1000 毫米，为一年两熟区。因区内开发较早，人口较多，经济发展水平较高，是省内主要粮、油、烟、果、蔬菜产区。滇中城市群地区中亚热带，主要包括红河州北部、玉溪市西南部、楚雄州南部。该热量带内，四季分明，冬夏各两月，春秋季长达 8 个月，年均气温 16℃~18℃，≥10℃的活动年积温 5000℃~6000℃，最冷月平均气温 8℃~10℃，无霜期 8~9 个月，年日照时数在 2000 小时以上，年降水量在 900~1000 毫米之间。根据热量与水分条件，该热量带可适应喜温和喜凉的作物生长。由于区内热量条件较高，在带内种植一年两熟的农作物热量仍有余，故可实行两年三熟耕制。农业产品有水稻、小麦、油菜、石榴、葡萄、甘蔗等。本热量带东部是省内三七的主产区。滇中城市群地区南亚热带所属气象站有设在东川、石屏、建水、开远、蒙自的气象站。滇中城市群地区北热带所属气象站有设在元谋的气象站（段旭，2011）。

滇中地区特殊的地貌环境格局和气候环流系统的作用，使滇中城市群地区面临着一系列的气象灾害，主要有旱灾、洪涝灾害、冷灾、霜冻灾害、雪灾、冰雹灾害、雷击灾害。其中：五华区、盘龙区、官渡区、西山区、东川区、呈贡区、晋宁区、富民县、宜良县、石林县、嵩明县、禄劝县、寻甸县、安宁市、麒麟区、马龙区、陆良县、师宗县、罗平县、富源县、会泽县、沾益区、宣威市、红塔区、江川区、澄江市、通海县、华宁县、易门县、楚雄市、双柏县、武定县、禄丰县、个旧市、开远市、蒙自市、弥勒市、建水县、泸西县 39 县区属于中等旱灾度；峨山县、新平县、元江县、牟定县、南华县、姚安县、大姚县、永仁县、元谋县、石屏县 10 县区属于重旱灾度。五华区、盘龙区、官渡区、西山区、东川区、呈贡区、晋宁区、富民县、宜良县、石林县、嵩明县、禄劝县、寻甸县、安宁市、麒麟区、马龙区、陆良县、师宗县、罗平县、富源县、沾益区、红塔区、江川区、澄江市、通海县、华宁县、易门县、峨山县、新平县、元江县、楚雄市、双柏县、大姚县、永仁县、开远市、蒙自市、弥勒市、建水县、石屏县、泸西县 40 县区属于中等洪涝区；会泽县、宣威市、个旧市 3 县区属于重洪涝区；牟定县、南华县、姚安县、元谋县、武定县、禄丰县 6 县区属于轻洪涝区。五华区、盘龙区、官渡区、西山区、东川区、呈贡区、晋宁区、富民县、嵩明县、禄劝县、寻甸县、安宁市、麒麟区、马龙区、陆良县、富源县、沾益区、澄江市、易门县、楚雄市、双柏县、牟定县、南华县、姚安县、武定县、禄丰县 26 县（市）区属于中等冷害区；宜良县、石林县、师宗县、罗平县、红塔区、江川区、通海县、华宁县、峨山县、新平县、元江县、大姚县、永仁县、个旧市、开远市、蒙自市、弥勒市、建水县、石屏县、泸西县 20 县（市）区属于轻冷害区；会泽县、宣威市 2 县（市）区属于重冷害区；元谋县属于无冷害区。五华区、盘龙区、官渡区、西山区、东川区、呈贡区、晋宁区、富民县、宜良县、石林县、嵩明县、禄劝县、寻甸县、安宁市、麒麟区、马龙区、陆良县、富源县、沾益区、楚雄市、牟定县、南华县、姚安县、大姚县、武定县、禄丰县 26 县（市）区属于中等霜冻区。师宗县、罗平县、红塔区、江川区、澄江市、通海县、华宁县、易门县、峨山县、新平县、元江县、双柏县、永仁县、元谋县、弥勒市、泸西县 16 县区属于轻霜冻区；会泽县、宣威市 2 县（市）区属于中霜冻区；个旧市、开远市、蒙自市、建水县、石屏县 5 县（市）区属于无霜冻区。五华区、盘龙区、官渡区、西山区、东川区、呈贡区、晋宁区、富民县、宜良县、石林县、嵩明县、禄劝县、寻甸县、安宁市、陆良县、师宗县、罗平县、红塔区、江川区、澄江市、通海县、华宁县、易门县、峨山县、新平县、元江县、楚雄市、双柏县、牟定县、南华县、姚安县、大姚县、永仁县、元谋县、武定县、禄丰县、个旧市、开远市、蒙自市、弥勒市、建水县、石屏县、泸西县 43 县（市）区属于轻雪灾区；麒麟区、马龙区、富源县、会泽县、沾益区、宣威市 6

县（市）区属于中等雪灾区。

四、滇中城市群地区的自然地理要素基础：水文[①]

滇中城市群地区地处长江（金沙江）、珠江、红河三大流域分水岭地带，区内主要有滇池、抚仙湖、阳宗海、星云湖、杞麓湖、异龙湖六大高原湖泊，构成了"三江""六湖""三大水系分水岭"的生态骨架。其中，长江水系为世界第三长河，中国第一大河，发源于青藏高原唐古拉山主峰各拉丹东的西南侧，向东流经 11 个省、区、市，于上海市注入东海。长江水系流经云南省北部，省内面积 109524.6 平方千米，多年平均年径流量 424.1 亿立方米。境内集水面积 50 平方千米以上河流 616 条，跨省界河流有 53 条，是省际河流最多的水系。其中，100 平方千米以上河流 313 条，1000 平方千米以上河流 37 条，面积大于 1 万平方千米的河流有普渡河、牛栏江和横江。境内按水系可划分为 4 个区域，分别为金沙江上段、金沙江下段、长江上游干流与乌江。其中，石鼓以上为金沙江上段，干流自北向南流，集水面积 14063.3 平方千米；石鼓以下为金沙江下段，干流向北转南后再向东流，集水面积 91974.7 平方千米，区内包括雅砻江水系理塘河支流乌木河与宁蒗河等，流入四川境内；宜宾—宜昌区间为长江上游干流区，集水面积 2793.1 平方千米。

珠江为中国第三大河流，因河中有海珠岛而得名。它是西江、北江、东江的总称，干流西江发源于云南省沾益区，流经贵州、广西、广东等省份，于广东虎门汇入南海。西江上源南盘江发源于曲靖市马雄山，流经曲靖市、昆明市、红河州与文山州，向南转东流入广西，省内流程 715.5 千米。集水面积 58610.8 平方千米，为云南省总面积的 15.3%。多年平均年径流量 229.0 亿立方米。境内集水面积 50 平方千米以上河流 261 条，跨省界河流 27 条，国际河流 2 条。其中，100 平方千米以上河流 156 条，1000 平方千米以上河流 19 条。按水系分，云南境内河流南盘江、北盘江、郁江三个区，其中南盘江集水面积 43181.4 平方千米，占总面积的 73.7%；北盘江区集水面积 5587.4 平方千米，占 9.5%；郁江区集水面积 9842 平方千米，占 16.8%。南盘江区多平坝，流域内有阳宗海、抚仙湖、星云湖、杞麓湖、异龙湖、大屯海、长桥海与三角海等湖泊。

红河水系干流为中、越国际河流，中国境内又称元江，也称元江—红河水系，源于云南大理州巍山县，流经楚雄州、玉溪市与红河州，于河口县流入越南，经河内注入太平洋北部湾。红河水系流经滇中与滇东南，南部与越南交界，东南隅与广西接壤。省内干流长 721.7 千米，集水面积 74244.5 平方千米，为云

---

①　朱海燕、潘玉君主编：《中国自然资源通典·云南卷》，内蒙古教育出版社 2018 年版。

南省总面积的 18.18%。多年平均年径流量 449.1 亿立方米。境内面积 50 平方千米以上河流 413 条，跨省界河流 5 条，国际河流有 16 条。其中，100 平方千米以上河流 178 条，1000 平方千米以上河流 20 条，10000 平方千米以上的河流有李仙江与盘龙河。从南部单独流出国境的河流有李仙江、藤条江、斋河、盘龙河、八布河与南利河等河流，于越南归并为李仙江与盘龙河两大支流。

滇池为云南第一大淡水湖泊，是昆明市主要的湖泊，国家三大重点保护湖泊之一。滇池古名滇南泽、昆明湖。《华阳国志》载："滇池县，郡治。故滇国也。有泽水，周回二百里，所出深广，下流浅狭如倒流，故曰滇池。"滇池位于昆明市城区西南部，水域涉及西山区、官渡、呈贡区与晋宁区。其地质构造为新生代形成的构造断陷湖，状如弓形，水位 1887.4 米，水面 309.5 平方千米，容积 15.6 亿立方米。南北长 40 千米，东西平均宽 7000 米，岸线长 163.2 千米，平均水深 5.3 米，最大水深 11.2 米。1956～2000 年，滇池年均出湖水量为 3.91 亿立方米。2007 年以后，掌鸠河引水供水工程向昆明城区供水，滇池出湖水量有所增加。滇池地处昆明喀斯特高原湖盆亚区，西部紧靠西山东麓，其他三面为河流冲积和湖积平原，北接昆明城区。汇入滇池的河流有盘龙江、海河、宝象河、马料河、洛龙河、捞鱼河、梁王河、南冲河、晋宁大河、柴河、东大河等 20 多条，以盘龙江为主源，湖口以上集水面积 2920 平方千米。西南岸出湖口分为三汊，于清代屡丰产闸旧址建有川河闸，闸后三水归一称海口河，流经安宁市称螳螂川，下游称普渡河，注入金沙江。滇池北部有横亘东西的海埂湖堤，海埂以北称草海，水域面积约 11 平方千米；以南称外海，为滇池主体水域。1996 年 8 月滇池环湖截污工程完工，于海埂西端新建船闸分割湖体，将滇池北部截污水量经西园隧道穿过西山排向螳螂川。滇池的主要污染类型为严重的富营养化，水质从Ⅲ类下降到劣Ⅴ类，由 20 世纪 80 年代的富营养化到进入 90 年代严重富营养化，多次暴发蓝藻。2000 年入湖总氮 10940 吨，总磷 1320 吨。2011 年滇池全年水质为劣Ⅴ类。滇池提供环湖工业与城市供水，灌溉农田达 50 多万亩。湖内产鲤鱼、鲫鱼、金线鱼等。由于水质恶化，金线鱼等名贵鱼种几乎绝迹。滇池水体调节区域气候。在经历 20 世纪 70 年代的围海造田之后，滇池湖岸湿地几乎完全消失。1988 年滇池保护委员会制定了滇池保护条例。1994 年开工建设滇池防洪、保护及污水净化处理工程。此后，陆续对滇池实施了环湖截污、底泥疏挖与入湖河道治理等多项工程。滇池湿地亦日益引起重视，2007 年建成了宝象河入湖口五甲塘湿地公园，占地 400 多亩。又从大理引进海菜花种苗推广种植 64 亩，使早已在滇池绝迹的海菜花得以复归并生根开花。

抚仙湖为云南最深湖泊，中国著名深水湖泊，唐称大池，宋代大理国名之为罗伽湖，明代称抚仙湖。该湖位于澄江、江川、华宁 3 县区间，为构造断陷湖。湖的南北两侧为湖滨平原，由第四系冲积的松散岩类组成；东西两侧为断层崖及断块山地，由碳酸盐岩类与砂页岩组成。抚仙湖水位 1720 米，面积 212 平方千米，蓄水量 191.4 亿立方米。南北长 31.5 千米，东西宽 11.3 千米，湖岸线长 90.55 千米，北部最大水深 157.8 米。入湖主要河流有梁王河、东大河、西大河、东大河和尖山大河，湖口以上集水面积 675 平方千米。出湖口建有水闸，下泄河流为海口河，汇入南盘江。西南部通过长 2500 米的隔河与星云湖相通，2007 年以前，抚仙湖的出湖水量包括星云湖水量，年均出湖水量 9192 万立方米。2007 年 12 月完工的抚仙湖—星云湖出湖改道工程，使星云湖之水跨流域入玉溪市红塔区的玉溪大河。湖水湛蓝，透明度 7～8 米。pH 值 8.86，总硬度 8.16 德国度，矿化度 238.99 毫克/升。水质较好，未受到有机物、重金属和有毒物的污染，营养状况为中营养，2011 年全年水质 Ⅰ～Ⅱ 类，其中 Ⅰ 类水质占 2/3 水域。有鱼类 5 科 19 属 36 种，其中 27 种为土著品种，鲤鱼科鱼类 13 属 18 种，占总数的 2/3。鱇浪鱼、花鲈鱼、杞麓鲤、格氏鲐广泛分布全湖，抚仙鲤、裂腹鱼分布于水草区或湖湾浅水区，常氏刺鲃鱼、波罗鱼与云南光唇鱼等栖于石灰岩湖湾或溶洞。土著鱇浪鱼为抚仙湖的著名鱼种。湖中的孤山岛，湖西岸的玉笋山及绿充、碧云寺皆风景秀美，为星云湖—抚仙湖省级风景名胜区。

　　阳宗海为断陷构造湖，南北朝时称大泽，元代称明湖，明代环湖为阳宗县属地，故名阳宗海。阳宗海位于呈贡、宜良、澄江 3 县区交界处，沿小江深断裂带发育形成，形如南北向的巨履，两端略宽，中间稍窄。水位 1770.75 米，湖面积 31.9 平方千米，蓄水量 6.04 亿立方米。南北长 12.7 千米，东西平均宽 2.5 千米，最大水深 30 米，年均出湖水量 0.4572 亿立方米。有阳宗河、土星河、新街河、左卫营河等注入，湖口以上集水面积 192 平方千米。北部建有摆夷河引洪沟，引水区集水面积 95 平方千米。湖水由东北岸的汤池河流出，首部建有水闸，至汤池镇以下汇入摆夷河，再注入南盘江，属珠江水系。湖水透明度 4.5 米，pH 值 8.18，总硬度 11.38 德国度，矿化度 327.22 毫克/升。鱼类计有 8 科 23 种，其中引进 8 种，土著 15 种，特有金线鱼、阳宗白鱼、阳宗云南鳅等经济鱼类。1992 年以前，阳宗海水质保持在 Ⅱ 类。2008 年出现砷污染事件，2011 年水质为 Ⅲ～Ⅳ 类。灌溉农田 2800 公顷，提供阳宗海发电厂（煤电厂）、云南铝厂等单位用水。阳宗海为省级风景名胜区，建有阳宗海旅游度假区。

　　星云湖为构造湖，位于江川盆地内，又称江川湖，俗名浪广海，据县志记载："夜间星月皎洁，银河在天……"遂以景名湖。星云湖呈椭圆形，水位 1722 米，湖面 34.71 平方千米，蓄水 1.87 亿立方米。南北长 10.5 千米，东西宽 5800 米，最大水深 10 米。入湖河流有东河、西河、候家沟河等，出湖河道为隔河，下接抚仙湖，径流面积 378 平方千米。湖面一般高出抚仙湖，湖水经海门闸由隔河流入抚仙湖。河中有一巨石，高数丈，上刻"界鱼石"三字，以表两湖鱼类以此为界，互不往来。实施抚仙湖—星云湖出湖改道工程之后，星云湖之水流入红塔区玉溪大河。湖水呈绿色，透明度1.2米，pH值8.9，矿化度331.8毫克/升，属碳酸钙、镁型水。2011年水质为劣Ⅴ类，营养状况为中度富营养。湖中浮游生物多，为鱼类提供了丰富的饵料，水产资源丰富，是全省渔业单产最高的湖泊，每年都会举办盛大的开湖捕鱼节。土著鱼类主要有大头鱼（柏氏鲤）、小白鱼、杞麓鱼、鲤鱼、鲫鱼等，其中大头鱼以"鱼头大肉肥，味道鲜美"出名。先后引进的外来鱼种有青、草、鲢、鳙、华南鲤、武昌鱼、太湖银鱼等。沿湖耕地分布集中，灌溉效益显著。该地区属星云湖—抚仙湖省级风景名胜区，湖周多温泉，是较为理想的沐浴和疗养之地。

杞麓湖为构造断陷湖，又名通海湖。位于通海湖盆地中部，因湖畔的杞麓山（即秀山）而得名。"杞麓"又为蒙古语音译，意为"水里长出的石头"。水位1797.25米，湖面37.3平方千米，蓄水量1.68亿立方米。东西长10.4千米，南北平均宽3500米，湖岸线长32千米。湖体东部深，西部浅，最大水深6.8米，平均水深4米。主要入湖河流为中河、窑冲及大新河。无地表河流出湖口。湖水于岳家营落水洞成伏流，汇入曲江，注入南盘江。湖水呈黄绿色，微浑，湖水透明度0.4～0.5米，pH值9.38，总硬度12.18德国度，矿化度391.2毫克/升。2011年水质为劣Ⅴ类，为中度富营养状况。提供农田灌溉及工业用水，灌溉耕地面积6000公顷。1958年前土著鱼类以杞麓鲤、云南鲤、杞麓白鱼为主，1964年引进青、草、鲢、鳙及华南鲤、团头鲂、高背鲫等鱼种。1958年曾泄水涸湖。2009年6月于落水洞旁兴建的调蓄水隧道工程通水，解决了丰水期淹涝农田问题，湖水可下泄至相邻的红河流域。湖西岸坐落有兴蒙蒙古族乡，为元朝入滇的蒙古族后裔，他们由昔日的马背游牧转为捕捞鱼虾，再转为农耕，完成了由牧民向农民的转变。

异龙湖为断陷构造湖。彝语称"邑罗黑"，意为龙吐水成湖，故名。因位于石屏县东南，又称石屏海、东湖。异龙湖水位1414.2米，湖面34.0平方千米，蓄水量1.16亿立方米。东西长13.5千米，南北平均宽2800米，平均水深2.9米，最大水深3.7米。入湖主源河流为海河，其他支流多为季节性河流，有城南河与城北河等。湖口以上集水面积326.0平方千米，北岸有高冲中型水库跨流域引小河底河支流大桥河水量补给湖区，引水区面积183.8平方千米。出湖河流为泸江，汇入南盘江。湖水透明度0.25米，pH值8.84，总硬度13.5德国度，矿化度457.07毫克/升。2011年水质为劣Ⅴ类，为中度富营养。湖中有鲫鱼、鲤鱼、马口鱼、黄鳝、乌鳢、泥鳅、青将等7种鱼类，以鲤鱼为优势种。1957年起陆续向湖中投放青鱼、草鱼、鲢鱼、鳙鱼及鲤鱼、非洲鲫、武昌鱼、尼罗罗非鱼、高背鲫等鱼苗。该湖兼有灌溉、水产养殖、航运等功能。1971年打通青鱼湾隧洞，湖水经五郎沟河入小河底河，汇入红河。1981年4月下旬始，异龙湖连续干涸20余天，其后加大外流域引水量，逐渐恢复了异龙湖水域。湖中有"九湾三屿"，明清时曾在 3 岛上修建楼亭寺院。湖湾风景绮丽，盛夏荷花迷人，为省级风景名胜区。

五、滇中城市群地区的自然地理要素基础：土壤

土壤是成土母质在一定水热条件下和生物的作用下，经过一系列的物理、化学和生物化学的过程形成的。随着时间的推移，母质与环境间发生频繁的物质能量交换和转化，形成了土壤腐殖质和黏土矿物，出现了具有肥力特性的土壤。滇中城市群地区土壤形成的母质主要分布在中生代到第三纪的夷平面，地貌类型以岩溶盆地地貌为主，昆明以西的楚雄及玉溪部分地区广泛出露中生代红色砂岩（虞光复，1998）。滇中城市群地区的气候以高原季风气候和东南季风气候为主，气候特点具有雨热同期、冬暖夏凉、昼夜温差大等特点。区域内的水热指标是：$\geqslant 10℃$ 积温为 $4500 \sim 7500℃$，最冷月平均气温 $6℃ \sim 8℃$，年平均气温 $\geqslant 14℃$，霜期东部比西部稍长。植被为亚热带常绿阔叶、针叶混交林等。本带北部，多数热带耐寒多年生经济作物必须在有防寒措施的条件下才能生长，不同生态作物一年两熟（湿季种水稻，干季种小麦、蚕豆、油菜）。该土壤的一般特征是：母岩风化程度较砖红壤低，但很快分解和崩解为最终产物，R_2O_3 含量 $35\% \sim 48\%$，SiO_2 含量 $48\% \sim 55\%$，在土体中可见原生矿物粘粒的分子率：SiO_2/R_2O_3、SiO_2/Al_2O_3、SiO_2/Fe_2O_3 分别为 1.5、1.9、8.0，碱金属和碱土金属 CaO、MgO、K_2O，土体中的 Fe_2O_3、Al_2O_3 含量较多而呈红色，如湿度较大、水分较多时则呈现黄色，农业生产以粮作物为主，湿季种水稻、玉米、红薯，干季种小麦、蚕豆等。经济作物如烤烟、甘蔗、花生、多年生柑桔以及经济林木如紫胶、茶叶、油茶、油桐等可按湿润、干燥情况发展。因此，滇中城市群地区土壤以红壤和黄壤为主。其中，红壤属湿热铁铝土亚纲，是中、北亚热带生物气候下形成的地带性土壤。红壤分为黄红壤和红壤性土壤亚类。滇中城市群地区主要为山原红壤。滇中城市群地区的红壤主要分布在宜良县、石林县、嵩明县、禄劝县、寻甸县、安宁市、麒麟区、马龙区、陆良县、师宗县、罗平县、富源县、会泽县、沾益区、宣威市、红塔区、江川区、澄江市、通海县、华宁县、易门县、峨山县、新平县、元江县、开远市、蒙自市、弥勒市、建水县、石屏县、泸西县。黄壤发育于北亚热带的湿润气候条件下，冬无严寒，夏无酷暑，雨量充沛，云雾较多，日照较少，湿度大，干湿季节不如红壤区明显，降水量多为 $1000 \sim 1300$ 毫米，年降水量与蒸发量相当，相对湿度 80% 左右，比红壤区高，年均温度 $12℃ \sim 15℃$，低于红壤区。由于水热状况比较稳定，使土体经常保持湿润，植被一般为常绿阔叶林、针阔混交林。次生植被为马尾松、杉、栎类与灌木草坡等，在与红黄壤的过渡地区亦有云南松分布。植被以湿性常绿阔叶林为主，次为针阔叶混交林和杉木林。成

土母质以泥质岩、酸性结晶岩、碳酸盐岩和碳质岩类的风化物为主。滇中城市群地区的黄壤主要分布在个旧市。

由于地质构造带的广泛发育、地震活跃、人类活动强度大等原因，滇中城市群地区存在着严重的水土流失。位于金沙江流域的楚雄市、永仁县、姚安县、大姚县、元谋县、武定县、牟定县、南华县、禄丰县、双柏县、富源县、宣威市、寻甸县、会泽县、禄劝县、东川区16县区为滇中、滇东北山原中度流失区。位于金沙江流域、珠江流域、红河流域的五华区、盘龙区、西山区、官渡区、安宁市、富民县、嵩明县、呈贡区、晋宁区、宜良县、石林县、麒麟区、沾益区、马龙区、陆良县、师宗县、罗平县、红塔区、易门县、澄江市、峨山县、江川区、华宁县、通海县、石屏县25县区为滇中高原湖盆轻度流失区。位于红河流域、珠江流域的新平县、元江县、个旧市、开远市、蒙自市、建水县6县区为滇南中低山宽谷中度流失区。位于珠江流域、红河流域的弥勒市、泸西县2县区为东南岩溶丘陵中度流失区（万晔，2005）。

结合区域开发及水土流失情况，遵循地理环境整体性、分异性、人地性和尺度性思想或原理，对土地进行设计，以实现经济效益、社会效益和生态效益最优化。对此，滇中城市群地区提出滇中高原湖盆山地飞播造林模式、滇中高原湖盆山地水土保持与水源涵养林建设模式、滇中高原山地小流域水土流失综合治理模式、滇中高原薪炭林营建及农村能源配套开发模式、滇中高原绿色通道建设模式、滇中高原城市郊区生态林建设模式、滇中高原高中山水源涵养林体系建设模式、滇中高原切割山地水土流失治理模式等八种模式。其中，滇中高原湖盆山地飞播造林模式，位于滇中城市群地区晋宁区，为滇中高原湖盆山地地貌，海拔1600~2200米，山地土壤为红壤、棕壤，是云南松的适宜分布区域。天然植被盖度为30%~70%，具有相对集中连片的宜林荒山荒地，适宜飞播造林。该模式的治理技术思路为：云南松是云南省的主要针造林树种，生长迅速，适应性强，耐干旱瘠薄，天然更新容易，能飞播成林，既是荒山造林的先锋树种，也是中国大面积飞播造林获得成功的树种之一。飞播造林具有速度快、成本低、省劳力、效果好、不受地形限制等优势，在人烟稀少、荒山面积较大的边远山区飞播造林，可以加快荒山绿化步伐。滇中高原湖盆山地水土保持与水源涵养林建设模式，位于滇中城市群地区昆明市松华坝水源保护区，水分条件相对较好，土壤以棕壤、黄棕壤及红壤为主，土层较厚。退化的云南松林、以松类和栎类为主的针阔混交林是当地主要的森林类型。由于人为破坏较为严重，森林植被减少，水土流失加剧。该模式的治理技术思路为：在封山保护现有植被的基础上，遵循因地制宜、适地适树的原则，采取人工造林、封山育林等方式，营建乔、灌、草混交的水土保持林和水源涵养林体系。滇中高原山地小流域水土流失综合治理模式，位于滇中城市群地区会泽县头塘小流域，属滇中高原山区、半山区，典型的高原山地，山高坡陡，河谷纵横，海拔变化悬殊，气候垂直分布明显。土壤主要为红壤、黄壤、山地暗棕壤和紫色土。地表植被稀少且破坏严重，一遇降雨，地表松散物全部被径流冲刷入沟，水土流失严重。该模式的治理技术思路为：以小流域为单元，因地制宜，综合治理，恢复植被，防治水土流失。对流域内宜林荒山荒地，人工造林和封山育林相结合，恢复和建设植被；对水土流失严重、易坍塌地段，生物措施与工程措施相结合，防治水土流失。同时边治理边开发，使小流域的各项收益得到不断的提高。滇中高原薪炭林营建及农村能源配套开发模式，位于滇中高原湖盆山地的陆良县小莫古，海拔 1600～2200 米，山体下部坡度小于 25度。气候垂直变化明显，土壤为山地红壤、棕壤、紫色土。人口较多，薪材较为缺乏，森林破坏和水土流失严重。该模式的治理技术思路为：模式区人口稠密，缺乏燃料，应考虑薪炭林的营建和农村能源的综合开发。在村庄周围、房前屋后和田边地坎上，以萌生能力较强的树种营建薪炭林，解决当地群众的烧柴问题，同时辅以节柴改灶、沼气池等节能措施。滇中高原绿色通道建设模式，位于滇中城市群地区楚大高速公路两侧。在修建公路时，土石方工程导致公路两侧植被的破坏和水土流失，但土壤较为疏松，条件相对较好，种树（草）比较容易。该模式的治理技术思路为：以公路、铁路边缘为建设对象，对道路两侧绿化树种进行合理布局与配置，并采取必要的配套措施，营建生态经济型绿色通道。滇中高原城市郊区生态林建设模式，位于滇中城市群地区昆明市西山区，为城市近郊。该地区降水较为充沛，土壤条件相对较好，植树造林相对容易。该模式的治理技术思路为：城市郊区，交通便利，土地资源珍贵。建设时，既要满足当地群众的生产生活需要，又要为城市人口提供生活用品和观光旅游、休闲度假的场所；既要治理生态环境，又要满足城乡的不同需要。滇中高原高中山水源涵养林体系建设模式，位于滇中城市群地区永仁县的高中山区。该地区年降水量较少，一般在800 毫米左右，且 90% 集中在雨季。紫红色砂页岩分布较广，抗冲蚀能力弱，加之地形起伏较大，河谷狭窄、坡度陡峭，水土流失较为严重，自然条件十分恶劣。植被垂直差异明显，分布多样化。该模式的治理技术思路为：在保护现有植被的基础上，遵循因地制宜、适地适树、发展近自然林业的原则，采取封山或人工促进封山育林、人工造林等方式，恢复形成乔、灌、草相结合的稳定、高效的水源涵养林，以提高森林蓄水保土、调节水源、稳定河床的能力。滇中高原切割山地水土流失治理模式，位于滇中城市群地区的永仁县，地处滇中北高原，属金沙江流域。由于金沙江水系下切剧烈，南北向断裂发达，促进了高原面的解体，区内地势起伏较大，土壤冲刷较为严重，保水能力较差，是金沙江流域侵蚀较为严重的地段。该模式的治理技术思路为：从汇水的源头开始治理，造林与封育相结合，建设乔、灌、草复层混交的水土保持和水源涵养林，并辅以必要的水土保持工程措施，有效抑制水土流失。

六、滇中城市群地区自然地理综合基础：在自然地理区划中的位置

云南省综合自然区划是杨一光（1990）在实地调研和全面分析云南省独特、复杂、多样的自然地理环境及其地貌、气候、水文、土壤、植被等各个自然地理要素地域分异的基础上，遵循发生统一性原则、综合分析与主导因素原则、相对一致性原则、区域共轭性原则等综合自然区划的一般原则，运用叠置法、地理相关分析法和主导标志法相结合等方法形成的一套综合的自然区划系统。该区划系统分为三级，即自然地带、自然地区、自然区，将全省划分为 5 个自然地带、8 个自然地区、22 个自然区（见表 2-3）。自然地带是在纬度、大气环流特点及大地势结构影响下形成的，一个自然地带应具有一定热量、气温和水分组合特点，具有表征地带特征的土类和植被类型，以及具有较大范围的地域。自然地区是自然地带内由于地理位置和地形条件分异形成的地域单位，自然地区之间有生物气候特点或组合上的明显差异。自然区是由于地貌格局不同，包括地表切割程度、山脉和河谷的走势、岩性对地貌发育的影响的不同，引起的自然地区内的分异。其中，自然地带具体为：Ⅰ——热带北缘地带，包括云南南部热带北缘季雨林和半常绿季雨林砖红壤地带，其面积约为 5 万平方千米；Ⅱ——亚热带南部地带，包括云南高原亚热带南部季风常绿阔叶林红壤地带，其面积为 11.5 万平方千米；Ⅲ——亚热带北部地带，包括云南高原亚热带北部半湿润常绿阔叶林砖红壤地带，其面积为 20.5 万平方千米；Ⅳ——亚热带东北部地带，包括云南东北部山原湿性常绿阔叶林红、黄壤地带，其面积为 1.2 万平方千米；Ⅴ——寒温高原地带，包括青藏高原东南缘针叶林暗棕壤地带，其面积为 1.6 万平方千米。其中，滇中城市群地区主要分布在Ⅱb-1 蒙自、元江高原盆地峡谷区，Ⅲb-1 昆明、玉溪湖盆高原区，Ⅲb-2 楚雄红岩高原区，Ⅲb-3 曲靖岩溶高原区。

表 2-3　　　　　　　　　云南省综合自然区划分区系统

自然地带	自然地区	自然区
Ⅰ热带北缘地带（云南南部热带北缘季雨林、半常绿季雨林砖红壤地带）	Ⅰa滇西、滇西南山间盆地地区	Ⅰa-1 西双版纳中山盆谷区
		Ⅰa-2 德宏、孟定中山宽谷区
	Ⅰb滇东南中山河谷地区	Ⅰb-1 河口中山低谷区
Ⅱ亚热带南部地带（云南高原亚热带南部季风常绿阔叶林砖红壤性红壤地带）	Ⅱa滇西南中山山原地区	Ⅱa-1 思茅中山山原盆谷区
		Ⅱa-2 临沧中山山原区
		Ⅱa-3 梁河、龙陵中山山原区
	Ⅱb滇东南岩溶高原山原地区	Ⅱb-1 蒙自、元江高原盆地峡谷区
		Ⅱb-2 文山岩溶山原区

续表

自然地带	自然地区	自然区
Ⅲ亚热带北部地带（云南高原亚热带北部半湿润常绿阔叶林砖红壤地带）	Ⅲa滇西横断山脉地区	Ⅲa-1 保山、凤庆中山盆地宽谷区
		Ⅲa-2 腾冲中山盆地
		Ⅲa-3 云龙、兰坪高中山山原区
		Ⅲa-4 怒江高山峡谷区
	Ⅲb滇东高原地区	Ⅲb-1 昆明、五溪湖盆高原区
		Ⅲb-2 楚雄红岩高原区
		Ⅲb-3 曲靖岩溶高原区
		Ⅲb-4 昭通、宣威山地高原区
		Ⅲb-5 丘北、广南岩溶山原区
		Ⅲb-6 大理、丽江盆地中高山区
		Ⅲb-7 金沙江河谷区
Ⅳ亚热带东北部地带（云南东北部山原湿性常绿阔叶林红、黄壤地带）	Ⅳa滇东北中山山原河谷地区	Ⅳa-1 滇东北边沿中山河谷区
		Ⅳa-2 镇雄高原中山
Ⅴ寒温高原地带（青藏高原东南缘针叶林暗棕壤地带）	Ⅴa滇西北高山高原地区	Ⅴa-1 中甸、德钦高山高原区

七、滇中城市群地区自然地理综合基础：在生态功能区划中的位置

城市群地区是人地关系相互作用最为激烈的区域，人地关系矛盾突出，生态环境问题日益突出。滇中城市群地区主体集中分布在喀斯特中低山地区，生态环境脆弱、水资源匮乏。结合滇中城市群地区的生态环境特点，形成以"三江""六湖""三大水系分水岭"为骨架，以重点生态功能区、重点环境功能保护区和其他点状分布的重要生态空间为核心的区域生态安全格局。其中，重点生态功能区主要包括金沙江中游河谷水土保持、红河河谷水土保持区、珠江源头水源涵养区、金沙江—红河分水岭水源涵养区、牛栏江—南盘江分水岭水源涵养区生态功能。重点环境功能保护区包括滇池流域、阳宗海流域、抚仙湖流域、星云湖流域、杞麓湖流域、异龙湖流域及牛栏江流域。区域内各级自然保护区、风景名胜区、集中式饮用水源保护区、森林公园、地质公园，东川泥石流地质灾害多发区、金沙江元谋干热河谷、红河元江干热河谷、南盘江岩溶山原石漠化地区等生态敏感区（点）是维护区域生态安全的重要生态空间。

在系统分析滇中城市群地区的生态环境现状及《云南省主体功能区规划》中区域发展定位的基础上，进行了滇中城市群生态功能区划的制定。将滇中城市群地区划分为水源涵养生态功能区、生物多样性保护生态功能区、土壤保持生态功能区、林业生态功能区、农业与城镇生态功能区、城镇建设生态功能区等六种功能类型区。其中，水源涵养生态功能区主要包括金沙江分水岭红岩山原水源涵养生态功能区、掌鸠河中山山原水源涵养生态功能区、牛栏江上游丘原盆地水源涵养生态功能区、富源—罗平岩溶中山水源涵养生态功能区、牛栏江—南盘江上游岩溶山原水源涵养生态功能区等五个生态功能区，主要分布于昆明东北部、楚雄中部、曲靖宣威—沾益—会泽交界地带和富源—罗平部分区域。生物多样性保护生态功能区主要包括哀牢山—无量山下段生物多样性保护生态功能区、哀牢山—无量山生物多样性保护生态功能区等两个生态功能区，主要分布于滇中西南部哀牢山—无量山区域，是自然保护区集中分布的区域。土壤保持生态功能区主要包括元江干热河谷水土保持与林业生态功能区，礼社江中山河谷水土保持生态功能区，普渡河干流、小江上游水土保持生态功能区，金沙江中山峡谷水土保持生态功能区，牛栏江、金沙江高山峡谷水土保持生态功能区，以礼河、硝厂河高山深谷水土保持生态功能区，绿汁江河谷水土保持生态功能区，金沙江—小江高山峡谷水土保持生态功能区，南盘江、甸溪河岩溶低山水土保持生态功能区等九个生态功能区，主要分布在昆明北部及会泽、曲靖罗平—师宗、红河泸西—弥勒、玉溪西部南部区域、楚雄南部及永仁北部区域。林业生态功能区主要包括新平撮科河中山山原林业与水源涵养生态功能区，白草岭中山山原林业与水源涵养生态功能区，南盘江、清水江下游中山河谷林业生态功能区等三个生态功能区，主要分布在楚雄大姚—永仁、玉溪峨山—新平—元江、红河弥勒—泸西东部及石屏西部、曲靖师宗—罗平南部区域。农业与城镇生态功能区主要包括禄劝武定河谷盆地农业生态功能区，宣威岩溶峰丘农业生态功能区，元谋龙川江干热河谷农业生态功能区，异龙湖、长桥海山原湖盆农业与城镇生态功能区，曲靖、陆良山原盆地城镇与农业生态功能区。城镇建设生态功能区主要包括昆明—玉溪高原湖盆城镇建设生态功能区。最后两类功能区分布主要以昆明—玉溪为中心，向东沿宜良—陆良—曲靖—宣威延展，向西沿禄丰—楚雄延展，向西北沿元谋—永仁一带延展，向南沿石屏—建水—开远—蒙自—个旧延展。

八、滇中城市群地区自然地理综合基础：在生态保护红线区划中的位置

生态保护红线是指在生态空间范围内具有特殊重要生态功能、必须强制性严格保护的区域，是保障和维护国家生态安全的底线和生命线，通常包括具有重要

水源涵养、生物多样性维护、水土保持、防风固沙、海岸生态稳定等功能的生态功能重要区域，以及水土流失、土地沙化、石漠化、盐渍化等生态环境敏感脆弱区域（生态保护红线划定指南）。结合环境保护部和国家发展改革委的《生态保护红线划定指南》，云南省制定了《云南省生态保护红线》。滇中城市群地区生态保护红线功能区划分如下：高原湖泊及牛栏江上游水源涵养生态保护红线、金沙江下游—小江流域水土流失控制生态保护红线、金沙江干热河谷及山原水土保持生态保护红线、珠江上游及滇东南喀斯特地带水土保持生态保护红线、哀牢山—无量山山地生物多样性维护与水土保持生态保护红线和红河（元江）干热河谷及山原水土保持生态保护红线（如图2-4所示）。其中，高原湖泊及牛栏江上游水源涵养生态保护红线区地势起伏和缓，为构造湖泊和岩溶湖泊集中分布区。区内植被以半湿润常绿阔叶林、暖温性针叶林、暖温性灌丛等为代表。建有中国前寒武系省级地质自然保护区（省级）、寻甸黑颈鹤省级自然保护区（省级）、江川大龙潭县级自然保护区（县级）、澄江动物化石群省级自然保护区（省级）、澄江梁王山县级自然保护区（县级）、华宁阳暮山县级自然保护区（县级）、金殿国家森林公园、抚仙—星云湖泊省级风景名胜区、石屏异龙湖省级风景名胜区等保护地。金沙江下游—小江流域水土流失控制生态保护红线区是高原边缘的中山峡谷区，四季分明，夏季高温多雨、冬季温和湿润。区内植被以半湿润常绿阔叶林、落叶阔叶林、暖温性针叶林、亚高山草甸等为代表。建有云南轿子山国家级自然保护区（国家级）、云南会泽黑颈鹤国家级自然保护区（国家级）、会泽驾车华山松省级自然保护区（省级）、会泽鲁纳黄杉县级自然保护区（县级）、会泽牯牛寨杜鹃县级自然保护区（县级）、会泽待补鸡鸣山县级自然保护区（县级）、会泽大井元江栲县级自然保护区（县级）、马龙黄草坪水源县级自然保护区（县级）。金沙江干热河谷及山原水土保持生态保护红线是以中山峡谷地貌为主，气候高温少雨。区内植被以干热河谷稀树灌木草丛、干热河谷灌丛、暖温性针叶林等为代表。区内建有牟定化佛山市级自然保护区（市级）、牟定白马山市级自然保护区（市级）、楚雄三峰山市级自然保护区（市级）、姚安大尖山市级自然保护区（市级）、姚安花椒园市级自然保护区（市级）、楚雄三峰山市级自然保护区（市级）、大姚县华山市级自然保护区（市级）、永仁方山市级自然保护区（市级）、元谋土林市级自然保护区（市级）、武定狮子山市级自然保护区（市级）。珠江上游及滇东南喀斯特地带水土保持生态保护红线以岩溶地貌为主，是红河、珠江等重要河流的源头和上游区域，以中亚热带季风气候为主。植被以季风常绿阔叶林、半湿润常绿阔叶林、暖温性针叶林、石灰岩灌丛等为代表。区内建有金沙江水系水生物市级自然保护区（市级）、珠江水系水生动物市级自然保护区（市级）、麒麟朗目山县级自然保护区（县级）、麒麟五台山县级自然保护区（县级）、麒麟青峰山县级自然保护区（县级）、麒麟潇湘谷原始森林生态

审图号：云S（2020）064号

图例
- ☆ 省政府驻地
- □ 县界
- ①五华区②盘龙区
- ③官渡区④西山区
- ▨ 哀牢山-无量山山地生物多样性维护与水土保持生态保护红线
- ▨ 珠江上游及滇东南喀斯特地带水土保持生态保护红线
- ▤ 红河（元江）干热河谷及山原水土保持生态保护红线
- ▨ 金沙江下游-小江流域水土流失控制生态保护红线
- ▥ 金沙江干热河谷及山原水土保持生态保护红线
- ▨ 高原湖泊及牛栏江上游水源涵养生态保护红线

图2-4　滇中城市群地区生态保护格局

县级自然保护区（县级）、陆良彩色沙林县级自然保护区（县级）、师宗菌子山市级自然保护区（市级）、师宗翠云山县级自然保护区（县级）、师宗大堵水库县级自然保护区（县级）、师宗丁累大箐县级自然保护区（县级）、师宗东风水库县级自然保护区（县级）、罗平万峰山市级自然保护区（市级）、鲁布革自然保护区（县级）、富源十八连山省级自然保护区（省级）、宜良九乡麦田河天然林县级自然保护区（县级）、宜良阳宗海老爷山天然林县级自然保护区（县级）、宜良竹山总山神天然林县级自然保护区（县级）、开远南洞县级自然保护区（县级）、建水燕子洞白腰雨燕省级自然保护区（省级）、玉溪红塔山市级自然保护区（市级）、通海秀山县级自然保护区（县级）。哀牢山—无量山山地生物多样性维护与水土保持生态保护红线是以横断山南缘山地为主，受东南季风和西南季风影响，干湿季分明。植被以季风常绿阔叶林、中山湿性常绿阔叶林等为代表。区内建有云南哀牢山国家级自然保护区（国家级）、楚雄紫溪山省级自然保护区

（省级）、楚雄西山市级自然保护区（市级）、云南哀牢山国家级自然保护区（国家级）、双柏白竹山市级自然保护区（市级）、双柏恐龙河市级自然保护区（市级）、云南哀牢山国家级自然保护区（国家级）、楚雄三峰山市级自然保护区（市级）、新平磨盘山县级自然保护区（县级）、新平哀牢山县级自然保护区（县级）、云南哀牢山国家级自然保护区（国家级）。红河（元江）干热河谷及山原水土保持生态保护红线是以中山河谷地貌为主，降水量少，气温高。区内植被以季风常绿阔叶林、干热河谷稀树灌木草丛等为代表。区内建有雕翎山自然保护区（省级）、禄丰樟木箐市级自然保护区（市级）、禄丰五台山县级自然保护区（县级）、易门脚家店恐龙化石市级自然保护区（市级）、易门龙泉市级自然保护区（市级）、易门翠柏县级自然保护区（县级）、峨山玉白顶林场市级自然保护区（市级）、峨山玉白顶林场市级自然保护区（市级）、云南元江国家级自然保护区（国家级）、云南大围山国家级自然保护区（国家级）、个旧董棕县级自然保护区（县级）。

九、滇中城市群地区自然地理综合基础：在主体功能区区划中的位置

省域主体功能区区划研究是潘玉君、武友德和张谦舵（2011）在科学认识云南省县域差距和县域特征的基础上，遵循以人为本原则、主导因素原则、区域共轭原则、综合原则和服从国家意志原则等，通过资源环境承载能力、现有开发强度、发展潜力和发展能力四个方面构建指标体系，运用"自上而下的区域划分"和"自下而上的区域合并"的区划方法，对云南省进行了主体功能区的划分，得到云南省主体功能区区划系统（见表2-4）。

表2-4　　　　　　　　　　云南省主体功能区区划系统

主体功能区	主体功能亚区	主体功能小区	所辖县区
I 昆玉主体功能区	I a 昆明主体功能亚区	I a-1 昆明主体功能小区	昆明市区
		I a-2 呈贡主体功能小区	呈贡区
	I b 玉溪主体功能亚区		红塔
	I c 安晋主体功能亚区		安宁市、晋宁区
II 保普主体功能区	II a 孟西主体功能亚区		孟连县、西盟县
	II b 瑞禄主体功能亚区		瑞丽市、芒市、梁河县、盈江县、陇川县、墨江县、景东县、景谷县、昌宁县、镇沅县、临翔区、云县、镇康县、双江县、耿马县、沧源县、双柏县、易门县、峨山县、新平县、施甸县、龙陵县、禄丰县

主体功能区	主体功能亚区	主体功能小区	所辖县区
II 保普主体功能区	IIc 思普主体功能亚区	IIc-1 思宁主体功能小区	思茅区、宁洱县
		IIc-2 澜沧主体功能小区	澜沧县
	IId 腾隆主体功能亚区	IId-1 隆阳主体功能小区	隆阳区
		IId-2 腾冲主体功能小区	腾冲市
	IIe 楚雄主体功能亚区		楚雄市
III 麒蒙主体功能区	IIIa 红元主体功能亚区		红河县、元阳县、元江县
	IIIb 马建主体功能亚区		马龙区、师宗县、陆良县、宜良县、石林县、江川区、澄江市、通海县、华宁县、石屏县、泸西县、建水县
	IIIc 个弥主体功能亚区	IIIc-1 个蒙主体功能小区	个旧市、蒙自市
		IIIc-2 弥勒主体功能小区	弥勒市
		IIIc-3 开远主体功能小区	开远市
	IIId 麒富主体功能亚区	IIId-1 麒麟主体功能小区	麒麟区
		IIId-2 罗富主体功能小区	罗平县、富源县
IV 宣富主体功能区	IVa 东会主体功能亚区		东川区、会泽县
	IVb 宣嵩主体功能亚区		宣威市、沾益区、富民县、寻甸县、嵩明县
V 勐广主体功能区	Va 红河主体功能亚区		江城县、绿春县、金平县、屏边县、河口县
	Vb 文山主体功能亚区		文山市、砚山县、西畴县、麻栗坡县、马关县、广南县、富宁县、丘北县
	Vc 版纳主体功能亚区		景洪市、勐海县、勐腊县
VI 楚大主体功能区	VIa 洱川主体功能亚区		洱源县、云龙县、剑川县、鹤庆县、宾川县
	VIb 永禄主体功能亚区		永平县、漾濞县、弥渡县、南涧县、巍山县、牟定县、南华县、姚安县、大姚县、永仁县、元谋县、武定县、凤庆县、永德县、禄劝县
	VIc 大理主体功能亚区		大理市、祥云县

续表

主体功能区	主体功能亚区	主体功能小区	所辖县区
Ⅶ昭通主体功能区	Ⅶa 镇彝主体功能亚区		镇雄县、大关县、威信县、彝良县
	Ⅶb 鲁巧主体功能亚区		鲁甸县、巧家县
	Ⅶc 永水主体功能亚区		永善县、盐津县、绥江县、水富县
	Ⅶd 昭阳主体功能亚区		昭阳区
Ⅷ迪怒主体功能区	Ⅷa 怒江主体功能亚区		德钦县、维西县、泸水市、福贡县、贡山县
	Ⅷb 永华主体功能亚区		永胜县、宁蒗县、华坪县
	Ⅷc 古香主体功能亚区	Ⅷc-1 古玉主体功能小区	古城区、玉龙县
		Ⅷc-2 香格主体功能小区	香格里拉市
		Ⅷc-3 兰坪主体功能小区	兰坪县

该区划系统将云南省的主体功能区划分为三个区域等级的"树型系统":主体功能区—主体功能亚区—主体功能小区。在每一个主体功能区下划分若干主体功能亚区,在主体功能亚区中划分若干主体功能小区。其中,主体功能区包括"开发现状较好、发展潜力较大"的昆玉主体功能区(Ⅰ),"资源环境较好、开发现状差"的保普主体功能区(Ⅱ),"资源环境较好、发展潜力较差"的麒蒙主体功能区(Ⅲ),"开发现状较好、发展潜力较差"的宣富主体功能区(Ⅳ),"发展潜力较好、开发现状较差"的勐广主体功能区(Ⅴ),"发展潜力较好、开发现状差"的楚大主体功能区(Ⅵ),"资源环境较好、开发现状较差"的昭通主体功能区(Ⅶ),"资源环境极差、发展潜力较差"的迪怒主体功能区(Ⅷ)8个主体功能区。其中,滇中城市群地区主要分布Ⅰa 昆明主体功能亚区、Ⅰb 玉溪主体功能亚区、Ⅰc 安晋主体功能亚区、Ⅱb 瑞禄主体功能亚区、Ⅱe 楚雄主体功能亚区、Ⅲa 红元主体功能亚区、Ⅲb 马建主体功能亚区、Ⅲc 个弥主体功能亚区、Ⅲd 麒富主体功能亚区、Ⅳa 东会主体功能亚区、Ⅳb 宣嵩主体功能亚区。其中,滇中城市群地区主要分布在Ⅰa 昆明主体功能亚区、Ⅰb 玉溪主体功能亚区、Ⅰc 安晋主体功能亚区、Ⅱe 楚雄主体功能亚区、Ⅲa 红元主体功能亚区、Ⅲb 马建主体功能亚区、Ⅲc 个弥主体功能亚区、Ⅲd 麒富主体功能亚区、Ⅳa 东会主体功能亚区、Ⅳb 宣嵩主体功能亚区。

十、滇中城市群地区自然地理综合基础：在"坝—坝山—山"中的位置

以杨子生等在《基于第二次全国土地调查的云南省坝区县、半山半坝县和山区县的划分》（杨子生等，2014）一文中提出的坝区土地综合指数为主导指标，确定：凡土地综合指数≥50的划为坝区县，土地综合指数在50～20的划为半山半坝县，土地综合指数＜20的划为山区县。另外，以坝区耕地面积比例、坝区土地面积比例、≥100平方千米坝子数（其中，又分出≥200平方千米坝子数）作为辅助性指标（或补充性指标），将滇中城市群地区划分为21个半山半坝县（市、区）、15个山区县（市、区）和13个坝区县（市、区）。其中，山区县（市、区）整体分布在滇中城市群地区的北部和西部，主要包括东川区、富民县、禄劝县、富源县、会泽县、易门县、峨山县、新平县、元江县、双柏县、南华县、大姚县、武定县、个旧市、开远市15县（市、区）；坝区县（市、区）整体分布在昆明市西部及曲靖市西部，主要包括官渡区、呈贡区、晋宁区、石林县、嵩明县、安宁市、麒麟区、马龙区、陆良县、沾益区、通海县、元谋县、泸西县13县区；半山半坝县（市、区）主要包括五华区、盘龙区、西山区、宜良县、寻甸县、师宗县、罗平县、宣威市、红塔区、江川区、澄江市、华宁县、楚雄市、牟定县、姚安县、永仁县、禄丰县、蒙自市、弥勒市、建水县、石屏县21县（市、区）（见表2-5）。

表2-5　　　　　　　　滇中城市群地区"坝—坝山—山"数据

县（市、区）	类型	县（市、区）	类型	县（市、区）	类型
五华区	半山半坝县	师宗县	半山半坝县	牟定县	半山半坝县
盘龙区	半山半坝县	罗平县	半山半坝县	南华县	山区县
官渡区	坝区县	富源县	山区县	姚安县	半山半坝县
西山区	半山半坝县	会泽县	山区县	大姚县	山区县
东川区	山区县	沾益区	坝区县	永仁县	半山半坝县
呈贡区	坝区县	宣威市	半山半坝县	元谋县	坝区县
晋宁区	坝区县	红塔区	半山半坝县	武定县	山区县
富民县	山区县	江川区	半山半坝县	禄丰县	半山半坝县
宜良县	半山半坝县	澄江市	半山半坝县	个旧市	山区县
石林县	坝区县	通海县	坝区县	开远市	山区县
嵩明县	坝区县	华宁县	半山半坝县	蒙自市	半山半坝县

续表

县（市、区）	类型	县（市、区）	类型	县（市、区）	类型
禄劝县	山区县	易门县	山区县	弥勒市	半山半坝县
寻甸县	半山半坝县	峨山县	山区县	建水县	半山半坝县
安宁市	坝区县	新平县	山区县	石屏县	半山半坝县
麒麟区	坝区县	元江县	山区县	泸西县	坝区县
马龙区	坝区县	楚雄市	半山半坝县		
陆良县	坝区县	双柏县	山区县		

第二节　滇中城市群地区的自然资源基础

一、滇中城市群地区土地资源

滇中城市群地区 2015 年耕地、园地、林地、草地、城镇村及工矿用地、交通运输用地、水域及水利设施用地、其他土地的面积分别为 2296471.85 公顷、188802.32 公顷、6024854.65 公顷、1079411.47 公顷、396533.15 公顷、153341.04 公顷、227014.24 公顷、771433.67 公顷。其中，农用地面积为 9589540.29 公顷，占 2015 年该区域所有面积的 89.098%；非农建设用地面积为 776888.43 公顷，占 2015 年该区域所有面积的 6.975%。滇中城市群地区农业与非农建设用地的比例结构为：农用地∶非农建设用地 =89.1∶7.1。由此可见，在土地利用方面，滇中城市群地区属于以大农业为主体的山区。各县（市、区）内部耕地、园地、林地、草地、城镇村及工矿用地、交通运输用地、水域及水利设施用地、其他土地差异较大（见表 2 -6）。

表 2 -6　　　　　　滇中城市群地区土地资源情况

县区	耕地资源情况（%）										
	耕地比例	园地比例	林地比例	草地比例	城镇用地比例	交通用地比例	水域地比例	其他土地比例	坝区耕地比例	坝区土地比例	土地综合指数
五华区	0.002	0.010	0.003	0.002	0.019	0.007	0.001	0.002	27.57	19.79	26.85
盘龙区	0.001	0.006	0.003	0.002	0.018	0.004	0.004	0.002	20.99	22.51	24.89
官渡区	0.004	0.021	0.004	0.002	0.041	0.030	0.017	0.002	59.59	47.02	80.57

续表

县区	耕地资源情况（%）										
	耕地比例	园地比例	林地比例	草地比例	城镇用地比例	交通用地比例	水域地比例	其他土地比例	坝区耕地比例	坝区土地比例	土地综合指数
西山区	0.003	0.007	0.008	0.005	0.032	0.013	0.052	0.003	26.97	25.04	49.66
东川区	0.014	0.009	0.010	0.056	0.013	0.014	0.019	0.024	4.17	2.22	3.60
呈贡区	0.003	0.028	0.002	0.002	0.033	0.014	0.032	0.002	67.67	50.14	86.84
晋宁区	0.011	0.014	0.010	0.013	0.022	0.018	0.054	0.008	57.51	23.85	65.60
富民县	0.007	0.043	0.009	0.008	0.010	0.009	0.003	0.010	12.85	4.35	9.61
宜良县	0.023	0.041	0.016	0.008	0.021	0.021	0.025	0.014	34.54	15.41	31.37
石林县	0.025	0.013	0.012	0.006	0.015	0.025	0.012	0.021	52.80	32.16	67.99
嵩明县	0.016	0.012	0.010	0.011	0.027	0.016	0.015	0.008	53.43	24.56	63.80
禄劝县	0.025	0.024	0.040	0.070	0.020	0.027	0.030	0.032	12.67	2.83	8.60
寻甸县	0.045	0.022	0.028	0.029	0.030	0.034	0.020	0.036	27.70	12.43	25.86
安宁市	0.008	0.022	0.014	0.003	0.031	0.021	0.010	0.003	70.31	24.74	73.11
麒麟区	0.022	0.026	0.011	0.005	0.035	0.019	0.019	0.012	57.20	34.64	71.87
马龙区	0.017	0.026	0.014	0.016	0.015	0.021	0.012	0.006	54.99	22.73	43.55
陆良县	0.033	0.047	0.013	0.005	0.027	0.022	0.020	0.016	73.36	50.24	93.33
师宗县	0.034	0.007	0.024	0.012	0.022	0.023	0.012	0.037	35.72	15.23	48.57
罗平县	0.032	0.007	0.019	0.037	0.028	0.023	0.015	0.071	26.18	11.58	27.86
富源县	0.048	0.002	0.023	0.023	0.021	0.022	0.009	0.049	13.90	8.37	12.58
会泽县	0.056	0.012	0.048	0.087	0.036	0.036	0.038	0.061	17.56	5.84	13.06
沾益区	0.033	0.027	0.026	0.013	0.024	0.031	0.024	0.015	60.95	29.97	61.13
宣威市	0.085	0.012	0.045	0.037	0.051	0.064	0.033	0.081	23.73	12.19	40.22
红塔区	0.007	0.014	0.010	0.001	0.025	0.011	0.006	0.004	49.46	16.79	40.33
江川区	0.009	0.008	0.006	0.003	0.010	0.006	0.052	0.005	47.95	18.63	37.27
澄江市	0.007	0.003	0.004	0.007	0.008	0.008	0.065	0.007	29.15	10.63	22.24
通海县	0.008	0.007	0.007	0.001	0.010	0.008	0.020	0.004	50.82	22.98	44.77
华宁县	0.015	0.023	0.009	0.010	0.009	0.013	0.015	0.020	8.85	4.51	7.52
易门县	0.010	0.012	0.016	0.014	0.011	0.012	0.008	0.014	14.17	3.57	9.86
峨山县	0.010	0.010	0.024	0.007	0.011	0.014	0.009	0.008	17.75	3.31	11.65

续表

县区	耕地资源情况（%）										
	耕地比例	园地比例	林地比例	草地比例	城镇用地比例	交通用地比例	水域地比例	其他土地比例	坝区耕地比例	坝区土地比例	土地综合指数
新平县	0.025	0.027	0.048	0.028	0.016	0.034	0.029	0.030	7.68	2.02	5.39
元江县	0.018	0.036	0.027	0.032	0.010	0.022	0.017	0.022	11.32	2.91	7.91
楚雄市	0.023	0.021	0.054	0.019	0.030	0.035	0.029	0.022	22.65	5.34	18.88
双柏县	0.016	0.016	0.043	0.038	0.011	0.022	0.029	0.044	2.88	0.58	1.92
牟定县	0.011	0.007	0.016	0.009	0.010	0.007	0.010	0.010	34.06	10.38	28.11
南华县	0.015	0.008	0.025	0.015	0.013	0.018	0.012	0.017	17.23	4.64	12.16
姚安县	0.010	0.012	0.020	0.012	0.009	0.007	0.011	0.008	43.97	8.96	29.32
大姚县	0.017	0.050	0.048	0.032	0.014	0.015	0.016	0.024	18.16	2.92	11.64
永仁县	0.009	0.040	0.024	0.023	0.007	0.011	0.011	0.010	32.06	6.80	21.54
元谋县	0.013	0.011	0.014	0.065	0.010	0.013	0.022	0.007	54.95	15.82	42.74
武定县	0.022	0.016	0.029	0.031	0.015	0.022	0.014	0.028	16.41	4.59	11.69
禄丰县	0.024	0.018	0.039	0.019	0.025	0.031	0.023	0.024	40.46	10.77	31.83
个旧市	0.014	0.034	0.011	0.019	0.029	0.017	0.013	0.016	20.54	9.23	16.72
开远市	0.017	0.021	0.016	0.022	0.020	0.022	0.011	0.024	22.28	8.61	17.29
蒙自市	0.026	0.073	0.014	0.019	0.024	0.024	0.016	0.031	28.32	17.89	46.12
弥勒市	0.045	0.020	0.032	0.044	0.029	0.036	0.022	0.024	28.93	12.78	26.74
建水县	0.034	0.032	0.033	0.040	0.025	0.033	0.033	0.041	37.51	13.89	48.75
石屏县	0.020	0.028	0.031	0.035	0.013	0.026	0.029	0.014	20.77	6.24	18.38
泸西县	0.027	0.010	0.011	0.003	0.018	0.017	0.012	0.028	47.60	25.71	61.31

　　滇中城市群地区由于地处滇中红色高原及滇东喀斯特高原两大地貌单元区上，使得区内耕地分布在山间坝子中。区内坝区耕地面积比例较大的县区有陆良县（73.36%）、安宁市（70.31%）、呈贡区（67.67%）、沾益区（60.95%）、官渡区（59.59%）、晋宁区（57.51%）、麒麟区（57.20%）、马龙区（54.99%）、元谋县（54.95%）、嵩明县（53.43%）、石林县（52.80%）、通海县（50.82%）。区内土地综合指数较大的县（市、区）有陆良县、呈贡区、官渡区、安宁市、麒麟区、石林县、晋宁区、嵩明县、泸西县、沾益区，指数分别为 93.33、86.84、80.57、73.11、71.87、67.99、65.60、63.80、61.31、61.13。区内坝子面积≥200 平方千米的县（市、区）有沾益区（843.62 平方千

米)、陆良县 (772.00 平方千米)、麒麟区 (534.69 平方千米)、嵩明县 (446.10 平方千米)、蒙自市 (369.10 平方千米) 弥勒市 (367.40 平方千米)、宣威市 (335.10 平方千米)、泸西县 (326.80 平方千米)、晋宁区 (318.79 平方千米)、师宗 (309.90 平方千米)、官渡区 (297.60 平方千米)、建水县 (279.00 平方千米)、呈贡区 (255.82 平方千米)、罗平县 (252.80 平方千米)、会泽县 (230.20 平方千米)、西山区 (220.68 平方千米)、安宁市 (202.50 平方千米)、楚雄市 (201.70 平方千米)。

以杨子生等在《基于第二次全国土地调查的云南省坝区县、半山半坝县和山区县的划分》一文中提出的坝区土地综合指数为主导指标,确定:凡土地综合指数≥50 的划为坝区县,土地综合指数在 50～20 之间的划为半山半坝县,土地综合指数 <20 的划为山区县。另外,以坝区耕地面积比例、坝区土地面积比例、≥100 平方千米坝子数(其中,又分出≥200 平方千米坝子数)作为辅助性指标(或补充性指标),将滇中城市群地区划分为 21 个半山半坝县、15 个山区县和 13 个坝区县(见图 2－5)。其中,山区县整体分布在滇中城市群地区的北部和西部,主要包括东川区、富民县、禄劝县、富源县、会泽县、易门县、峨山县、新平县、元江县、双柏县、南华县、大姚县、武定县、个旧市、开远

审图号:云S(2020)064号

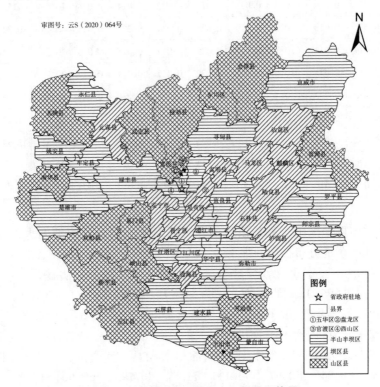

图 2－5　滇中城市群地区山一坝县区格局

市 15 县区；坝区县整体分布在昆明市西部及曲靖市西部，主要包括官渡区、呈贡区、晋宁区、石林县、嵩明县、安宁市、麒麟、马龙、陆良县、沾益区、通海县、元谋县、泸西县 13 县区；半山半坝区主要包括五华区、盘龙区、西山区、宜良县、寻甸县、师宗县、罗平县、宣威市、红塔区、江川区、澄江市、华宁县、楚雄市、牟定县、姚安县、永仁县、禄丰县、蒙自市、弥勒市、建水县、石屏县 21 县区。

二、滇中城市群地区气候资源

滇中城市群地区的曲靖地区、环滇池地区县区整体年平均气温为 12℃～15℃，玉溪及楚雄的大部分地区整体年平均气温为 15℃～18℃，玉溪南部地区、红河北部地区整体平均气温为 18℃～21℃。滇中城市群地区大部分地区年降水量整体在 700～1000 毫米，曲靖的东南部地区年降水量整体在 1000～1750 毫米，降水量最大值出现在罗平县。曲靖的东部地区雨季开始于 5 月中旬，昆明市、玉溪市及楚雄州的大部分地区雨季开始于 5 月下旬，楚雄州的中北部地区雨季开始于 6 月上旬。滇中城市地区大部分的年极端最高气温 32℃～38℃，楚雄北部金沙江谷底边缘县区的年极端最高气温在 40℃以上。滇中城市群地区大部分地区（除曲靖市的宣威市和富源县，以及昆明市、玉溪市和楚雄州的大部分地区）年总辐射量在 5000～5500 兆焦耳/平方米；红河北部地区年总辐射量在 5500～6000 兆焦耳/平方米；楚雄州西北部地区年总辐射量在 5500 兆焦耳/平方米以上。滇中城市群地区的曲靖及玉溪的大部分地区年日照时数为 2000～2260 小时，楚雄州的大部分地区及昆明的西部地区年日照时数为 2260～2500 小时。滇中城市群地区的曲靖中北部属于南温带，曲靖中南部及昆明大部分地区属于北亚热带，楚雄州南部及玉溪中北部地区属于中亚热带，红河州的北部地区属于南亚热带。滇中城市群地区气候资源最大值（见表 2-7）出现在元江县，数据为 $1771 g \cdot m^{-2} \cdot a^{-1}$，即为 V 类；最小值出现在会泽县，数据为 $1294 g \cdot m^{-2} \cdot a^{-1}$，即为 I 类；楚雄州、昆明市、曲靖市及玉溪市的大部分县区的气候资源值在 1356～$1446 g \cdot m^{-2} \cdot a^{-1}$，即为 II 类。

表 2-7   滇中城市群地区气候资源情况

序号	县区	气候资源	类型	序号	县区	气候资源	类型	序号	县区	气候资源	类型
1	五华区	1433	II	3	官渡区	1419	II	5	东川区	1612	IV
2	盘龙区	1411	II	4	西山区	1437	II	6	呈贡区	1381	II

续表

序号	县区	气候资源	类型	序号	县区	气候资源	类型	序号	县区	气候资源	类型
7	晋宁区	1381	II	22	沾益区	1411	II	37	姚安县	1386	II
8	富民县	1423	II	23	宣威市	1356	II	38	大姚县	1412	II
9	宜良县	1475	III	24	红塔区	1429	II	39	永仁县	1444	II
10	石林县	1446	II	25	江川区	1396	II	40	元谋县	1421	II
11	嵩明县	1407	II	26	澄江市	1479	III	41	武定县	1384	II
12	禄劝县	1439	II	27	通海县	1366	II	42	禄丰县	1403	II
13	寻甸县	1470	III	28	华宁县	1480	III	43	个旧市	1534	III
14	安宁市	1367	II	29	易门县	1381	II	44	开远市	1620	IV
15	麒麟区	1418	II	30	峨山县	1416	II	45	蒙自市	1667	IV
16	马龙区	1359	II	31	新平县	1558	III	46	弥勒市	1486	III
17	陆良县	1402	II	32	元江县	1771	V	47	建水县	1490	III
18	师宗县	1443	II	33	楚雄市	1402	II	48	石屏县	1503	III
19	罗平县	1552	III	34	双柏县	1367	II	49	泸西县	1412	II
20	富源县	1487	III	35	牟定县	1394	II				
21	会泽县	1294	I	36	南华县	1368	II				

三、滇中城市群地区矿产资源

滇中地区矿产资源储量大、经济价值高，资源极其丰富，集中了云南绝大多数磷、铜、铁、铅、煤等矿产。其中，云南省的东部矿产资源分布区及中部矿产资源分布区主要集中在滇中地区。东部矿产资源分布区主要位于小江断裂带与红河断裂带以东的地区，主要包括昭通地区、曲靖地区、文山州及红河州东部地区。主要矿产资源有锡矿、锰矿、煤矿、铅锌矿、钨矿、锑矿等。东部矿产资源分布区包括滇东北矿产资源分布亚区、滇东矿产资源分布亚区及滇东南矿产资源分布亚区。中部矿产资源分布区介于小江断裂带与程海—祥云断裂带之间，南部止于红河断裂带。主要包括昆明市、楚雄州、玉溪市、华坪县、新平县。主要矿产资源有磷矿、富铁矿、富铜矿、铂矿、蓝石棉、石膏、芒硝、盐岩、铝土矿、黏土、褐煤等。滇中地区的磷矿主要分布在晋宁区的昆阳磷矿。晋宁昆阳磷矿床位于昆明市西南，滇池西侧，主要分布在滇东—川西地区，主要包括滇东北、会泽—寻甸、滇池—抚仙湖、滇东南和马边—雷波五个矿区。其中滇东地区磷矿层产于寒武系梅树村阶渔户村组中谊村段，主要由白云岩和磷块岩组成，厚20.16

米，其中磷块岩厚 10.06 米。磷矿分两层，上矿层厚 1.97 ~ 14.85 米，下矿层厚 0 ~ 6.87 米。晋宁昆阳磷矿床 P_2O_5 平均质量分数为 26.24%，地表氧化矿石品位较富，含 P_2O_5 30% 以上。寒武系沉积型磷矿为晋宁昆阳磷矿床的磷矿主体部分。矿体组成主要为浅灰色、灰白色中厚层状含磷白云岩；磷块岩层，含磷白云岩；含磷白云岩或白云岩。磷矿石主要为条带状、条纹状磷块岩，局部为块状磷块岩。矿体平均厚度 1.14 ~ 4.88 米，矿石品位一般在 23.37% ~ 31.09%。截至 2008 年底，滇中地区的东川、玉溪、楚雄及个旧等地集中了云南省铜矿的 93.5%，主要的矿产地有东川铜矿区、新平大红山铁铜矿区、大姚铜矿区、易门铜矿区和金平白马寨。滇中地区的安宁县、晋宁区、东川区、峨山县、新平县、禄丰县、武定县、石屏县为云南省铁矿的集中分布区，主要矿产区有大红山铁矿区及新平鲁奎山铁矿区。滇中地区的会泽、建水、蒙自、个旧、罗平等县为云南省铅锌矿集中分布区，主要矿区有会泽娜姑银厂、会泽小竹箐、会泽矿山厂、会泽麒麟厂、会泽雨碌、会泽五星厂、会泽窝铅厂等七个矿区。滇中城市群地区主要分布在宣威市、富源县及麒麟区，储量为 68.6 亿吨。其中，滇中地区的曲靖煤田属于曲靖含煤区，其主要含煤地层为茨营组和下更新统，4 个矿床均为茨营组，含煤层 1 ~ 5 层，可开采层为 1 ~ 3 层，厚度为 0 ~ 36.3 米，一般可采煤层厚度为 8 ~ 16 米。截至 2008 年底，曲靖市煤矿矿区共有矿点 146 处。曲靖市煤矿在矿产、组合类型主要以单一矿、产为主。曲靖市煤矿保有储量为 4.9×10^6 千吨，占云南煤炭保有储量的 63%；累计查明储量约 5.4×10^5 千吨，占云南煤炭累计、探明储量的 62%。

四、滇中城市群地区草地资源

草地资源分为人工草地及天然草地两类。其中，滇中城市群地区的天然草地在昆明有石山放牧草地 112 块，占全市总草地的 12%，其中以石林、宜良、嵩明、呈贡、西山等县区的石山草地较大。在曲靖地区有 268 块，占全区草地的 14%，如曲靖、富源、宣威、陆良等县市。滇中地区的人工草地在昆明市相对较多，其面积为 0.29 万公顷，居全省首位。区内主要有如下草类：大锥剪股颖、巨序剪股颖、野青茅、拂子茅、弱须羊茅、知风草、云南知风草、黑穗画眉草、异燕麦、鹅观草、钙生鹅观草、直穗鹅观草、白羊草、虎尾草、双花草、李氏禾、双穗雀稗、圆果雀稗、雀稗、长序狼尾草、棕叶狗尾草、皱叶狗尾草、元谋尾稃草、云南裂稃草、甜根子草、拟金茅、细毛鸭嘴草、牛鞭草、马陆草、紫马唐、光稃雀麦、梅氏雀麦、毛臂形草、砖子苗、异型莎草、云南莎草、丛毛羊胡子草、云南薹草、牛毛毡、豆科类牧草、长波叶山蚂蝗、刺田菁、地八角、草血竭、婆婆纳、车前、紫花地丁等。

五、滇中城市群地区菌物资源

滇中城市群地区受地理和季风气候的共同影响，境内光热资源丰富、立体气候显著、干湿分明、雨热同季，为野生食用菌生长提供了优质的气候生境。滇中地区为云南省菌物资源的重要分布区，主要包括滇中地区以楚雄州一带为代表的滇中高原温暖型大宗野生食用菌气候生境区，滇中以北及滇北高原温凉、冷凉型野生食用菌气候生境区及滇中以南的滇南温热、潮湿型野生食用菌气候生境区。其中，滇中地区以楚雄州一带为代表的滇中高原温暖型大宗野生食用菌气候生境区以楚雄州为中心分别向西延伸至保山市西部、向东延伸至曲靖市东部，代表性地区有楚雄市、禄丰县、南华县、大姚县、姚安县、牟定县、武定县、双柏县、大理市、永平县、弥渡县、保山市、安宁市、晋宁区、易门县、江川区、玉溪市、弥勒县、石林县、师宗县、罗平县等。该区野生食用菌气候生境中部最优、西部优于东部，同纬、同海拔地区降水中部最少、西部多于东部，气温中部最高、西部高于东部；野生食用菌出菌前后干湿变化最明显，菌丝体向子实体过渡期（5月）降水量少，空气湿度小，日照丰富，时段平均气温19℃～21℃、气温日较差12℃～13℃、降水50～80毫米、空气相对湿度67%；子实体形成初期（6月）热量充裕，时段平均气温达一年中最高值21℃～23℃、气温日较差8.5℃～9.5℃、降水130～180毫米、空气相对湿度77%，随降雨的增加空气和土壤湿度增大，日照仍较丰富；子实体收获盛期（7～9月）气温变化幅度小，降雨量适中且分配均匀，晴雨交错，有适当的日照，时段平均气温18℃～22℃、气温日较差8℃～10℃、合计降水量430～490毫米、空气相对湿度82%。该区主要的大宗品种有乳菇科（Lactariaceae）、牛肝菌科（Boletaceae）、松茸、鸡枞菌、松露（Perigord truffle）、羊肚菌、虎掌菌（Tremellodon gelatinosum）、香菌（Lentinus edodes）、白葱菌、木耳（Auricularia spp）等，其中美味牛肝菌、红乳菇（Lactarius rufus）、鸡枞菌、松茸和松露以产量大、经济效益突出成为地区名品。该区的楚雄州野生食用菌资源丰富、种类多，约占全国的40%，云南省的50%，诸多调查研究结论验证了该区是云南省及国内的野生食用菌最优气候生境区。滇中以北及滇北高原温凉、冷凉型野生食用菌气候生境区是以滇中以北的广大区域，主要代表地区为大理州北部、丽江市北部、迪庆州、怒江州、昆明市北部、曲靖市北部、昭通市大部。区内地形极复杂、东西差异和海拔高差大，立体气候最突出，气温、降水、日照和空气湿度的空间分布极不均匀，降水西多东少、气温东高西低、气温日较差西部大于东部、干湿季节转换西部较东部明显，雨季西部早于东部；与滇中楚雄州一带相比，气温偏低，降水除迪庆州高原、昭通市及金沙江河谷区偏少外，其余均偏多，野生食用菌气候生境具干热河谷至高寒山地，总体上西部优于东部，野生食用菌子实体形成期对应雨季到来的先后，西部早于东部，子实体收获期间，滇中以西受西南季风影响、滇中以东受东南季风影响，滇中以西野生食用菌气候生境较相似于我国东北野生食用菌产地，滇中以东野生食用菌气候生境较相似于我国东部野生食用菌产地：菌丝体向子实体过渡期（5月）降水分布西多东少，气温东高西低，时段平均气温10℃~16℃，气温日较差8℃~14℃，降水35~150毫米，空气相对湿度69%；子实体形成初期（6月）平均气温13℃~19℃，气温日较差7℃~10℃，降水75~250毫米，空气相对湿度77%；子实体收获盛期（7~9月）时段平均气温13℃~20℃，气温日较差8℃~9℃，合计降水量380~700毫米，空气相对湿度81%。主要品种有松口蘑（松茸）、牛肝菌、羊肚菌、枝瑚菌（Ramaria spp）、虎掌菌、乳菇（Lactarius deliciosus）和红菇（Russula vinosa）等。该区除代表性品种松茸外，其他品种的野生食用菌可生长区域及单一品种野生菌的适宜生长面积小，子实体收获期较短，野生食用菌品种总数和总产量均少于滇中楚雄州一带及周边地区、气候生境稍差，是云南省野生食用菌生长的优良气候生境区，但野生食用菌品种总数和总产量均高于云南省的滇南温暖、湿热野生食用菌共生气候区（鲁永新、侯明、杨海抒等，2015）。

六、滇中城市群地区自然旅游资源

滇中城市群地区的旅游资源主要有地貌景观、岩溶地貌景观、地质景观、地层景观、地质灾害景观、古生物化石景观、地质公园及地质遗迹、湖泊景观、瀑布景观、泉水景观、森林景观、草原旅游景观、自然保护区。区内主要的地貌景观有乌蒙山、马雄山、大牯牛寨、武定狮子山、梁王山、紫溪山、百草岭、玉案山、西山、磨盘山、圆通山、白腊山、圭山。区内岩溶地貌景观有路南石林、沾益海峰峰林峰丛、罗平大水井丛峰林、建水燕子洞、泸西阿庐古洞、开远市南洞、九乡溶洞、弥勒白龙洞、海峰大毛寺天坑。区内主要的地质景观有会泽雨碌地缝、西山大断裂。区内主要的地层景观有元谋土林、陆良沙林景观、元江膏林。区内主要的地质灾害景观有东川小江泥石流。区内主要的古生物化石景观有澄江古生物化石群、罗平古生物化石群。主要的地质公园及地质遗迹有石林世界地质公园、禄丰恐龙国家地质公园、澄江动物群国家地质公园、九乡峡谷洞穴国家地质公园、罗平生物群国家地质公园、泸西阿庐国家地质公园、梅树村自然保护区。区内主要的湖泊景观有滇池、抚仙湖、星云湖、杞麓湖、阳宗海、异龙湖、昆明长湖、长桥海、大屯海、白水塘。区内瀑布景观主要有石林大叠水瀑布、三潭瀑布、罗平九龙瀑布。区内泉水景观主要有安宁温泉、弥勒温泉、昆明黑龙潭。区内主要的森林景观有珠江源国家森林公园、磨盘山国家森林公园。区内主要的草原旅游景观有大海草山。主要的自然保护区有云南轿子山国家级自然保护区、云南会泽黑颈鹤国家级自然保护区、云南元江国家级自然保护区、乌蒙山国家级自然保护区、珠江源自然保护区。

七、滇中城市群地区森林资源

滇中城市群位于云南松林区。云南松林区在云南分布极为广泛，较为集中的地区为滇中地区、滇东南、滇东及滇西地区。通常分布在海拔 1500～2800 米之间，上限可达 3200 米，多为纯林。常见伴生林有云南油杉、木荷、旱冬瓜、壳斗科栎林高山栲等。

参考文献

［1］段旭、陶云、段长春：《云南省细网格气候区划及气候代表站选取》，载于《大气科学学报》2011 年第 3 期。

［2］国家地震局震害防御司：《中国历史强震目录：公元前 23 世纪－公元1911 年》，地震出版社 1995 年版。

［3］《滇中城市群规划（2016－2050 年）》（再一次征求意见稿），2017 年。

［4］皇甫岗：《云南地震活动性研究》，中国科学技术大学博士学位论文，2009 年。

［5］鲁永新、田侯明、杨海抒等：《云南省野生食用菌气候生境特征与评价》，载于《中国生态农业学报》2015 年第 6 期。

［6］潘玉君、武友德、张谦舵等：《省域主体功能区区划研究》，科学出版社 2011 年版。

［7］万晔、韩添丁、段昌群：《云南水土流失态势、分区与区域特征研究》，载于《中国沙漠》2005 年第 3 期。

［8］杨一光：《云南省综合自然区划》，高等教育出版社 1990 年版。

［9］杨子生、赵乔贵：《基于第二次全国土地调查的云南省坝区县、半山半坝县和山区县的划分》，载于《自然资源学报》2014 年第 4 期。

［10］虞光复、陈永森：《论云南土壤的地理分布规律》，载于《云南大学学报（自然科学版）》1998 年第 1 期。

［11］云南省地方志编纂委员会：《云南省志·地理志》，云南人民出版社1998 年版。

第三章

滇中城市群的人文社会地理基础

第一节 滇中城市群的人文地理基础

一、滇中城市群的人口地理基础：人口密度

人口分布是指一定时间内人口在一定地区范围的空间分布状况。它是人口过程在空间上的表现形式。人口空间分布是区域城镇化发展水平的空间体现。人口密度一般被看成是衡量人口分布的主要指标，它反映一定地区的人口密集程度，是指单位土地面积上居住的人口数，通常用每平方千米常住的平均居民数量来表示，称为人口算术密度（王恩涌，2006）。

2016 年滇中城市群地区总人口为 2101.67 万人（云南省统计年鉴 2017）。

在市州域层面，人口密度最大的市州是昆明市，人口密度为 321.91 人/平方千米。人口密度较大的市州是曲靖市，人口密度为 209.79 人/平方千米。人口密度较大的市州是红河北部 7 县区，人口密度为 171.71 人/平方千米。玉溪市人口密度为 160.47 人/平方千米。人口密度最小的市州是楚雄州，人口密度为 96.44人/平方千米。

在县域层面（如图 3-1、表 3-1 所示）：区内人口密度最大的县区为盘龙区，人口密度为 2779.65 人/平方千米，人口密度类型为 Ⅰ 类。区内人口密度大的县区为五华区，人口密度为 2181.86 人/平方千米，人口密度类型为 Ⅱ 类。区内人口密度较大的县区为官渡区，人口密度为 1479.33 人/平方千米，人口密度类型为 Ⅲ，这些县区分布在滇池的北部地区。西山区、呈贡区、麒麟区、红塔区、通海县人口密度在 871.08~443.08 人/平方千米，人口密度类型为 Ⅳ 类。晋宁区、宜良县、嵩明县、安宁市、师宗县、会泽县、宣威市、江川区、澄江市、

个旧市等10县区人口密度在233.15～295.00人/平方千米，人口密度类型为Ⅴ类。蒙自市、富源县、华宁县、开远市、马龙区、沾益区、富民县、石林县、牟定县、东川区、罗平县、建水县、弥勒市、楚雄市、寻甸县、陆良县、易门县、姚安县、禄丰县、元谋县、南华县、石屏县、禄劝县、武定县、峨山县、元江县、大姚县、新平县、永仁县、双柏县等30县区人口密度在203.64～41.15人/平方千米，人口密度类型为Ⅵ类，这些县区分布在楚雄州所辖的县区、玉溪市的西部、曲靖市的中部及红河的北部地区。民族县区人口密度67.82～153.16人/平方千米，区域内部差异较大。民族县区中人口密度最大的县区为石林彝族自治县，人口密度为153.16人/平方千米，人口密度类型为Ⅵ类，民族县区中人口密度最小的县区为新平彝族傣族自治县，人口密度为67.82人/平方千米，人口密度类型为Ⅵ类。贫困县区人口密度41.15～225.36人/平方千米，区域内部差异较大。贫困县区中人口密度最大的县区为会泽县，人口密度为225.36人/平方千米，人口密度类型为Ⅵ类，贫困县区中人口密度最小的县区为双柏县，人口密度为41.15人/平方千米，人口密度类型为Ⅵ类（见表3－1）。

图3－1　滇中城市群地区人口密度格局

表3-1　　　　　　　　　　　滇中城市群地区人口密度

序号	县区	总人口（万人）	类别	人口密度（人/平方千米）	类别	序号	县区	总人口（万人）	类别	人口密度（人/平方千米）	类别
1	五华区	87.27	Ⅱ	2181.86	Ⅱ	26	澄江市	18.00	Ⅵ	224.98	Ⅴ
2	盘龙区	83.39	Ⅱ	2779.65	Ⅰ	27	通海县	31.02	Ⅴ	443.08	Ⅳ
3	官渡区	88.76	Ⅱ	1479.33	Ⅲ	28	华宁县	22.07	Ⅵ	183.90	Ⅵ
4	西山区	78.40	Ⅱ	871.08	Ⅳ	29	易门县	18.08	Ⅵ	120.52	Ⅵ
5	东川区	28.28	Ⅴ	148.84	Ⅵ	30	峨山县	16.98	Ⅵ	89.36	Ⅵ
6	呈贡区	33.63	Ⅴ	672.65	Ⅳ	31	新平县	29.16	Ⅴ	67.82	Ⅵ
7	晋宁区	30.31	Ⅴ	233.15	Ⅴ	32	元江县	22.42	Ⅵ	83.03	Ⅵ
8	富民县	15.57	Ⅵ	155.72	Ⅵ	33	楚雄市	59.85	Ⅲ	136.02	Ⅵ
9	宜良县	43.69	Ⅳ	229.93	Ⅴ	34	双柏县	16.05	Ⅵ	41.15	Ⅵ
10	石林县	26.04	Ⅴ	153.16	Ⅵ	35	牟定县	21.22	Ⅵ	151.57	Ⅵ
11	嵩明县	31.83	Ⅴ	244.85	Ⅴ	36	南华县	24.19	Ⅵ	105.17	Ⅵ
12	禄劝县	41.39	Ⅳ	98.55	Ⅵ	37	姚安县	20.41	Ⅵ	120.06	Ⅵ
13	寻甸县	47.01	Ⅳ	130.59	Ⅵ	38	大姚县	27.92	Ⅴ	69.80	Ⅵ
14	安宁市	37.23	Ⅳ	286.37	Ⅴ	39	永仁县	11.12	Ⅵ	50.55	Ⅵ
15	麒麟区	77.16	Ⅱ	514.40	Ⅳ	40	元谋县	22.04	Ⅵ	110.20	Ⅵ
16	马龙区	45.07	Ⅳ	160.96	Ⅵ	41	武定县	27.96	Ⅴ	96.41	Ⅵ
17	陆良县	19.38	Ⅵ	121.13	Ⅵ	42	禄丰县	43.14	Ⅳ	119.83	Ⅵ
18	师宗县	64.15	Ⅲ	320.75	Ⅴ	43	个旧市	47.20	Ⅳ	295.00	Ⅴ
19	罗平县	40.71	Ⅳ	145.39	Ⅵ	44	开远市	33.41	Ⅴ	175.84	Ⅵ
20	富源县	56.89	Ⅲ	189.63	Ⅵ	45	蒙自市	44.80	Ⅳ	203.64	Ⅵ
21	会泽县	74.37	Ⅱ	225.36	Ⅴ	46	弥勒市	55.97	Ⅲ	143.51	Ⅵ
22	沾益区	93.78	Ⅱ	158.95	Ⅵ	47	建水县	54.98	Ⅲ	144.68	Ⅵ
23	宣威市	136.89	Ⅰ	224.41	Ⅴ	48	石屏县	30.98	Ⅴ	103.27	Ⅵ
24	红塔区	51.05	Ⅳ	567.18	Ⅳ	49	泸西县	41.73	Ⅳ	260.81	Ⅴ
25	江川区	28.73	Ⅴ	359.17	Ⅴ						

　　综上所述，滇中城市群地区人口密度具有以下特点：（1）滇中城市群的人口密度整体差异较大。（2）滇中城市群地区内部县域城市人口密度差异较大。（3）滇中城市群地区人口密度最大的市州是昆明市，人口密度最大的县区是五华

区；人口密度最小的市州是楚雄州，人口密度最小的县区是双柏县。（4）民族县区人口密度区域内部差异较大。民族县区中人口密度最大的县区为石林彝族自治县，民族县区中人口密度最小的县区为新平彝族傣族自治县。（5）贫困县区人口密度区域内部差异较大；贫困县区中人口密度最大的县区为会泽县，贫困县区中人口密度最小的县区为双柏县。

二、滇中城市群的人口地理基础：人口总量

人口总量是指一个地区在一定时间内的人口总和，一般以人口普查的统计结果为依据。区域人口总量直接影响着区域的经济发展程度（王恩涌，2006）。

滇中城市群地区 2016 年末总人口为 2101.68 万人，全省年末人口总数为4770.5 万人，滇中城市群总人口占全省人口总数的 44.10%。

在市州域层面，昆明市 2016 年的年末总人口为 672.80 万人，占滇中城市群地区人口总数的 32.01%；曲靖市 2016 年的年末总人口为 608.40 万人，占滇中城市群地区人口总数的 28.95%；玉溪市 2016 年的年末总人口为 237.51 万人，占滇中城市群地区人口总数的 11.30%；楚雄州 2016 年的年末总人口为 273.90万人，占滇中城市群地区人口总数的 13.03%；红河北部 7 县市 2016 年的年末总人口为 309.07 万人，占滇中城市群地区人口总数的 14.71%。

在县域层面（如图 3－2 所示）区内人口总量最多的县区为滇东的宣威市，人口数为 136.89 万人，人口总量类型为 Ⅰ 类；区内人口总量较多的县区为五华区、盘龙区、官渡区、西山区、麒麟区、会泽县、沾益区 7 县区，人口数分别为87.27 万人、83.39 万人、88.76 万人、78.40 万人、77.16 万人、74.37 万人、93.78 万人，人口总量类型为 Ⅱ 类。区内人口总量较少的县区为富民县、陆良县、澄江市、华宁县、易门县、峨山县、元江县、双柏县、牟定县、姚安县、永仁县、元谋县等 12 县区，人口数分别为 15.57 万人、19.38 万人、18.00 万人、22.07 万人、18.08 万人、16.98 万人、22.42 万人、16.05 万人、21.22 万人、20.41 万人、11.12 万人、22.04 万人，人口总量类型为 Ⅵ 类，这些县区分布在玉溪市的西部及楚雄州的西北部。民族县区 2016 年总人口为 219.41 万人，占滇中城市群地区总人口的 10.44%。贫困县区 2016 年总人口为 698.91 万人，占滇中城市群地区总人口的 33.26%。

综上所述，滇中城市群地区人口总量具有以下特点：（1）滇中城市群的人口总量整体差异较大。（2）滇中城市群地区内部县域城市人口总量差异较大。（3）滇中城市群地区 2016 年的年末总人口为 2101.68 万人，占全省人口总数的44.10%。（4）滇中城市群地区人口总量最大的市州是昆明市，人口总量最大的县区是宣威市；人口总量最小的市州是楚雄州，人口密度最小的县区是永仁县。

（5）民族县区 2016 年总人口占滇中城市群地区总人口的 10.44%；贫困县区 2016 年总人口占滇中城市群地区总人口的 33.26%。

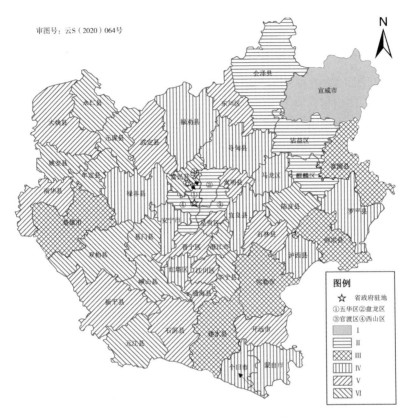

图 3 - 2　滇中城市群地区人口总量格局

三、滇中城市群的人口地理基础：人口性别

性别比是指族群中雄性（男性）对雌性（女性）的比率。"第一性别比"指怀孕时的性别比；"第二性别比"是指刚出生婴儿的性别比；"第三性别比"指所有成熟个体（指出生后至死亡）的性别比。在人口学中，对人类社会或国家中的男女性别比，通常是以每 100 位女性所对应的男性数目为计算标准。根据联合国标准，合理的出生人口性别比一般在 102～107 之间（王恩涌，2006）。

滇中城市群地区 2016 年的年末总人口为 2101.68 万人。其中，男性人口总数为 1086.36 万人，女性人口总数为 1015.31 万人，性别比为 107。

在市州域层面，昆明市 2016 年的年末男性人口总数为 345.90 万人，女性人口总数为 326.90 万人，性别比为 106；曲靖市 2016 年的年末男性人口总数为 318.88 万人，女性人口总数为 289.52 万人，性别比为 110；玉溪市 2016 年的年末男性人口总数为 121.79 万人，女性人口总数为 115.71 万人，性别比为 105；楚雄州 2016 年的年末男性人口总数为 140.25 万人，女性人口总数为 133.65 万人，性别比为 105；红河北部 7 个县市 2016 年的年末男性人口总数为 159.54 万人，女性人口总数为 149.53 万人，性别比为 107。

在县域层面（如图 3－3 所示）：五华区、晋宁区、富民县、宜良县、禄劝县、红塔区、江川区、澄江市、通海县、南华县、姚安县、建水县、石屏县 13 县区，人口性别比在 100～104 之间，人口性别比类型属于 Ⅰ 类；西山区、嵩明县、寻甸县、麒麟区、马龙区、楚雄市、牟定县、大姚县、元谋县、武定县、禄丰县、开远市、弥勒市 12 县区，主要分布于滇中城市群地区的北部及西北部，人口性别比在 104～106 之间，人口性别比类型属于 Ⅱ 类；盘龙区、官渡区、东川区、石林县、陆良县、华宁县、峨山县、元江县、永仁县、蒙自市 10 县区，整体呈现出零星分布状态，人口性别比在 106～108 之间，人口性别比类型属于 Ⅲ 类；师宗县、罗平县、沾益区、易门县、双柏县、个旧市 6 县区，整体呈现出零星分布状态且县区数量较少，人口性别比在 108～111 之间，人口性别比类型属于 Ⅳ 类；呈贡区、富源县、会泽县、宣威市、新平县、泸西县 6 县区，整体呈现出零星分布状态且县区数量较少，集中分布区为曲靖市的东北部，人口性别比在 111～117 之间，人口性别比类型属于 Ⅴ 类；安宁市的人口性别比最大为 117.66，人口性别比类型属于 Ⅵ 类。其中，民族县区的人口性别比整体在 103～109 之间，性别比最小的县区为禄劝彝族苗族自治县，人口性别比为 103.29，人口性别比类型属于 Ⅰ 类，性别比最大的县区为新平彝族傣族自治县，人口性别比为 112.54，人口性别比类型属于 Ⅴ 类；贫困县区的人口性别比整体在 103～110 之间，性别比最小的县区为姚安县，人口性别比为 102.48，人口性别比类型属于 Ⅰ 类，性别比最大的县区为会泽县，人口性别比为 112.89，人口性别比类型属于 Ⅴ 类。

综上所述，滇中城市群地区人口性别比具有以下特点：（1）滇中城市群地 5 市州人口性别比整体处于 105～110 之间，差异较小；（2）滇中城市群地区 49 县区人口性别比整体处于 100～108 之间，差异较小。（3）曲靖市所辖县区的人口性别比整体较大。（4）滇中城市群地区人口性别比最小的县区为五华区，人口性别比最大的县区为安宁市。（5）民族县区与贫困县区人口性别比整体差异较小。

审图号：云S（2020）064号

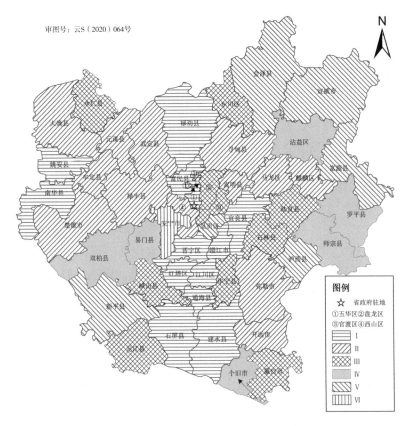

图3-3　滇中城市群地区人口性别比格局

四、滇中城市群的人口地理基础：老龄化指数

　　滇中城市群地区2016年的年末总人口为2101.68万人，65岁以上的老年人口总数为134.97万人，滇中城市群地区的老龄化指数为0.064。

　　在市州域层面，昆明市2016年的年末总人口为643.22万人，65岁以上的老年人口总数为53.81万人，人口老龄化指数为0.084。曲靖市2016年的年末总人口为585.51万人，65岁以上的老年人口总数为43.46万人，人口老龄化指数为0.074。玉溪市2016年的年末总人口为230.36万人，65岁以上的老年人口总数为6.69万人，人口老龄化指数为0.026。楚雄州2016年的年末总人口为101.14万人，65岁以上的老年人口总数为8.31万人，人口老龄化指数为0.082。红河州北部七县区2016年的年末总人口为101.14万人，65岁以上的老年人口总数为8.31万人，人口老龄化指数为0.082。由此可以看出，滇中城市群地区人口老龄化指数最高的地区为昆明市，人口老龄化指数最低的为玉溪市。

在县域层面（如图3-4、表3-2所示）：东川区、晋宁区、富民县、宜良县、禄劝县、江川区、通海县及姚安县8县区的老龄化指数为0.0953~0.1022，人口老龄化指数类型属于Ⅰ类，集中分布在昆明主城区的南北两侧；寻甸县、红塔区、易门县、峨山县、牟定县、大姚县、永仁县及禄丰县8县区的老龄化指数为0.0890~0.0914，人口老龄化指数类型属于Ⅱ类，集中分布在玉溪的西南部和楚雄的东北部；五华区、西山区、石林县、嵩明县、安宁市、会泽县、澄江市、华宁县、双柏县、元谋县、建水县及石屏县12县区的老龄化指数为0.0823~0.0873，人口老龄化指数类型属于Ⅲ类，集中分布在昆明主城区的外围县区；盘龙、麒麟区、马龙区、罗平县、沾益区、宣威市、新平县、元江县、楚雄市、南华县、武定县、个旧市、开远市、弥勒市、泸西县15县区的老龄化指数为0.0746~0.0805，人口老龄化指数类型属于Ⅳ类，集中分布在滇中城市群地区的东部和西南部地区；官渡区、陆良县、师宗县、富源县、蒙自市5县区的老龄化指数0.0613~0.0731，人口老龄化指数类型属于Ⅴ类，集中分布在曲靖的东部地区；呈贡区的老龄化指数0.0508，人口老龄化指数类型属于Ⅵ类。其中，民族县

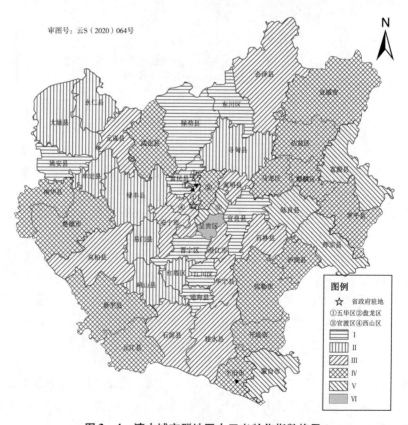

图3-4 滇中城市群地区人口老龄化指数格局

区的人口老龄化指数整体为 0.0764~0.0981，人口老龄化指数最小的县区为元江哈尼族彝族自治县，人口老龄化指数为 0.0764，人口老龄化指数类型为Ⅳ类，人口老龄化指数最大的县区为禄劝彝族苗族自治县，人口老龄化指数为 0.0981，人口老龄化指数类型为Ⅰ类；贫困县区的人口老龄化指数整体为 0.0613~0.1022，人口老龄化指数最小的县区为富源县，人口老龄化指数为 0.0613，人口老龄化指数类型属于Ⅴ类，人口老龄化指数最大的县区为东川区，人口老龄化指数为 0.1022，人口老龄化指数类型属于Ⅰ类。

表 3 - 2　　　　　　　　　　　滇中城市群地区老龄化指数

序号	县区	老龄化指数	类别	序号	县区	老龄化指数	类别	序号	县区	老龄化指数	类别
1	五华区	0.0841	Ⅲ	18	师宗县	0.0679	Ⅴ	35	牟定县	0.0906	Ⅱ
2	盘龙区	0.0781	Ⅳ	19	罗平县	0.0746	Ⅳ	36	南华县	0.0805	Ⅳ
3	官渡区	0.0697	Ⅴ	20	富源县	0.0613	Ⅴ	37	姚安县	0.0953	Ⅰ
4	西山区	0.0872	Ⅲ	21	会泽县	0.0830	Ⅲ	38	大姚县	0.0916	Ⅱ
5	东川区	0.1022	Ⅰ	22	沾益区	0.0747	Ⅳ	39	永仁县	0.0882	Ⅱ
6	呈贡区	0.0508	Ⅵ	23	宣威市	0.0768	Ⅳ	40	元谋县	0.0865	Ⅲ
7	晋宁区	0.0942	Ⅰ	24	红塔区	0.0890	Ⅱ	41	武定县	0.0788	Ⅳ
8	富民县	0.0958	Ⅰ	25	江川区	0.0960	Ⅰ	42	禄丰县	0.0899	Ⅱ
9	宜良县	0.0975	Ⅰ	26	澄江市	0.0859	Ⅲ	43	个旧市	0.0802	Ⅳ
10	石林县	0.0829	Ⅲ	27	通海县	0.0934	Ⅰ	44	开远市	0.0750	Ⅳ
11	嵩明县	0.0843	Ⅲ	28	华宁县	0.0858	Ⅲ	45	蒙自市	0.0650	Ⅴ
12	禄劝县	0.0981	Ⅰ	29	易门县	0.0914	Ⅱ	46	弥勒市	0.0786	Ⅳ
13	寻甸县	0.0897	Ⅱ	30	峨山县	0.0909	Ⅱ	47	建水县	0.0840	Ⅲ
14	安宁市	0.0823	Ⅲ	31	新平县	0.0787	Ⅳ	48	石屏县	0.0873	Ⅲ
15	麒麟区	0.0752	Ⅳ	32	元江县	0.0764	Ⅳ	49	泸西县	0.0795	Ⅳ
16	马龙区	0.0747	Ⅳ	33	楚雄市	0.0766	Ⅳ				
17	陆良县	0.0731	Ⅴ	34	双柏县	0.0847	Ⅲ				

　　综上所述，滇中城市群地区人口老龄化指数具有以下特点：（1）市州域层面人口老龄化指数最高的地区为昆明市，人口老龄化指数最低的为玉溪市；（2）滇中城市群地区 49 县区人口老龄化指数整体为 0.0508~0.1022，但县区差异较大。（3）昆明市所辖县区的人口老龄化指数整体差异较大。（4）滇中城市群地区人

口老龄化指数最小的县区为呈贡区，最大的县区为东川区。(5) 民族县区与贫困县区人口老龄化指数整体差异较小。

五、滇中城市群地区人文地理综合基础：在生态经济区划中的位置

云南省生态经济区划是杨旺舟 (2012) 在客观分析云南省区域资源环境承载力、区域人类活动强度及区域经济发展水平的基础上，遵循综合性与主导性相结合的原则、自然环境相对一致性与社会经济发展相对一致性相结合的原则、自下而上与自上而下相结合的原则、空间分布连续性与县域行政区划界线完整性相结合的原则、区划方案间的协调发展原则进行的划分，将云南省划分为滇东北山原生态经济区 (Ⅰ)，滇中高原湖盆生态经济区 (Ⅱ)，滇东南岩溶丘原生态经济区 (Ⅲ)，滇西北纵向岭谷生态经济区 (Ⅳ)，滇西南中低山宽谷、盆地生态经济区 (Ⅴ) 5 个生态经济区，以及西北中山河谷生态经济亚区 (Ⅱa)、中部湖盆城镇生态经济亚区 (Ⅱb)、东部岩溶高原生态经济亚区 (Ⅱc)、东部低山丘陵生态经济亚区 (Ⅲa)、西部河谷盆地生态经济亚区 (Ⅲb)、北部高山峡谷生态经济亚区 (Ⅳa)、南部中山盆地生态经济亚区 (Ⅳb)、西部中山盆地生态经济亚区 (Ⅴa)、北部中山宽谷生态经济亚区 (Ⅴb)、南部低山宽谷生态经济亚区 (Ⅴc) 10 个生态经济亚区 (见表 3 – 3)。其中，滇中城市群地区主要分布在Ⅱa西北中山河谷生态经济亚区、Ⅱb中部湖盆城镇生态经济亚区、Ⅱc东部岩溶高原生态经济亚区、Ⅲb西部河谷盆地生态经济亚区上。

表 3 – 3　　　　　　　　　　云南省生态经济区划方案

生态经济区	生态经济亚区	所辖县区
Ⅰ 滇东北山原生态经济区		昭阳区、鲁甸县、巧家县、盐津县、大关县、永善县、绥江县、镇雄县、彝良县、威信县、水富县、会泽县、东川区
Ⅱ 滇中高原湖盆生态经济区	Ⅱa西北中山河谷生态经济亚区	楚雄市、双柏县、牟定县、南华县、姚安县、大姚县、永仁县、元谋县、武定县、禄劝县、寻甸县
	Ⅱb中部湖盆城镇生态经济亚区	盘龙区、五华区、官渡区、西山区、呈贡区、晋宁区、富民县、宜良县、石林县、嵩明县、安宁市、红塔区、江川区、澄江市、通海县、华宁县、易门县、峨山县、新平县、元江县、禄丰县、弥勒市
	Ⅱc东部岩溶高原生态经济亚区	麒麟区、马龙区、陆良县、师宗县、罗平县、富源县、沾益区、宣威市、泸西县

续表

生态经济区	生态经济亚区	所辖县区
Ⅲ 滇东南岩溶丘原生态经济区	Ⅲa 东部低山丘陵生态经济亚区	文山市、砚山县、西畴县、麻栗坡县、马关县、丘北县、广南县、富宁县
	Ⅲb 西部河谷盆地生态经济亚区	个旧市、开远市、蒙自市、石屏县、建水县、屏边县、河口县
Ⅳ 滇西北纵向岭谷生态经济区	Ⅳa 北部高山峡谷生态经济亚区	香格里拉市、德钦县、维西县、泸水市、福贡县、贡山县、兰坪县、古城区、玉龙县、宁蒗县、剑川县
	Ⅳb 南部中山盆地生态经济亚区	大理市、云龙县、洱源县、漾濞县、祥云县、鹤庆县、宾川县、弥渡县、南涧县、巍山县、永平县、永胜县、华坪县
Ⅴ 滇西南中低山宽谷、盆地生态经济区	Ⅴa 西部中山盆地生态经济亚区	隆阳区、昌宁县、施甸县、龙陵县、腾冲市、梁河县、陇川县、芒市、瑞丽市、盈江县
	Ⅴb 北部中山宽谷生态经济亚区	凤庆县、云县、临翔区、永德县、耿马县、沧源县、镇康县、双江县、景东县、景谷县、宁洱县、镇沅县、墨江县
	Ⅴc 南部低山宽谷生态经济亚区	孟连县、澜沧县、思茅区、西盟县、江城县、景洪市、勐海县、勐腊县、元阳县、金平县、绿春县、红河县

六、滇中城市群地区人文地理综合基础：在义务教育区划中的位置

云南省义务教育区划是潘玉君、张谦舵、肖翔（2015）遵循马克思主义理论，运用"从定性到定量综合集成法""人地关系地域系统理论""点—轴区域开发空间理论""地理研究综合范式理论"，以及地理区划理论、资源配置理论等理论和方法，以云南省县域区域分异、县域区域发展背景和状态特征等为客观基础，提出的教育地理区划的研究理论与方法，并针对云南省义务教育发展的实际情况进行实证分析，通过义务教育机会、义务教育质量、义务教育办学条件、义务教育师资配置、义务教育多样性五个方面构建指标体系，得出义务教育发展总指数，运用"自下而上的区域合并"区划方法，最终得出云南省义务教育地理区划系统。

本义务教育区划系统设定两级义务教育区划单位即义务教育大区和义务教育区，其中义务教育区为义务教育区划的基本单位，并将全省划分为 8 个义务教育大区、27 个义务教育区（见表 3-4）。8 个义务教育大区包括：Ⅰ——昆玉义务教育大区，其土地面积为 0.77 万平方千米，占云南省土地面积的 2.01%；Ⅱ——保普义务教育大区，其土地面积为 10.77 万平方千米，占云南省土地面积的 28.12%；Ⅲ——麒蒙义务教育大区，其土地面积为 4.44 万平方千米，占云南省土地面积的 11.59%；Ⅳ——宣富义务教育大区，其土地面积为 2.12 万平方千

米，占云南省土地面积的 5.53%；V——勐广义务教育大区，其土地面积为
6.58 万平方千米，占云南省土地面积的 17.16%；VI——楚大义务教育大区，其
土地面积为 5.56 万平方千米，占云南省土地面积的 14.52%；VII——昭通义务教
育大区，其土地面积为 2.24 万平方千米，占云南省土地面积的 5.86%；VIII——
迪怒义务教育大区，其土地面积为 5.83 万平方千米，占云南省土地面积的
15.22%。其中，滇中城市群地区主要分布在 Ia 昆明义务教育区、Ib 玉溪义务
教育区、Ic 安晋义务教育区、IIe 楚雄义务教育区、IIIa 红元义务教育区、IIIb
马建义务教育区、IIIc 个弥义务教育区、IIId 麒富义务教育区、IVa 东会义务教
育区、IVb 宣嵩义务教育区上。

表 3-4　　　　　　　　　　**云南省义务教育区划系统**

义务教育大区	义务教育区	所辖县区
I 昆玉义务教育大区	Ia 昆明义务教育区	昆明市区、呈贡区
	Ib 玉溪义务教育区	红塔区
	Ic 安晋义务教育区	安宁市、晋宁区
II 保普义务教育大区	IIa 孟西义务教育区	孟连县、西盟县
	IIb 瑞禄义务教育区	瑞丽市、芒市、梁河县、盈江县、陇川县、墨江县、景东县、景谷县、昌宁县、镇沅县、临翔区、云县、镇康县、双江县、耿马县、沧源县、双柏县、易门县、蛾山县、新平县、施甸县、龙陵县、禄丰县
	IIc 思普义务教育区	思茅区、宁洱县、澜沧县
	IId 腾隆义务教育区	隆阳区、腾冲市
	IIe 楚雄义务教育区	楚雄市
III 麒蒙义务教育大区	IIIa 红元义务教育区	红河县、元阳县、元江县
	IIIb 马建义务教育区	马龙区、师宗县、陆良县、宜良县、石林县、江川区、澄江市、通海县、华宁县、石屏县、泸西县、建水县
	IIIc 个弥义务教育区	个旧市、蒙自市、弥勒市、开远市
	IIId 麒富义务教育区	麒麟区、罗平县、富源县
IV 宣富义务教育大区	IVa 东会义务教育区	东川区、会泽县
	IVb 宣嵩义务教育区	宣威市、沾益区、富民县、寻甸县、嵩明县
V 勐广义务教育大区	Va 红河义务教育区	江城县、绿春县、金平县、屏边县、河口县
	Vb 文山义务教育区	文山市、砚山县、西畴县、麻栗坡县、马关县、广南县、富宁县、丘北县
	Vc 版纳义务教育区	景洪市、勐海县、勐腊县

续表

义务教育大区	义务教育区	所辖县区
Ⅵ 楚大义务教育大区	Ⅵa 洱川义务教育区	洱源县、云龙县、剑川县、鹤庆县、宾川县
	Ⅵb 永禄义务教育区	永平县、漾濞县、弥渡县、南涧县、巍山县、牟定县、南华县、姚安县、大姚县、永仁县、元谋县、武定县、凤庆县、永德县、禄劝县
	Ⅵc 大理义务教育区	大理市、祥云县
Ⅶ 昭通义务教育大区	Ⅶa 镇彝义务教育区	镇雄县、大关县、威信县、彝良县
	Ⅶb 鲁巧义务教育区	鲁甸县、巧家县
	Ⅶc 永水义务教育区	永善县、盐津县、绥江县、水富县
	Ⅶd 昭阳义务教育区	昭阳区
Ⅷ 迪怒义务教育大区	Ⅷa 怒江义务教育区	德钦县、维西县、泸水市、福贡县、贡山县
	Ⅷb 永华义务教育区	永胜县、宁蒗县、华坪县
	Ⅷc 古香义务教育区	古城区、玉龙县、香格里拉市、兰坪县

七、滇中城市群地区人文地理综合基础：在民族地理区划中的位置

云南省民族地理区划是潘玉君等（2019）在遵循综合性与主导性相结合的原则、自然环境相对一致性与社会经济发展相对一致性相结合的原则、地域文化景观一致性与民族宗教信仰一致性相结合的原则、空间分布连续性与县域行政区划界线完整性相结合原则的基础上，选取《云南省 2010 年人口普查资料》中的云南省 129 个县区中各民族（包括其他未识别的民族及外国人加入中国国籍）人口数及县区总人口数，运用香农—威纳指数模型进行云南省 129 个县区的民族多样性指数测度。运用"自上而下的区域划分"及"自下而上的区域合并"的区划方法，得到了云南省民族地理区划系统。

该区划系统将云南省划分为滇西北高—寒民族区（Ⅰ）、滇西南湿—热民族区（Ⅱ）、滇东山—原民族区（Ⅲ）、滇南低—热民族区（Ⅳ）4 个民族区；三江并流高山民族亚区（Ⅰa）、滇北彝—白民族亚区（Ⅰb）、滇中彝—回民族亚区（Ⅰc）、新元彝傣民族亚区（Ⅰd）、德宏景—傣民族亚区（Ⅱa）、横断山中段民族亚区（Ⅱb）、滇东南壮—苗民族亚区（Ⅲa）、滇东民族亚区（Ⅲb）、滇东北民族亚区（Ⅲc）、滇南景—傣民族亚区（Ⅳa）、横断山南缘复合民族亚区（Ⅳb）11 个民族亚区；德兰纳西怒傈僳藏独龙普米民族小区（Ⅰa-1）、永福怒彝民族小区（Ⅰa-2）、宁大傈僳纳西白民族小区（Ⅰa-3）、武禄彝苗民族小区（Ⅰb-1）、永华傈僳彝民族小区（Ⅰb-2）、宾元傈僳彝民族小区（Ⅰb-3）、

弥牟彝族民族小区（Ⅰb-4）、峨红彝族民族小区（Ⅰc-1）、南安白族民族小区（Ⅰc-2）、禄官民族小区（Ⅰc-3）、东富回族民族小区（Ⅰc-4）、盈陇景颇德昂阿昌民族小区（Ⅱa-1）、梁瑞阿昌景颇德昂族民族小区（Ⅱa-2）、景巍彝拉祜瑶民族小区（Ⅱb-1）、镇云佤拉祜德昂布朗民族小区（Ⅱb-2）、腾昌傈僳傣苗民族小区（Ⅱb-3）、元马傣瑶苗民族小区（Ⅲa-1）、丘砚彝族民族小区（Ⅲa-2）、弥建彝族民族小区（Ⅲa-3）、广麻彝壮瑶民族小区（Ⅲa-4）、华绿彝苗哈尼民族小区（Ⅲb-1）、嵩江民族小区（Ⅲb-2）、巧泸壮布依水民族小区（Ⅲb-3）、鲁昭回彝民族小区（Ⅲc-1）、大彝苗彝民族小区（Ⅲc-2）、威镇彝苗民族小区（Ⅲc-3）、绥盐民族小区（Ⅲc-4）、西双版纳傣布朗民族小区（Ⅳa-1）、西澜佤拉祜基诺民族小区（Ⅳa-2）29个民族小区（如表3-5所示）。其中，滇中城市群地区主要分布Ⅰb滇北彝—白民族亚区、Ⅰc滇中彝—回民族亚区、Ⅰd新元彝傣民族亚区、Ⅲa滇东南壮—苗民族亚区、Ⅲb滇东民族亚区。

表3-5　　　　　　　　　　　　云南省民族地理区划系统

民族地理区	民族地理亚区	民族地理小区	所辖县区
Ⅰ滇西北高—寒民族区	Ⅰa三江并流高山民族亚区	Ⅰa-1德兰纳西怒傈僳藏独龙普米民族小区	德钦县、贡山县、维西县、香格里拉市、玉龙县、兰坪县
		Ⅰa-2永福怒彝民族小区	永平县、漾濞县、云龙县、泸水市、福贡县
		Ⅰa-3宁大傈僳纳西白民族小区	宁蒗县、古城区、永胜县、鹤庆县、剑川县、洱源县、大理市
	Ⅰb滇北彝—白民族亚区	Ⅰb-1武禄彝苗民族小区	武定县、禄劝县
		Ⅰb-2永华傈僳彝民族小区	永仁县、华坪县
		Ⅰb-3宾元傈僳彝民族小区	宾川县、大姚县、元谋县
		Ⅰb-4弥牟彝族民族小区	弥渡县、祥云县、姚安县、牟定县
	Ⅰc滇中彝—回民族亚区	Ⅰc-1峨红彝族民族小区	峨山县、红塔区
		Ⅰc-2南安白族民族小区	南华县、楚雄市、双柏县、易门县、安宁市
		Ⅰc-3禄官民族小区	禄丰县、西山区、五华区、盘龙区、官渡区
		Ⅰc-4东富回族民族小区	东川区、寻甸县、富民县
	Ⅰd新元彝傣民族亚区		新平县、元江县

民族地理区	民族地理亚区	民族地理小区	所辖县区
Ⅱ 滇西南湿—热民族区	Ⅱa 德宏景—傣民族亚区	Ⅱa-1 盈陇景颇德昂阿昌民族小区	盈江县、陇川县
		Ⅱa-2 梁瑞阿昌景颇德昂族民族小区	梁河县、瑞丽市、芒市
	Ⅱb 横断山中段民族亚区	Ⅱb-1 景巍彝拉祜瑶民族小区	景东县、临翔区、南涧县、巍山县
		Ⅱb-2 镇云佤拉祜德昂布朗民族小区	镇康县、永德县、凤庆县、云县
		Ⅱb-3 腾昌傈僳傣苗民族小区	腾冲市、隆阳区、施甸县、龙陵县、昌宁县
Ⅲ 滇东山—原民族区	Ⅲa 滇东南壮—苗民族亚区	Ⅲa-1 元马傣瑶苗民族小区	元阳县、金平县、个旧市、开远市、蒙自市、屏边县、河口县、文山市、马关县
		Ⅲa-2 丘砚彝族民族小区	丘北县、砚山县
		Ⅲa-3 弥建彝族民族小区	弥勒市、建水县
		Ⅲa-4 广麻彝壮瑶民族小区	广南县、富宁县、西畴县、麻栗坡县
	Ⅲb 滇东民族亚区	Ⅲb-1 华绿彝苗哈尼民族小区	华宁县、红河县、墨江县、石屏县、通海县、绿春县
		Ⅲb-2 嵩江民族小区	嵩明县、晋宁区、澄江市、呈贡区、宜良县、江川区
		Ⅲb-3 巧泸壮布依水民族小区	巧家县、会泽县、宣威市、沾益区、富源县、麒麟区、马龙区、陆良县、罗平县、石林县、师宗县、泸西县
	Ⅲc 滇东北民族亚区	Ⅲc-1 鲁昭回彝民族小区	鲁甸县、昭阳区
		Ⅲc-2 大彝苗彝民族小区	大关县、永善县、彝良县
		Ⅲc-3 威镇彝苗民族小区	威信县、镇雄县
		Ⅲc-4 绥盐民族小区	绥江县、水富县、盐津县
Ⅳ 滇南低—热民族区	Ⅳa 滇南景—傣民族亚区	Ⅳa-1 西双版纳傣布朗民族小区	勐海县、勐腊县、景洪市
		Ⅳa-2 西澜佤拉祜基诺民族小区	西盟县、孟连县、澜沧县
	Ⅳb 横断山南缘复合民族亚区		江城县、思茅区、沧源县、宁洱县、双江县、景谷县、耿马县、镇沅县

第二节　滇中城市群的经济地理基础

一、滇中城市群的经济地理基础：GDP

国内生产总值（Gross Domestic Product，GDP）是指一个国家（或地区）所有常住单位在一定时期内生产的全部最终产品和服务价值的总和，常被认为是衡量国家（或地区）经济状况的指标。

在县域层面（如图3－5、表3－6所示）：五华区和官渡区的GDP为985.47亿～1001.72亿元，GDP类型属于Ⅰ类；盘龙区、西山区、麒麟区及红塔区4县区的GDP为499.04亿～611.55亿元，GDP类型属于Ⅱ类；安宁市、宣威市、楚雄市、个旧市及弥勒市5县区的GDP为223.3亿～323.24亿元，GDP类型属于Ⅲ

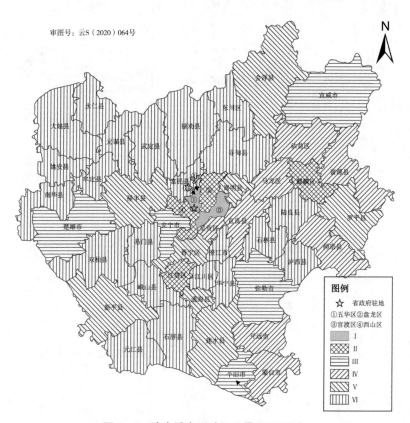

图3－5　滇中城市群地区总量GDP分布

类；呈贡区、宜良县、会泽县、师宗县、沾益区、开远市及蒙自市 7 县区的 GDP 为 150.78 亿~195.95 亿元，GDP 类型属于Ⅳ类；晋宁区、嵩明县、富源县、罗平县、通海县、新平县、禄丰县及建水县 8 县区的 GDP 为 101.19 亿~136.8 亿元，GDP 类型属于Ⅴ类；东川区、富民县、石林县、禄劝县、寻甸县、马龙区、陆良县、江川区、澄江市、华宁县、易门县、峨山县、元江县、双柏县、牟定县、南华县、姚安县、大姚县、永仁县、元谋县、武定县、石屏县及泸西县 23 县区的 GDP 为 32.39 亿~85.38 亿元，GDP 类型属于Ⅵ类。

其中，民族县区的 GDP 整体在 70.16 亿~124.68 亿元，GDP 最高的县区为新平彝族傣族自治县，为 124.68 亿元，GDP 类型为Ⅴ类，GDP 最低的县区为峨山彝族自治县，为 70.16 亿元，GDP 类型为Ⅵ类；贫困县区的 GDP 整体在 32.39 亿~133.86 亿元，GDP 最高的县区为会泽县，为 133.86 亿元，GDP 类型为Ⅴ类，GDP 最低的县区为永仁县，为 32.39 亿元，GDP 类型为Ⅵ类。

表 3-6　　　　　　　　　滇中城市群地区总量 GDP　　　　　　　单位：亿元

序号	县区	GDP	序号	县区	GDP	序号	县区	GDP
1	五华区	985.47	18	师宗县	108.11	35	牟定县	43.28
2	盘龙区	572.52	19	罗平县	153.8	36	南华县	53.86
3	官渡区	1001.72	20	富源县	133.86	37	姚安县	40.91
4	西山区	499.04	21	会泽县	169.3	38	大姚县	64.56
5	东川区	81.1	22	沾益区	178.39	39	永仁县	32.39
6	呈贡区	195.95	23	宣威市	248.88	40	元谋县	52.98
7	晋宁区	116.37	24	红塔区	611.55	41	武定县	62.77
8	富民县	64.49	25	江川区	81.09	42	禄丰县	129.62
9	宜良县	164.47	26	澄江市	80.02	43	个旧市	223.3
10	石林县	77.41	27	通海县	101.19	44	开远市	168
11	嵩明县	107.33	28	华宁县	79.27	45	蒙自市	163.26
12	禄劝县	81.96	29	易门县	85.38	46	弥勒市	272
13	寻甸县	82.23	30	峨山县	70.16	47	建水县	136.8
14	安宁市	272.87	31	新平县	124.68	48	石屏县	62.12
15	麒麟区	576.62	32	元江县	72.11	49	泸西县	83.39
16	马龙区	48.59	33	楚雄市	323.24			
17	陆良县	150.78	34	双柏县	33.17			

综上所述，滇中城市群地区 GDP 具有以下特点：（1）县域层面 GDP 最高的地区为官渡区，GDP 最低的为永仁县；（2）滇中城市群地区 49 县区 GDP 整体处于 32.39 亿 ~1001.72 亿元，县区差异较大。（3）民族县区与贫困县区 GDP 整体差异较小。

二、滇中城市群的经济地理基础：人均 GDP

人均 GDP 是人们了解和把握一个国家或地区的宏观经济运行状况的有效工具，常作为发展经济学中衡量经济发展状况的指标，是最重要的宏观经济指标之一。将一个国家核算期内（通常是一年）实现的国内生产总值与这个国家的常住人口（或户籍人口）相比，得到人均国内生产总值，是衡量各国人民生活水平的一个主要标准。

在县域层面（如图 3-6、表 3-7 所示）：五华区、红塔区、官渡区 3 县区的人均 GDP 为 113097 ~120129 元，人均 GDP 类型属于 I 类；麒麟区、安宁市、盘龙区及西山区 4 县区的人均 GDP 为 63653 ~74935 元，人均 GDP 类型属于II类；

图 3-6 滇中城市群地区人均 GDP 格局

呈贡区、楚雄市、开远市、弥勒市、易门县及个旧市 6 县区人均 GDP 为 47380 ~ 58631 元，人均 GDP 类型属于Ⅲ类；澄江市、新平县、富民县、峨山县、马龙区、晋宁区、宜良县、蒙自市及华宁县 9 县区人均 GDP 为 36017 ~ 44630 元，人均 GDP 类型属于Ⅳ类；嵩明县、通海县、元江县、禄丰县、石林县、永仁县、东川区及江川区 8 县区人均 GDP 为 28284 ~ 34106 元，人均 GDP 类型属于Ⅴ类；富源县、罗平县、陆良县、建水县、元谋县、师宗县、大姚县、武定县、南华县、双柏县、牟定县、石屏县、姚安县、泸西县、禄劝县、宣威市、沾益区、会泽县及寻甸县 19 县区人均 GDP 为 17534 ~ 27102 元，人均 GDP 类型属于Ⅵ类。

其中，民族县区的人均 GDP 整体在 17534 ~ 42852 元，人均 GDP 最高的县区为新平彝族傣族自治县，人均 GDP 为 42852 元；人均 GDP 最低的县区为寻甸回族彝族自治县，人均 GDP 为 17534 元；贫困县区的人均 GDP 整体在 17534 ~ 28656 元，人均 GDP 最高的县区为东川区，人均 GDP 为 28656 元；人均 GDP 最低的县区为寻甸回族彝族自治县，人均 GDP 为 17534 元。

表 3 - 7　　　　　　　　　　滇中城市群地区人均 GDP　　　　　　　　单位：元

序号	县区	GDP	序号	县区	GDP	序号	县区	GDP
1	五华区	113097	18	师宗县	23552	35	牟定县	20413
2	盘龙区	68812	19	罗平县	26620	36	南华县	22303
3	官渡区	113214	20	富源县	27102	37	姚安县	20043
4	西山区	63653	21	会泽县	18024	38	大姚县	23134
5	东川区	28656	22	沾益区	18081	39	永仁县	29154
6	呈贡区	58631	23	宣威市	18294	40	元谋县	24082
7	晋宁区	38572	24	红塔区	120129	41	武定县	22481
8	富民县	41636	25	江川区	28284	42	禄丰县	30074
9	宜良县	37769	26	澄江县	44630	43	个旧市	47380
10	石林县	29863	27	通海县	32707	44	开远市	50389
11	嵩明县	34106	28	华宁县	36017	45	蒙自市	37130
12	禄劝县	19870	29	易门县	47382	46	弥勒市	48572
13	寻甸县	17534	30	峨山县	41466	47	建水县	24932
14	安宁市	73810	31	新平县	42852	48	石屏县	20086
15	麒麟区	74935	32	元江县	32250	49	泸西县	20031
16	马龙县	39678	33	楚雄市	54053			
17	陆良县	23552	34	双柏县	20665			

综上所述，滇中城市群地区人均 GDP 具有如下特点：（1）县域层面人均 GDP 最高的地区为红塔区，人均 GDP 最低的为寻甸回族彝族自治县；（2）滇中城市群地区 49 县区人均 GDP 整体处于 17534 ~ 120129 元，但县区差异较大。

（3）民族县区与贫困县区人均GDP整体差异较小。

三、滇中城市群的经济地理基础：区域经济发展阶段

在县域层面（如图3-7、表3-8所示）：五华区、盘龙区、官渡区、西山区、呈贡区、安宁市、麒麟区及红塔区8县的经济发展阶段属于发达经济高级阶段；晋宁区、富民县、宜良县、嵩明县、沾益区、澄江市、华宁县、易门县、峨山县、新平县、楚雄市、个旧市、开远市、蒙自市及弥勒市15县区的经济发展阶段属于发达经济初期阶段；寻甸县、富源县及宣威市3县区的经济发展阶段属于工业化中期阶段；东川区、石林县、禄劝县、马龙区、陆良县、师宗县、罗平县、会泽县、江川区、通海县、元江县、双柏县、牟定县、南华县、姚安县、大姚县、永仁县、元谋县、武定县、禄丰县、建水县、石屏县及泸西县23县区的经济发展阶段属于工业化后期阶段。

审图号：云S（2020）064号

图3-7 滇中城市群地区经济发展阶段分布

其中，民族县区新平彝族傣族自治县的经济发展阶段属于发达经济初期阶段，寻甸回族彝族自治县的经济发展阶段属于工业化中期阶段，贫困县区的东川区的经济发展阶段属于工业化后期阶段。

表 3 - 8   滇中城市群经济发展阶段

序号	县区	所处阶段	序号	县区	所处阶段	序号	县区	所处阶段
1	五华区	发达经济高级阶段	18	师宗县	工业化后期阶段	35	牟定县	工业化后期阶段
2	盘龙区	发达经济高级阶段	19	罗平县	工业化后期阶段	36	南华县	工业化后期阶段
3	官渡区	发达经济高级阶段	20	富源县	工业化中期阶段	37	姚安县	工业化后期阶段
4	西山区	发达经济高级阶段	21	会泽县	工业化后期阶段	38	大姚县	工业化后期阶段
5	东川区	工业化后期阶段	22	沾益区	发达经济初期阶段	39	永仁县	工业化后期阶段
6	呈贡区	发达经济高级阶段	23	宣威市	工业化中期阶段	40	元谋县	工业化后期阶段
7	晋宁区	发达经济初期阶段	24	红塔区	发达经济高级阶段	41	武定县	工业化后期阶段
8	富民县	发达经济初期阶段	25	江川区	工业化后期阶段	42	禄丰县	工业化后期阶段
9	宜良县	发达经济初期阶段	26	澄江市	发达经济初期阶段	43	个旧市	发达经济初期阶段
10	石林县	工业化后期阶段	27	通海县	工业化后期阶段	44	开远市	发达经济初期阶段
11	嵩明县	发达经济初期阶段	28	华宁县	发达经济初期阶段	45	蒙自市	发达经济初期阶段
12	禄劝县	工业化后期阶段	29	易门县	发达经济初期阶段	46	弥勒市	发达经济初期阶段
13	寻甸县	工业化中期阶段	30	峨山县	发达经济初期阶段	47	建水县	工业化后期阶段
14	安宁市	发达经济高级阶段	31	新平县	发达经济初期阶段	48	石屏县	工业化后期阶段
15	麒麟区	发达经济高级阶段	32	元江县	工业化后期阶段	49	泸西县	工业化后期阶段
16	马龙区	工业化后期阶段	33	楚雄市	发达经济初期阶段			
17	陆良县	工业化后期阶段	34	双柏县	工业化后期阶段			

第三节　滇中城市群的社会文化基础

一、滇中城市群的社会文化基础：义务教育

所谓义务教育发展总指数就是在开发教育指标体系的基础上，建立数据模型，计算出义务教育发展的各个数据，并依据义务教育发展的目标与实际计算出义务教育阶段发展的数据。

在县域层面（如图 3 - 8、表 3 - 9 所示）：宣威市义务教育发展总指数为2.023，义务教育发展类别为 Ⅰ 类；麒麟区、红塔区及楚雄市 3 县区义务教育发展总指数为 1.546 ~ 1.778，义务教育发展类别为 Ⅱ 类；五华区、盘龙区、西山区、建水县 4 县区义务教育发展总指数为 1.273 ~ 1.412，义务教育发展类别为 Ⅲ 类；官渡区、弥勒市 2 县区义务教育发展总指数为 0.992 ~ 1.006，义务教育发展类别为 Ⅳ 类；宜良县、禄劝县、寻甸县、陆良县、罗平县、富源县、会泽县、沾

益区、禄丰县、蒙自市、石屏县及泸西县 12 县区义务教育发展总指数为 0.736 ~
0.894，义务教育发展类别为 V 类；师宗县、易门县、峨山县、新平县、个旧市
及开远市 6 县区义务教育发展总指数为 0.651 ~ 0.703，义务教育发展类别为 Ⅵ
类；师宗县、易门县、峨山县、新平县、个旧市及开远市 6 县区义务教育发展总
指数为 0.651 ~ 0.703，义务教育发展类别为 Ⅵ 类；东川区、晋宁区、富民县、石
林县、嵩明县、安宁市、马龙区、江川区、澄江市、通海县、华宁县、元江县、
双柏县、牟定县、南华县、姚安县、大姚县、永仁县、元谋县及武定县 20 县区
义务教育发展总指数为 0.495 ~ 0.640，义务教育发展类别为 Ⅶ 类；呈贡区义务教
育发展总指数为 0.435，义务教育发展类别为 Ⅷ 类。

其中，民族县区的义务教育发展总指数整体为 0.576 ~ 0.804。义务教育发展
总指数最大的县区为禄劝彝族苗族自治县，义务教育发展总指数为 0.804，义务
教育发展类别为 V 类；义务教育发展总指数最小的县区为石林彝族自治县，义务
教育发展总指数为 0.576，义务教育发展类别为 Ⅶ 类。贫困县区的义务教育发展
总指数整体为 0.520 ~ 0.894，义务教育发展总指数最小的县区为双柏县，义务教
育发展总指数为 0.520，义务教育发展类别为 Ⅶ 类，义务教育发展总指数最大的
县区为会泽县，义务教育发展总指数为 0.894，义务教育发展类别为 V 类（如
图 3 - 8 和表 3 - 9 所示）。

图 3 - 8 滇中城市群地区义务教育发展总指数格局

表3－9　　　　　　　　　滇中城市群义务教育发展总指数

序号	县区	总指数	类别	序号	县区	总指数	类别	序号	县区	总指数	类别
1	五华区	1.412	Ⅲ	18	师宗县	0.703	Ⅵ	35	牟定县	0.555	Ⅶ
2	盘龙区	1.374	Ⅲ	19	罗平县	0.736	Ⅴ	36	南华县	0.576	Ⅶ
3	官渡区	1.006	Ⅳ	20	富源县	0.872	Ⅴ	37	姚安县	0.533	Ⅶ
4	西山区	1.273	Ⅲ	21	会泽县	0.894	Ⅴ	38	大姚县	0.640	Ⅶ
5	东川区	0.573	Ⅶ	22	沾益区	0.744	Ⅴ	39	永仁县	0.535	Ⅶ
6	呈贡区	0.435	Ⅷ	23	宣威市	2.023	Ⅰ	40	元谋县	0.534	Ⅶ
7	晋宁区	0.595	Ⅶ	24	红塔区	1.546	Ⅱ	41	武定县	0.588	Ⅶ
8	富民县	0.495	Ⅶ	25	江川区	0.572	Ⅶ	42	禄丰县	0.794	Ⅴ
9	宜良县	0.814	Ⅴ	26	澄江市	0.555	Ⅶ	43	个旧市	0.651	Ⅵ
10	石林县	0.576	Ⅶ	27	通海县	0.574	Ⅶ	44	开远市	0.699	Ⅵ
11	嵩明县	0.626	Ⅶ	28	华宁县	0.528	Ⅶ	45	蒙自市	0.756	Ⅴ
12	禄劝县	0.804	Ⅴ	29	易门县	0.689	Ⅵ	46	弥勒市	0.992	Ⅳ
13	寻甸县	0.797	Ⅴ	30	峨山县	0.658	Ⅵ	47	建水县	1.281	Ⅲ
14	安宁市	0.563	Ⅶ	31	新平县	0.653	Ⅵ	48	石屏县	0.874	Ⅴ
15	麒麟区	1.778	Ⅱ	32	元江县	0.614	Ⅶ	49	泸西县	0.772	Ⅴ
16	马龙区	0.616	Ⅶ	33	楚雄市	1.650	Ⅱ				
17	陆良县	0.826	Ⅴ	34	双柏县	0.520	Ⅶ				

综上所述，滇中城市群地区义务教育发展总指数具有如下特点：（1）县域层面义务教育发展总数指数最高的地区为宣威市，义务教育发展总指数最低的为呈贡区；（2）滇中城市群地区49县区义务教育发展总指数整体处于0.435～2.022，但县区差异较大。（3）民族县区与贫困县区义务教育发展总指数整体差异较大。

二、滇中城市群的人口地理基础：民族指数

民族多样性指数是定量反映民族地域系统的民族地理指数之一，是由某地域中某一次级地域由民族种类及其人口数量所决定的。民族多样指数基于生态学中用以计算物种多样性的香农—威纳指数（Shannon - Wiener index）演化而成。民族多样指数越大表示该次级地域在该地域中的民族多样性越强即民族多样性越大；民族多样指数越小表示该次级地域在该地域中的民族多样性越弱即民族多样性

越小。

在县域层面（如图 3-9 和表 3-10 所示）：五华区、东川区、晋宁区、宜良县、嵩明县、麒麟区、马龙区、富源县、会泽县、沾益区、宣威市、江川区、澄江市 13 县区的民族多样性指数为 0.104~0.452，民族多样性指数类型属于Ⅰ类；盘龙区、官渡区、呈贡区、富民县、罗平县、牟定县、泸西县 7 县区的民族多样性指数为 0.524~0.578，民族多样性指数属于Ⅱ类；五华区、西山区、石林县、寻甸县、安宁市、师宗县、红塔区、通海县、姚安县及楚雄市 10 县区的民族多样性指数为 0.633~0.730，民族多样性指数类型属于Ⅲ类；华宁县、易门县、双柏县、南华县、大姚县、禄丰县 6 县区的民族多样性指数为 0.769~0.868，民族多样性指数属于Ⅳ类；禄劝县、峨山县、永仁县、元谋县、弥勒县、建水县、石屏县 7 县区的民族多样性指数为 0.917~1.081，民族多样性指数类型属于Ⅴ类；新平县、元江县、武定县、个旧市、开远市、蒙自市 6 县区的民族多样性指数为 1.276~1.475，民族多样性指数类型属于Ⅵ类。

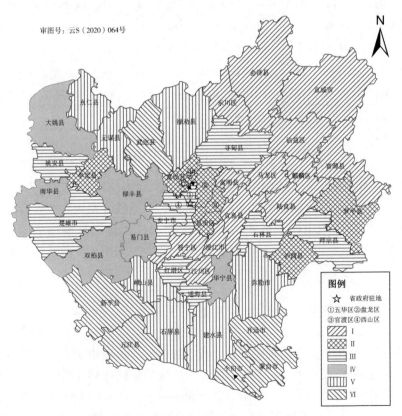

图 3-9 滇中城市群地区民族多样性指数格局

表 3－10　　　　　　　　　　滇中城市群民族多样性指数表

县区	指数	类别	县区	指数	类别	县区	指数	类别
五华区	0.681	Ⅲ	师宗县	0.694	Ⅲ	牟定县	0.545	Ⅱ
盘龙区	0.556	Ⅱ	罗平县	0.545	Ⅱ	南华县	0.868	Ⅳ
官渡区	0.524	Ⅱ	富源县	0.373	Ⅰ	姚安县	0.633	Ⅲ
西山区	0.640	Ⅲ	会泽县	0.230	Ⅰ	大姚县	0.782	Ⅳ
东川区	0.347	Ⅰ	沾益区	0.313	Ⅰ	永仁县	0.967	Ⅴ
呈贡区	0.554	Ⅱ	宣威市	0.307	Ⅰ	元谋县	0.961	Ⅴ
晋宁区	0.452	Ⅰ	红塔区	0.667	Ⅲ	武定县	1.310	Ⅵ
富民县	0.576	Ⅱ	江川区	0.283	Ⅰ	禄丰县	0.769	Ⅳ
宜良县	0.391	Ⅰ	澄江市	0.312	Ⅰ	个旧市	1.295	Ⅵ
石林县	0.717	Ⅲ	通海县	0.709	Ⅲ	开远市	1.385	Ⅵ
嵩明县	0.405	Ⅰ	华宁县	0.801	Ⅳ	蒙自市	1.412	Ⅵ
禄劝县	0.931	Ⅴ	易门县	0.797	Ⅳ	弥勒市	1.074	Ⅴ
寻甸县	0.730	Ⅲ	峨山县	1.081	Ⅴ	建水县	1.017	Ⅴ
安宁市	0.668	Ⅲ	新平县	1.276	Ⅵ	石屏县	0.917	Ⅴ
麒麟区	0.288	Ⅰ	元江县	1.475	Ⅵ	泸西县	0.553	Ⅱ
马龙区	0.367	Ⅰ	楚雄市	0.697	Ⅲ			
陆良县	0.104	Ⅰ	双柏县	0.860	Ⅳ			

其中，民族县区的民族多样性指数整体为0.717~1.475，民族多样性指数最高的县区为元江哈尼族彝族自治县，民族多样性指数为1.475，民族多样性指数类型为Ⅵ类，民族多样性指数最低的县区为石林彝族自治县，民族多样性指数为0.717，民族多样性指数类型为Ⅲ类；贫困县区的民族多样性指数整体为0.104~0.769，民族多样性指数最低的县区为会泽县，民族多样性指数为0.230，民族多样性指数类型属于Ⅰ类，民族多样性指数最高的县区为武定县，民族多样性指数为1.310，民族多样性指数类型属于Ⅵ类。

综上所述，滇中城市群地区民族多样性指数具有以下特点：（1）县域层面民族多样性指数最高的地区为元江哈尼族彝族自治县，民族多样性指数最低的为陆良县；（2）滇中城市群地区49县区民族多样性指数整体为0.104~1.475，但县区差异较大。（3）玉溪市所辖县区的民族多样性指数整体较大。（4）民族县区与贫困县区民族多样性指数整体差异较小。

三、滇中城市群的社会文化基础：医疗设施

县域层面（如图 3-10 和表 3-11 所示）：盘龙区、官渡区、麒麟区、呈贡区及五华区 5 县区的医院数为 138~165 家，属于 Ⅰ 类地区；宣威市、楚雄市、会泽县、红塔区及富源县 5 县区的医院数为 52~90 家，属于 Ⅱ 类地区；西山区、安宁市、蒙自市、建水县、寻甸县、个旧市、陆良县、师宗县及开远市 9 县区的医院数为 34~47 家，属于 Ⅲ 类地区；沾益区、新平县、晋宁区、禄劝县、禄丰县、泸西县、宜良县、马龙区、弥勒市、石屏县、嵩明县、元谋县、东川区及武定县 14 县区的医院数为 21~28 家，属于 Ⅳ 类地区；罗平县、富民县、石林县、通海县、大姚县、易门县、元江县、牟定县、姚安县、澄江市、南华县、江川区、华宁县、永仁县及双柏县 15 县区的医院数为 10~18 家，属于 Ⅴ 类；峨山县的医院数为 9 家，属于 Ⅵ 类地区。

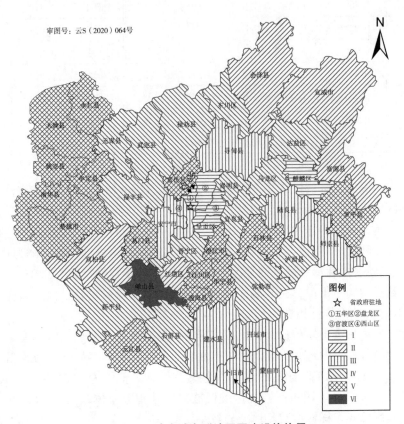

图 3-10　滇中城市群地区医疗设施格局

其中民族县区的医院数整体在 9 ~ 38 家,医院数最多的县区为寻甸回族彝族自治县,医院数为 38 家,属于Ⅲ类地区;医院数最少的县区为峨山彝族自治县,医院数为 9 家,属于Ⅵ类地区。贫困县区的医院数整体在 10 ~ 64 家,医院数最多的县区为会泽县,医院数为 64 家,属于Ⅱ类地区;医院数最少的县区为双柏县,医院数为 10 家,属于Ⅴ类地区。

综上所述,滇中城市群地区医院数具有以下特点:(1)县域层面医院数最多的地区为盘龙区和官渡区,医院数最少的为峨山县;(2)滇中城市群地区 49 县区医院数整体处于 9 ~ 165 家,县区差异较大。(3)民族县区与贫困县区医院数整体差异较大。

表 3 – 11 滇中城市群地区医院数 单位:家

县区	医院数	类别	县区	医院数	类别	县区	医院数	类别
五华区	138	Ⅰ类	师宗县	34	Ⅲ类	牟定县	15	Ⅴ类
盘龙区	165	Ⅰ类	罗平县	18	Ⅴ类	南华县	12	Ⅴ类
官渡区	165	Ⅰ类	富源县	52	Ⅱ类	姚安县	14	Ⅴ类
西山区	47	Ⅲ类	会泽县	64	Ⅱ类	大姚县	16	Ⅴ类
东川区	21	Ⅳ类	沾益区	28	Ⅳ类	永仁县	11	Ⅴ类
呈贡区	145	Ⅰ类	宣威市	90	Ⅱ类	元谋县	22	Ⅳ类
晋宁区	27	Ⅳ类	红塔区	58	Ⅱ类	武定县	21	Ⅳ类
富民县	17	Ⅴ类	江川区	11	Ⅴ类	禄丰县	32	Ⅳ类
宜良县	24	Ⅳ类	澄江市	12	Ⅴ类	个旧市	38	Ⅲ类
石林县	17	Ⅴ类	通海县	16	Ⅴ类	开远市	34	Ⅲ类
嵩明县	22	Ⅳ类	华宁县	11	Ⅴ类	蒙自市	42	Ⅲ类
禄劝县	26	Ⅳ类	易门县	15	Ⅴ类	弥勒市	23	Ⅳ类
寻甸县	38	Ⅲ类	峨山县	9	Ⅵ类	建水县	39	Ⅲ类
安宁市	44	Ⅲ类	新平县	28	Ⅳ类	石屏县	23	Ⅳ类
麒麟区	146	Ⅰ类	元江县	15	Ⅴ类	泸西县	26	Ⅳ类
马龙区	24	Ⅳ类	双柏县	10	Ⅴ类			
陆良县	36	Ⅲ类	楚雄市	69	Ⅱ类			

第四节 滇中城市群的历史地理基础

一、滇中城市群地区的古生物演化

由于云南地处板块交界地区，地质构造运动活跃，"沧海桑田"现象在云南地史中时有发生。在地球的生物发展史中，寒武纪是隐生宙向显生宙过渡的时期，是海生无脊椎动物时代。目前，滇中地区的昆明、玉溪及曲靖地区有寒武系地层分布。中生代以来，云南陆地格局基本形成，为古生物的发展演化提供了多元化的生境，这一时期在滇中的楚雄地区出现了恐龙。

二、滇中城市群地区的古人类文化

滇中城市群地区的元谋人是云南历史的开端，开辟了云南远古人类的旧石器时代，创造了旧石器时代以旧石器、石制品和火的使用为代表的早期文化。在滇中地区的蒙自市、昆明市、呈贡区、石林县等地区发现了晚期智人化石及旧石器时代晚期文化。第三纪受印度洋板块向亚欧板块俯冲的影响，致使青藏高原隆升为"世界第三极"，云南的准平原随之隆升，并在地球外营力"削高填低"的作用下解体，形成山、岭、谷、盆（坝子）等地貌格局，促进了云南生物的演化，使得在滇中地区出现开远市小龙潭、禄丰县石灰坝、元谋县的小河等古猿化石点。

进入新石器时代以来，滇中地区的地理环境格局与现代相似。在5万~1.18万年以前，滇池地区出现一定含量的云杉、冷杉花粉，铁杉的比例也比较高，栎、白栎、青枫也有一定的含量，说明昆明周边山地植被垂直地带性分布已很明显，山地上生长有云杉、冷杉、铁杉，周围生长着青枫等耐凉的常绿阔叶林，据此推算当时气候较今天低2℃。1.18万~0.5万年前，落叶栎类植物增加，松树比重仍然很高，表明气温回升，植被为针阔混交林。6900~3800年前常绿的青枫、栲等占较大比重，气候暖湿，呈现出常绿阔叶林的景观。3800年前以来，松属占到75%以上，另有一定含量的青枫、石栎等，说明昆明周边也有针阔混交林，气候温干。在滇池周边已发现新石器时代遗址二三十处，此时滇池一些浅湖沼泽被断层抬升成湖盆阶地（吴玉书、陈因硕、肖家仪，1991）。滇池地区新石器时代特殊的地理环境塑造着滇池地区的新石器文化。20世纪50~60年代，考古学家在滇池地区发现新石器时代遗址20多处。其中，滇池沿岸有17处：官渡、石碑村、石子河、古城、团山村、石寨山、河泊所、渠西里、兴旺村、后街、老街、白塔村、白塔山、黑林铺、乌龙铺、安江、象山。这些遗址中，离滇池最近者团山村遗址仅 150 米，最远者白塔村有 6 千米，多数遗址分布在滇池东岸。

滇池地区新石器时代文化的空间范围较广：西界已到禄丰县，该县金山茅草洼、长地箐、衫老棵、赵家村、北厂、孙家坟、麻栗坡、启明桥、腰站等地均发现属滇池地区新石器时代文化的有段石锛、有肩有段石锛；东北界已达宣威市，20 世纪 80 年代发现的宣威格宜地区启文乡尖角洞洞穴遗址属于这一文化。

三、滇中城市群地区的历史沿革

公元前 286 年左右，战国时期的楚国将领庄蹻入滇，征服了该区域的涝浸、靡莫等部，统一了滇池地区。秦朝的"五尺道"的修建，标志着中原王朝对云南进行正式统治。西汉、东汉时期，在昆明设益州郡。此时的滇中及滇东北地区已经进入了奴隶社会。三国时期，在滇中地区设立建宁郡。西晋时期，在滇中地区设立兴古郡和建宁郡。东晋时期，在滇中地区设有兴古郡、建宁郡、梁水郡、晋宁郡、兴宁郡 5 郡。南北朝时期，滇中地区出现了"爨"氏统治，形成"爨文化"，有爨宝子碑、爨龙颜碑两大文化瑰宝。隋朝再次置入中央政府的统治。初唐时期，滇中地区整体成为昆州。宋朝时期，在滇中地区设威楚府、善阐府、秀山郡、石城郡等。元代时期，在滇中地区设有嵩明州、晋宁州、昆阳州、安宁州、镇南州、和曲州、禄劝州、陆良州、越州、罗雄州、马龙州、沾益州、新兴州、建水州、宁州、阿迷州、师宗州、弥勒州等。元代时期，在滇中地区设有云南府（晋宁州、安宁州、昆阳州、嵩明州）、曲靖府（沾益州、陆凉州、马龙州、罗平州）、寻甸府、临安府（建水州、石屏州、阿迷州、新化州、宁州）、澄江府（新兴州、路南州）、广西府（师宗州、弥勒州）、元江府（奉化州）、楚雄府（南安州、镇南州）、姚安府（姚州）、武定府（和曲州、禄劝州）等。清朝时期，在滇中地区设有云南府（晋宁州、安宁州、昆阳州、嵩明州）、东川府（巧家厅）、曲靖府（沾益州、陆凉州、马龙州、罗平州、寻甸州、宣威州）、澄江府（新兴州、路南州）、楚雄府（南安州、镇南州、姚州）、临安府（石屏州、阿迷州、宁州）、广西州、武定州、元江州等（何耀华，2011）。

四、滇中城市群地区的历史交通

云南作为内陆省区，交通主要以陆路人马驿道为主，这些驿道沟通了中原地区与云南的联系。尤其是明朝以来的移民政策极大地促进云南地区的人口增长及生活消费品的增长。因此，区域经济的发展加大了云南古代交通网络的发展，形成交通网。其中，滇中地区主要古代交通干道有：（1）五尺道：开通于秦代，唐代重修，古称石门道，路线为成都—宜宾—盐津—昭通—宣威—马龙—寻甸—曲靖—禄丰—祥云。主要遗存地有宣威的柯渡、沾益的炎方及九龙山、马龙的苍隆铺、寻甸易隆。（2）灵关道：路线为成都—邛崃—雅安—西昌—永仁—大姚—姚安—祥云。（3）安南道：路线为昆明—晋宁—通海—建水—个旧。主要遗址有建水的回头村、金干村，蒙自的红寨村，个旧的蔓耗村等。（4）芭州道：路线为昆明—呈贡—宜良—开远—砚山—富宁—南宁。（5）滇黔古驿道：路线为昆明—曲靖—贵州。滇中城市群地区主要的古驿站有富民、武定、元谋、嵩明杨林、寻甸易隆、马龙、宣威、安宁禄、禄丰县城、禄丰舍资镇、楚雄、楚雄吕合镇、南华沙桥镇等。滇中城市群地区还有一条历史上具有战略意义的铁路：滇越铁路（米轨），滇越铁路主要指昆明至河口段，全长 465 千米，共有 62 个车站，滇越铁路大部分线路位于滇中地区。该条铁路设计卓越、工程浩大，当时被英国《泰晤士报》与苏伊士运河、巴拿马运河并称"世界三大工程奇迹"（刘学、黄明，2012）。

五、滇中城市群地区历史时期的资源开发

特殊的地质环境塑造了云南丰富的矿产资源，区域资源的开发极大地促进了区域经济的发展。滇中城市群地区主要涉及盐矿开发、金属矿冶开采。矿业的开发与运输的发展深刻地影响着聚落的发展及文化走廊，如会泽古城及滇铜京运通道的形成与发展。

滇中城市群地区的盐矿开发早在汉代就有记录，据《汉书·地理志》载，益州郡"连然（今安宁市）有盐官"。除连然外，滇中地区城市群地区盐业产地还有青蛉（今大姚县、永仁县）等地。到唐代，滇中地区的盐业产地迅速扩展到今大姚县、禄丰县等地。清代时期，盐业生产已经从滇中地区扩展到滇南、滇西地区。盐业生产主要集中在滇中地区的楚雄州。

滇中地区的金属矿业开采拥有久远的历史，但真正大规模的矿冶开发出现在清代前期，主要被开发利用的金属矿产有金、银、铜、铁、锡等。铜矿、锡矿的开发规模最大、持续时间最长，对云南的社会经济产生的影响深远。其中，铜矿的开发主要集中于昆明市的东川区。锡矿主要以个旧为主，个旧被誉为"锡都"。康熙年间锡矿的开发，吸引了大量的内地移民至此。1889 年蒙自开关后，个旧锡矿产量急剧增加，人数最多时达"十余万众"。清朝最后的 20 年间，产量较之前增加数十倍至数百倍，滇铜、滇锡主产地东川、个旧也由偏僻山乡演变为经济繁荣的新兴市镇。现已形成以东川—会泽—个旧为中心区域的滇铜京运线路、滇越铁路沿线的"点—轴"历史文化名城、名镇、名村分布。主要历史文化名城有会泽历史文化名城、建水历史文化名城、石屏历史文化名城，历史文化名镇有新安所镇，历史文化名村有新房村、郑营村、白雾村等。

六、滇中城市群地区历史聚落

滇中地区悠久的历史蕴含在人类的聚落文化中，滇中地区拥有大量的历史文化名城（镇、村）。其中，历史文化名城主要有会泽历史文化名城、通海历史文化名城、昆明历史文化名城、建水历史文化名城、石屏历史文化名城等。历史文化名镇有蒙自市新安所历史文化名镇、姚安县光禄历史文化名镇、禄丰县黑井历史文化名镇、大姚县牛街历史文化名镇。历史文化名村有曲靖市会泽县娜姑镇白雾村、曲靖市罗平县鲁布革布依族苗族乡罗斯村委腊者村、玉溪市元江县青龙厂镇它克村、楚雄彝族自治州姚安县光禄镇西关村、红河哈尼族彝族自治州建水县官厅镇苍台村、红河哈尼族彝族自治州建水县西庄镇团山村、红河哈尼族彝族自治州泸西县永宁乡城子村、红河哈尼族彝族自治州弥勒县西三镇可邑村、红河哈尼族彝族自治州弥勒县西三镇腻黑村、红河哈尼族彝族自治州石屏县宝秀镇郑营村、昆明市西山区团结乡乐居村、昆明市晋宁区晋城镇福安村、昆明市晋宁区双河乡田坝村、昆明市晋宁区夕阳乡木鲊村、昆明市晋宁区夕阳乡打黑村、昆明市晋宁区六街镇新寨村、昆明市石林县圭山镇糯黑村、曲靖市马龙区旧县镇黄土坡村、曲靖市马龙区马鸣乡咨卡村、曲靖市陆良县芳华镇雍家村、曲靖市师宗县竹基镇淑基村、曲靖市师宗县竹基镇大冲村、玉溪市江川区江城镇海门村、玉溪市通海县河西镇河西村、玉溪市通海县高大乡高大社区克呆村、玉溪市通海县兴蒙乡北阁下村、玉溪市华宁县青龙镇海镜村、玉溪市元江县澧江街道龙潭村委会者嘎村、玉溪市元江县洼垤乡它才吉村委会坡柽村、楚雄彝族自治州楚雄市子午镇以口夸村、楚雄彝族自治州双柏县法脿镇雨龙村委会李方村、楚雄彝族自治州牟定县安乐乡小屯村委会小屯村、楚雄彝族自治州牟定县蟠猫乡蟠猫村委会母鲁打村、楚雄彝族自治州禄丰县金山镇炼象关村、楚雄彝族自治州禄丰县妥安乡琅井村、红河哈尼族彝族自治州蒙自市草坝镇碧色寨村、红河哈尼族彝族自治州蒙自市新安所镇新安所村、红河哈尼族彝族自治州建水县西庄镇新房村、昆明市西山区团结街道办事处永靖社区居委会白石岩村、昆明市东川区铜都街道办事处箐口村委会汪家箐村、昆明市晋宁区双河乡双河营村委会、昆明市晋宁区夕阳乡田房村委会大摆衣村、昆明市晋宁区夕阳乡保安村委会雷响田村、昆明市晋宁区夕阳乡新山村委会鸭打甸村、昆明市晋宁区夕阳乡一字格村委会、昆明市晋宁区六街镇干海村委会、昆明市富民县赤鹫镇平地村委会平地村、昆明市宜良县匡远街道办事处福谊社区居委会墩子村、昆明市嵩明县牛栏江镇荒田村委会马鞍山村、昆明市禄劝县撒营盘镇撒老乌村委会、昆明市安宁市禄脿街道办事处禄脿村委会禄脿村、曲靖市罗平县富乐镇富乐村委会富乐村、曲靖市沾益区大坡乡河尾村委会大村、曲靖市宣威市杨柳乡可渡村委会关上村、玉溪市澄江市海口镇松元村委石门村、玉溪市通海县里山乡大黑冲村委会大黑冲村、玉溪市华宁县宁州街道办事处冲麦村委会冲麦村、玉溪市华宁县青龙镇落梅村委会来保康村、玉溪市峨山县塔甸镇大西村委会戈嘎村、玉溪市峨山县塔甸镇亚尼村委会伙枇杷村、楚雄州楚雄市吕合镇吕合村委会吕合村、楚雄州楚雄市吕合镇中屯村委会马家庄村、楚雄州牟定县江坡镇江坡村委会江坡大村、楚雄州永仁县宜就镇外普拉村委会大村、楚雄州永仁县中和镇中和村委会中和村、楚雄州武定县猫街镇猫街村委会咪三咱村、楚雄州武定县插甸乡水城村委会水城村、楚雄州武定县发窝乡大西邑村委会大西邑村、楚雄州武定县白路乡平地村委会木高古村、楚雄州武定县万德乡万德村委会万德村、楚雄州武定县己衣乡己衣村委会己衣大村、楚雄州禄丰县黑井镇黑井村委会板桥村、楚雄州禄丰县黑井镇黑井村委会黑井村、红河州个旧市贾沙乡陡岩村委会陡岩村、红河州建水县临安镇韩家村委会碗窑村、红河州建水县官厅镇牛滚塘村委会柑子树村、红河州建水县西庄镇白家营村委会阿瓦寨村、红河州建水县西庄镇他广村委会贝贡村、红河州建水县西庄镇荒地村委会荒地村、红河州建水县西庄镇马坊村委会马坊村、红河州建水县西庄镇马坊村委会汤伍村、红河州建水县西庄镇马家营村委会马家营村、红河州建水县西庄镇马家营村委会绍伍村、红河州建水县南庄镇小龙潭村委会钱家湾村、红河州建水县岔科镇岔科村委会双见峰村、红河州建水县曲江镇欧营村委会欧营村、红河州建水县面甸镇红田村委会谷家山村、红河州建水县普雄乡纸厂村委会上纸厂村、红河州建水县塔瓦村委会塔瓦村、红河州建水县李浩寨乡温塘村委会湾塘村、红河州建水县坡头乡坡头村委会黄草坝村、红河州建水县坡头乡回新村委会回新村、红河州建水县盘江乡苏租村委会本善村、红河州建水县甸尾乡高楼寨村委会高楼寨村、红河州石屏县异龙镇陶村村委会符家营村、红河州石屏县异龙镇豆地湾村委会罗色湾村、红河州石屏县异龙镇大瑞城村委会小瑞城村、红河州石屏县异龙镇冒合村委会岳家湾村、红河州石屏县宝秀镇哥白孔村委会小冲村、红河州石屏县坝心镇白浪村委会白浪村、红河州石屏县坝心镇新街村委会关上村、红河州石屏县坝心镇老街村委会龙港村、红河州石屏县坝心镇芦子沟村委会小高田、苏家寨村、红河州石屏县哨冲镇水瓜冲村委会慕善村、红河州石屏县哨冲镇水瓜冲村委会水瓜冲村、红河州石屏县牛街镇迭亩龙村委会迭亩龙村、红河州石屏县牛街镇他腊村委会他腊村、红河州石屏县牛街镇邑黑吉村委会邑黑吉村、红河州弥勒县西一镇起飞村委会红万村、曲靖市麒麟区珠街街道办事处箐口村、曲靖市麒麟区越州镇潦浒社区大村、曲靖市陆良县马街镇良迪村、曲靖市沾益区花山街道松林村、曲靖市宣威市落水镇宁营自然村、玉溪市红塔区春和街道黄草坝村委会玉碗水村、玉溪市通海县河西镇大回村、玉溪市通海县里山乡小荒田村、玉溪市通海县兴蒙乡桃家嘴村、玉溪市华宁县宁州街道办事处碗窑村、玉溪市易门县小街乡歪头山村、玉溪市峨山县甸中镇八字岭村、玉溪市峨山县甸中镇栖木墀村、玉溪市峨山县塔甸镇大西村、玉溪市峨山县岔河乡安居村、玉溪市峨山县富良棚乡雨果村、玉溪市新平县戛洒镇大平掌小组村、玉溪市元江县那诺乡二掌村、玉溪市元江县洼垤乡邑慈碑村、楚雄州武定县高桥镇老滔村、楚雄州禄丰县勤丰镇马街村委会旧县村、红河州蒙自市鸣鹫镇鸣鹫村、红河州蒙自市老寨乡老寨村、红河州建水县西庄镇东者村、红河州建水县普雄乡藤子寨村、红河州建水县坡头乡咪的村、红河州建水县利民乡小暮阳村、红河州建水县李浩寨乡马占户村、红河州建水县甸尾乡泥冲村、红河州建水县甸尾乡期租碑村、红河州石屏县异龙镇大水村、红河州石屏县异龙镇冒合村、红河州石屏县异龙镇松村、红河州石屏县异龙镇太岳村、红河州石屏县异龙镇李家寨村、红河州石屏县异龙镇豆地湾村、红河州石屏县宝秀镇宝秀村、红河州石屏县宝秀镇张本寨村、红河州石屏县宝秀镇吴营村、红河州石屏县坝心镇新街村、红河州石屏县龙朋镇桃园村、红河州石屏县龙朋镇大寨村、红河州石屏县龙朋镇龙朋村、红河州石屏县龙武镇坡头甸村、红河州石屏县哨冲镇莫测甸村、红河州石屏县哨冲镇龙黑村、红河州石屏县哨冲镇哨冲村、红河州石屏县哨冲镇曲左村、红河州石屏县哨冲镇撒妈鲊村、红河州弥勒市西一镇滥泥箐村、红河州泸西县金马镇嘉乐村、红河州泸西县旧城镇黑舍村、红河州泸西县午街铺镇普泽村、红河州泸西县白水镇小红杏村、红河州泸西县向阳乡小沙马村、红河州泸西县三塘乡大阿定村等（刘学、黄明，2012）。滇中城市群地区传统村落分布如图 3-11 所示。

图 3-11　滇中城市群地区传统村落格局

　　滇中地区独特的自然地理环境及多元的民族文化，深刻影响着滇中地区的民居。滇中城市群地区的传统民居建筑主要分为滇中紧凑生长合院式传统建筑文化核心区、滇西坊坊相接合院式传统建筑文化核心区、滇南平顶土撑房传统建筑文化区。其中，滇中紧凑生长合院式传统建筑文化核心区又分为会泽地区紧凑生长合院式传统建筑文化核心亚区和建水地区紧凑生长合院式传统建筑文化核心亚区两类。

七、滇中城市地区的红色文化史

　　滇中地区是云南的政治、经济和文化中心，红军长征时留下了丰富的红色文化资源，如长征途经地及重要事件的发生地点。主要的长征路线有：（1）红九军团：乌江北岸—宣威县城—会泽县城—树桔渡—金沙江，主要事件有宣威虎头山战斗、会泽水城梨园扩红运动。（2）二六军团：宣威来宾镇—富源县—沾益区—麒麟区—寻甸县—普渡河—昆明阿子营—富民—楚雄州—鹤庆—丽江—石鼓—雪山—中甸—西康，主要事件有宣威虎头山战斗、普渡河铁索桥战斗、小松园战斗、六甲战斗。（3）军委纵队及一三军团：富源营上村—沾益白水—曲靖西山三元宫—攻克马龙、富源、寻甸3县城—寻甸鲁口哨—柯渡丹桂—禄劝。主要事件有发布《关于消灭沾益曲靖白水之敌的指示》《关于我军速渡金沙江在川西建立苏区的指示》、召开联席会议等（刘学、黄明，2012）。

参 考 文 献

　　[1] 何耀华：《云南通史》（1~6卷），中国社会科学出版社2011年版。

　　[2] 刘学、黄明：《云南历史文化名城（镇村街）保护体系规划研究》，中国建筑工业出版社2012年版。

　　[3] 潘玉君、张谦舵、肖翔等：《教育地理区划研究：云南省义务教育地理区划实证与方案》，科学出版社2015年版。

　　[4] 吴玉书、陈因硕、肖家仪：《滇池地区四万年以来的植被和气候演变初步研究》，载于《植物学报》1991年第6期，第450~458页。

　　[5] 杨旺舟：《云南产业结构分析与调整对策：以云南省为例》，科学出版社2012年版。

　　[6] 赵荣、王恩涌、张小林等：《人文地理学》，高等教育出版社2006年版。

第四章

滇中城市群规划的发展与演进

第一节　我国城市群和重要政策的发展历程

一、我国主要城市群发展和规划概况

城市群的形成和发展是近年来我国城市化发展的重要特点。从城市发展的规律看，城市的发展和规模的扩大是伴随着产业结构升级和农业人口不断向城市人口转化的过程。城市的发展也有其自身的客观过程和规律，一般随着城市发达程度的提高，其演进将经历镇、城市、大城市、特大城市、大都市区、大都市带等不同阶段，其中发展到大都市区或大都市带阶段，就进入了城市群发展的阶段。我国城市群发展的主要动力来源于区域经济水平的提升和城镇化率的提高。20 世纪 90 年代起，我国东部发达地区一些地理位置邻近、空间布局相对密集的城市开始集合并逐步发展成一批具有一定规模的城市群或是正在形成的城市群。如东部地区有长江三角洲城市群、珠江三角洲城市群、京津冀城市群等大城市群，形成了我国经济发展的重要增长极。城市群在未来一段时间仍将主导区域经济的发展。在中国社会科学院发布的《2008 中国城市竞争力报告》中提到我国的城市群数目有 34 个，范围覆盖所有的省份。除了前文提到的三个大城市群，到 2009 年正式提出规划的城市群还有 15 个，如表 4 - 1 所示。

表4-1 中国城市群的演化

年份	城市群	相关规划
1997年	长株潭城市群	湖南省委省政府启动《长株潭城市群整体规划》
1998年	滇中城市群	云南省政府批复实施《昆楚玉曲城市群规划》
2004年	武汉城市群	湖北省政府下发《关于武汉城市经济圈建设的若干问题的意见》
2005年	银川城市群	宁夏回族自治区党委九届十二次全体会议中提出推进以银川为龙头的沿黄城市群建设
2006年	山东半岛城市群	山东省政府批准实施《山东半岛城市群总体规划》
2006年	关中城市群	国家发改委和国务院西部办在西安召开关中城市群座谈会
2006年	皖江淮城市群	安徽省发布《沿江城市群十一五经济社会发展规划纲要》
2006年	中原城市群	河南省政府正式发布《中原城市群总体发展规实施纲要》
2006年	呼包鄂城市群	内蒙古自治区政府下发《关于印发呼包鄂区域经济区十一五发展规划的通知》
2006年	环鄱阳湖城市群	江西省发改委公布《环鄱阳湖经济发展规划纲要》
2007年	成渝城市群	两政府签署《重庆市人民政府四川省人民政府关于推进川渝合作共建成渝经济区的协议》
2008年	辽宁中部城市群	辽宁省政府批准实施《辽宁中部城市群发展规划》
2008年	海峡西岸城市群	国家建设部正式批复《海峡西岸城市群协调发展规划》
2008年	北部湾城市群	国务院正式批准实施《广西北部湾经济区发展规划》
2009年	太原城市群	山西省政府发布《太原经济圈规划纲要实施草案》

除上述城市群外，其他正在发展的重要城市群还有环鄱阳湖城市群（《环鄱阳湖生态城市群规划（2015-2030)》和《南昌大都市区规划（2015-2030)》）、辽东半岛城市群、哈大长城市群（2016年国务院批复哈长城市群发展规划）、晋中城市群、天山北坡城市群（《新疆天山北坡经济区规划（2011年)》和《天山北坡城市群发展规划（2017-2030)》）、兰白西城市群、酒嘉玉城市群、黔中城市群《黔中城市群发展规划（2017)》、南北钦防城市群等。这些较为成熟和正在发展的城市群都是区域发展的增长极。

二、我国主要城市群发展的相关政策情况

我国政府长期以来一直重视城市群在社会经济发展中的重要作用。2001年国家"十五"计划纲要就提出要"有重点地发展小城镇，积极发展中小城市，完善区域性中心城市功能，发挥大城市的辐射带动作用，引导城镇密集区有序发

展"；2005 年《中共中央关于制定"十一五"规划的建议》中首次提出作为国家综合竞争力最高代表的"城市群"概念；2006 年在"十一五"规划纲要指出，要把"城市群"作为推进城镇化的主体形态，发挥中心城市作用，形成若干用地少、就业多、要素集聚能力强、人口分布合理的新城市群；2007 年党的十七大报告指出，要以特大城市为依托，形成辐射作用大的城市群，培育新的经济增长极；2011 年国家"十二五"规划纲要指出，要按照统筹规划、合理布局、完善功能、以大带小的原则，遵循城市发展客观规律，以大城市为依托，以中小城市为重点，逐步形成辐射作用大的城市群，促进大中小城市和小城镇协调发展；2013 年《国务院关于城镇化建设工作情况的报告》提出，未来我国的城镇化将以建设世界级城市群为目标，全面提升东部三大城市群发展水平。除此之外，将再打造 10 个区域性城市群；2014 年《国家新型城镇化规划（2014－2020 年）》提出国家将加快培育成渝、中原、长江中游、哈长等城市群，使之成为推动国土空间均衡开发、引领区域经济发展的重要增长极；2015 年我国的城市群规划已进入正式编制阶段，确定要打造 20 个城市群，包括 5 个国家级城市群、9 个区域性城市群和 6 个地区性城市群。其中，重点建设 5 个国家级城市群，包括长江三角洲城市群、珠江三角洲城市群、京津冀城市群、长江中游城市群和成渝城市群，稳步建设 9 个区域性城市群（国家二级城市群），包括哈长城市群、山东半岛城市群、辽中南城市群、海峡西岸城市群、关中城市群、中原城市群、江淮城市群、北部湾城市群和天山北坡城市群，引导培育 6 个新的地区性城市群，包括呼包鄂榆城市群、晋中城市群、宁夏沿黄城市群、兰西城市群、滇中城市群和黔中城市群。2015 年《中华人民共和国国民经济和社会发展第十三个五年规划纲要》指出，要"坚持以人的城镇化为核心、以城市群为主体形态、以城市综合承载力为支撑、以体制机制创新为保障，加快新型城镇化步伐，提高社会主义新农村建设水平，努力缩小城乡发展差距，推进城乡发展一体化"。2017 年党的十九大报告指出，要"以城市群为主体构建大中小城市和小城镇协调发展的城镇格局，加快农业转移人口市民化"。

第二节　滇中城市群规划的发展背景和历程

一、滇中城市群规划的背景

20 世纪 90 年代京津唐、长三角、珠三角城市群的率先发展，为其他地区提供了可借鉴的经验。1996 年云南省编制完成了《昆楚玉曲城市群规划》，1998 年获得了云南省政府的批复实施，规划目标要将昆明、曲靖、玉溪、楚雄四城培育成为云南重点发展的城市群和云南省乃至中国西南地区的重要窗口；2004 年昆明市政府进行了主城四区的行政区划调整，昆明城市发展格局发生了巨变，建设"新昆明"成为昆明的城市发展战略，强化了昆明的核心城市作用，滇中城市群的发展更具实践性；2006 年"首届滇中城市群规划论坛"在昆明召开；2007年《滇中城市群规划》第一版修编发布，滇中城市群的建设进入政府发展战略；2009 年云南省发改委发布了《云南省滇中城市经济圈区域协调发展规划》（2009 – 2020 年）；2010 年《滇中城市群规划（2009 – 2030 年）》顺利通过相关评审，并于 2011 年正式批准实施；2011 年国务院公布的《国务院关于支持云南省加快建设面向西南开放重要桥头堡的意见》为滇中四城的发展拓宽了空间；2012 年云南省委省政府提出建设滇中产业新区的设想；2014 年云南省公布的《云南省新型城镇化规划（2014 – 2020 年）》提出要建设"一区、一带、五群、七廊"的新型城镇化格局，其中的"一区"指的就是滇中城市集聚区（滇中城市群）；同年云南省政府印发了《滇中城市经济圈一体化发展规划》，将滇中城市群的规划范围扩展到包括昆明市、曲靖市、玉溪市和楚雄彝族自治州全境及红河哈尼族彝族自治州北部的七个县市；2016 年云南省住建厅公布了《滇中城市群规划（2016 – 2049 年）》，对滇中城市群的发展做了更科学、更全面的规划。经过近 20 年的发展，滇中城市群的雏形已经形成，正在向着更高级的方向演进，一体化发展趋势也逐渐显现。

二、滇中城市群规划的思路演进

在滇中城市群相关发展规划和政策中，《云南省滇中城市经济圈区域协调发展规划（2009 年 –2020 年）》《滇中城市群规划修改（2009 – 2030 年）》《滇中城市经济圈一体化发展总体规划（2014 – 2020 年）》《滇中城市群规划（2016 – 2049 年）》这四个重要规划的内容与城市群发展密切相关，本节接下来就对这四个规划进行梳理和对比。

（一）滇中城市群规划的思路

1.《云南省滇中城市经济圈区域协调发展规划（2009 年 – 2020 年）》的思路

《云南省滇中城市经济圈区域协调发展规划》（简称"2009 年规划"）是2009 年由云南省发改委发布的。这项规划的目的是为了贯彻落实时任总书记胡锦涛 2009 年视察云南讲话精神和落实国家和省主体功能区划的要求。规划的目标是要进一步发挥滇中城市经济圈的特色和优势，强化其主导功能，明确滇中城市经济圈协调发展方向和工作重点，进一步推动滇中区域一体化，发挥滇中城市经济圈在国家面向西南沿边开放中的带动作用。规划对滇中城市经济圈的定位是：一方面，立足西部，接轨国际，成为面向西南开放桥头堡的重要枢纽；另一方面，成为空间优化、分工有序、实力雄厚的强势增长级；最后，使滇中城市经济圈成为人地和谐、城乡一体、富裕文明的现代城市群落。从总体看，该规划中区域协调发展和跨越发展是总体目标，新型城市化、生态文明建设也是重要内容。

2.《滇中城市群规划修改（2009－2030年）》的思路

《滇中城市群规划修改（2009－2030年）》（简称2010年规划）是云南省住建厅2010年发布的，修改规划的目的是为了促进滇中地区发展，提升整体竞争力，实现经济、社会、环境的全面可持续发展，加强对滇中区域城镇规划布局、产业发展和重大基础设施进行引导和调控。总目标是将滇中城市群建设成为带动云南省发展的增长极，成为西部地区特色鲜明、竞争力强的门户城市群和中国面向西南开放的桥头堡的核心区域。计划要整合区域内的产业、人口和环境资源，建设强大的区域基础设施和社会公共服务体系，优化城镇空间布局，全方位拓展与南亚、东南亚和"泛珠三角"等区域的合作，通过率先发展、协调发展，提升城市功能，保护区域资源，优化人居环境，为滇中经济社会发展提供优质的空间载体，支持区域发展目标的实现。

3.《滇中城市经济圈一体化发展总体规划（2014－2020年）》的思路

《滇中城市经济圈一体化发展总体规划（2014－2020年）》（简称2014年规划）是2014年云南省人民政府印发的城市规划发展文件。该规划是在国家"十二五"规划、《全国主体功能区规划》、《西部大开发"十二五"规划》和云南省"十二五"规划中对滇中城市经济圈发展提出的新要求。其目标是以打造产业聚集区为突破口，打破行政区划束缚，扩大对内对外开放，加快创新，实现基础设施、产业、市场、基本公共服务、社会管理、城乡建设和生态环保六个一体化发展，推动区域实现跨越式发展，全面提升滇中城市经济圈的竞争力。规划对滇中城市经济圈的定位是：桥头堡建设的核心区、长江上游的重要增长极、我国新型城镇化战略的重要组成部分和全省全面建成小康社会的强大引擎。规划要求滇中城市经济圈在全省率先实现新型城镇化、工业化、信息化和农业现代化，同时也对基础设施、生态环境建设提出了要求。在产业发展方面，规划提出的是分工协作、融合发展的特色产业体系。在城市化建设方面，规划提出的是城乡统筹、山坝结合，文明现代的城镇村落一体化体系。

4.《滇中城市群规划（2016－2049年）》的思路

《滇中城市群规划（2016－2049年）》（简称"2016年规划"）是云南省住建厅2016年发布的。制定规划的目的是为了贯彻落实国家战略，立足"两个一百年"奋斗目标和云南发展"三个定位"，落实创新、协调、绿色、开放、共享的发展理念，体现"历史传承、时代特征、民族特色和云南特点"的建设思路，主动融入国家发展战略，要求以城市群建设为载体，调整优化区域城镇空间结构，构建现代化交通网络，实现合理的区域分工和产业布局，努力将滇中城市群建设成为全国生态环境最好的城市群。滇中城市群发展的定位是：面向东南亚辐射中心的核心区、西南经济增长极、区域性国际综合枢纽和生态宜居的山水城市群。城市群发展的总目标是：建设成为国际性绿色城市群。

（二）滇中城市群规划思路的演进

1. 区域发展的思路从区域协调发展到区域协同发展

2009 年规划制定的时期，是云南省"十一五"规划纲要把滇中地区列为全省重点开发区的时期，为了实现省内各地区差别化发展和协作分工，滇中各州市的发展强调区域统筹协作的思路，整合资源，加快发展。主要原因是当时的滇中城市经济圈存在着四州市经济社会发展的不平衡、产业结构雷同、不同行政辖区之间协作沟通不够畅通、基础设施不完善、区域协调机制尚未建立等问题。2010年规划对当时滇中城市群中经济资源短缺、社会需求增加、公共供给滞后、城镇快速扩张等情况进行进一步分析判别后，把加强滇中区域各城市的协调发展作为工作重点。2014 年规划开始更加关注外界大环境的变化。在国内，国家"十二五"规划把滇中地区列为重点开发区；在国外，中国东盟自贸区、大湄公河次区域经济合作、孟中印缅地区经济合作、泛珠三角区域合作等快速发展的国际国内合作给滇中城市群发展带来了更多的影响和机遇。2014 年规划判定滇中城市群的发展进入了关键的战略机遇期，把着力解决区域一体化发展的矛盾和问题作为首要任务。2016 年规划对滇中城市群的状态判断为城市群雏形已经基本形成，要求主动融入和服务国家发展战略，把滇中城市群发展的总体目标推到了国际性绿色城市群的高度。这一目标的提出，把滇中城市群的发展放了国际大背景下，区域的协同发展成为区域发展的最新思路。

2. 空间规划的思路从空间管制到区域融合

在区域空间规划方面，2009 年规划提出要进行空间集约利用，突出空间管制的公益性，提高政府空间管制的能力和水平。在这一思路下，2009 年规划提出的是以空间聚集为导向的城市群发展战略，要引导外圈人口向滇中城市聚集，加强城乡统筹。2010 年规划则强调要重点构建核心，要做强宣威—曲靖—嵩明—昆明—安宁和玉溪这条轴线，要通过建设都市区环状交通网络，推动中心城区向外寻求产业和城市的发展空间，要实现用地少、人口分布合理的城市群。2014 年规划主要依据当时滇中城市群经济区各区域的发展基础、资源环境承载力和发展潜力，结合我国主体功能区划，重新划定了城市群的发展空间结构。2016 年规划在构建空间格局时明确提出了要在"三江六湖"骨架生态廊道和现有城市群"中心放射型"基础上，差别化培育核心城市，其对城市群的空间构架是以开放协调为目标，分层构建滇中城市群的空间结构。从 2009 年规划到 2016 年规划，滇中城市群的空间结构从相对封闭到逐渐开放，城市群内的发展点也由集中到分散，体现出开放融合的趋势。四个规划对城市群空间具体规划内容如表 4-2 所示。

表 4-2　滇中城市群规划演进

2009 年规划		2010 年规划		2014 年规划		2016 年规划
一核	昆明主城区	一核	昆明主城区及周边	一区	滇中产业集聚区（安宁、易门、禄丰、楚雄、官渡、嵩明、寻甸、马龙）	一主四副	昆明都市核心区和曲靖、玉溪、楚雄、蒙自城镇组团为次核心
两轴	滇中东—西南—北两条发展轴	三极	曲靖、玉溪、楚雄	两带	昆明—玉溪—红河旅游文化产业经济带和昆明—曲靖绿色经济示范带	轴向对接	对接国家战略、对接交通网络，连接中国—南亚和中国—东南亚发展轴
三圈	极核圈、带动圈和辐射圈三个圈层	两环	昆明都市绕城交通滇中城市外环高速	四城	昆明、玉溪、曲靖、楚雄的同城化建设	点阵联动	依托公路、轨道和航空交通网，滇中城市群内各级镇点联动一体化发展
四极	曲靖、玉溪、楚雄、武定	两轴	东南亚发展轴亚欧发展轴	多点	滇中城市群 49 个县区多点发展		
五通道	以昆明为核心的放射状五条通道						

3. 生态环境建设的思路：从保护环境到生态文明

生态环境保护在四个规划中一直占有重要的地位。2009 年规划要求建设滇中城市群生态环境支撑体系，主要进行湖泊治理、构建生态保护区和生物多样性保护区和污染治理等。2010 年规划将滇中新区划分为 4 大生态功能区，包括水源涵养生态功能区、土壤保持生态功能区、农业与集镇生态功能区和高原湖盆城镇生态功能区，规划对这些生态功能区的发展进行了指引。2014 年规划提出要进行区域环保一体化建设，改善区域环境，共建生态家园，构建了"三江、六湖、三大水系分水岭"的生态廊道骨架，构建由生态功能保护区、重点环境功能保护区和重要生态安全节点构成的滇中城市群生态格局。具体任务包括区域生态共同保育和区域环境联防联控。2016 年规划中的滇中城市群生态建设理念已经提高到了构建区域生态安全格局和构建生态文明的高度，从生态功能区建设、绿色产业体系培育、生态基础设施建设和跨区协同等方面践行生态文明，塑造现代绿色宜居城市群。四个规划的生态建设的内容和理念，体现出了一种从末端治理到生态文明建设的发展趋势，对生态环境的认识、观念和发展理念都有了巨大的飞跃。

三、滇中城市群规划的结构内容变化

（一）滇中城市群规划的结构和主要内容

1.《云南省滇中城市经济圈区域协调发展规划（2009 年 – 2020 年)》的结构和主要内容

该规划采用一般规划的形式，分为前言、发展基础和意义、发展思路、空间结构功能、主要支撑体系、重点产业布局和建设、保障机制共 7 个部分。其中主要支撑体系包括综合交通、生态环保、城镇化、高新技术、能源和公共服务 6 个体系。重点产业布局部分提出要发展烟草、有色金属、石油炼化、物流、休闲旅游、文化、花卉、生态蔬菜、生物医药和木本油料等十大产业，并根据规划中的滇中城市空间结构特征对产业的布局进行了简要的指引。保障机制部分主要提出要构建协调发展的组织领导机制、制定完善的政策、建立合作共赢的发展机制、建立资源统筹配置机制和监督评价机制。规划文本共 21 页，对滇中城市群的总体发展规划虽较为全面，但具体规划和指导内容相对简略。

2.《滇中城市群规划修改（2009 – 2030 年)》的结构和主要内容

该规划采用的是法律文本的形式，由 8 个部分组成，包括总则、发展目标与规模、发展战略、布局规划、次区域和重点空间规划指引、近期建设规划、机制与保障、附则，具体内容按条排列。其中，发展目标与规模部分将滇中城市群的发展目标划分为 3 个方面的战略目标：建成云南省战略核心区、建成西部较有特色的城市群及中国面向西南开放的桥头堡和区域中心。发展规模部分主要对滇中城市群的人口规模、人口空间发展和城镇化水平做了规划。发展战略主要包括城市群发展的总体战略和 4 个具体的战略内容，将环境保护和可持续发展以及弘扬云南民族传统特色和地域特质写入了发展战略中。该规划在总体发展规划、次区域和重点空间指引中，对生态环保、产业聚集、城镇中心体系、交通、给水排水、电力、通信、垃圾处理、空间管制、五湖次区域发展、都市发展、城市间协调、跨行政区合作、历史文化名城（村、镇保护）、景观资源空间发展等内容均单独列出并做了较为详尽的规划指引，这是该规划相对其他 3 个规划最有特色的方面。在近期建设目标部分，主要包括产业发展、城镇体系外围培育、构建交通

一体化格局等方面的指引。在机制与保障部分，该规划提出要设立滇中城市群规划管理办公室这一实体机构，保障规划实施、监督和管理。规划共 84 页，包括文本内容共 135 条和滇中城市群空间布局结构、交通网络规划、空间管制规划的图纸，具有法律效力。

3.《滇中城市经济圈一体化发展规划》（2014－2020 年）的结构和主要内容

该规划采用的是一般规划的形式，分为前言和 11 个章节，附录里包括 2012 年滇中城市群经济圈基础数据指标和 7 张图纸。11 个章节为：发展基础和面临的形势、总体思路和发展目标、发展空间格局和功能、基础设施一体化、产业发展一体化、市场体系一体化、基本公共服务和社会管理一体化、城乡建设一体化、生态保护一体化、对外开放合作、规划实施。其中，基础设施一体化一章中专门用一节对水利设施建设任务和重点工程进行了规划；产业发展一章中除了产业布局外，还专门用一节对园区建设进行了规划；基本公共服务和社会管理一体化中有一节专门对社会管理创新进行规划，要求创新社会管理模式，形成区域社会管理服务合力，还提出要建立跨区域的公共危机管理体系。生态环保一体化作为专门的一章，提出了构建生态安全格局、区域生态共同保育和环境联防联控的规划，对重点控制单元进行了详细的分区规划和防控策略指引。对外开放合作也作为单独的一章，对城市群拓展对外合作层次、提高对外合作水平、创新对外合作机制做了规划。规划文本共 114 页，附录中的图纸为滇中城市经济圈空间布局图、综合交通规划示意图、铁路规划示意图、公路规划示意图、机场规划示意图、产业布局图和滇中产业聚集区（新区）总体空间布局图。

4.《滇中城市群规划（2016－2049 年）》的结构和主要内容

该规划统筹前期多个重要专项规划，采用多规合一的技术手段，借鉴了其他发达地区的经验，是对 2010 年规划的优化调整，具有法律效力。规划主要包括概述、建设有国际影响力的绿色城市群、构建开放的空间新格局、共建绿色宜居的城市群、培育开放的城市群、培育开放创新的城市群、共筑协同高效的城市群、和睦人文城市群和规划实施 8 个部分。该规划对城市群发展的定位，除了原有的核心区、增长极等内容外，生态宜居的定位被提到了显著位置，城市群建设的总体目标也被定位为绿色国际城市群。生态优先和协同开放成为城市群建设目标的两大特征，同时和睦人文的内容被提到发展目标中，人文资源的开发与保护也成为城市群发展的另一要求。在城市群生态建设规划中，构筑绿色产业体系、生态基础设施建设、绿色生态指标都有专门的章节来阐释。协同开放发展的规划中，区域产业分工、滇中城市群城市间分工协作、交通基础设施建设都用专门的章节进行说明。规划专门用一章阐述了和睦人文城市群的规划，包括探索和保护历史文化资源、民族文化资源、民族地区脱贫攻坚、社会治理、完善就业创业服务体系，加强对人才的培育与吸引等内容。规划实施主要通过"多规合一"、加强组织领导、监督检查和法制化四项措施保障。规划共 50 页，附录中包括近期重大基础设施建设项目一览表和 6 张图纸，图纸为生态安全格局示意图、空间布局结构图、城镇形态布局图、2049 年城镇规模结构规划图、综合交通结构图和 2049 年综合交通规划图。

（二）滇中城市群规划的结构和内容的演进

1. 内容承前启后，结构从简略到完善

2009 年规划和 2014 年规划是滇中城市群经济圈发展规划，2010 年规划和 2016 年规划是滇中城市群的发展规划，虽然侧重点有所不同，但规划布局的对象都是滇中城市群，四个规划按时间序列看，对产业发展、基础设施建设、生态环境保护等内容的规划具有紧密的关联性和连续性。其中 2009 年规划的结构较为简明，每个板块的内容都较为简略，反映出当时滇中城市群发展正处于初期探索阶段，相关政策、专项规划还不够完善，规划还不能多方衔接和提供详尽指导。2010 年规划以及之后的两个规划则内容更详尽，结构更完善。一方面是由于滇中城市群社会经济的高速发展给规划提供了更丰富的基础材料和探索构想的思路，另一方面是因为发展中不断出现新的问题亟待解决，对规划内容的丰富、结构的完善提出了更高的要求。

2. 规划期限从短期规划到长期布局

2009 年规划和 2014 年规划侧重于滇中城市群经济圈的规划，规划的时间段比较短，主要是滇中城市群经济圈的协调和一体化发展的规划时间段要与全省率先实现小康和与全国全面建成小康社会的目标协调一致。2010 年规划和 2016 年规划的规划时间段则较长，2010 年规划的期限是 2009～2030 年，其中近期规划的期限是 2009～2015 年；2016 年规划的规划期限远景展望到 2070 年，其中近期是 2016～2020 年，中期是 2021～2030 年，远期目标是 2031～2049 年，2016 年规划计划到 2030 年就要建成面向东南亚地区有较强国际竞争力的现代化城市群，到 2049 年建成面向南亚、东南亚地区最有影响力的国际性城市群，2070 年远景展望要建成具有较高国际影响力的城市群。城市群的发展是一个长期过程，从国外发达城市群的发展过程和经历的时间看，把城市群的规划期拓展到 50 年以上，更有利于从可持续发展的视角看待城市群内部和外部空间形态变化与地域结构组织功能的发展，规划更具前瞻性和科学性。

3. 规划目标从区域核心到国际城市群

2009 年规划、2010 年规划和 2014 年规划都认为滇中城市群的区位使得其建设成为我国面向西南开放的核心区的目标是必然选择，但对滇中城市群的规划目标还停留在区域视野，即将城市群建设为立足西南、承接珠三角和长三角、面向东南亚的城市群，成为带动我国西部地区经济社会发展的增长极，成为带动云南

省全面建成小康社会的强大引擎。2016 年规划则将城市群发展的视野拓展到了国际领域，除了上述区域性核心区和增长极外，滇中城市群还将建成区域性国际枢纽和绿色国际城市群。规划目标的变化，提升了城市群建设的层次，丰富了城市群发展的内容，2016 年规划正因为有了国际化的视野，滇中城市群发展中生态安全格局、开放创新、协同高效和多元文化体系建设才成为发展的重要内容，城市群的软实力建设才被提升到与硬件基础设施建设同等重要的高度，有利于城市群的健康可持续发展。

4. 内容从关注城市到以人为本

2009 年规划中，滇中城市群建设的重点集中在交通基础设施建设、公共基础设施建设、生态环境治理、城镇化建设、发展能源工业和现代产业发展几个方面。2010 年规划在上述建设内容的基础上，对民族文化建设提出了要求，要加强城市群的民族文化建设，培育特色经济和特色城镇。2014 年规划是对城市群经济圈的规划，因此专门对滇中城市群市场体系一体化和对外开放合作的内容做了专门的要求和规划。2016 年规划开始重点关注人文，全面落实以人为本的发展理念。首先是要求城市群建设要生态宜居，要求多元文化融合，人与自然和谐共生；其次是专门对滇中城市群的"和睦人文"建设提出要求，除了要保护当地历史文化、民族文化、地域文化资源外，还要支持民族文化产业发展，要把滇中城市群建设为民族关系亲密融洽、团结进步、繁荣稳定的国际知名民族文化展示地。2016 年规划用单独一章对建设和睦人文的城市群进行了阐释，对保护历史文化遗产、强化民族文化建设、保护传承城镇文脉、提高城镇文化品位提出了要求。同时，对保护好自然山水格局和历史文化格局做出要求，要求要打造民族团结社区、加强和创新社会治理、增强市民的幸福感、认同感、归属感。要把滇中城市群建设成为充满人文关怀的城市群。城市群的发展不仅仅是经济的发展，更要有人的发展。2016 年规划要求将滇中城市群建设从城市群发展转变为城市群与人的共同发展，是规划理念的重大转变，也是滇中城市群实现可持续发展的重要保障。

第三节　云南省城镇体系背景下的滇中城镇群①

滇中城市群的规划和发展不是孤立的，在云南省城镇体系发展的大背景下研究滇中城市群，更有助于系统、全面和科学地对滇中城市群的发展进行观测和评价。云南省人民政府发布的《云南省城镇体系规划》（2012－2030 年）对近期和

---

① 城镇群是《云南省城镇体系规划（2012－2030 年）》提出的，它有别于滇中城市群。

远期各阶段云南省城镇化发展水平、发展质量和发展战略做出了规定。该规划对云南省的城镇聚集区（即滇中城市群）、城镇带、城镇群等的空间布局、规模等级结构等也做出了明确的规划。同样，《云南省新型城镇化规划》（2014－2020年）、《滇西城市群规划》（2011－2030年）、《滇东南城镇群规划》（2012－2030年）、《滇西南城镇群规划》（2012－2030年）、《滇西北城镇群规划》（2014－2030年）、《滇东北城镇规划》（2011－2030年）、《云南省沿边开放经济带发展规划》（2016－2020年）等重要的规划也对滇中城市群的发展产生了影响和作用。

一、云南省城镇体系规划中的滇中城市聚集区

《云南省城镇体系规划》（2012－2030年）要求云南省实施"城镇协调化发展、城镇集群化发展、城乡一体化发展、城乡绿色化发展"战略，构建"……以国家区域性国际门户城市为核心、大城市为中心、中等城市为骨干、小城市和小城镇相协调、村庄布局优化，规模结构完善、功能定位准确、区域布局合理的城镇体系"。在这一战略和目标要求下，近期要形成以"一区、一带、五群、七廊"（"1157"）为主体构架的点线面相结合的总体空间结构。其中，"一区"即滇中城市集聚区，"一带"即沿边开放城镇带，"五群"即滇西城镇群、滇东南城镇群、滇东北城镇群、滇西南城镇群、滇西北城镇群，"七廊"即沿四条对外经济走廊和三条对内经济走廊①构建的城镇带。中远期要形成以"一区、一带、五群、十廊"②（"11510"）为主体构架的点线面相结合的总体空间结构。在这一空间布局下，滇中城市聚集区是云南省城镇体系中的核心"一区"。其中，昆明市是区域核心，曲靖、玉溪和楚雄等为支撑体系的中心城市，核心城市功能扩散地域为圈层，主要交通线为纽带。

城镇规模等级方面，《云南省城镇体系规划》（2012－2030年）涉及滇中城市群辖区内的县区分布在从高到低的7个人口规模等级中。如规划中提出的2020年城镇规模等级结构分为8个等级，其中滇中城市群内城镇分布在前7个等级，如：200万人以上特大城市1座，昆明市（主城五区）；50万~100万人大城市有曲靖市、玉溪市；20万~50万人中等城市包括楚雄市、宣威市、蒙自市、个旧市、安宁市、沾益区等；10万~20万人小城市包括寻甸县、建水县、开远市等；5万~10万人小城镇包括石屏县、通海县等；3万~5万人小城镇包括华宁县、澄江市等；1万~3万人小城镇仅有双柏县。滇中城市聚集区虽然是云南省

---

① 四条对外经济走廊指的是：昆明—皎漂、昆明—曼谷、昆明—河内、昆明—密支那；三条对内经济走廊指的是：昆明—昭通—成渝—长三角、昆明—文山—广西北部湾—珠三角、昆明—丽江—香格里拉—西藏昌都。

② "十廊"指的是在"七廊"的基础上，进一步形成沿昆明—曲靖—贵州—长三角、昆明—攀枝花—成都和昆明—临沧—曼德勒对内对外经济走廊的城镇带。

城镇体系的核心区域，是全省发展的引擎和重要增长极，但是滇中城市聚集区仍呈现出显著的规模差距。

区域空间管制方面，《云南省城镇体系规划》（2012－2030年）将滇中城市群列为重点发展区，对其中涉及的风景名胜区自然保护区核心区、森林公园、水源地一级保护区、区域绿地、历史文化名城名镇名村名街核心保护范围做出了明确和详细的规定，其中，滇中城市群内重点发展、协调发展和流域协调的区域如表4－3所示。

表4－3　　　　滇中城市群内重点发展、协调发展和流域协调的区域

空间管制政策分区		包含空间管制要素	管制强度
重大基础设施走廊		九条：昭通—会泽—昆明；富源—曲靖—嵩明—昆明；罗平—师宗—宜良—昆明；个开蒙—弥勒/华宁—宜良—昆明；普洱—元江—玉溪—昆明；楚雄—安宁—昆明；宣威—曲靖；攀枝花—永仁—元谋—禄武—昆明；（滇中环）曲靖—陆良—泸西—弥勒—通海—玉溪—易门—双柏—楚雄—牟定—元谋—武定—寻甸—曲靖	强制性
重点发展区		环滇（昆明、晋宁、安宁）、曲—沾—马（曲靖、沾益、马龙）、玉溪、楚雄、通海、嵩明、武定—禄劝	引导性
流域协调区	南盘江	沾益、曲靖、陆良、宣威、澄江、江川、华宁	强制性
	金沙江	普渡河、螳螂川：禄劝、富民、安宁、昆明 滇池：昆明、晋宁	
	元江	嘎洒江、漠沙江：易门、元江	
扶持发展区		双柏、南华、姚安、永仁、大姚、东川、会泽、富源、牟定、宣威、寻甸	引导性

二、云南省新型城镇化规划中的滇中城镇群

《云南省新型城镇化规划》（2014－2020年）是在"以科学发展为主题，以人为核心，不断优化城镇发展空间，不断提升城镇公共服务能力，促进大中小城市和小城镇协调发展"的背景下提出的。提升城镇化水平和城镇化质量、优化城镇空间布局、促进城乡一体化发展是该规划的重要目标。

在提升城镇群主体作用方面，《云南省新型城镇化规划》（2014－2020年）把滇中城市群定位为云南省城市群的龙头，是云南省新型城镇化进程中的核心城市群。规划要求将滇中城市群建设为"一核三极一环一轴"的空间结构，即以昆明都市区为主，构成滇中发展的核心区域；以曲靖、玉溪和楚雄中心城市及其周边紧密发展的都市区范围，形成滇中次级中心；以昆明都市区绕城线为重点建设

滇中城市群的内环公路，通过半小时交通圈的建立，逐步向昆明周边的富民、嵩明、宜良、石林、澄江等区域疏散部分产业，缓解中心城区人口、环境压力。

对外联系方面，滇中区域产业、城镇密集发展的带状走廊，要建成东连我国中部、东部经济发达地区，南接东南亚各国的发展主轴。同时要建立城市群的协调发展机制，促进昆曲玉楚四城市一体化发展。

各级城镇协调发展方面，规划要求要优化全省城镇布局，加强区域核心和全省重要增长极建设，其中滇中城市群的昆明要建设成为我国西部重要的中心城市，曲靖市、玉溪市、楚雄市、蒙自市要建设成为区域中心城市，逐步培育成为大城市，安宁市、宣威市等要培育为州（市）域中心城市。

区域产城融合一体发展方面，规划要求滇中地区要以滇中产业聚集区为新的增长点，以资本和技术密集型产业布局为主要导向，按照"一区两带四城多点"的产业空间发展格局，加快传统优势产业优化升级，大力培育战略性新兴产业。要将滇中地区建成我国面向西南开放重要桥头堡的重要产业基地、区域性金融中心，全国重要的烟草、旅游、文化、能源和商贸物流基地，以化工、冶金、生物为重点的区域性资源精深加工基地，先进装备制造、战略性新兴产业、现代服务业重点发展区域，促进形成滇中综合产业区。

在城镇基础设施建设方面，规划要求继续巩固和强化昆明国家级综合交通枢纽地位，加快建成曲靖、大理、红河、文山构成的交通网络体系，通过修建高标准的城际铁路、公路和机场网络紧密衔接的区域性综合交通枢纽网络，加快滇中城市群和其他五大城镇群对外和相互之间的综合交通骨干网络建设，以普通公路为基础，有效衔接大中小城市和小城镇的多层次快速交通运输网络。

三、云南省五个重要城镇群规划中的滇中城镇群

（一）《滇西城市群规划》（2011－2030 年）与滇中城镇群

滇西城市群位于滇中城市群的西侧，紧邻滇中城市群的楚雄州和玉溪市。滇西城市群的规划范围涵盖大理、德宏、保山三个州市级行政区及怒江两个县级行政区（泸水、兰坪），其中包括大理都市圈、隆腾芒都市圈、沿边对外开放经济发展带等重点次区域。滇西城市群空间布局规划为"一脊两核一区"，其中"一脊"是西出南亚的国际大通道发展脊带，"两核"是大理城市都市圈和隆腾芒都市圈，"一区"是瑞丽国家重点开发开放试验区。另外还包括两条发展轴：一是依托滇缅印的西翼发展轴；二是联系丽江—大理—临沧的东翼发展轴。

在区域竞争合作方面，滇西城市群的发展重视国内国外两个市场关系，内引外联，除了加强对外开放外，也利用自身的地缘区位优势，加强对内合作，其中

与其毗邻的滇中城市群是其在省内寻求合作机遇、实现区域共同快速发展最重要的区域。

在构建区域一体化交通基础设施方面，滇西城市与滇中城市群的交通基础设施体系紧密相连，将加强西出滇缅、滇缅印，东联滇中城市群，北进滇藏、滇川，南下滇西南城市群的交通联系，其中滇西城市群铁路布局规划以"两出境、两连通、一沿边、一高铁"为骨干，其中一高铁即联通滇中城市群的区（国）际高铁——昆大高铁。滇西城市群交通基础设施体系与滇中城市群交通基础设施体系是合作互补的关系，有助于区域的合作与发展。

（二）《滇东南城镇群规划》（2012~2030 年）与滇中城镇群

滇东南城镇群规划的范围包括红河州和文山州两州的行政辖区范围，位于滇中城市群东侧，与滇中城市群红河州北部 7 县市具有紧密的关系。滇东南城镇群的建设增长速度仅次于滇中地区，该规划要求近期到 2015 年末初步实现滇东南城镇群核心区的构建，个旧、蒙自两城市实现同城化，加入大城市行列，要求文山、砚山开始一体化进程；远期到 2030 年末，要求基本实现将滇东南城镇群建设成为云南省经济增长第二极的战略目标，成为中国西部乃至整个东盟地区最具活力的开放型城镇群之一。在 2016 年滇中城市群的最新规划中，个旧市和蒙自市都已经被纳入滇中城市群的范围，个旧市、蒙自市较好的发展基础和综合实力给滇中城市群增加了发展的势能，是红河州北部区域核心城市。

在区域协调发展方面，滇东南城镇群实施的"北融滇中、南下东盟、西接滇西南、东应北部湾"的区域协调发展战略，与滇中城市群有密切的联系，有助于促进区域融合发展。

在产业发展方面，滇东南城镇群有五条发展带，其中最重要的一条是"滇中—越南"泛亚国际产业聚集带，即沿 G326 国道形成主产业发展带，该产业聚集带充分发挥了资源优势和经济区位优势，构筑了特色突出的产业集聚（城镇连绵）带，向北对接滇中地区，向南拓展至东南亚。

产业集聚方面，《滇东南城镇群规划》（2012－2030 年）要求建设"个—开—蒙—建"冶金化工加工产业密集区，包含红河工业园区及建水工业园区，现在这一区域已经划归滇中城市群范围，是滇中城市群中重要的产业聚集区域。

旅游文化产业方面，《滇东南城镇群规划》（2012－2030 年）要求建设蒙自、个旧、建水、石屏历史文化旅游片区，这一片区现在也已经划归滇中城市群，为滇中城市群的历史文化产业发展提供动力和支持。

空间组织结构方面，滇东南城镇群中"个—开—蒙—建"是区域的核心，被划归滇中城镇群范围后，成为仅次于昆明主城四区核心区外重要的次级区域核心。

交通基础设施体系方面，滇东南城镇群的发展主轴自滇中昆明地区由北向南分别穿过红河州以及文山州全境，形成区域中部两条南北向的国际性发展主轴。其中红河发展主轴为昆河经济走廊泛亚东线，文山发展主轴经文山、麻栗坡以及天保口岸直达越南北部，是一条区域性的重要交通走廊，是滇中城市群对外联系发展轴线的延伸。

（三）《滇西南城镇群规划》（2012 – 2030 年）与滇中城镇群

滇西南城镇群位于滇中城市群的西南部，《滇西南城镇群规划》（2012 – 2030 年）的范围包括普洱市、西双版纳州、临沧市的行政辖区范围。其中普洱市与滇中城市群的玉溪市接壤。主要建设目标为：建设成中国参与大湄公河次区域经济合作的试验区、云南省轻工特色产业基地、云南省最具竞争力的门户型城镇群、云南省最具民族风情的沿边城镇群。主要培养的产业为滇生物产业、文化旅游业、林产业、新能源新材料产业、边境商贸物流业等。

滇西南城镇群与滇中城镇群进行区域竞争合作，区域一体化发展的要求不是很突出，但滇西城镇群的两条对外开放轴的建设与滇中城市群密切相关，即："昆曼经济走廊"发展轴，北连接滇中核心城市昆明，南接东南亚各国；"昆孟国际大通道"发展轴，是云南出国入海最便捷的通道，向东直通昆明，向西连接南亚并接通孟加拉湾、印度洋等。

交通基础设施体系建设方面，滇西南城镇群对外高速公路通道有：（1）昆曼通道：昆明—玉溪—普洱—景洪—勐腊—磨憨—老挝—泰国；（2）昆孟通道：昆明—玉溪—普洱（镇沅县）—临沧—孟定—缅甸。铁路通道有两条：（1）滇西南城镇群的泛亚铁路中线：经昆明—玉溪—普洱—版纳—磨憨至老挝、泰国连接东南亚；（2）滇缅铁路：经昆明—临沧—孟定清水河至缅甸连接南亚走向印度洋。这些重要的公路，铁路通道，也是滇中城市群面向南亚、东南亚国家对外开放合作的重要基础设施通道。

（四）《滇西北城镇群规划》（2014 – 2030 年）与滇中城镇群

滇西北城镇群位于滇中城市群的西北部，规划的范围包括怒江州、迪庆州和丽江市三州市所辖行政区，其中丽江市与滇中城市群的楚雄州接壤。滇西北城镇群的建设目标以生态发展为主题，要建成中国和东南亚可持续发展的示范区、生态文明先行示范区、国家重要的生态安全屏障、云南省重要的水能基地和矿产资源区，并以区域基础设施为支撑，建成联动川藏的国际知名旅游休闲型城镇群。

规划要求将滇西北城镇群建设成极点开发、流域协调、分区引导的滇西北空间开发格局，重视丽江、香格里拉、泸水 3 个增长极的发展，重点协调各个重要功能开发区域和协调流域内城镇发展。

在流域协调发展方面，滇西北城镇群需要基于流域带形地理环境特征，在保持良好的自然环境基础上，加强流域的资源要素整合，同时也需要争取国际、国家及区域相关的流域生态补偿，积极协调流域区内区外关系。滇中城市群地区地处长江（金沙江）水系，在流域关系协调、流域生态补偿机制建设等方面与滇西北城镇群需要有更多的协调与合作。

（五）《滇东北城镇群规划》（2011－2030 年）与滇中城镇群

滇东北城镇群位于滇中城镇群的东北部，《滇东北城镇群规划》的范围是昭通市域及曲靖市会泽县，其中滇东北中心城市是指昭通市域内的昭阳—鲁甸一体化城市地区。根据 2016 年滇中城市群规划，现在会泽县已经划入滇中城市群规划区内。滇东北城镇群的定位是：长江上游生态屏障建设的"示范区"；增强滇川黔三省交界地区的自我发展能力，改善民生，进而培育新的增长极；川、滇、黔、渝地区的陆路码头；云南省通往长江经济带和成渝经济区的"枢纽门户"等。

区域产业发展方面，滇东北城镇群在多个层面与滇中城市群有产业互补和产业链体系构建的需求。《滇东北城镇群规划》（2011－2030 年）要求滇东北城镇群重视第一产业发展，要将滇东北建设成为滇中经济圈和成渝经济区的特色农副产品供应基地；第二产业方面要承接滇中城市群的产业转移；向北加强与宜宾、泸州、成渝经济圈的联系，向东依托成都—贵阳高速铁路，以镇雄为门户积极对接毕节市和贵阳经济圈；第三产业方面要大力发展区域性商贸物流产业，共建滇、川、黔交界处特色旅游经济区。

在流域协调发展方面，滇东北城镇群要与昆明东川区共建小江流域生态共建机制，与曲靖沾益区共建牛栏江流域生态共建机制。与滇西北城镇群类似，滇东北城镇群在流域关系协调、流域生态补偿机制建设等方面与滇中城镇群有更多的协调与合作要求。

四、云南省沿边经济带发展中的相关内容

《云南省沿边开放经济带发展规划》（2016－2020 年）中规划的沿边开放经济带（简称"沿边经济带"）范围为怒江州、保山市、德宏州、临沧市、普洱市、西双版纳州、红河州、文山州 8 个边境州的 25 个边境县、市。滇中城市群范围内的县市没有被划入沿边经济带的，但沿边经济带的产业发展、对外开放综合交通规划、对外合作机制建设等内容也与滇中城市群的发展息息相关。

现代服务业发展方面，昆明市是跨境旅游合作区的重要节点，也是跨境现代物流体系建设的重要节点，其中云南省内现代物流体系需要联动昆明、大理，形成以瑞丽、磨憨、河口、景洪、芒市为枢纽，孟定、猴桥、泸水、江城、陇川、孟连、富宁、麻栗坡为重要支点的物流格局。

对外交流合作机制建设方面，滇中城市群也是云南省内建立健全多层次对外开放合作机制的重要核心区域之一。在孟中印缅经济走廊建设、澜沧江—湄公河合作、大湄公河次区域合作和滇印、滇缅合作以及云南同越北、老北、泰北合作等多（双）边框架下，滇中城市群的地方政府在与云南周边国家毗邻地区地方政府建立互访、对话、跨境通道建设、文化旅游、生态环保等合作机制方面仍然扮演着重要角色。

综上所述，滇中城市群具有以下特点：

第一，滇中城市群规划与城市群发展的阶段相适应。滇中城市群从 20 世纪 90 年代中期开始发展至今，经过 20 多年的发展，城市群内的现代化综合交通网络已经初步成型，能源基础设施、互联网基础设施等建设都已经取得成效，产业经济也处于高速发展的状态。方创琳（2011）用 9 个指标和 2007 年的数据对中国的城市群发育程度进行了判断①，滇中城市群当时的发育达标程度为 44%，还属于发育的早期至中期阶段，城市群发育程度、紧凑度、空间结构稳定度与投入产出效率方面的排名也比较靠后，在列入对比的 23 个国内城市群中居第 20 位，排在黔中城市群、酒嘉玉城市群和银川平原城市群之前。四个重要规划的提出和制定，都是基于当时滇中城市群发展的实际状态，在不同的时间段内不断修正和完善城市群发展的内容，规划从最初关注城市群基础设施建设，城市群内各城市、县区之间的协调合作到最近关注生态宜居和人的全面发展，内容和理念都不断进步，适应了城市群高速发展的需要。滇中城市群的发展还依然处于起步阶段，要成为成熟的城市群，还需要很漫长的时间，2016 年规划为滇中城市群发展制定了远景目标，是滇中城市群发展的重要支持和保障。

第二，滇中城市群规划已经发展为较为全面的顶层设计。首先，从空间规划布局看，2009 年规划对滇中城市群发展的空间规划布局是明显的圈层结构，之后三个规划对城市群发展的空间规划布局则越来越体现出沿长轴呈带状拓展，城市群内的城镇等级体系也逐渐完善，从"一核—四极"发展为"一主四副—点阵联动"的空间形态，不仅关注中心城市的发展，还关注大量中小城市的发展。这一发展观念的变化，是符合城市群发展客观要求的。根据王乃静（2005）的研究，完善的城市群等级体系和长轴带状拓展是国际成熟城市群发展空间结构的重要特点，滇中城市群规划发展过程中，对城市群空间的规划布局顺应了城市群发展演化的趋势。其次，从城市群建设内容看，除了城市群发展的一般性内容，如资源环境管理、经济转型升级、开放创新、全球化视野、区域一体化发展外，2016年规划明确提出的和睦人文城市群建设的内容，把滇中城市群人居环境建设提高到

---

① 指标包括：城市数量（≥3）、100 万人口以上特大城市数量（≥1）、人口规模（>2000 万人）、非农产业产值比率（≥70%）、核心城市 GDP 中心度（≥45%）、城市化水平（≥50%）、人均 GDP（≥3000 美元）、经济密度（≥500 万元/平方千米）、经济外向度（≥30%）。

了重要的位置。城市群是人口高度集聚的重要地域空间，也是改善人居环境的重要空间单元。为大规模高度集聚的人口提供生活、生产保障，是城市群发展建设的根本目的。滇中城市群规划把改善人居、生态宜居作为城市群发展的总目标，为滇中城市群的发展提供了一个可满足物质基础和人文精神多方需要的顶层设计。

第三，滇中城市群规划未来需要更多数据、理论和技术的支撑。西方城市群的发展主要来自城市经济、地理和空间的自然演化，而我国城市群规划与建设的主要动力是人工的规划、设计和推动。城市群的规划并没有统一的模式，需要根据城市群发展的实际情况不断进行调整和修正。规划无论如何全面，也不能事无巨细，而是需要对城市群发展的主要、关键、深层次问题和矛盾有深入了解后，用战略的眼光，看到 10 年、20 年或 50 年以后的状态，以及当时城市群内人民生活的需要和可能面临的问题，之后再制定符合城市群发展要求的规划，这不仅需要对城市群发展的规律、特点和趋势进行不断研究，还需要有理论和数据的支撑。滇中城市群规划未来必然需要进行多次修订和调整，这就需要对滇中城市群的各类主要数据进行及时和全面的分析。因此，应当建立滇中城市群数据库平台，对数据进行统计分析和标准化处理，除了收集经济指标外，还应对人口、环境、社会、文化等多项指标进行收集、整理和储存，以科学评估城市群的综合发展水平，为制定更加科学合理的规划和可持续发展提供正确的参考与指导。

参 考 文 献

［1］杜园春：《城市发展的根本问题是"人"的发展——访中国人民大学经济学院区域与城市经济研究所教授付晓东》，载于《中国青年报》2017 年 9 月 5 日第 7 版。

［2］方创琳：《中国城市群形成发育的新格局及新趋向》，载于《地理科学》2011 年第 9 期。

［3］李博、靳取：《我国城市群发展现状及存在的问题分析》，载于《徐州工程学院学报（社会科学版）》2009 年第 5 期。

［4］刘士林：《关于我国城市群规划建设的若干重要问题》，载于《江苏社会科学》2015 年第 5 期。

［5］刘智勇：《城市群理论研究综述》，载于《湖南商学院学报》2008 年第 4 期。

［6］王乃静：《国外城市群的发展模式及经验新探》，载于《技术经济与管理研究》2005 年第 2 期。

［7］魏后凯：《现代区域经济学》，经济管理出版社 2006 年版。

［8］武廷海、张能：《作为人居环境的中国城市群——空间格局与展望》，载于《城市规划》2015 年第 6 期。

第五章

滇中城市群的城镇化指数研究

城市化或城镇化（urbanization）是指一个地区的人口在城镇和城市相对集中的过程。城市化也意味着城镇用地扩展，城市文化、城市生活方式和价值观在农村地域的扩散过程，通常采用城市化水平来衡量，即城市化水平是衡量一个国家或地区城市化最主要的指标，由城镇人口占总人口的比重表示［地理学名词（第二版），2006］。目前，城镇化测度主要分为单一指标法和复合指标法两种。其中，单一指标法比较常用的是人口城镇化率，复合指标法主要包括人口城镇化、经济城镇化、社会城镇化和地域城镇化等。城镇化是实现现代区域经济可持续发展的重要增长极，是解决新时期人民日益增长的美好生活需要和不平衡不充分发展之间矛盾的主要途径，是促进云南省跨越式发展和建设孟中印缅经济走廊的重要基石。滇中城市群地区城镇化的健康发展对云南省的区域经济崛起和中国"一带一路"建设具有重要意义。因此，本章主要从地理科学研究范式之空间秩序研究和时间序列视角进行滇中地区 49 个县区 2006～2013 年城镇化指数研究。

第一节　滇中城市群的城镇化指数测度方法

一、城镇化的基本内涵

"urbanization" 一词一般译为"城市化"，主要用于说明国外的乡村向城市转变的过程。由于"urban"包含城市（city）和镇（town），考虑到我国大多数建制镇同世界上尤其是西方发达国家的小城市的面积和人口没有数量级别上的差异，辜胜阻把中国的"urbanization"译为"城镇化"是科学合理的，而且国家的相关文献中大多采用"城镇化"一词，但也有部分学者坚持统一用"城市化"。同时必须指出的是，城市化与城镇化实际上没有本质区别，二者内涵是一致的

（简新华、黄锟，2010）。

二、城镇化的测度方法

关于城镇化的研究历来是西方发达国家的重要科学议题，当前关于城镇化理论的许多奠基之作基本上都出自西方发达国家的学者专家。我们由于近代以来特殊的国情，经济起步比较晚，在20世纪70年代以前，关于城镇化的研究寥寥无几。直至改革开放以后，我国经济取得迅猛发展，城镇化率显著提升，随之而来的关于城镇化的研究也取得了突飞猛进的发展，但是同西方发达国家相比，我们关于城镇化的研究仍然稍显落后（孙中和，2001）。当前关于城镇化的测度主要可分为两种方法，即单一指标法和复合指标法。

（一）单一指标法

单一指标法最常用的指标是人口指标。西方代表性学者诺瑟姆用一个国家或地区的城镇人口占该国家或地区总人口的比重来衡量该国家或地区的城镇化水平。由于我国行政区划在时间和空间维度上涉及的调整比较多，上述方法应用在国内的研究上就会出现一些问题。因此，国内学者就上述单一指标法进行了一些修正，如现在比较常见的城镇人口比重、非农人口占比、城镇用地占比、产业结构占比等方法。

一是城镇人口比重。该指标用某一地区内的城镇人口占总人口的比重来衡量该地区的城镇化水平，注重突出人口分布的城乡空间差异，简单实用，是当前接受度比较高的一种计算方式。其计算公式如下：

$$Y = U/(U + R) = U/N \tag{5-1}$$

式中，Y 表示城镇化水平，U 表示城镇人口数量，R 表示农村地区人口数量，N 表示区域总人口数量。但是，由于行政区划在时间和空间上的变化较多，即便在同一个国家和地区，也会出现城镇人口数量的突变，造成城镇化水平数据的非连续、不可用。因此，城市人口比重法缺陷也十分明显。

二是非农业人口占比。该指标用某一地区内的非农业人口占总人口的比重来代表该地区城市化发展水平。这个指标相对准确地体现了城镇化的经济内涵，相比城镇人口比重指标，更具科学性。计算公式如下：

$$Y = V/(V + W) = V/N \tag{5-2}$$

式中，Y 表示城市化发展水平，V 表示非农业人口数量，W 表示农业人口数量，N 表示地区总人口数量。值得注意的是，在我国"农业人口"是指常住在农村的人口（包括国营农场户数中的常住人口），"非农业人口"指从事非农业生产活动的人口及其家庭成员。

三是城市用地比重。该指标用某一区域内的城市建成区用地占区域总面积的比重来反映该区域的城市化发展水平。它突出强调了城乡之间在地理景观上的分异，对于成长迅速的城镇密集地区具有直观性和说服力，但由于忽略了人口密度的稠与稀所造成的城市用地的紧与松，以及在统计上存在相当大的难度，故应用不广。

四是产业结构占比。该指标主要用某一地区第二产业产值除以该地区的总产值得到该地区的第二产业产值占比，以此推断该地区的城市化水平。

（二）复合指标法

复合指标法也是当前常见于各种学术文章的分析方式。考虑到城市化的内涵非常丰富，它不仅体现了一个地区人口性质的变化，还体现出该地区的经济发展水平、产业结构演变以及人民生活质量的提高，因此，有学者认为只以单一指标来衡量城市化水平存在一定的片面性，应该从城市化质量的角度出发，建立起一个指标体系，予以综合分析，力求较为全面准确地衡量城市化水平。国外学者提出了多个复合指标，如城市成长力系数、城市度、城市魅力度、民力度等。复合指标法对城市内涵做了较为全面的概括，可以弥补单一指标在反映区域城市化发展方面存在的不足，但由于很难给出一套让大家普遍接受的指标体系，因而通用性较差。在实践中，学者们都是根据自己的具体研究需要，主观决定复合指标的指标组成（张同升、梁进社、宋金平，2002）。

考虑到数据的可得性以及操作层面的可行性、科学性，本章用于衡量滇中城市群城镇化的指标主要选取了经济城镇化指标和人口城镇化指标以及基于二者的等权重综合指数指标。

第二节 滇中城市群城镇化的空间秩序研究

一、滇中城市群地区经济城镇化的空间秩序

根据表5-1，从经济城镇化的角度来看，滇中城市群所属49个县区的区域间城镇化发展水平的差异较大，总体呈现出城市及其所属各区的城镇化水平较高，而距离城市相对较远的县区的经济城镇化水平较低。换言之，整个滇中城市群各个县区的城镇化水平总体来说和各个县区与城市之间的距离呈现出反向相关关系，并且差异较大。

具体来看，滇中城市群所属49个县区中经济城镇化率的平均值为79.80%，

其中有 24 个县区的经济城镇化水平超过平均值，分别是五华区、西山区、盘龙区、官渡区、红塔区、麒麟区、呈贡区、安宁市、个旧市、东川区、楚雄市、弥勒市、开远市、新平县、澄江市、蒙自市、峨山县、嵩明县、富源县、富民县、通海县、易门县、晋宁区、禄丰县。这其中又有 6 个县区的经济城镇化率高出了平均值 20%以上，分别是五华区、西山区、盘龙区、官渡区、红塔区、麒麟区，最高的五华更是高出了 25.02%。剩下 25 个县区的经济城镇化水平低于平均值，分别是宣威市、马龙区、沾益区、会泽县、石林县、建水县、江川区、宜良县、罗平县、泸西县、华宁县、牟定县、寻甸县、禄劝县、元江县、南华县、大姚县、永仁县、武定县、姚安县、元谋县、双柏县、师宗县、陆良县、石屏县。而这其中有 5 个县区比平均值低了 20%以上，分别是元谋县、双柏县、师宗县、陆良县、石屏县，最低的石屏县更是低出了 27.34%；经济城镇化水平最高的县区是昆明市的五华区，其经济城镇化率高达 99.77%，经济城镇化率最低的县区是红河哈尼族自治州的石屏县，其经济城镇化率仅为 57.99%，最高最低差高达41.78 个百分点，并且石屏县的经济城镇化水平仅达到五华区的 58.12%，经济城镇化县区间的发展差异比较大。

表 5 - 1　　　　滇中城市群所属县区经济城镇化率（按降序排列）　　单位：%

县区	2013 年	均值	高于均值比例	县区	2013 年	均值	高于均值比例
五华区	99.77	79.80	25.02	马龙区	79.42	79.80	-0.48
西山区	99.19	79.80	24.30	沾益区	78.47	79.80	-1.67
盘龙区	98.98	79.80	24.03	会泽县	76.90	79.80	-3.63
官渡区	98.97	79.80	24.03	石林县	76.64	79.80	-3.96
红塔区	97.79	79.80	22.54	建水县	76.14	79.80	-4.59
麒麟区	95.93	79.80	20.21	江川区	75.60	79.80	-5.26
呈贡区	95.69	79.80	19.92	宜良县	74.89	79.80	-6.15
安宁市	95.11	79.80	19.19	罗平县	74.89	79.80	-6.15
个旧市	93.60	79.80	17.29	泸西县	74.73	79.80	-6.36
东川区	93.26	79.80	16.86	华宁县	73.07	79.80	-8.43
楚雄市	91.39	79.80	14.53	牟定县	72.66	79.80	-8.95
弥勒市	89.37	79.80	11.99	寻甸县	71.79	79.80	-10.03
开远市	88.46	79.80	10.85	禄劝县	69.33	79.80	-13.12
新平县	85.17	79.80	6.72	元江县	68.69	79.80	-13.92
澄江市	84.60	79.80	6.02	南华县	68.16	79.80	-14.59
蒙自市	83.37	79.80	4.48	大姚县	67.21	79.80	-15.78

续表

县区	2013 年	均值	高于均值比例	县区	2013 年	均值	高于均值比例
峨山县	83.14	79.80	4.19	永仁县	67.08	79.80	−15.95
嵩明县	82.87	79.80	3.85	武定县	65.96	79.80	−17.34
富源县	82.65	79.80	3.58	姚安县	64.66	79.80	−18.97
富民县	82.51	79.80	3.40	元谋县	62.90	79.80	−21.17
通海县	82.01	79.80	2.77	双柏县	62.53	79.80	−21.64
易门县	81.84	79.80	2.55	师宗县	62.08	79.80	−22.20
晋宁区	81.83	79.80	2.55	陆良县	60.53	79.80	−24.15
禄丰县	80.60	79.80	1.01	石屏县	57.99	79.80	−27.34
宣威市	79.78	79.80	−0.03				

如图 5-1 所示，2013 年滇中城市群地区所属各个县区按经济城镇化率可分为四类：一是高经济城镇化水平组（90.00%~100%），即Ⅰ类地区，包括五华区、西山区、盘龙区、官渡区、红塔区、麒麟区、呈贡区、安宁市、个旧市、东川区、楚雄市；二是较高经济城镇化水平组（80.00%~90.00%），即Ⅱ类地区，包括弥勒市、开远市、新平县、澄江市、蒙自市、峨山县、嵩明县、富源县、富民县、通海县、易门县、晋宁区、禄丰县；三是中等经济城镇化水平组（70.00%~80.00%），即Ⅲ类地区，包括宣威市、马龙区、沾益区、会泽县、石林县、建水县、江川区、宜良县、罗平县、泸西县、华宁县、牟定县、寻甸县；四是低经济城镇化水平组（70.00% 以下），即Ⅳ类地区，包括禄劝县、元江县、南华县、大姚县、永仁县、武定县、姚安县、元谋县、双柏县、师宗县、陆良县、石屏县。

二、滇中城市群地区人口城镇化的空间秩序

根据表 5-2，从人口城镇化的角度看，滇中城市群地区所属 49 个县区的区域间城镇化发展水平的差异巨大，总体呈现出城市及其所属各区的城镇化水平较高，而距离城市相对较远的县区的人口城镇化水平较低。换言之，整个滇中城市群各个县区的城镇化水平总体来说和各个县区与城市之间的距离呈现出反向相关关系，并且差异巨大。

审图号：云S（2020）064号

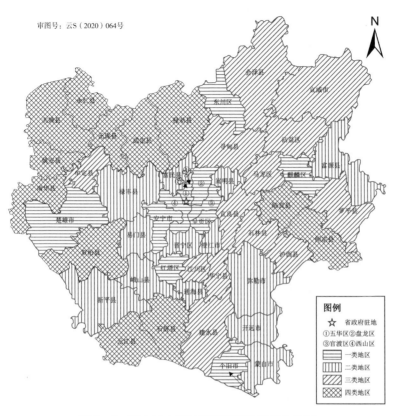

图5-1　滇中城市群地区县域经济城镇化格局

表5-2　　　　　滇中城市群所属县区人口城镇化率（按降序排列）　　单位：%

县区	2013 年	均值	高于均值比例	县区	2013 年	均值	高于均值比例
五华区	79.12	18.75	321.94	澄江市	11.21	18.75	-40.20
盘龙区	76.84	18.75	309.77	石屏县	10.63	18.75	-43.33
西山区	65.87	18.75	251.27	泸西县	10.46	18.75	-44.22
官渡区	53.74	18.75	186.57	沾益区	10.35	18.75	-44.79
安宁市	47.20	18.75	151.71	大姚县	10.22	18.75	-45.52
个旧市	44.18	18.75	135.60	元谋县	9.94	18.75	-47.01
开远市	36.64	18.75	95.39	马龙区	9.79	18.75	-47.79
麒麟区	33.88	18.75	80.67	双柏县	9.36	18.75	-50.07
红塔区	29.68	18.75	58.29	华宁县	9.32	18.75	-50.29

县区	2013 年	均值	高于均值比例	县区	2013 年	均值	高于均值比例
蒙自市	27.63	18.75	47.34	师宗县	8.71	18.75	-53.54
楚雄市	27.14	18.75	44.74	富民县	8.60	18.75	-54.14
易门县	18.92	18.75	0.93	陆良县	8.43	18.75	-55.02
峨山县	18.41	18.75	-1.83	宣威市	8.06	18.75	-56.99
东川区	18.01	18.75	-3.93	南华县	7.78	18.75	-58.53
禄丰县	15.45	18.75	-17.61	会泽县	7.63	18.75	-59.31
武定县	14.60	18.75	-22.14	罗平县	7.59	18.75	-59.53
呈贡区	14.54	18.75	-22.46	姚安县	7.23	18.75	-61.46
建水县	14.30	18.75	-23.75	牟定县	7.09	18.75	-62.18
晋宁区	14.05	18.75	-25.09	富源县	6.91	18.75	-63.14
通海县	13.69	18.75	-27.00	石林县	6.85	18.75	-63.47
江川区	13.24	18.75	-29.40	宜良县	6.27	18.75	-66.56
新平县	13.08	18.75	-30.25	嵩明县	6.03	18.75	-67.82
元江县	12.17	18.75	-35.09	寻甸县	2.62	18.75	-86.01
弥勒市	12.01	18.75	-35.96	禄劝县	1.80	18.75	-90.39
永仁县	11.55	18.75	-38.39				

具体来看,滇中城市群所属 49 个县区中人口城镇化率的平均值为 18.75%,其中有 12 个县区的经济城镇化水平超过平均值,分别是五华区、盘龙区、西山区、官渡区、安宁市、个旧市、开远市、麒麟区、红塔区、蒙自市、楚雄市、易门县,并且除易门县仅比平均值高出 0.93% 外,其他县区均高出平均值至少 44.74%,而这其中又有 6 个县区比平均值高出了 100% 以上,分别是五华区、盘龙区、西山区、官渡区、安宁市、个旧市,其中最高的五华区、盘龙区、西山区更是分别高出了 321.94%、309.77%、251.27%;剩下的 37 个县区的人口城镇化水平均低于平均值,分别是峨山县、东川区、禄丰县、武定县、呈贡区、建水县、晋宁区、通海县、江川区、新平县、元江县、弥勒市、永仁县、澄江市、石屏县、泸西县、沾益区、大姚县、元谋县、马龙区、双柏县、华宁县、师宗县、富民县、陆良县、宣威市、南华县、会泽县、罗平县、姚安县、牟定县、富源县、石林县、宜良县、嵩明县、寻甸县、禄劝县,这其中有 17 个县区的人口城镇化水平比平均值低了 50.00% 以上,分别是双柏县、华宁县、师宗县、富民县、陆良县、宣威市、南华县、会泽县、罗平县、姚安县、牟定县、富源县、石林县、宜良县、嵩明县、寻甸县、禄劝县,最低的禄劝县和寻甸县更是分别比平均

值低了90.39%和86.01%；人口城镇化水平最高的县区是昆明市的五华区，其人口城镇化率达到79.12%，最低的是泸西县，其人口城镇化率仅有1.80%，最高最低差高达77.32个百分点，并且泸西县的人口城镇化率仅达到五华区的2.28%，人口城镇化水平在县区间的发展差异巨大。

如图5-2所示，2013年滇中城市群所属各个县区按人口城镇化率可分为四类：一是高人口城镇化水平组（70%~100%），即Ⅰ类地区，包括五华区、盘龙区；二是较高人口城镇化水平组（50%~70%），即Ⅱ类地区，包括西山区、官渡区；三是中等人口城镇化水平组（20%~50%），即Ⅲ类地区，包括安宁市、个旧市、开远市、麒麟区、红塔区、蒙自市、楚雄市；四是低人口城镇化水平组（20%及以下），即Ⅳ类地区，包括易门县、峨山县、东川区、禄丰县、武定县、呈贡区、建水县、晋宁区、通海县、江川区、新平县、元江县、弥勒市、永仁县、澄江市、石屏县、泸西县、沾益区、大姚县、元谋县、马龙区、双柏县、华宁县、师宗县、富民县、陆良县、宣威市、南华县、会泽县、罗平县、姚安县、牟定县、富源县、石林县、宜良县、嵩明县、寻甸县、禄劝县。

审图号：云S（2020）064号

图例

☆ 省政府驻地
①五华区②盘龙区
③官渡区④西山区
■ 一类地区
□ 二类地区
▨ 三类地区
▧ 四类地区

图5-2　滇中城市群地区人口城镇化格局

三、滇中城市群地区城镇化总指数的空间秩序

根据表 5 - 3，从滇中城市群城镇化总指数水平看，滇中城市群所属 49 个县区的区域间城镇化发展水平的差异较大，总体呈现出城市及其所属各区的城镇化水平较高，而距离城市相对较远的县区的经济城镇化水平较低。换言之，整个滇中城市群各个县区的城镇化水平总体来说和各个县区与城市之间的距离呈现出反向相关关系，并且差异较大。

表 5 - 3 　　　　滇中城市群所属县区城镇化总指数（按降序排列）

县区	2013 年	均值	高于均值比例（％）	县区	2013 年	均值	高于均值比例（％）
五华区	0.8944	0.4928	81.50	嵩明县	0.4445	0.4928	- 9.79
盘龙区	0.8791	0.4928	78.38	江川区	0.4442	0.4928	- 9.86
西山区	0.8253	0.4928	67.47	沾益区	0.4441	0.4928	- 9.88
官渡区	0.7635	0.4928	54.94	宣威市	0.4392	0.4928	- 10.87
安宁市	0.7115	0.4928	44.39	泸西县	0.4259	0.4928	- 13.57
个旧市	0.6889	0.4928	39.79	会泽县	0.4227	0.4928	- 14.23
麒麟区	0.649	0.4928	31.70	石林县	0.4174	0.4928	- 15.29
红塔区	0.6373	0.4928	29.33	罗平县	0.4124	0.4928	- 16.32
开远市	0.6255	0.4928	26.93	华宁县	0.4120	0.4928	- 16.41
楚雄市	0.5927	0.4928	20.27	宜良县	0.4058	0.4928	- 17.65
东川区	0.5564	0.4928	12.90	元江县	0.4043	0.4928	- 17.95
蒙自市	0.555	0.4928	12.62	武定县	0.4028	0.4928	- 18.26
呈贡区	0.5512	0.4928	11.84	牟定县	0.3987	0.4928	- 19.09
峨山县	0.5078	0.4928	3.04	永仁县	0.3931	0.4928	- 20.22
弥勒市	0.5069	0.4928	2.85	大姚县	0.3871	0.4928	- 21.44
易门县	0.5038	0.4928	2.23	南华县	0.3797	0.4928	- 22.95
新平县	0.4912	0.4928	- 0.32	寻甸县	0.3721	0.4928	- 24.50
禄丰县	0.4803	0.4928	- 2.54	元谋县	0.3642	0.4928	- 26.10
晋宁区	0.4794	0.4928	- 2.72	双柏县	0.3595	0.4928	- 27.05
澄江市	0.4791	0.4928	- 2.78	姚安县	0.3594	0.4928	- 27.06
通海县	0.4785	0.4928	- 2.91	禄劝县	0.3557	0.4928	- 27.83

续表

县区	2013 年	均值	高于均值比例（%）	县区	2013 年	均值	高于均值比例（%）
富民县	0.4556	0.4928	-7.56	师宗县	0.354	0.4928	-28.17
建水县	0.4522	0.4928	-8.24	陆良县	0.3448	0.4928	-30.03
富源县	0.4478	0.4928	-9.13	石屏县	0.3431	0.4928	-30.38
马龙区	0.446	0.4928	-9.49				

具体来看，滇中城市群所属49个县区中城镇化总指数的平均值为0.4928。其中有16个县区的城镇化总指数超过平均值，分别是五华区、盘龙区、西山区、官渡区、安宁市、个旧市、麒麟区、红塔区、开远市、楚雄市、东川区、蒙自市、呈贡区、峨山县、弥勒市、易门县，这其中有5个县区的城镇化总指数达到了0.7115及以上，分别是五华区、盘龙区、西山区、官渡区、安宁市，最高的五华区、盘龙区、西山区更是分别达到了0.8944、0.8791、0.8253，另外有4个县区的城镇化总指数高出了平均值54.94%及以上，分别是五华区、盘龙区、西山区、官渡区，城镇化总指数最高的五华区更是高出了平均值的81.50%，其余县区除易门县、弥勒市、峨山县的城镇化总指数接近于平均值外，都至少高出了平均值11.84%及以上；剩余33个县区的城镇化总指数均低于平均值，分别是新平县、禄丰县、晋宁区、澄江市、通海县、富民县、建水县、富源县、马龙区、嵩明县、江川区、沾益区、宣威市、泸西县、会泽县、石林县、罗平县、华宁县、宜良县、元江县、武定县、牟定县、永仁县、大姚县、南华县、寻甸县、元谋县、双柏县、姚安县、禄劝县、师宗县、陆良县、石屏县，其中有5个县区的城镇化总指数略低于平均值，除新平县基本持平于平均值，其余4个低于平均值的幅度都介于2%~3%，分别是禄丰县、晋宁区、澄江市、通海县，另外有11个县区的城镇化总指数比平均值低出了20.22%及以上，分别是永仁县、大姚县、南华县、寻甸县、元谋县、双柏县、姚安县、禄劝县、师宗县、陆良县、石屏县，最低的石屏县和陆良县更是低于平均值30.38%和30.03%；城镇化总指数最高的是五华区，其城镇化总指数为0.8944，最低的是石屏县，其城镇化总指数为0.3431，最高最低差为0.5513，城镇化总水平发展差异巨大。

如图5-3所示，2013年滇中城市群所属各个县区按城镇化总指数可分为四类：一是高城镇化水平组（0.8000~1.0000），即Ⅰ类地区，具体包括五华区、盘龙区、西山区；二是较高城镇化水平组（0.6000~0.8000），即Ⅱ类地区，具体包括官渡区、安宁市、个旧市、麒麟区、红塔区、开远市；三是中等城镇化水平组（0.4000~0.6000），即Ⅲ类地区，具体包括楚雄市、东川区、蒙自市、呈贡区、峨山县、弥勒市、易门县、新平县、禄丰县、晋宁区、澄江市、通海县、富民县、建水县、富源县、马龙区、嵩明县、江川区、沾益区、宣威市、泸西县、会泽县、石林县、罗平县、华宁县、宜良县、元江县、武定县；四是低城镇化水平组（0.4000及以下），即Ⅳ类地区，具体包括牟定县、永仁县、大姚县、南华县、寻甸县、元谋县、双柏县、姚安县、禄劝县、师宗县、陆良县、石屏县。

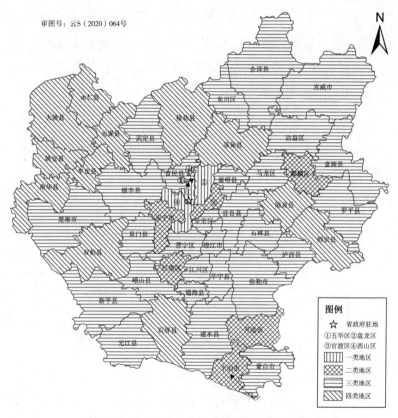

图5-3 滇中城市群地区城镇化总指数格局

第三节 滇中城市群城镇化的时间序列研究

一、滇中城市群地区经济城镇化的时间序列

滇中城市群地区所属49个县区2006~2013年经济城镇化水平的中位数变化

如图5-4所示。总体来看，滇中城市群的经济城镇化水平的中位数呈现出上升态势，但2007年和2009年有所波动。具体体现在2006~2013年经济城镇化指数中位数由0.7854升至0.7978，升幅为1.58%；2006~2007年的经济城镇化指数中位数由0.7854降至0.7567，降幅为3.65%；2007~2008年经济城镇化指数中位数由0.7567升至0.7723，升幅为2.06%；2008~2009年的经济城镇化指数中位数由0.7723降至0.7660，降幅为0.81%；2009~2010年经济城镇化指数中位数由0.7660升至0.7857，升幅为2.57%；2010~2012年经济城镇化指数中位数的变化极小；2012~2013年经济城镇化指数中位数由0.7855升至0.7978，升幅为1.57%；如果去除2006~2007年城镇化指数的下降，2007~2013年经济城镇化指数中位数由0.7567升至0.7978，升幅为5.43%。

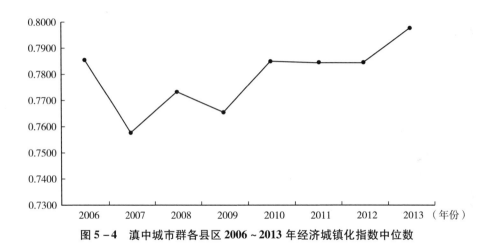

图5-4 滇中城市群各县区2006~2013年经济城镇化指数中位数

滇中城市群所属49个县区2006~2013年经济城镇化指数的平均值变化如图5-5所示。2006~2007年滇中城市群经济城镇化指数平均值由0.8137降至0.7685，降幅为5.55%；2007~2011年经济城镇化指数平均值由0.7685升至0.7915，升幅为2.99%，其中2007~2008年变化极小，略升0.08%；2011~2012年经济城镇化指数平均值由0.7915上升至0.7997，升幅为0.23%；2012~2013年城镇化指数平均值由0.7897升至0.7980，升幅为1.05%；2006~2013年经济城镇化指数平均值由0.8137降至0.7980，降幅为1.93%；除2006~2007年经济城镇化指数平均值大幅下降，2007~2013年经济城镇化指数均值由0.7685升至0.7980，升幅为3.84%。

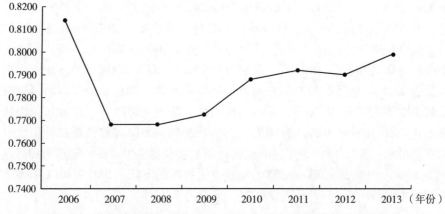

图 5 - 5　滇中城市群各县区 2006 ~ 2013 年经济城镇化指数平均值变化

滇中城市群所属 49 个县区 2006 ~ 2013 年的经济城镇化指数极差变化如图 5 - 6所示。2006 ~ 2007 年滇中城市群经济城镇化指数的极差由 0. 3702 升至 0. 4635 升幅为 25. 20% ; 2007 ~ 2010 年经济城镇化指数的极差由 0. 4635 降至 0. 4188, 降幅为 9. 44% ; 2010 ~ 2012 年经济城镇化指数的极差由 0. 4188 升至 0. 4295, 升幅为 2. 55%, 其中 2010 ~ 2011 年经济城镇化指数极差的变化极小, 升幅仅为 0. 31% ; 2012 ~ 2013 年经济城镇化指数的极差由 0. 4295 降至 0. 4178, 降幅为 2. 72% ; 2006 ~ 2013 年经济城镇化指数的极差由 0. 3702 升至 0. 4178, 升幅为 12. 86 ; 除 2006 ~ 2007 年经济城镇化指数极差的升幅较大外, 2007 ~ 2013 年经济城镇化指数极差由 0. 4635 降至 0. 4178, 降幅为 9. 86% 。

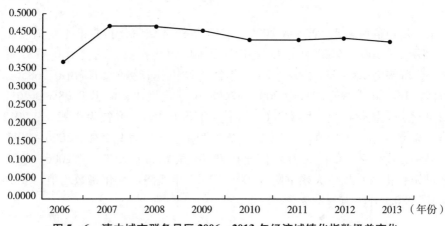

图 5 - 6　滇中城市群各县区 2006 ~ 2013 年经济城镇化指数极差变化

二、滇中城市群地区人口城镇化的时间序列

滇中城市群所属 49 个县区 2006～2013 年的人口城镇化指数的中位数变化如图 5 - 7 所示。2006～2008 年滇中城市群人口城镇化指数的中位数由 0.1235 降至 0.1098，降幅为 11.09%，其中 2006～2007 年降幅较大，为 10.61%，而 2007～2008 年的降幅较小，仅为 0.54%；2008～2010 年人口城镇化指数的中位数由 0.1098 升至 0.1121，升幅为 2.09%；2010～2012 年人口城镇化指数的中位数由 0.1121 降至 0.1116，降幅为 0.45%，降幅比较小，尤其 2011～2012 年的人口城镇化指数的中位数的差值仅为 0.0001，降幅极小；2012～2013 年人口城镇化指数的中位数由 0.1116 升至 0.1155，升幅为 3.49%；2006～2013 年人口城镇化指数的中位数由 0.1235 降至 0.1155，降幅为 6.48%；除 2006～2007 年人口在城镇化指数的中位数降幅过大外，2007～2013 年，人口城镇化指数的中位数由 0.1104 升至 0.1155，升幅为 4.62%。

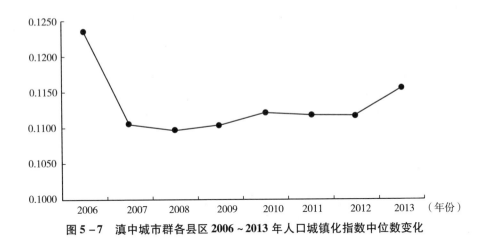

图 5 - 7 滇中城市群各县区 2006～2013 年人口城镇化指数中位数变化

滇中城市群所属 49 个县区 2006～2013 年的人口城镇化指数的平均值变化如图 5 - 8 所示。2006～2010 年滇中城市群人口城镇化指数的平均值由 0.1966 降至 0.1870，降幅为 4.88%，其中 2008～2009 年人口城镇化指数平均值变化极小，人口城镇化指数的平均值下降的绝对值仅为 0.0001；2010～2011 年，人口城镇化指数的平均值无变化，数值均为 0.1087；2011～2012 年人口城镇化指数的平均值由 0.1870 升至 0.1887，升幅为 0.91%；2012～2013 年人口城镇化指数的平均值由 0.1887 降至 0.1875，降幅为 0.64%；2006～2013 年人口城镇化指数的平均值由 0.1966 降至 0.1875，降幅为 4.63%。

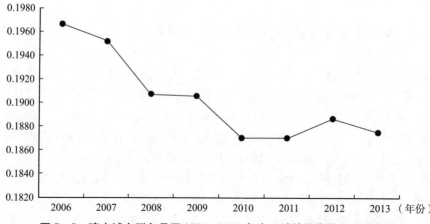

图 5 - 8　滇中城市群各县区 2006 ~ 2013 年人口城镇化指数平均值变化

滇中城市群所属 49 个县区 2006 ~ 2013 年的人口城镇化指数的极差值变化如图 5 - 9 所示。2006 ~ 2007 年人口城镇化指数的极差值由 0. 8052 降至 0. 7845，降幅为 2. 57%；2007 ~ 2009 年人口城镇化指数的极差值由 0. 7845 升至 0. 8143，升幅为 3. 78%，其中 2008 ~ 2009 年人口城镇化指数的极差值上升的绝对值极小，仅为 0. 0002；2009 ~ 2010 年人口城镇化指数的极差值由 0. 8143 降至 0. 7728，降幅为 5. 10%；2010 ~ 2012 年人口城镇化指数的极差值由 0. 7728 升至 0. 7859，升幅为 1. 70%；2012 ~ 2013 年人口城镇化指数的极差值由 0. 7859 降至 0. 7732，降幅为 1. 62%；2006 ~ 2013 年人口城镇化指数的极差值由 0. 8052 降至 0. 7732，降幅为 3. 97% 。

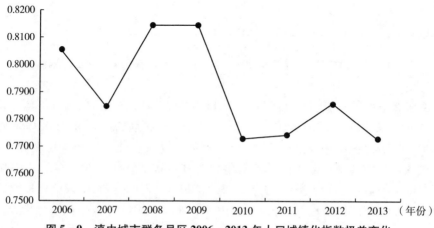

图 5 - 9　滇中城市群各县区 2006 ~ 2013 年人口城镇化指数极差变化

三、城镇化总指数的时间序列

滇中城市群所属 49 个县区 2006～2013 年的城镇化总指数的中位数变化如图 5 - 10 所示。2006～2009 年城镇化总指数的中位数由 0.4596 降至 0.4322，降幅为 5.96%，其中 2006～2007 年城镇化总指数的中位数降幅较大，降幅为 5.11%；2009～2011 年城镇化总指数的中位数由 0.4322 升至 0.4427，升幅为 2.435%；2011～2012 年城镇化总指数的中位数由 0.4427 降至 0.4387，降幅为 0.90%；2012～2013 年城镇化总指数的中位数由 0.4387 升至 0.4460，升幅为 1.66%；2006～2013 年城镇化总指数的中位数由 0.4596 降至 0.4460，降幅为 2.96%，除 2006～2007 年城镇化总指数的中位数降幅较大外，2007～2013 年城镇化总指数的中位数由 0.4361 升至 0.4460，升幅为 2.27%。

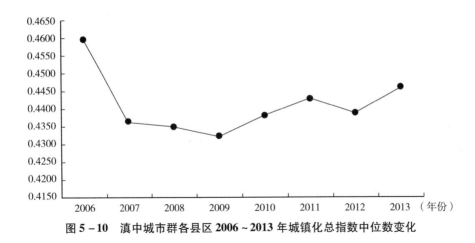

图 5 - 10　滇中城市群各县区 2006～2013 年城镇化总指数中位数变化

滇中城市群所属 49 个县区 2006～2013 年的城镇化总指数的平均值变化如图 5 - 11 所示。2006～2008 年城镇化总指数的平均值由 0.5052 降至 0.4799，降幅为 5.01%，其中 2006～2007 年城镇化总指数的平均值降幅较大，降幅为 4.63%；2008～2011 年城镇化总指数的平均值由 0.4799 升至 0.4893，升幅为 1.96%；2011～2012 年城镇化总指数的平均值由 0.4893 降至 0.4892，降幅极小，其绝对值仅为 0.0001；2012～2013 年城镇化总指数的平均值由 0.4892 升至 0.4928，升幅为 0.74%；2006～2013 年城镇化总指数的平均值由 0.5052 降至 0.4928，降幅为 2.45%，除 2006～2007 年城镇化总指数的平均值降幅过大，2007～2013 年城镇化总指数的平均值由 0.4818 升至 0.4928，升幅为 2.28%。

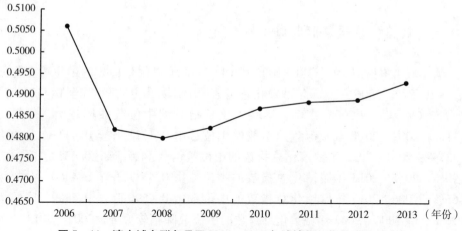

图 5 – 11　滇中城市群各县区 2006 ~ 2013 年城镇化总指数平均数变化

　　滇中城市群所属 49 个县区 2006 ~ 2013 年的城镇化总指数的极差值变化如图 5 – 12所示。2006 ~ 2007 年，城镇化总指数的极差值由 0. 5694 升至 0. 6029，升幅为 5. 88% ；2007 ~ 2010 年城镇化总指数的极差值由 0. 6029 降至 0. 5578，降幅为 7. 48% ；2010 ~ 2012 年城镇化总指数的极差值由 0. 5578 升至 0. 5632，升幅为 0. 97% ；2012 ~ 2013 年城镇化总指数的极差值由 0. 5632 降至 0. 5514，降幅为 2. 10% ；2006 ~ 2013 年城镇化总指数的极差值由 0. 5694 降至 0. 5514，降幅为 3. 16% 。

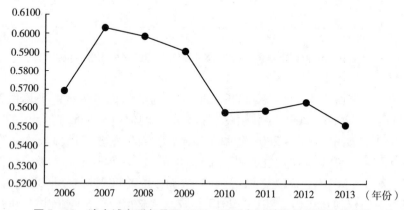

图 5 – 12　滇中城市群各县区 2006 ~ 2013 年城镇化总指数极差变化

参 考 文 献

［1］ 简新华、黄锟：《中国城市化水平和速度的实证分析与前景预测》，载

于《经济研究》2010 年第 3 期。

　　［2］全国科学技术名词审定委员会审定:《地理学名词（第二版)》，科学出版社 2007 年版。

　　［3］孙中和:《中国城市化基本内涵与动力机制研究》，载于《财经问题研究》2001 年第 11 期。

　　［4］张同升、梁进社、宋金平:《中国城市化水平测定研究综述》，载于《城市发展研究》2002 年第 2 期。

第六章

滇中城市群的城市形态研究

城市形态是城市发展内生要素的外在空间体现，是城市内在政治、经济、社会结构、文化传统在城市居民点、城市平面形式、内部组织、建筑和建筑群体布局上的反映（王慧芳，2014）。城市形态主要包括城市区域内城市布局形式、城市用地外部几何形态、城市内部各种功能地域分异格局以及城市建筑空间组织和面貌等（全国科学技术名词审定委员会，2007）。城市形态是空间在时间中的结晶，形态是城市聚落演变中最为持续的遗存（王慧芳，2014）。城市形态深受地理要素的影响，主要受自然地理要素和人文地理要素的影响。在城市发展的早期，自然地理要素对城市形态的影响较为显著，尤其是水文要素深刻影响着区域的城市形态。随着城市化进程的不断加快、城市的不断扩张、城市交通及城市基础设施的不断完善，人文地理学要素对城市形态的影响日益凸显出来。城市形态深受城镇体系的影响，同时城市形态又对城镇体系的规划布局产生指导作用。因此，系统分析滇中地区城镇体系的演化趋势具有重要意义。

第一节　滇中城市群的城市形态测度方法

一、城市形态的理论与方法

目前，学术界对城市形态的理论与方法研究主要有培根、吉尔德恩、科斯托夫、芒福德等基于历史学视角进行的西方城市历史形态演变研究。康泽恩在"形态基因"思想的指导下，将城市规划设计要素划分为街道、交通网络、用地单元，借助规划单元、形态周期、形态区域、形态框架、地块循环及城镇边缘带等概念进行城市形态研究，最终开创了康泽恩学派。分支于美国形态理论的芝加哥学派，通过采用经济学理论指导城市用地研究而形成了伯吉斯的同心圆理论、霍伊特的扇形区理论、哈里斯和尤曼的多核心城市形态理论。这些城市功能结构理论反映了从社会经济学角度研究城市用地发展关系的城市形态方法。哈维借鉴政治经济学及商品生产过程的思想建立"资本循环"理论，他指出城市景观变化过程中蕴涵了资本置换的事实，形成了政治经济学的城市形态分析方法。乔尔、赖特等研究建立了人类行为与物质环境关系的环境行为理论，并将理论运用于城市形态研究。空间形态研究法起源于20世纪50年代由马奇和马丁在英国剑桥大学创立的"城市形态与用地研究中心"。随后各种概念被用以定义和描述建筑和居住聚落，其中最有影响的是"空间句法"，这一概念可以被定义为描述、解释和定量分析建筑或聚落空间结构的技术方法。这一方法不仅强调分析空间集合的几何特性，更重要的是蕴涵其间的社会与人类学意义（谷凯，2001）。2002年以来，对城市形态研究技术方法的探索获得了比较大的进展。近年来对城市形态的分析技术方法应用主要聚焦在结构分形、空间句法、微观模型、夜间灯光数据等。本章主要采用夜间灯光数据进行滇中城市群地区的城市形态研究。

二、DMSP – OLS 夜间灯光数据

目前已有许多传感器具备了在夜间对地表灯光亮度进行探测的能力，其中包括美国军事气象卫星 DMSP（Defense Meteorological Satellite Program）搭载的 OLS（Operational Linescan System）传感器、搭载在 Suomi NPP（Suomi National Polar – Orbiting Partnership）卫星上的 VIIRS（Visible Infrared Imaging Radiometer Suite）传感器、以色列的 Earth Remote Observation System – B（EROS – B）以及中国的吉林一号卫星等。由于目前仅有 DMSP – OLS 稳定夜间灯光数据具有长时间的有效历史数据，该数据平台的详细参数见表 6 – 1。因此该数据将被应用于第六章的研究当中。

表 6 – 1　　　　　　　　　　常见夜间灯光数据参数

	DMSP – OLS 稳定夜间灯光数据	辐射定标的 DMSP – OLS 夜间灯光数据
条带宽度	~3000 千米	~3000 千米
夜间过境时间	~19：30（当地时间）	~19：30（当地时间）
低光成像带	全色 0.5 ~ 0.9 μm	全色 0.5 ~ 0.9 μm
值	灰度值	相对辐射值
空间分辨率	30 弧秒（~1 千米）	30 弧秒（~1 千米）
最低辐亮度	5E – 10	5E – 10
定标与否	无	实验室定标

续表

	DMSP – OLS 稳定夜间灯光数据	辐射定标的 DMSP – OLS 夜间灯光数据
过饱和现象	城市中心存在	无
产品周期	年	不规则
有效时间序列	1992 ~ 2013 年	1996 年/1999 年/2000 年/2002 年/2004 年/2006 年/2010 年

最早的 DMSP – OLS 传感器始于 1976 年，目前可获得的产品数据为年合成稳定夜间灯光数据（1992 年起至 2013 年）。配备了放大光电能力的 DMSP – OLS 传感器能够在夜间探测到地球表面微弱的电磁波，如城市灯光、小规模居民地、渔船灯光以及火灾等光源。该传感器配备了两个波段，分别为可见光及近红外波段（波长范围为 0.4 ~ 1.0μm，光谱分辨率为 6 – bit）和热红外波段（波长范围为 10 ~ 13μm，光谱分辨率为 8 – bit）。每个传感器每天可以获得两幅全球影像，即白天和黑夜各一幅。该传感器搭载在多颗 DMSP 卫星（F10 至 F18 系列卫星）上，目前仍旧在轨工作的卫星有 F15、F16、F17 以及 F18。自 1992 年起，美国国家海洋和大气管理局（NOAA）开始整理、收集、校正和合成以年为时间跨度的全球稳定夜间灯光数据，目前共有 34 幅全球稳定夜间灯光数据（1992 ~ 2013 年），共涉及 6 颗卫星，如表 6 – 2 所示。

表 6 – 2　　　　　　　　　DMSP – OLS 稳定夜间灯光数据时间序列

年份	F10	F12	F14	F15	F16	F18
1992	F101992	—	—	—	—	—
1993	F101993	—	—	—	—	—
1994	F101994	F121994	—	—	—	—
1995	—	F121995	—	—	—	—
1996	—	F121996	—	—	—	—
1997	—	F121997	F141997	—	—	—
1998	—	F121998	F141998	—	—	—
1999	—	F121999	F141999	—	—	—
2000	—	—	F142000	F152000	—	—
2001	—	—	F142001	F152001	—	—
2002	—	—	F142002	F152002	—	—
2003	—	—	F142003	F152003	—	—

年份	F10	F12	F14	F15	F16	F18
2004	—	—	—	F152004	F162004	—
2005	—	—	—	F152005	F162005	—
2006	—	—	—	F152006	F162006	—
2007	—	—	—	F152007	F162007	—
2008	—	—	—	F152008	F162008	—
2009	—	—	—	—	F162009	—
2010	—	—	—	—	—	F182010
2011	—	—	—	—	—	F182011
2012	—	—	—	—	—	F182012
2013	—	—	—	—	—	F182013

DMSP – OLS 稳定夜间灯光数据剔除了受云覆盖或暂时性事件（火灾等）影响的像元，其空间分辨率为 30arc-second（约 1000 米），覆盖的空间范围为南纬 65°至北纬 75°，经度为 0°至 180°。该数据的像元值（DN 值）范围介于 0 到 63.0 为背景值，表示该区域没有灯光；数值越高说明其灯光亮度越大，也意味着该区域的人类活动聚集度越高。夜间灯光数据数据灰度值在 0~63、数据空间分辨率为 1 千米×1 千米、坐标为 WGS1984 地理坐标。夜间灯光数据主要应用于城市建成区空间扩张研究（城镇体系空间格局研究）、经济估算、人口估算、碳排放、光污染及环境监测等方面。本章采用 F18 卫星所记录的 2013 年中国区域 DMSP – OLS 稳定夜间灯光数据进行滇中城市群城市形态研究（陈佐旗，2017）。

三、DMSP – OLS 夜间灯光数据处理

在运用 DMSP – OLS 夜间灯光数据进行城市建成区空间形态研究时，首先需要进行夜间灯光数据阈值的设定。主要设定方法有以下几种：基于灯光数据特征和前人所做研究的经验阈值法；伊姆霍夫（Imhoff）根据灯光数据阈值变化会引起建成区多边形斑块沿着边缘发生变化的程度提出的突变检测法；根据灯光阈值变化过程中所提取出的一组建成区面积与政府发布的统计数据中建成区面积进行对比且把误差最小时的阈值定为最佳阈值的参考比较法；亨德森（Henderson）根据 Landsat TM 影像作为辅助数据实现夜间灯光图像中建成区的提取法。本章采用参考比较法进行滇中城市群城市形态研究。

第二节　滇中城市群的城市形态特征分析

一、滇中城市群地区城市形态演化史分析

城市形态记录着不同时期城市的扩张过程,记录着城市的文化记忆和文化景观基因。滇中城市群地区城市形态发展史也是如此,由于研究文献的有限性,本章主要以昆明市的城市形态发展史进行分析。结合吴启焰(2012)的研究可知昆明市城市形态演化分为五个阶段。

第一阶段:点状积聚期(从南诏至清末民初)。昆明城始建于唐广德二年(公元764年),其"城际滇池,三面皆水",形成了昆明的雏形。元中庆城在拓东城的基础上,向北扩展,形成一座南北长、东西窄的土城。明洪武十五年(公元1382年)改中庆城为云南府,城池北移,将圆通山、五华山、祖遍山、翠湖纳入城中,形成"三山一水"的城市格局,直到清末民初,昆明城基本保持这一空间特征。

第二阶段:块状发展期(民国初年至1937年)。1905年昆明自辟商埠对外开放,在"明城"外围东南部形成近2平方千米的商埠,1910年滇越铁路全线开通,打通了昆明东南方向对外联系的通道,1922年在昆明东南部建立了当时中国第二个飞机场——巫家坝机场。借助对外交通条件改善、对外经济兴起等外力作用,昆明城市空间由"点"扩展到"面",具有沿主要外向经济流和交通流方向的外溢趋势,表现为紧凑的块状积聚形态。

第三阶段:组团跳跃发展期(1937~1978年)。(1)1937~1949年,城市空间的拓展形成两种趋势:城市内部在"明城"基础上向四周连片扩张,具有明显的向心集中趋势;城市外部的工业布局有意避开中心区,按分工协作关系安排在郊区或周围城镇。这种布局形式既保护了昆明古城原有的空间格局,又在远离城市中心区北、西、西南三个方向上形成独立的工业组团,城市空间表现出组团跳跃式发展的趋势。(2)1950~1977年,昆明作为三线建设的重点地区,近郊形成了茨坝、上庄、普吉、马街等四个独立的工业组团,促进了昆明郊区的工业化和城镇化进程,确定了城市空间发展的空间架构。在此期间,城市空间拓展仍然以内、外两种相对独立的扩张方式同时演进:中心城区以方格网为主,表现出均衡外溢的拓展趋势;郊区工业组团依托放射道路逐步向心移动,表现出轴向拓展的趋势。结合城市功能布局,初步形成了"方格、环形、放射"的道路系统,进一步强化了组团跳跃式发展的城市空间形态。

第四阶段：放射组团式发展期（1978～1990年）。20世纪80年代中期，昆明城市基本形成了"二环九出口"的环形放射状道路系统，加强了昆明对周边地区的辐射作用，为昆明城市20世纪90年代的迅速扩张奠定了基础。城市内部空间以旧城改造和填空补缺为主，呈现同心圆的扩张趋势；城市近郊八个工业区沿放射路向心拓展，大多数工业区逐步与中心区连在一起。20世纪80年代末城市空间形态表现为"一主八片"放射组团状的星形结构。

第五阶段：同心圆圈层拓展期（1990年至今）。1990年以后，昆明城市建设得到快速发展，三个国家级开发区、1999年昆明世博会等重大项目的建设，促进了中心区空间与规模的跳跃发展，导致单一中心蔓延外溢式扩张，中心区与市郊工业区连片发展，原有的"放射组团"格局被打破，昆明城市形态呈现出"以中心区为核心，东西两翼面状延展，南北沿交通线轴向发展"的蔓延扩张之势。组团之间的空地逐渐填满，城市形态趋向紧密的团块状。昆明城区范围已经从20世纪80年代的32平方千米，发展到目前的250平方千米，面积扩大了近8倍，单中心圈层拓展的空间形态愈发明显。

二、滇中城市群地区整体城市形态特征分析

滇中城市群地区整体城市形态特征分析是从整体上分析城市形态的空间格局。2013年滇中城市群地区城市形态整体呈现出"一心三核"的倒三角中心—外围发展结构，即形成以环绕在滇池流域附近的昆明市辖区市为中心区，以曲靖市的麒麟区、沾益区、马龙区，红河北部的开远市、个旧市、蒙自市及楚雄州的楚雄市三区构成滇中城市群的三个次级中心区。从城市空间扩展模式看，滇中城市群地区城市形态整体呈现出同心圆模式、轴向扩展模式。由于滇中城市群中的"一心"基本位于等边倒三角的中心位置，到三个次级中心区的空间距离基本相等，在城镇化的集聚—扩散过程中，对三个次级中心区的溢出效应程度近似，便于滇中城市群地区的协同发展。因此，滇中城市群所形成的"一心三核"的等边倒三角结构为滇中地区城市的发展奠定了坚实的基础。

同时，从夜间灯光数据（见图6-1）解译的结果还可以看出，夜间灯光亮度从昆明市辖中心区向周围呈现出放射状延伸、向昆明建成区外围扩张。其中，夜间灯光亮度从昆明市辖中心区向周围呈现出放射状延伸，说明滇中地区城镇化的发展由自然因素影响转向受交通干线的影响，这些交通干线主要有连接昆明市与曲靖市、昆明市与楚雄州的G56杭瑞高速，连接昆明市与曲靖市的G78汕昆高速，连接昆明市与红河州的G8广昆高速，连接昆明市与楚雄州的G5京昆高速及连接昆明市与玉溪市的G8511昆磨高速等。

审图号：云S（2020）064号

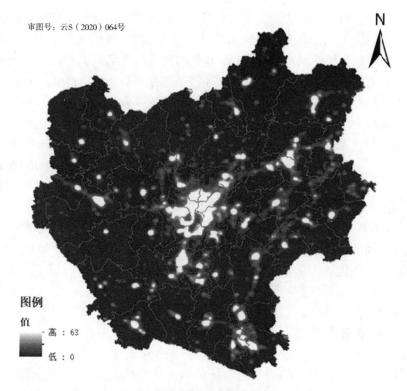

图例
值
高：63
低：0

图 6 -1   滇中城市群地区夜间灯光图

三、滇中城市群地区城市空间结构特征分析

昆明市城市形态呈现出"一心五核"的中心—外围发展结构，即形成以环绕在滇池流域附近的昆明市辖区市为中心区，以宜良县、嵩明县、富民县、石林县及寻甸县建成区为次级中心区。其中，昆明市辖区市中心区又包括昆明老城区、呈贡新区，嵩明县由老城区及空港新区组成。从城市空间扩展模式看，滇中城市群地区城市形态整体呈现出同心圆模式。昆明市城市空间结构现状是在《昆明市城市总体规划（2006－2020）》市域城镇职能结构规划的基础上实现的。《昆明市城市总体规划（2006－2020）》对中心城区、二级城市、三级城镇进行了城镇职能定位。控制作为中心城区的昆明主城区建设规模，进行建设质量提升，通过置换产业和人口疏散来缓解城区基础设施压力。将昆明主城区职能定位为以商贸、金融、旅游服务、文化、信息服务等现代服务业为主的综合型城区。同时，新建呈贡新区和空港新区。其中，呈贡新区的职能定位为国际行政和商贸，现代新型制造业、科研文教集聚区，以花卉产业为特色的生物产业基地、城市物流业中心。在《昆明市城市总体规划（2006－2020）》的基础上，昆明市人民政府制

定了《昆明市城市近期建设规划（2016－2020 年）》。该规划在昆明市的市域范围内进一步推动"一核五轴、三层多心"布局结构的形成，形成"中心城区—都市区—市域"三个发展层次：（1）昆明老四区为中心城区，作为区域发展的核心。（2）都市区由中心城区和安宁、嵩明、宜良、晋宁、海口和富民等第二级城市构成，构建交通联系紧密、经济社会发展一体的高度城市化地区。其中，中心城区承载昆明城市的核心职能，重点发展现代综合服务业、高新技术产业和新型加工业。都市区包括滇中新区安宁片区和嵩明片区及宜良、海口、晋宁、富民等二级城市，是昆明基本职能的主要空间载体，并接纳从中心城区扩散出的产业与人口。（3）市域其他城镇包括三级城市（镇）、重点镇、一般镇，主要承担具有地域优势的特色职能和地区性发展中心。

曲靖市城市形态呈现出"一心两核"的中心—外围发展结构，即以"麒沾马"为中心区，以宣威市及会泽县为次级中心区。从城市空间扩展模式看，滇中城市群地区城市形态整体呈现出多核心模式。曲靖市城市空间结构现状是在《曲靖市城市总体规划（2005－2020）》市域城镇职能结构规划的基础上实现的。其中，"麒沾马"中心区为《曲靖市城市总体规划（2015－2030 年）》奠定了科学基础。《曲靖市城市总体规划（2015－2030 年）》以"麒沾马"一体化为核心，以城乡特色为引导，以地域文化为灵魂，做强曲靖中心城市，重点发展小城市，突出特色小镇，建设美丽家园。构建大中小城市并举、布局合理、优势互补、特色鲜明、协调发展的城镇体系，促进大中小城市、小城镇和乡村协调发展。构建"一核多点"的城镇空间结构，"一核"即"麒沾马"城市核心，"多点"即以宣威、陆良、富源、会泽、师宗、罗平为主多点布局。市域常住人口城镇化水平2020 年要达到 52%，2030 年要达到 70%。市域城乡居民点体系结构分为六级。一级中心城市：曲靖中心城市，含麒麟区、经开区、沾益、马龙；二级次中心城市 2 个：宣威市、陆良县；三级县域中心城市 4 个：富源县、会泽县、师宗县、罗平县；四级重点城镇 28 个；五级一般城镇 34 个；六级乡（含大型中心村）46个。调整行政区划：沾益区、马龙县撤县设区，罗平县、陆良县撤县设市。

"麒沾马"一体化将该区域城市结构与发展方向定位为中心城市形成"一坝三带、一城五片"的空间结构："一坝"指曲靖坝区，是曲靖城镇化发展的核心地区；"三带"指组团城市发展带、南盘江生态文化带、寥廓山系生态带；"一城"指曲靖中心城市；"五片"指中心片区、北片区、西片区、南片区和马龙片区。其发展方向为"北拓、南限、西强、东控"："北拓"是以高铁曲靖北站、沾益机场为支点，依托区域基础设施、道路交通和公共服务设施，向北拓展中心城市核心功能区；"南限"是限制城市向南部无序蔓延，完善城市功能，提升城市品质，塑造现代化城市形象；"西强"是以经济技术开发区、综合保税区和马龙现代产业园区为基础，引导城市产业适度沿 G60 城区段聚集，增强西片区产业竞争力；"东控"是控制城乡居民点在东部南盘江沿线区域无序蔓延，以保护基本农田和田园景观为主要前提，建设南盘江生态文化旅游示范带。

四、滇中城市群地区县域城市形态特征分析

在县域层面上，结合滇中城市群地区夜间灯光数据，按照灯光亮度及明亮灯光区域占县区面积的比重对滇中城市群地区 49 个县区进行等级划分。五华区、盘龙区、官渡区、西山区 4 区处于 I 级区；安宁市、红塔区、嵩明县、沾益区 4 县区处于 II 级区；楚雄市、麒麟区、宣威市、蒙自市 4 县区处于 III 级区；永仁县、大姚县、武定县、姚安县、南华县、双柏县、禄丰县、武定县、东川区、会泽县、马龙区、富源县、罗平县、师宗县、泸西县、陆良县、石林县、宜良县、江川区、弥勒市、开远市、个旧市、建水县、元江县 24 县区处于 IV 级区。民族县区中的石林彝族自治县、寻甸回族彝族自治县、峨山彝族自治县 3 县区城市形态为单中心模式；新平彝族傣族自治县、元江哈尼族彝族自治县 2 县区城市形态为多中心模式；禄劝彝族苗族自治县城市夜间灯光较弱。贫困县区的东川区、寻甸县、富源县、会泽县、双柏县、南华县、大姚县、姚安县、武定县、永仁县 10 县区城市形态为单中心模式；禄劝彝族苗族自治县城市夜间灯光较弱。

综上所述，滇中城市群地区城市形态具有如下特点：第一，基本形成以昆明市市辖区为中心的中心—外围发展结构。从灯光分布的颜色亮暗来看，昆明市市辖区的颜色最亮，位于滇中城市群的中心位置；其次是曲靖市市辖区、玉溪市市辖区、楚雄彝族自治州的市辖区和蒙自市市辖区等地级市的颜色较亮，分布在昆明市的四周；最后是与上述城市直接相连的县区市中心区域。第二，基本形成以昆明市为中心的周边地级市的带状发展结构。以昆明市市辖区为中心点，灯光亮度逐渐延伸到周边地级市（或县级市）区域，基本形成空间连绵区。第三，滇中城市群地区 49 县区城市形态结构存在显著的等级差异。第四，滇中城市群地区县域城市形态主要以单中心模式为主。第五，民族县区存在多元城市形态模式。第六，贫困县地区城市形态主要以单中心模式为主。

第三节　滇中城市群的城镇体系规划分析

一、城镇体系的基本概念

城镇体系是指在一定地域内，由不同等级、不同规模、不同职能且彼此相互

联系、相互依存、相互制约的小城镇组成的有机系统。不同城镇之间通过交通流、信息流等实现物质循环、能量流动、人员往来与信息传递，即城镇空间的相互作用。城镇之间的这种相互作用将地域上彼此分散的城镇组合成具有一定空间结构的有机体系（许学强，2009），而这种体系又影响着体系中城镇的功能、发展方向以及在体系中所起的作用。城镇体系是城镇体系规划的客观基础。

城镇体系规划就是在一个地域范围内，合理组织城镇体系内各城镇之间、城镇与其体系之间以及体系与其外部环境之间的各种经济、社会等方面的相互联系，运用现代系统理论与方法探究整个体系的整体效益，即寻找整体（体系）效益大于局部（单个城镇）效益之和的部分。在开放系统条件下强化体系与外界进行的"能量"和物质交换，使体系内负熵流增加，促使体系向有序转化，达到社会、经济、环境效益最佳的社会、经济发展总目标（宋家泰，1988）。

二、滇中城市群"1+6+4"城镇体系模式

滇中城市群城镇体系的科学规划既对滇中城市群的培育具有重要意义，又会对滇中城市群的城市形态演化产生促进作用。滇中城市群是以国际性大都市——昆明为中心的城市群。根据昆明城市群的发展规划，应以昆明为核心，将武定、楚雄、玉溪、曲靖四个城市发展成为卫星城，位于四个卫星城与昆明主城区之间的嵩明、富民、安宁、晋宁、澄江、宜良将成为昆明主城区向外扩展的主要区域，"广域昆明"的发展方向应该是"1+6+4"的城镇体系，"1"即昆明主城区，"6"即与主城区邻近的嵩明、富民、安宁、晋宁、澄江、宜良县级行政中心，"4"即武定、楚雄、玉溪、曲靖四个卫星城。

从图6-2可以看出，以昆明为中心在行政区划内已经形成了放射状的交通网络，包括昆明—昭通、昆明—永仁、昆明—丽江（保山）、昆明—玉溪—普洱、昆明—曲靖等道路。放射性的交通网络不仅将昆明的核心层整合在了一起，而且使得图6-2三角形中另外两个区域普洱子城市团、大理子城市团也紧密整合在一起。如图6-3所示，大理子城市团以大理为核心，将丽江、怒江、保山整合在一起，普洱子城市团以普洱为核心，将临沧和西双版纳整合在一起。三角形区域将云南行政区划内的大部分城市联系在了一起，在交通网络进一步发展的情况下，在"1+6+4"的外围区域逐步形成"大C环"，通过三角形将迪庆、德宏、西双版纳、文山、昭通等整合在一起。同时，"迪庆—昭通—文山—西双版纳—德宏"最终形成围绕城市群核心区域的五边形形状。五边形的顶点在云南行政区域的五个向外突出区域组合成次级经济核心，与"大C环"整合在一起。昆明城市群于是形成了五层次结构：第一层即昆明主城区，第二层即"1+6"中的"6"，第三层即"1+6+4"中的"4"，第四层即"大C环"，第五层即"五边

形"。目前研究文献中关于昆明城市群的讨论主要集中在"1+6+4"层面，并且只是从宏观层面进行讨论，有关"大理—普洱—昆明"三角形、"大 C 环"以及"五边形"层面的讨论很少。构建昆明城市群，不仅要着眼于"1+6+4"层面，还要着眼于"三角形""大 C 环"，最终形成"五边形"发展格局，这就能够使昆明城市群的核心区与边缘区得到同步发展。这与《云南省新型城镇化规划（2014－2020 年）》中将云南省城镇化空间布局划分为"一区""一带""五群"相吻合，其中，"一区"即滇中城市集聚区（滇中城市群），"一带"即沿边开放城镇带，"五群"即滇西城镇群、滇东南城镇群，滇东北城镇群、滇西南城镇群、滇西北城镇群（孟祥林，2017）。

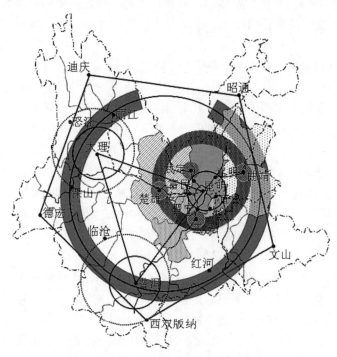

图 6－2　滇中城市群城镇体系

三、昆明城市群核心区域从"1+6"到"1+8"发展设计

昆明城市群的核心区域需要按照"1+6"的结构进行设计，在昆明主城市群的辐射下，带动嵩明、富民、安宁、晋宁、澄江、宜良等县级中心地的发展，这六个县级中心地是"广域昆明"构建的第一步，六个县级中心地与昆明主城区逐渐融合在一起，以这六个城市为节点，与昆明主城区构成了 5 条发展线和六个小城市团，并进一步向外围空间扩展（见图 6－3）。

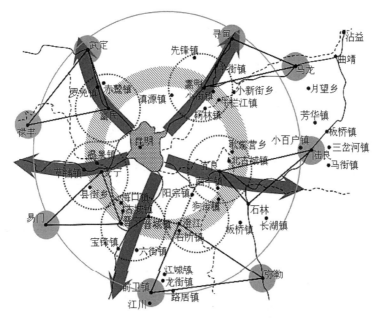

图 6-3 昆明市城市群城镇体系新格局

（1）嵩明团。嵩明小城市团以嵩明为中心，整合周边的先锋镇、羊街镇、小新街乡、牛栏江镇、杨林镇、小街镇、滇源镇，逐渐与寻甸、马龙等融合在一起，形成"嵩明—寻甸—马龙"三角形，并逐渐与曲靖连接在一起。该小城市团的主要产业定位为汽车制造及零部件配套、机械装备制造、食品饮料、新型材料等产业。

（2）富民团。富民小城市团以富民为中心，整合赤鹫镇、罗免镇，将昆明的城市影响力向外展，与武定、禄丰形成三角形结构（"富民三角形"）。相对于嵩明小城市团，富民团中的镇级中心地数量较少，这是"富民三角形"发展的不利因素，但是富民县相对于嵩明县距离昆明主城区较近，富民县在主城区的影响下发展势头较强，从而有利于"富民—武定—禄丰"三角形形成。该小城市团的主要产业定位为钛盐化工、机械制造、新型建材、清洁能源、环保科技、食品加工、商贸物流七大主导产业。

（3）安宁团。安宁小城市团以安宁为中心，通过整合安宁、晋宁、易门构建"安宁三角形"，将昆明的城市影响力引向西南方向。从图 6-3 可以看出，该区域小城镇密度较高，有足够的条件分别以安宁和晋宁为中心构建小城市团。安宁小城市团需要以安宁为中心，通过整合温泉镇、草铺镇、县街乡形成。

（4）晋宁团。晋宁小城市团以晋宁为中心，通过整合晋城镇、古城镇、海口镇、宝锋镇和六街镇等形成，晋宁团与昆明、安宁间都有便捷的交通通道，在"澄江—晋城"段高速公路建成后，晋宁与澄江就紧密联系在一起。根据前文，

"安宁—晋宁—易门"构成昆明城市群西南侧的三角形，并且按照"昆明—晋宁"的发展线，将昆明城市群引向西南侧。该小城市团的主要产业定位为精细磷化工、商贸物流、生物资源加工、生态旅游、新型建材、装备制造及配套产业。

（5）澄江团。澄江小城市团以澄江为核心，整合南羊镇、阳宗镇、狗街镇、板桥镇、右所镇，然后与江川、弥勒两个县级中心地构成三角形。相对于其他小城市团，澄江小城市团与昆明间没有高速公路相通，只有打通澄江与"昆明—晋城镇"高速公路、"昆明—阳宗镇"高速公路的联系，才能够使澄江与昆明建立便捷的联系。

（6）宜良团。宜良小城市团以宜良为中心，通过整合耿家营乡、北古城镇、南羊镇、狗街镇形成。宜良与昆明间有便捷的交通方式，"陆良—石林—宜良"形成了昆明东扩的三角形，带动板桥镇（陆良附近）、芳华镇、三岔河镇、小百户镇、马街镇、长湖镇、板桥镇（石林附近）等城镇的发展。该小城市团的主要产业定位为水泥建材、农特产品深加工、配套家具制造业、板材加工业、五金加工业、机械装备制造业及再生纸加工业。

在上述六个小城市团中，只有嵩明团与邻近的其他小城市团距离较远，但由于嵩明团能够覆盖的小城镇较多，需要强化对嵩明的发展力度，让嵩明团逐渐向东西两侧发展，与富民团、宜良团整合在一起，以昆明为中心形成"1+6"结构。与此同时，以"6"为发展点，通过5个三角形将"6"外侧的武定、禄丰、易门、江川、弥勒、陆良、马龙、寻甸8个县级中心地连接在一起，使昆明城市群的核心区域从"1+6"扩展为"1+8"（孟祥林，2017）。

参 考 文 献

［1］陈佐旗：《基于多源夜间灯光遥感影像的多尺度城市空间形态结构分析》，华东师范大学博士学位论文，2017年。

［2］谷凯：《城市形态的理论与方法：探索全面与理性的研究框架》，载于《城市规划》2005年第12期。

［3］孟祥林：《滇中城市群：从"1+6"到"1+8"的城市体系分析》，载于《玉溪师范学院学报》2017年第11期。

［4］全国科学技术名词审定委员会：《地理学名词（第二版）》，科学出版社2007年版。

［5］宋家泰、顾朝林：《城镇体系规划的理论与方法初探》，载于《地理学报》1988年第2期。

［6］王慧芳、周恺：《2003-2013年中国城市形态研究评述》，载于《地理科学进展》2014年第5期。

　　［7］吴启焰、陈辉：《城市空间形态的最低成本—周期扩张规律——以昆明为例》，载于《地理研究》2012年第3期。

　　［8］许学强：《城市地理学》，高等教育出版社1997年版。

　　［9］周昕：《昆明城市空间形态演变趋势研究》，重庆大学硕士学位论文，2008年。

第七章

滇中城市群的空间结构研究

城市群空间结构是指一定地域范围内，各种物质要素（或各城镇）集聚与配置的空间表现，是各种物质要素在区域空间中相互关联及相互作用等形成的空间组织和分布格局（王铮，1993）。城市群空间结构研究在对各城市经济结构、社会结构、规模结构、职能结构等多层面结构和人口流、物质流、资金流、信息流的相互作用充分认识的基础上，对城市结构、相互作用与形成机制三者结合的研究，旨在分析形成这种结构与相互作用的主导机制或组织原理（曾鹏、黄国毅、阙菲菲，2011）。目前测度城市群空间结构的方法主要有借助非农业人口规模的城市空间结构测度法、分形理论的城市空间结构测度及基于 DMSP – OLS 夜间灯光数据的城市空间结构测度。本章主要采用前两种方法对滇中城市群空间结构进行测度研究，最终揭示出滇中城市群是处于发展中的城市群，是城市等级规模系列不完整的城市群。

第一节　基于分形理论的滇中城市群空间结构测度方法

分形理论最早源于 20 世纪 70 年代美国科学家芒德勃罗的《英国的海岸线有多长》，芒德勃罗将分形理论引入城市地理学（B. B. Mandelbrot，1967）。20 世纪 90 年代，分形理论在我国地理学研究中广泛应用。陈勇（1993）、陈彦光（1998）、刘继生（1998）和朱晓华（1998）等众多学者在此方面做了深入探讨，在理论与实践上均取得显著成果。部分学者基于中心地理论提出城市空间结构的科赫雪花模型，从 Zipf 模型与城市规模分布的分维关系入手，证明了 Davis 二倍数规律与 Zipf 三参数模型的等价性并将该理论推广应用，修正与发展了 Reilly – Converse 引力模型，提出分形城市引力模型由分形理论中测算分形维数的方法较多（陈彦光，1998；陈彦光、周一星，2002；陈彦光、刘继生，2002）。本节采用聚集维数法（回转半径法）、网络维数法（计盒维数）、关联维数法（牛鸦维数）来测算滇中城市群城市体系的聚集程度、均衡程度和关联程度。

一、城市体系聚集维数测度

假定城市体系各要素按照某种自相似规则围绕中心城市（一般是等级体系中的首位城市）呈凝聚态分布，且分形体是各向均匀变化的，则可借助几何测度关系确定半径为 r 的圆周内的城市（"粒子"）数目 N(r) 与相应半径的关系，即有：

$$N(r) \propto r^{D_f} \tag{7-1}$$

类比 Hausdorff 维数公式可知，式中 D_f 为分维。这表明，如果假设正确，可以利用回转半径法测算城市体系空间聚集的分维数。相关研究表明上述假设成立。考虑到半径 r 的单位取值影响分维的数值，可将其转化为平均半径，定义平均半径为：

$$R_s = \left(\frac{1}{S} \sum_{i=1}^{S} r_i^2 \right)^{1/2} \tag{7-2}$$

则一般有分维关系：

$$R_s \propto S^{1/D} \tag{7-3}$$

式中，R_s 为平均半径，r_i 为第 i 个城市到中心城市的欧氏距离，S 为各城市距中心城市的位序，D 为分维。城市体系的半径维数反映城市分布从中心城市向周围腹地的密度衰减特征。从式（7-1）可引出关系：

$$d(r) \propto r^{D_f - d} \tag{7-4}$$

式中，d(r) 为城市体系的空间分布密度，欧式维数取 d=2。所以，当 $D_f < d$ 时，$D_f - d < 0$，此时城市体系的要素空间分布从中心向四周是密度递减的；当 $D_f = d$ 时 $D_f - d = 0$，d(r) 为常数，此时城市体系的要素分布在半径方向上是均匀变化的；当 $D_f > d$ 时，$D_f - d > 0$，此时城市体系的要素分布从中心城市向四周是密度递增的，这是非正常的情况。由于这里的 D 反映的是城市围绕中心城市随机聚集的特征，故可称之为聚集维数，可归于广义的半径维数。

二、城市体系网络维数测度

若从另一个角度考察城市体系的空间分布，即对区域进行网格化，考察被城市占据的网格数 N(X)，显然 N(X) 随网络尺寸 X 而变化，若城市分布具有无标度性，则应有：

$$N(\lambda X) \propto \lambda^{-T} N(X) \tag{7-5}$$

从而：

$$N(X) \propto X^{-T} \tag{7-6}$$

类比 Hausdorff 维数公式可知，$T = D_0$（容量维），这里假定城市体系是均匀的分形体，没有考虑各个网格中点数的差别。观察行号为 i、列号为 j 的网格，设其中的点数目为 N_{ij}，全区域的点总数为 N，可近似地定义概率为 $P_{ij} = N_{ij}/N$，于是有信息量：

$$I(X) = -\sum_i^k \sum_j^k P_{ij}(X)\ln P_{ij}(X) \tag{7-7}$$

式中，$k = 1/X$ 为区域各边的分段数目，如果城市体系是分形的，则应有：

$$I(X) = I_0 - D_1\ln X \tag{7-8}$$

式中，I_0 为常数，D_1 为分维（称信息维）。据此可以引导出广义维，从而得到多分维谱 D_q。上述各种维数均系借助网络化测得，统称为网络维数。

从理论上讲，网络维数值变化在 0~2 之间，它反映区域城市分布的均衡性。当 D = 0 时，表明所有的城市集中于一点，区域中只有一个城市，这种情况在现实中一般不会出现。当 D = d = 2 时，表明区域城市均匀分布，对空间利用效率最大。正常情况下，1 < D < 2，且 D 越大表明城市体系各要素的空间分布越均衡，反之则越集中，当 D→1 时，表明城市体系趋于线性聚集。

三、城市体系关联维数测度

定义城市体系的空间关联函数为：

$$C(r) = \frac{1}{N^2}\sum_i^N \sum_j^N \theta(r - d_{ij}) \tag{7-9}$$

式中，r 为码尺，d_{ij} 为 i 与 j 两城市的欧式距离（乌鸦距离），θ 为 Heaviside 函数，该函数定义为：

$$\theta(r - d_{ij}) = \begin{cases} 1, & d_{ij} \leqslant r \\ 0, & d_{ij} > r \end{cases} \tag{7-10}$$

如果城市体系的空间分布是分形的，则应具有标度不变性，即：

$$C(\lambda r) \propto \lambda^T C(r) \tag{7-11}$$

从而可得：

$$C(r) \propto \lambda^T \tag{7-12}$$

这里 T = D 称为关联维数。同时将式（7-9）中 d_{ij} 改为实际交通里程（乳牛距离），利用式（7-12）可得交通网络的关联维数 D′，从而可定义牛鸦维数比为：

$$d = D'/D \tag{7-13}$$

关联维数是从密度的多点相关出发，描述系统要素的相对分布状态，其独到之处在于可以反映城市体系各要素之间的交通网络通达性，进而指示城市之间的关联性。一般情况下，其数值变化在 0~2 之间。当 D→0 时，表明城市分布高度集中于异地；当 D→2 时，表明城市分布很均匀。同时牛鸦维数比 d 越接近 1，表明城市之间交通网络通达性越好，从而城市体系各要素关联度越高。

第二节　基于分形理论的滇中城市群地区空间结构研究

一、滇中城市群地区聚集维数测算及分析

基于聚集维数的分析方法，可对滇中城市群整个系统进行分形维数的测算，即测算距中心城市一定半径范围内城市分布的分维数。

滇中城市群地区共有 49 个县（区）级城市，其中五华区、官渡区、盘龙区、西山区、呈贡区已经在空间上集中连片，因此将它们合成一个要素（昆明）。根据李春娟（2017）的研究结果，可确定昆明市为系统的中心城市（首位度最高），进而测算系统的整体维数。具体操作如下：第一，测量其他各县（区、市）到昆明市的重心距 r_i，方法为利用百度地图 API 平台拾取各县（市、区）政府所在地的经纬坐标，并导入 ArcGIS 测算距离；第二，根据式（7-2）得出平均半径 R_s（见表 7-1）；第三，将点（R_s, r_i）绘制成双对数坐标图（见图 7-1）。

表 7-1　　　　　　滇中城市群城市地区分布的重心距和平均半径

城市	S	r_i（千米）	R_s（千米）	城市	S	r_i（千米）	R_s（千米）	城市	S	r_i（千米）	R_s（千米）
昆明市	1	0	0.000	禄丰县	11	71	49.184	马龙区	21	98	69.181
安宁市	2	28	19.799	禄劝县	12	72	51.473	泸西县	22	112	71.685
澄江市	3	33	24.987	江川区	13	73	53.438	双柏县	23	116	74.164
晋宁区	4	35	27.830	武定县	14	74	55.161	楚雄市	24	121	76.689
宜良县	5	39	30.394	寻甸县	15	85	57.633	元谋县	25	122	79.002
富民县	6	40	32.195	华宁县	16	86	59.802	麒麟区	26	123	81.136
嵩明县	7	52	35.703	弥勒市	17	89	61.902	新平县	27	124	83.119
石林县	8	57	39.006	陆良县	18	92	63.947	师宗县	28	126	85.024
易门县	9	66	42.854	通海县	19	93	65.796	牟定县	29	128	86.860
红塔区	10	71	46.442	峨山县	20	93	67.418	沾益区	30	130	88.637

城市	S	r_i （千米）	R_s （千米）	城市	S	r_i （千米）	R_s （千米）	城市	S	r_i （千米）	R_s （千米）
东川区	31	134	90.456	罗平县	36	157	100.543	富源县	41	170	110.659
石屏县	32	141	92.455	姚安县	37	163	102.732	会泽县	42	172	112.509
建水县	33	145	94.478	永仁县	38	164	104.804	个旧市	43	178	114.459
开远市	34	147	96.432	大姚县	39	166	106.812	蒙自市	44	182	116.430
南华县	35	152	98.456	元江县	40	168	108.762	宣威市	45	195	118.742

注：昆明市包括五华区、官渡区、盘龙区、西山区、呈贡区。

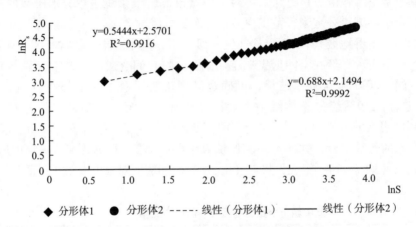

图7-1　滇中城市群城市体系的随机/聚集特征

注：lnS为城市位序的对数。

如图7-1所示，在双对数坐标图中存在两个显著的无标度区，说明滇中城市群具有明显的分形几何特征，并且呈现出双重分形趋势。在距中心城市昆明92千米处的陆良县出现了两个无标度区的显著分割点，从而划分为分形体1和分形体2。经测算分形体1的分形维数是1.83，测定系数 R^2 为0.9916；分形体2的分形维数为1.45，测定系数 R^2 为0.9992。由于分形体2的个体数更多，拟合效果更好，可将其分形维数视为滇中城市群的总体维数。

综上所述，可得出以下结论：（1）滇中城市群的城镇体系是以昆明为中心向四周密度递减的，分位数为1.45（<1.5），说明城镇体系对区域的覆盖还有大量的空白，城市群的空间发展潜力巨大；（2）对滇中城市群的两个分形体来说，距离中心城市昆明<92千米的范围内的18个城市，其分形维数为1.83，接近理想的中心地模型分形维数2，说明这18个城市所构成的城市体系对区域的覆盖较

全面，而外围城市的分形维数不足 1.5，说明对城市群核心的聚集程度不高。

二、滇中城市群网络维数测算及分析

　　基于滇中城市群体系的空间分布，确定以下矩形范围：101.248°E ~ 104.315°E，23.381°N ~ 26.423°N。区域内共有 45 个城市（县、区、市），即 N = 45。视矩形区的边长为 1 单位，分别将各边 K 等分，则研究区被分成 K^2 个小区域，且有 X = 1/K，X 为小区域的尺寸。首先统计被分形点（即城市）占据的网格数 N(X)，其次统计每个网格中的城市数量 $N_{ij}(X)$，算出概率 $P_{ij}(X)$，然后计算相应的信息量 I(X)。通过改变 X，可得到不同的 N(X) 和 I(X)（见表 7 - 2），并作双对数坐标图（ln(X)，lnN(X)）和（I(X)，lnX）（见图 7 - 2、图 7 - 3）。两个图均存在无标度区，对两图做无标度区直线分别进行回归分析，得出容量维 $D_0 = 1.745$，测定系数 $R^2 = 0.9972$，信息维 $D_1 = 1.286$，测定系数 $R^2 = 0.9822$。

　　结合上述分析结果可得出以下结论：第一，容量维远大于信息维，这不仅反映出云南高山—平坝的地形限制了滇中城市群的空间分布，还反映了滇中城市群仍处在发展的初级阶段；第二，信息维偏小，反映出滇中城市群内部的联系不够紧密。

表 7 - 2　　　　　　　滇中城市群网络维数的空间分布统计数据

K	2	3	4	5	6	7	8	9	10	11	12	13	14	15
N(X)	4	9	14	20	28	30	33	36	39	44	41	43	44	43
I(X)	1.01	1.74	1.35	1.28	1.27	1.08	1.01	0.84	0.58	0.18	0.47	0.30	0.18	0.30

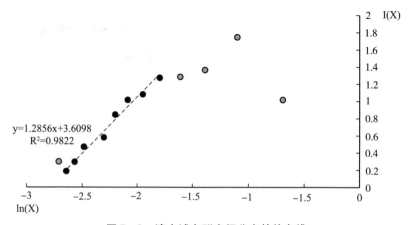

图 7 - 2　滇中城市群空间分布的信息维

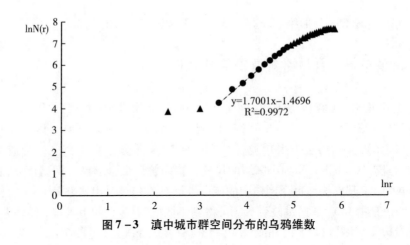

图7-3 滇中城市群空间分布的乌鸦维数

三、滇中城市群关联维数测算及分析

以滇中城市群城市体系为研究对象，借助 ArcGIS 测算城市体系中两个城市间的乌鸦距离，形成表7-3，借助百度地图 API 平台测算两个城市间的乳牛距离，形成表7-4。

表7-3　　　　　　　滇中城市群城市体系的乌鸦距离（部分）　　　　单位：千米

地区	昆明	晋宁	东川	安宁	禄劝	富民	宜良	石林	寻甸	嵩明	麒麟	沾益	宣威	会泽	富源
昆明	0	35	134	28	72	40	39	57	85	52	123	130	195	172	170
晋宁		0	168	30	98	61	61	71	119	86	152	160	228	207	200
东川			0	147	93	118	125	146	59	84	90	84	92	39	116
安宁				0	70	34	68	83	105	72	147	155	215	185	197
禄劝					0	37	98	120	78	60	133	135	179	126	178
富民						0	74	96	86	56	136	141	196	155	185
宜良							0	24	70	47	91	100	173	166	139
石林								0	88	69	95	107	180	184	139
寻甸									0	33	55	58	112	96	101
嵩明										0	79	85	145	124	129
麒麟											0	11	84	113	48
沾益												0	75	104	44
宣威													0	83	63

续表

地区	昆明	晋宁	东川	安宁	禄劝	富民	宜良	石林	寻甸	嵩明	麒麟	沾益	宣威	会泽	富源
会泽														0	126
富源															0

表7-4　　　　　滇中城市群城市体系的乳牛距离（部分）　　　　单位：千米

地区	昆明	晋宁	东川	安宁	禄劝	富民	宜良	石林	寻甸	嵩明	麒麟	沾益	宣威	会泽	富源
昆明	0	64	167	31	83	37	62	93	101	56	146	160	240	222	210
晋宁		0	213	40	130	86	96	128	147	107	192	206	285	268	255
东川			0	196	235	191	171	201	77	106	183	183	176	87	225
安宁				0	105	59	92	122	130	87	176	190	269	252	238
禄劝					0	50	146	175	174	132	216	230	313	292	279
富民						0	101	131	130	87	175	189	268	251	239
宜良							0	33	85	68	131	145	230	251	197
石林								0	134	131	120	135	220	280	187
寻甸									0	40	82	90	148	130	137
嵩明										0	91	105	184	167	154
麒麟											0	14	104	179	70
沾益												0	88	164	55
宣威													0	156	94
会泽														0	205
富源															0

以测得的乌鸦距离为基础，通过调整码尺 $r = 360$，350，$\cdots$，10，步长为10，相应地得到 $N(r)$，以此得到点列（r，$N(r)$）（详见表7-5），并做双对数坐标图（见图7-4），发现存在无标度区。对无标度区直线进行回归分析，易得乌鸦维数 $D = 1.70$，测定系数 $R^2 = 0.9975$。将乌鸦距离替换为乳牛距离，采用相同方法，以同样步长，得到相应的 $N'(r)$，并根据双对数坐标图计算出乳牛维数 $D' = 1.52$，测定系数 $R^2 = 0.9975$。结合乌鸦维数 D 和乳牛维数 D'，可计算牛鸦维数比 $d = D'/D = 0.89$。

表7-5 滇中城市群关联维数的统计数据

序号	r	N(r)	N′(r)	序号	r	N(r)	N′(r)	序号	r	N(r)	N′(r)
1	360	2025	1902	13	240	1891	1587	25	120	1403	1202
2	350	2024	1884	14	230	1862	1555	26	110	1348	1178
3	340	2023	1858	15	220	1832	1517	27	100	1307	1158
4	330	2019	1840	16	210	1795	1488	28	90	1253	1135
5	320	2015	1816	17	200	1756	1450	29	80	1215	1111
6	310	2007	1781	18	190	1724	1421	30	70	1173	1096
7	300	2001	1759	19	180	1675	1385	31	60	1134	1082
8	290	1987	1738	20	170	1630	1353	32	50	1098	1063
9	280	1976	1711	21	160	1594	1317	33	40	1078	1052
10	270	1955	1688	22	150	1540	1292	34	30	1048	1043
11	260	1942	1650	23	140	1496	1262	35	20	1039	1037
12	250	1918	1615	24	130	1455	1227	36	10	1036	1036

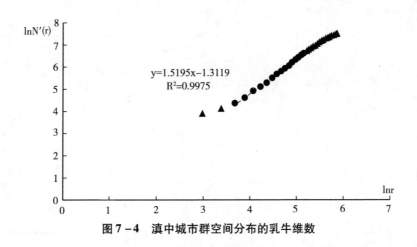

图7-4 滇中城市群空间分布的乳牛维数

根据对滇中城市群空间分布的关联维数计算结果，可以得出以下结论：第一，牛鸦维数比为0.89，说明滇中城市群在整体上的可达关联水平较高；第二，乌鸦维数和乳牛维数均普遍较低，表现出滇中城市群在地形等自然因素限制大前提下，交通关联水平还有待提高。

第三节　滇中城市群空间结构的测度——人口规模

城市群空间结构的研究重点是强调区域内部各城镇人口空间、城镇空间、经济空间分布、城市交通联系以及城市空间联系的投影表现。目前，学术界对城市群空间结构研究具有重要指导意义的理论有德国经济地理学家克里斯泰勒的"中心地理论"、法国经济学家佩鲁的"增长极理论"、中国科学院院士陆大道的"点—轴理论"及在此基础上提出的"网络开发理论"、马克·杰弗逊的"城市首位度理论"、"城市金字塔理论"、奥尔巴克的"位序—规模律"等。本章结合滇中城市群地区的实际情况采用城市首位度理论、城市位序—规模律、基尼系数模型、城市金字塔等方法对滇中城市群空间结构特征及其变化特征进行更加深入的分析。

一、城市首位度分析

杰弗逊于 1939 年初次引出首位城市和首位度的定义，他认为，"首位城市就是一个国家或地区人口规模最大的城市，在规模上与第二位城市保持较大差距，是国家政治、经济、社会、文化中具有明显优势的城市，而首位度则是指这一国家或地区首位城市与第二位城市人口数量的比值"（M. Jefferson，1939）。首位度是一个计量定义，其计算公式为：

$$S_2 = P_1/P_2 \qquad (7-14)$$

式中，S_2 表示首位度，P_1 表示首位城市，P_2 表示第二位城市。实际上，学者们关于首位度如何测量这一方面的研究是非常有现实意义的，首位度能够反映出一个区域的情感和资源集中度。当前，首位度的概念被普遍使用，并且逐渐成为人们用来衡量某个国家内城市人口整体分布情况的一种特有指标。从某种层次来讲，首位度不但可以反映城市在成本控制方面和一定区域范围内吸引外围区域的现状，而且可以体现出一个城市在人才、资本等角度的提升。在研究一个城市或区域时，怎样准确有效地阐述和解释某个区域的城市规模分布的问题尤为困难。传统上，首位度一般是从地理科学这一领域来讲的通常采用人口规模来测量。前一种方法主要是侧重国家层面，而后一种方法则对分配平衡问题更加侧重一些。与此同时，一些学者对首位度进行了进一步的完善，提出了四城市首位度和十一城市首位度，即：

$$S_4 = P_1/(P_2 + P_3 + P_4) \qquad (7-15)$$

$$S_{11} = 2P_1/(P_2 + P_3 + P_4 + \cdots + P_{11}) \qquad (7-16)$$

式中，S_4、S_{11} 分别为四城市指数、十一城市指数，P_1 为首位城市的人口数，P_2，…，P_{11} 为第 2 位至第 11 位城市的人口数。

二、城市位序—规模律

城市位序—规模律由奥尔巴哈提出，他指出，在一个国家中，一个城市的规模和该城市在这个国家的所有城市按人口规模排序的阵列中的位序具有一定的关系（Auerbach，1913）。城市人口符合下面公式所示的关系：

$$P_i R_i = K \qquad (7-17)$$

式中，P_i 是一个国家的城市按人口规模从大到小排序后第 i 位城市的人口数，R_i 是按城市规模从大到小排列的城市位序，K 是常数。

1936 年辛格（H. W. Singer）在研究中提出了一般转换公式：

$$\ln R_i = \ln K - q \ln P_i \qquad (7-18)$$

式中，P_i、R_i、K 的含义与上式相同，q 是参数。

捷夫（Zipf）对发达国家的城市规模分布进行了研究，他认为城市的位序和规模之间呈现出理想的直角双曲线关系，后来发展成著名的城市 Zipf 规则，也叫位序—规模分布（Zipf，1949）。公式如下：

$$P_i = P_t / i \qquad (7-19)$$

式中，P_i 是第 i 位城市的人口数，P_t 是最大城市人口数，i 是按城市规模从大到小排列的城市位序。

因此，依据 Zipf 法则，正常的首位度为 2，四城市指数和十一城市指数为 1，指标高于这一些数值说明人口集中在首位城市的特征十分明显，指标过低表明人口集中程度不明显或者属于双中心格局。随后，许多学者不断对这一法则进行各种变形，形成人们熟知的城市位序—规模模式，公式如下：

$$\ln P_i = \ln P_1 - q \ln R_i \qquad (7-20)$$

式中，P_i 是第 i 位城市的人口数，P_i 是最大城市的人口数，R_i 是按城市规模从大到小排列的城市位序，q 是参数，即 Zipf 维数。当 q = 1 时，为理想状态，城市呈有规则的序列式分布，即按等级规模分布；当 q < 1 时，呈序列式分布，中间序列的城市比较发达，且 q 值越小特征越明显；当 q > 1 时，则呈首位型分布，且 q 越大，首位城市特征越突出；当 q = 0 或趋向无穷大时，表示所有城市一样大或只有一个城市。

三、基尼系数模型分析

基尼系数模型最早是用于研究社会财富分配状况的一个经济学模型（陈希孺，2004）。著名城市研究学者科威通过大量实证研究表明，衡量收入不平等的基尼系数也是衡量城市规模分布较为有效的方法（Cowell，1995）。

本文采取的方法是由加拿大学者马歇尔（J. U Marshall）提出的用来衡量城市人口规模分布的基尼系数（Gini index）。设一个城市体系由 n 个城市组成，各个城市的人口规模之间具有如下关系：

$$P_1 \geq P_2 \geq P_3 \geq \cdots \geq P_n。$$

具体的公式如下：

$$T = \sum_i \sum_j |P_i - P_j| \div 2S(n-1) \qquad (7-21)$$

式中，n 为一个城市体系城市数目，各个城市的人口规模之间的关系如下：$P_1 \geqslant P_2 \geqslant P_3 \geqslant \cdots \geqslant P_n$，S 为整个城市体系的总人口。基尼系数 $0 \leqslant G \leqslant 1$，当所有的城市人口规模一样时，$G = 0$，这时城市体中城市人口的规模分布达到了最大的分散程度；当城市体系的总人口都集中于一个城市，而其他城却无人居住时，$G = 1$。一般来讲，基尼系数越接近 1，城市规模分布越集中，而基尼系数越小，则城市规模分布越分散。

四、城市金字塔

把一个国家或地区中许多规模大小不等的城市，按规模划分等级，往往城市规模越大的等级，城市数量越少，而规模越小的城市等级，城市数量越多。把这种城市数量随着规模等级而变动的关系用图式描绘，就形成城市等级规模金字塔（许学强，1999）。城市金字塔规律解释了城市体系内城市等级规模与城市数量之间的关联。

每一规模级城市数与其上一规模级城市数相除的商可用 K 值来表示。西方经济学家对 K 值是否是常数持有不同观点，如中心地理论提出 K 值是常数，当 K = 3 时，即在市场原则下，中心地数目序列为 1，2，6，18，54……；当 K = 4 时，即在交通原则下，中心地数目序列为 1，3，12，48，192……；当 K = 7 时，即在行政原则下，中心地数目序列为 1，6，42，294，2058……

第四节　滇中城市群空间结构研究——人口规模

一、滇中城市人口规模等级结构分布特征

目前，我国现行的人口规模等级结构划分标准以城区常住人口为统计口径，将城市划分为五类七档。城区常住人口 50 万以下的城市为小城市，其中 20 万以上 50 万以下的城市为 I 型小城市，20 万以下的城市为 II 型小城市；城区常住人口 50 万以上 100 万以下的城市为中等城市；城区常住人口 100 万以上 500 万以下的城市为大城市，其中，城区常住人口 300 万以上 500 万以下的城市为 I 型大城市，100 万以上 300 万以下的城市为 II 型大城市；城区常住人口 500 万以上 1000 万以下的城市为特大城市；城区常住人口 1000 万以上的城市为超大城市

（以上包括本数，以下不包括本数）。如表 7-6 所示。

表 7-6　　　　　　　　2014～2020 年中国城市规模划分标准

	城市类型	城区常住人口规模
小城市	Ⅰ型小城市	20 万以上 50 万以下
	Ⅱ型小城市	20 万以下
中等城市		50 万以上 100 万以下
大城市	Ⅰ型大城市	300 万以上 500 万以下
	Ⅱ型大城市	100 万以上 300 万以下
特大城市		500 万以上 1000 万以下
超大城市		1000 万以上

根据云南省统计部门发布的滇中城市群内 49 个市级行政单位（县、市、区）人口数，结合实际情况，我们将昆明市的五华区、西山区、盘龙区、官渡区四城区人口加总命名为昆明市主城区人口总数，其他县级行政单位（县、市、区）数据未做任何处理。整理得表 7-7。

表 7-7　　　　　　　　2016 年滇中城市群内人口分布　　　　　　　　单位：万人

昆明市		曲靖市		玉溪市		楚雄州		红河七县区	
县区	人口	县区	人口	县区	人口	县区	人口	县区	人口
昆明主城区	329.85	安宁市	27.77	红塔区	34.94	双柏县	5.42	个旧市	35.55
东川区	11.82	麒麟区	52.14	江川区	11.24	牟定县	5.69	开远市	24.54
呈贡区	23.1	马龙区	7.75	澄江市	7.91	南华县	4.86	蒙自市	30.87
晋宁区	12.82	陆良县	29.03	通海县	15.72	姚安县	5.37	弥勒市	22.16
富民县	5.07	师宗县	16.28	华宁县	9.71	大姚县	6.151	建水县	24.52
宜良县	18.93	罗平县	22.75	易门县	8.12	永仁县	2.49	石屏县	11.68
石林县	11.07	富源县	29.74	峨山县	7.35	元谋县	4.42	泸西县	8.81
嵩明县	13.36	会泽县	3.28	新平县	6.23	武定县	6.44		
禄劝县	10.82	沾益区	18.02	元江县	8.83	禄丰县	11.47		
寻甸县	12.8	宣威市	75.48	楚雄市	25.01	个旧市	35.55		

表 7 - 8　　　　　　　　　滇中城市群现行城市规模划分标准

城市（县区）类别	人口
Ⅰ	>100 万
Ⅱ	50 万 ~ 100 万
Ⅲ	10 万 ~ 50 万
Ⅳ	5 万 ~ 10 万
Ⅴ	2 万 ~ 5 万
Ⅵ	<2 万

根据表 7 - 8 所划分的滇中城市群的人口规模等级标准：2006 年，Ⅰ 类城市（县区）1 个、Ⅱ 类城市（县区）0 个、Ⅲ 类城市（县区）7 个、Ⅳ 类城市（县区）9 个、Ⅴ 类城市（县区）25 个、Ⅵ 类城市（县区）4 个。2013 年 Ⅰ 类城市（县区）1 个、Ⅱ 城市（县区）0 个、Ⅲ 类城市（县区）8 个、Ⅳ 类城市（县区）7 个、Ⅴ 类城市（县区）18 个、Ⅵ 类城市（县区）12 个。2016 年 Ⅰ 类城市（县区）1 个、Ⅱ 类城市（县区）2 个、Ⅲ 类城市（县区）25 个、Ⅳ 类城市（县区）14 个、Ⅴ 类城市（县区）4 个、Ⅵ 类城市（县区）0 个。具体分布如表 7 - 9、表 7 - 10、表 7 - 11 所示。

表 7 - 9　　　　　　　　　2006 年滇中城市群人口规模等级结构

层次	人口规模	数量	城市（县区）名称
Ⅰ	>100 万	1	昆明主城区
Ⅱ	50 万 ~ 100 万	0	
Ⅲ	10 万 ~ 50 万	7	安宁市、麒麟区、宣威市、红塔区、楚雄市、个旧市、开远市
Ⅳ	5 万 ~ 10 万	9	东川区、晋宁区、陆良县、富源县、会泽县、禄丰县、蒙自市、弥勒市、建水县
Ⅴ	2 万 ~ 5 万	25	呈贡区、富民县、宜良县、石林县、嵩明县、禄劝县、寻甸县、马龙区、师宗县、罗平县、沾益区、江川区、澄江市、通海县、华宁县、易门县、峨山县、新平县、元江县、南华县、大姚县、元谋县、武定县、石屏县、泸西县
Ⅵ	<2 万	4	双柏县、牟定县、姚安县、永仁县

表 7 - 10　　　　　　　　　2013 年滇中城市群人口规模等级结构

层次	规模	数量	城市（县区）名称
Ⅰ	>100 万	1	昆明主城区
Ⅱ	50 万 ~ 100 万	0	

续表

层次	规模	数量	城市（县区）名称
Ⅲ	10 万~50 万	8	安宁市、麒麟区、宣威市、红塔区、楚雄市、个旧市、开远市、蒙自市
Ⅳ	5 万~10 万	7	东川区、陆良县、富源县、会泽县、禄丰县、弥勒县、建水县
Ⅴ	2 万~5 万	18	呈贡区、晋宁县、宜良县、师宗县、罗平县、沾益区、江川区、通海县、华宁县、易门县、峨山县、新平县、元江县、大姚县、元谋县、武定县、石屏县、泸西县
Ⅵ	<2 万	12	富民县、石林县、嵩明县、禄劝县、寻甸县、马龙区、澄江市、双柏县、牟定县、南华县、姚安县、永仁县

表 7 –11　　　　　　　　　　　　**2016 年滇中城市群人口规模等级结构**

层次	规模	数量	城市（县区）名称
Ⅰ	>100 万	1	昆明主城区
Ⅱ	50 万~100 万	2	麒麟区、宣威市
Ⅲ	10 万~50 万	25	东川区、呈贡区、晋宁区、宜良县、石林县、嵩明县、禄劝县、寻甸县、安宁市、陆良县、师宗县、罗平县、富源县、沾益区、红塔区、江川区、通海县、楚雄市、禄丰县、个旧市、开远市、蒙自市、弥勒市、建水县、石屏县
Ⅳ	5 万~10 万	14	富民县、马龙区、澄江市、华宁县、易门县、峨山县、新平县、元江县、双柏县、牟定县、姚安县、武定县、大姚县、泸西县
Ⅴ	2 万~5 万	4	会泽县、南华县、永仁县、元谋县
Ⅵ	<2 万	0	

　　研究 2006 年、2013 年、2016 年三个截面的人口规模变化，可以得出以下结果：

　　2006~2013 年，滇中城市群中Ⅰ类城市（县区）仅有昆明主城区 1 个，没有Ⅱ类城市（县区），Ⅲ类城市（县区）由 2006 年的 7 个增加为 2013 年的 8 个（增加了蒙自市），Ⅳ类城市（县区）由 2006 的 9 个减少到 2013 年的 7 个（减少了晋宁区、蒙自市），Ⅴ类城市（县区）由 2006 年的 25 个减少为 2013 年的 18 个（减少了富民县、石林县、禄劝县、寻甸县、嵩明县、马龙区、澄江市及南华县，增加了晋宁区），Ⅵ类城市（县区）由 2006 年的 4 个增加为 2013 年的 12 个（增加了富民县、石林县、嵩明县、禄劝县、寻甸县、马龙区、澄江市、南华县）。

　　2013~2016 年，滇中城市群中Ⅰ类城市（县区）仅有昆明主城区 1 个，Ⅱ类城市增加了 2 个（增加了麒麟区、宣威市），Ⅲ类城市（县区）由 2013 年的 8 个增加为 2016 年的 25 个（增加了东川区、呈贡区、晋宁区、宜良县、石林县、嵩明县、禄劝县、寻甸县、陆良县、师宗县、罗平县、富源县、沾益区、江川区、通海县、禄丰县、弥勒市、建水县、石屏县，减少了麒麟区、宣威市），Ⅳ类城市由 2013 的 7 个增加为 2016 年的 14 个（增加了富民县、马龙区、澄江市、华宁县、易门县、峨山县、新平县、元江县、双柏县、牟定县、姚安县、武定县、大姚县、泸西县）；Ⅴ类城市由 2013 年的 18 个减少为 2016 年的 4 个；Ⅵ类城市由 2013 年的 12 个减少为 2016 年的 0 个（减少了富民县、石林县、嵩明县、禄劝县、寻甸县、马龙区、澄江市、双柏县、牟定县、南华县、姚安县、永仁县）。

二、滇中城市群城市人口规模结构分布模型分析

（一）滇中城市首位律分析

从 2006 年和 2016 年滇中城市群的二城市指数、四城市指数、十一城市指数 3 项指标的变化可以看出（见表 7 - 12）：第一，滇中城市群的二城市指数从 2006 年的 8.764 下降到 2016 年的 4.370，四城市指数从 2006 年的 3.211 下降到 2016 年的 2.022，十一城市指数则从 2006 年的 3.014 下降到 2016 年的 1.807。研究表明，昆明作为该区域的首位城市在不断提升，其集中指数不断上升。第二，2016 年，滇中城市群的二城市指数为 4.370（＞2），四城市指数为 2.022（＞1），十一城市指数为 1.807（＞1）。按照位序—规模规律，正常的首位度应该为 2，四城市指数和十一城市指数正常值都应该是 1。然而，滇中城市群二城市指数、四城市指数、十一城市指数均超过了 1，可见滇中城市群尚处于初级发展阶段，首位分布相当明显。因此，我们认为，昆明主城区（五华区、西山区、官渡区、盘龙区）得到了快速发展，集聚了一定的人口规模，但是昆明作为区域首位城市却并没有得到应有的充分发展，经济作用的驱动机制还未形成，致使四城市指数与十一城市指数首位城市显得特别突出。

表 7 - 12　　　　滇中城市群二城市指数、四城市指数、十一城市指数

年份	二城市指数	四城市指数	十一城市指数
2006	8.764	3.211	3.014
2016	4.370	2.022	1.807

（二）滇中城市群城市位序—规模律分析

以 2006～2013 年的滇中城市群城市人口数据，对滇中城市群 46 个主要城镇按位序和规模制表，说明其城市体系是呈位序—规模分布的，然后对之进行线性回归，其方程如表 7 - 13 所示。

由回归模型可以看出：第一，方程判定系数 R^2 都在 0.850 以上，说明拟合效果比较好。第二，滇中城市群在 2006～2013 年的 Zipf 维数接近 1 表明该区域城市体系呈位序—规模分布。第三，滇中城市群的 Zipf 维数在 2006 年为 0.960，2013 年下降为 0.936，说明该区域城市规模分布分散力量大于集中的力量。第四，2013 年，滇中城市群的 Zipf 维数为 0.936 < 1，说明首位城市规模不够突出，中小城市比较发达。

表 7 - 13　　　　　　　　　　　滇中城市群城市位序—规模拟合

年份	等级规模分布类型	Zipf 维数	判定系数 R^2
2006	$lnP_i = 4.3732 - 0.9603lnR_i$	0.960	0.9519
2007	$lnP_i = 4.3985 - 1.0302lnR_i$	1.030	0.9683
2008	$lnP_i = 4.1613 - 0.9056lnR_i$	0.906	0.9402
2009	$lnP_i = 4.162 - 0.9051lnR_i$	0.905	0.942
2010	$lnP_i = 4.0821 - 0.8355lnR_i$	0.836	0.9446
2011	$lnP_i = 4.0842 - 0.8335lnR_i$	0.834	0.9434
2012	$lnP_i = 4.1437 - 0.8579lnR_i$	0.858	0.9526
2013	$lnP_i = 4.2467 - 0.936lnR_i$	0.936	0.9561

（三）滇中城市群基尼系数模型分析

通过基尼系数计算公式计算 2006～2013 年滇中城市群基尼系数，结果如图 7 - 5 所示。滇中城市群基尼系数从 2006 年的 0.431 上升至 2013 年的 0.472，但结合滇中城市群城市首位度来看，昆明市基本上成为区域的经济中心，但是中小城市比例失调，缺少中间位序的城市，这样大城市与小城市之间的差距就非常大，城市规模趋于分散，也加大了滇中城市群的基尼系数。

图 7 - 5　2006～2013 年滇中城市群基尼系数

（四）滇中城市群城市金字塔分析

滇中城市群 2006～2013 年城市人口规模表明，该城市群目前已初步形成了五级等级规模体系。市辖区总人口超过 100 万人的特大城市 1 个，50 万～100 万人的大城市 2 个，10 万～50 万人的中等城市 25 个，5 万～10 万人的小城市 14 个，少于 5 万人的小城市 4 个。特大城市、大城市、中等城市、小城市的数量比分别为 1∶2∶25∶14∶4。

结果表明：第一，各层次城市数目比例大都不符合中心地理论。第二，城市体系出现断层，没有特大城市，中等城市实力偏弱，小城市众多，城市规模等级序列不完整。第三，滇中城市群大城市数目偏少，发展不够。

（五）滇中城市群城市人口规模等级结构特征

通过以上各种模型分析，可以得出滇中城市群人口规模等级结构具有以下特征：第一，从城市首位度分析可以看出，昆明作为滇中城市群首位城市，城市首位度不断上升，但其城市集中指数偏低，表明昆明人口规模不够大、人口聚集程度低、中心地位不够明显，想要带动滇中城市群的发展，其区域影响力和辐射力是远远不够的。因此可以考虑将整个滇中地区作为城市群的核心区域，依次带动整个城市群的发展。第二，从城市基尼系数、城市位序—规模律的 Zipf 维数视角可以看出，滇中城市群中小城市的增长快于大城市的增长，城市规模趋于分散，城市发展主要以中小城市为主。以中小城市增长为主的城市规模分布动态趋向成为滇中城市群空间由集聚逐渐走向扩散的最好的现实表征。第三，从城市金字塔视角可以看出，滇中城市群初步形成了五级等级规模结构体系，但等级规模体系出现断层，特大城市缺失，大城市实力偏弱，城市规模等级系列不完整。

第五节　滇中城市群空间结构优化策略

优化是指依据一定的标准或者参考，对事物相关变量进行人为改变或选择，使事物由低级到高级、由不理想到理想的状态变迁。滇中城市群空间结构的优化，是指根据滇中城市群空间经济结构特征，比照社会经济发展目标，调整现有空间经济结构的缺陷与不足，使经济资源更加合理配置，从而使经济空间系统达到最佳的运行效果。通过优化滇中城市群空间经济结构，提升经济空间整体运行效率，又能使经济空间结构与经济发展阶段相适应，促进本地区经济持续健康快速发展，最终实现云南省跨越式发展。

一、壮大首位城市人口规模

昆明市是云南的省会城市，将其作为滇中城市群的核心城市是毋庸置疑的。根据佩鲁的"增长极"理论，区域经济的发展通常是不平衡的，往往是由少数几个"增长极"率先发展并在一段时间后逐渐向其他区域传导。因此，选择好特定增长极点带动区域经济发展，对于滇中城市群尤为重要。昆明作为云南省会，是省内第一大城市，地理位置极其特殊，具有连接东西、融通南北的地缘优势，是区域经济、文化、科技的中心。将昆明培育为区域经济的"增长极"，提升昆明整体经济水平，通过"溢出效应"带动周边其他城市的发展，是发展滇中城市群的必然选择。要发挥昆明首位城市的优势，加强其在群内的核心地位，首要任务是积极扩大昆明城市规模。当前昆明城市规模仍然偏小，首位城市分布特征较不明显，直接导致了昆明在区域内的核心城市地位不显著。因此，需要积极引导人口向核心城市集中，引导卫星城镇、附近的中小城镇人口向中心城区聚集，甚至直接进行行政区划调整，将昆明周边城市划入其城市内部，力争将昆明发展为特大城市。扩大城市等级规模提升核心城市经济辐射能级实现由点到线到面的发展战略，发挥昆明的辐射带动作用，使其成为滇中城市群乃至西南地区经济发展的引擎。

二、促进成员城市均衡发展

根据"城市金字塔规律"，城市数目随着规模等级变化而变动，即规模等级越低，该等级包含城市数量越多，反之，规模等级越高，该等级城市数量越少。只有呈现健康的金字塔特征，才能实现城市群科学、有序的发展。当前，滇中城市群整体虽呈现金字塔状，但是其结构特征不够健康，缺乏人口规模在50万～100万以上的大城市，等级规模结构不完整，直接影响城市群整体发展水平。小城市数量远高于大城市，大城市数量的比例远低于其他城市群，城市群发育水平远落后于发达地区。除了扩大昆明城市规模以外，同时还要加快麒麟区、宣威市的发展，进一步扩大城市人口，将其培育为滇中城市群的次核心，从而使其能够带动滇中城市群的经济发展。积极促进红塔区、楚雄市、安宁市、开远市、蒙自市5市（区）等城市成为大城市，形成科学、有序的等级规模体系。加快永仁县向中小城市迈进，完善滇中城市群等级规模结构层次。力争使一批经济基础较好、人口规模较大的县（市）发展成小城市，构建完整的等级规模体系，弥补当前滇中城市群规模等级结构断层。

参考文献

［1］陈勇、陈嵘、艾南山等：《城市规模分布的分形研究》，载于《经济地理》1993 年第 3 期。

［2］陈彦光：《中心地体系中的分形和分维》，载于《人文地理》1998 年第 3 期。

［3］陈彦光：《城市体系 KOCH 雪花模型实证研究——中心地 K—3 体系的分形与分维》，载于《经济地理》1998 年第 4 期。

［4］陈彦光、周一星：《城市等级体系的多重 Zipf 维数及其地理空间意义》，载于《北京大学学报（自然科学版）》2002 年第 6 期。

［5］陈彦光、刘继生：《基于引力模型的城市空间互相关和功率谱分析——引力模型的理论证明、函数推广及应用实例》，载于《地理研究》2002 年第 4 期。

［6］陈希孺：《基尼系数及其估计》，载于《统计研究》2004 年第 8 期。

［7］顾朝林：《中国城镇体系——历史·现状·展望》，商务印书馆 1992 年版。

［8］刘继生，陈彦光：《城镇体系空间结构的分形维数及其测算方法》，载于《地理研究》1999 年第 2 期。

［9］王馨：《区域城市首位度与经济增长关系研究》，天津大学硕士学位论文，2003。

［10］王放：《中国城市化与可持续发展》，科学出版社 2000 年版。

［11］汪明峰：《中国城市首位度的省际差异研究》，载于《现代城市研究》2001 年第 3 期。

［12］许学强：《城市地理学》，高等教育出版社 1997 年版。

［13］徐长生、周志鹏：《城市首位度与经济增长》，载于《区域经济》2014 年第 3 期。

［14］严重敏、宁越敏：《我国城镇人口发展变化特征初探》，华东师范大学出版社 1981 年版。

［15］朱晓华、陆华：《分形理论及其在城市地理学中的应用和展望》，载于《经济地理》1998 年第 4 期。

［16］周一星：《城市地理学》，商务印书馆 1995 年版。

［17］Bairoch P. Cities and Economic Development：From the Dawn of History to the Present ［M］. Chicago：The University of Chicago Press，1988.

［18］Cowell G R. An Introduction to Urban Historical Geography ［M］. London：Edward Arnold，1995.

［19］Henderson J V. Ways to Think about Urban Concentration：Neoclassical Urban Systems versus the New Economic Geography [J]. International Regional Science Review, 1999 (19): 31 –36.

[20] Jefferson M. The Law of the Primate City [J]. Geographical Review, 1939 (29): 226 –232.

[21] Mandelbrot B B. How Long is the Coast of Britain? Statistical Self-similarity and Fractional Dimension [J]. Science, 1967, 3775 (156): 636 –638.

[22] Marshall J. The Structure of Urban Systems [M]. Toronto: University of Toronto Press, 1989: 17 –32.

[23] Mills E S, Hamilton B W. Urban Economics, 5th ed. [M]. New York: Harper Collins CollegePublishers, 1994.

[24] Thomas. City-size Distribution and the Size of Urban System [J]. Environment and Planning A, 1985 (17): 905 –913.

[25] Zipf G K. Human Behavior and the Principle of Least Effort [M]. Cambridge MA: Addison –Wesley, 1949.

第八章

滇中城市群的产业结构研究

滇中城市群地处云南省的核心区域,其自然条件和社会经济条件优于省内其他地区,这为滇中城市群的产业结构优化奠定了坚实的基础。本章通过研究滇中城市群各市县区 2006~2016 年的产业结构的变化特征,根据定量研究测度的结果,分析目前滇中城市群各市县区产业结构的变动特征和发展中存在的不足,尝试提出科学合理的发展对策,以期为推动滇中城市群产业经济发展提供参考。

第一节 滇中城市群产业结构研究的区域背景分析

一、滇中城市群具有比较良好的发展条件

滇中城市群位于云南省的核心区域,该区的大部分县区都集中在省会城市昆明的周边地区。滇中城市群主要包括中心地区昆明以及其周边的曲靖、玉溪、楚雄和红河北部的 7 个县区,共 49 个县区。滇中城市群土地总面积为 11.11 万平方千米,占云南省国土总面积的 29%。滇中城市群的坝区面积也比较大,大约有 9318.13 平方千米。滇中城市群的气候条件优越,热量充足,无霜期时间较长,降雨丰富,地形条件复杂多样,水资源较为丰富,适宜多种动植物的生长,因此其动植物资源丰富。滇中城市群的经济水平和城镇化水平也是云南省最高的地区,该区是云南省人口最集中的地区,5 个市州之间有较为发达的交通网络。

二、滇中城市群具有比较良好的经济条件

滇中城市群的 GDP 总量和人均 GDP 都是整个云南省最高的。该地区大部分县区集中在交通和通信较发达的昆明市周边地区,开发历史较悠久,科技力量相

对较好，第二产业和第三产业产值都较高。尤其是近几年，该区第三产业的产值迅速增加，发展势头良好。滇中城市群在云南省内的城市发展水平较高，具有较发达的交通和通信基础设施，有利于加强城市群内部各城市之间的联系，有利于区域内部产业发展和区域产业体系的构建。滇中城市群的工业基础条件良好，集中了云南省主要的工业项目，是云南省经济发展的领头羊。随着区域一体化步伐的加快和区域合作的不断加强，滇中城市群在云南省甚至整个西南地区的经济地位正在不断提升，经济基础条件正在不断加强。

三、滇中城市群具有较为密集的产业园区

云南省产业园区主要集中在滇中城市群地区。截至 2015 年，共有产业园区 52 个（不含市级）。

昆明市有 18 个园区（不含市级）。国家级产业园区有 5 个，省级产业园区有 13 个。国家级的 5 个产业园区分别是：（1）位于西山区的昆明高新技术开发区；（2）位于官渡、呈贡区的昆明技术开发区；（3）位于嵩明县的嵩明杨林经济技术开发区；（4）位于西山区、呈贡区的昆明滇池国家旅游度假区；（5）位于五华区的昆明国家广告产业园。省级的产业园区有 13 个，分别是：（1）位于寻甸县、禄劝县的昆明倘甸产业园区及轿子山旅游开发区；（2）位于呈贡区的呈贡工业园；（3）位于东川区的东川再就业工业园区；（4）寻甸县的寻甸特色工业园区；（5）位于晋宁区的晋宁工业园；（6）位于五华区的昆明五华科技产业园区；（7）位于宜良县的宜良工业园区；（8）位于富民县的富民工业园区；（9）位于官渡区的官渡工业园区；（10）位于石林县的石林生态工业集中区；（11）位于安宁市的安宁工业园区；（12）位于禄劝县的禄劝工业园区；（13）位于西山区的海口工业园区。这 18 个工业园区质量较好，主要发展烟草、机械、化工、有色金属、黑色金属、建材、生物医药、电子信息、金融、现代商贸、旅游、果蔬、花卉等产业。

曲靖市共有国家级、省级工业园区 10 个。其中，1 个国家级工业园区是位于麒麟区的曲靖经济技术开发区。9 个省级产业园区分别是：（1）位于师宗县的师宗工业园区；（2）位于陆良县的陆良工业园区；（3）位于宣威市的宣威特色工业园；（4）位于麒麟区、马龙区的曲靖南海子工业园区；（5）位于西片区、麻黄片区的曲靖西城工业园区；（6）位于罗平县的罗平特色工业园；（7）位于马龙区的马龙工业园；（8）位于麒麟区的越州工业园区；（9）位于沾益区的曲靖煤化工工业园区。这 10 个工业园区主要发展烟草、能源、冶金、建材、化工、汽车、机械制造、生物等主要产业。

玉溪市共有国家级、省级产业园区 7 个。其中，1 个国家级产业园区是位于

红塔区的玉溪高新技术产业开发区。6个省级产业园区分别是：（1）位于红塔区的红塔工业园区；（2）位于新平县的新平矿业循环经济特色工业园区；（3）位于易门县的易门陶瓷特色工业园区；（4）位于通海县的通海五金特色园区；（5）位于红塔区的玉溪研和工业园区；（6）位于华宁县的华宁工业园。这7个工业园区主要发展烟草、矿冶、生物资源、高新技术、旅游等主要产业。

楚雄主要有10个工业园区，其中3个是省级园区，7个是市州园区。3个省级园区分别为：（1）位于禄丰县的禄丰工业园；（2）位于楚雄市的楚雄工业园区；（3）位于大姚县的大姚工业园。7个市州园区分别为：（1）位于姚安县的姚安工业园；（2）位于双柏县的双柏工业园；（3）位于永仁县的永仁工业园；（4）位于牟定县的牟定工业园；（5）位于武定县的武定工业园；（6）位于南华县的南华工业园；（7）位于元谋县的元谋工业园。这10个工业园区主要发展烟草、冶金、化工、生物医药、绿色食品、文化旅游、新能源、新材料等产业。

红河有省级和市级工业园区共7个。省级产业园区有：（1）位于泸西县的泸西工业园；（2）位于弥勒县的弥勒工业园区；（3）位于建水县的建水工业园；（4）位于蒙自县的蒙自矿业工业园；（5）位于个旧市的个旧市特色工业园。市级工业园区有：（1）位于石屏县的石屏特色产业园；（2）位于开远市的开远经济开发区。这7个工业园区主要发展烟草、冶金、化工、生物、旅游等产业（武友德，2018）。

四、滇中城市群具有较深厚的文化底蕴

滇中城市群各城市之间的距离都不超过200公里，最短的只有30公里左右，人文亲、语言近、地相邻、沟通也比较紧密。该地区自元代开始就一直是云南省的经济中心，有着深厚的市场经济文化底蕴，古滇文化即发源于此。滇中城市群内有民族自治州，还有部分民族自治县，民族风情浓厚，民族文化多样，在千百年的历史中已经逐渐形成了个性独特、魅力无穷、兼容并蓄的多民族文化，这些民族文化不断沉淀、不断发展，逐渐形成了具有现代气息和特色、充满活力、丰富多彩的文化。近年来，滇中城市群的旅游业发展迅速，旅游业将区内独特的自然地理景观和深厚的文化景观相融合，使得当地沉淀了成百上千年的丰富民族文化得到开发和保护，同时也促进了该区域经济的快速发展。

五、滇中城市群产业结构的总体特征和存在的问题

滇中城市群在地域规划上属于一个整体，但是这个整体中的49个县级行政单位是相互联系又相互独立的，彼此之间存在着合作和竞争的关系。在制定滇中

城市群总体规划时，各级行政区划单位之间会呈现良好的合作态势，但是当涉及各级行政区划单位自身的经济利益时，都会从自身的角度出发，优先考虑有利于自身发展的条件和要求。滇中城市群内 49 个县区产业结构相似度极高，都争相模仿相邻县区的经济发展方式，创新性的高新技术产业稀少。这在一定程度上制约了滇中城市群资源和要素的优化配置，县区之间低水平的恶性竞争会造成资源的极大浪费和生态环境的巨大压力，不利于该区在产业格局上形成良性互补。各县区的创新能力弱，技术水平低，资金薄弱，整个城市群的高新技术产业发展亟待加强。昆明市主城区所辖县区的第二产业和第三产业产值总量在整个滇中城市群中占比最高，经济实力最强，但是这些县区的经济辐射能力却比较弱，与周边城市和县区的产业关联度不高，区域内一体化发展的产业格局尚未形成，核心县区的产业带动和辐射功能有待进一步提升。

第二节　滇中城市群产业结构研究的理论与方法

随着社会的不断发展进步，自 20 世纪以来城市群逐渐成为了一种主要的现代区域经济发展模式，在世界区域经济发展过程中，慢慢占据了主导地位。城市群的产业结构是区域的工业化和城市化有机结合发展的重要体现，合理的产业结构有助于推动区域经济快速增长。产业结构的演进一直都是城市群经济研究中的重点领域（侯小星，2008）。本章所研究的滇中城市群包括 49 个县区。本章将研究滇中城市群的产业结构演进规律，从中寻找出利于其经济发展的对策建议，以增强滇中城市群对云南省的经济辐射带动能力，构建区域一体化发展的产业体系，促进各县区间的经济联系，实现区域协调发展。产业结构研究是在产业分类的基础上开展的。

一、产业分类概述

产业是指国民经济中以社会分工为基础，在产品的生产和经营及劳务上具有某些相同特征的企业或单位及其活动的集合。产业的分类不仅会随着经济社会的发展而发生变化，而且也会随着技术进步以及不同的研究需要而发生相应的改变。目前，产业的分类方法主要有以下几种：

（一）两大部类分类法

两大部类分类法是由马克思所创立。马克思为了分析不同物质生产部门的相互关系，在对社会再生产过程进行分析时，按物质产品的最终经济用途，将全社会的物质生产部门分为生产资料部门和消费资料部门两大类。

（二）农轻重分类法

农轻重分类法是将社会经济活动中的物质生产分为农业、轻工业和重工业三个产业大类。"农"指的是广义的农业，包括种植业、畜牧业、渔业、林业等；"轻"是指纺织、食品等轻工业；"重"是指钢铁、石油、煤炭、电力、化工等重工业。

（三）三次产业分类法

三次产业分类法按照产业发展的层次顺序及其与自然界的关系作为标准，将全部国民经济活动划分为第一产业、第二产业和第三产业。

（四）霍夫曼分类法

德国经济学家霍夫曼（W. G. Hoffmann）出于研究工业化及其发展阶段的需要，将产业划分为三大类：（1）消费资料工业，包括食品、纺织、服装、皮革、家具、制造业等；（2）资本资料工业，包括冶金及金属材料工业、运输机械工业、一般机械工业、化学工业等；（3）其他工业，包括橡胶、木材、造纸、印刷业等。

（五）生产要素密集程度分类法

生产要素密集程度分类法又称生产要素集约程度分类法，或生产要素依赖程度分类法。该分类法根据不同产业在生产过程中对主要生产要素依赖程度的差异，将各产业划分为资源密集型、劳动密集型、资本密集型和技术密集型。

（六）产业功能分类法

产业功能分类法按照产业在国民经济中的地位和作用的不同，将产业划分为主导产业、基础产业、支柱产业、重点产业、瓶颈产业和先导产业等类型。

（七）产业发展状况分类法

产业发展状况分类法根据产业发展的技术先进程度、变化趋势和产品供求情况进行分类。按技术先进程度分类可分为传统产业和新兴产业。按产业发展趋势分类可分为朝阳产业（新兴产业）和夕阳产业（衰退产业）。按产品供求情况分类可分为长线产业和短线产业，其目的是为了把握产业的供求状况。

（八）产业标准分类法

1. 国际标准产业分类法
国际标准产业分类法又称"联合国标准产业分类法"或"联合国产业分类

法"，是联合国为了统一各国国民经济统计的口径、实现产业分类标准化而制定的分类方法。它以联合国 1971 年颁布的《全部经济活动的国际标准产业分类索引》为依据，具有如下特点：①权威性。它是国际上最权威的机构联合国编制和颁布的，因而获得国际的公认。为了保特其权威性，联合国有关组织及时发现和掌握经济发展的新动向、产业结构变化的新情况，对标准产业分类不断地进行调整。②完整性。标准产业分类内容详尽、不遗漏。③广泛的适用性。标准分类法分类较细，基本上考虑到了各国经济的实际情况，可以用来进行各种目的的分析和研究。

标准产业分类法把全部经济活动分为大、中、小、细四级项目，每一上级项都有若干下级项，都规定有统计编码。大项有 10 个：农业、狩猎业、林业和渔业；矿业和采石业；制造业；电力、煤气、供水业；建筑业；批发与零售业、餐馆与旅店业；运输业、仓储业和邮电业；金融业、不动产业、保险业及商业性服务业；社会团体、社会及个人的服务；不能分类的其他活动。

2. 我国三次产业划分

2003 年，国家统计局发布《三次产业划分规定》的通知，根据《国民经济行业分类》（GB/T 4754—2017），规定了三次产业划分范围：第一产业指农、林、牧、渔业。第二产业指采矿业，制造业，电力、热力、燃气及水生产和供应业，建筑业，其中前 3 个门类为工业，即第二产业包括工业和建筑业。第三产业是指除第一、第二产业以外的其他行业，包括交通运输、仓储和邮政业，信息传输、计算机服务和软件业，批发和零售业，住宿和餐饮业，金融业，房地产业，租赁和商务服务业，科学研究、技术服务和地质勘查业，水利、环境和公共设施管理业，居民服务和其他服务业，教育，卫生、社会保障和社会福利业，文化、体育和娱乐业等 15 个门类。

二、产业结构演进

（一）产业结构演进的概念

产业结构是指社会再生产过程中所形成的产业构成、产业间的相互联系和比例关系，以及由这些联系和比例关系所呈现出的系统性和整体性。简单地说，产业结构也就是产业构成及各产业间的比例关系（朱明春，1989）。一般来说，第一产业主要是指以农业统称的农林牧副渔业，第二产业主要包括工业和建筑业，第三产业主要是指服务业。

产业结构可划分为轻型结构和重型结构。轻型结构以轻工业为主，一般出现于工业化初期的国家和地区。重型结构以重工业为主，一般出现在工业化中后期的国家和地区，或者是片面强调发展重工业的国家和地区。

产业结构的依次演进是指随着社会生产力的提高、生产效率的改善，生产开始集中化和规模化，优势产业逐渐由第一产业变为第二产业、第三产业，人口及资本等生产要素逐步由农村向城镇集中的过程。

（二）产业结构演进规律及机制

配第—克拉克定理指出，随着人均国民收入水平的提高，劳动力会从第一产业转向第二产业。当人均国民收入再进一步提高时，劳动力又会倾向于从第二产业转向第三产业。也就是说，经济发展会带来劳动力在三次产业间的转移。配第—克拉克定理揭示了劳动力在三次产业间的转移规律，是研究产业结构演变的重要理论。但是它只使用了单一的劳动力指标，不能深入揭示产业结构变动的总体趋势和规律。在继承配第—克拉克定理的研究成果的基础上，诺贝尔经济学奖获得者库西蒙·库兹涅茨（Simon Kuznets）认为，产业结构的演进规律是随着国民经济的发展，大多数国家的国民收入和劳动力相对比重会在第一产业上产生下降的趋势。第二产业国民收入相对比重普遍会呈现上升趋势，但劳动力的相对比重大体不变或略有上升。第三产业的劳动力相对比重普遍呈现上升趋势，这说明第三产业具有很强的吸纳劳动力的就业特性，国民收入的相对比重却变化不大。

（三）产业结构演进的动因和机制

影响产业结构演进的因素主要包括经济因素、需求因素、供给因素、技术因素、制度因素、国际因素六个方面。这些因素相互联系，相互作用，有的是直接对一个区域的产业结构变动状况产生影响，有的则是间接地影响一个区域的产业结构变动状况。

一是经济因素。经济因素是影响和推动产业结构转变最基本的因素，主要包括经济发展阶段、生产力发展水平、经济总量规模、经济增长速度等方面。

二是需求因素。消费是社会再生产的根本动力和最终目的，生产的最终目的是满足各种需求。需求的变动必然会引起产业结构发生变化。需求总量和需求结构的变化会引起相应产业的收缩或扩张，导致产业出现兴衰的现象，从而引起产业结构的变动。

三是供给因素。供给是产业结构演进的基础和前提。一个国家或地区的资源禀赋、劳动力资源和资本供应状况会对该国或该地区的产业结构产生影响。一个国家或地区的资源禀赋条件，如气候、水文、植被、土壤、矿产资源等的数量和质量以及分布状况会影响该区域内的产业结构的基本构成及产业政策的制定。对该区域的比较优势产业结构会产生决定性的作用。区域内劳动力的数量、质量、价格、流向等状况及其变化，会直接影响到该区域的产业结构发展水平，对产结构的演进方向也会产生影响。资本供应的充裕程度主要受区域社会经济发展状况、社会资金积累等因素的影响。资本是重要的生产要素，所以资本的总量规模、充足程度等对产业的维持和扩张具有重要的影响。因此，资本供应状况是制约产业结构的重要因素。

四是技术因素。技术进步是产业结构演进的内在动力，对产业结构的高级化起着决定性作用。技术的革命都会引起产业革命和产业结构变动。技术进步能够催生新的产业不断出现，催生新工艺、新材料、新能源，创造出新的生产工具和生产方式，改造传统产业结构，促进产业结构的合理调整。除此之外，技术进步还能够对资源和环境产生保护作用，开发新的资源，形成新的比较优势，从而改善资源供给状况。科技进步可以降低成本，增加收入，扩大积累，从而改善资本供给状况。科学技术的进步还能提高劳动力的素质。因此，科学技术能够促进产业结构的变动。

五是制度因素。制度是影响产业结构的重要因素，主要是指经济体制、收入分配政策、财政金融制度、经济政策（包括产业政策）等，这些制度和政策都会直接或间接地对产业结构的形成和变动产生相应的影响。在不同类型的经济体制下，产业结构演进的机制也会产生差异。国民收入分配政策通过调节国民收入的初次分配直接影响社会需求结构的变动，从而间接地对产业结构的变动产生影响。就财政金融制度而言，中央财政可以通过增加财政补贴的方法，扶持某些产业重点发展，享受到财政补贴的产业就有可能增加产量，从而推动产业结构产生变动。当然，制度的创新也会引导新旧产业产生交替，从而带动产业结构的优化升级。

六是国际因素。在经济全球化的背景下，任何一个国家都不可能脱离其他国家而孤立发展。任何一个国家或地区要发展经济，都得有开放的胸怀，发展对外贸易。而国际分工、国际金融、国际投资等因素会对产业结构变动产生较大的影响（杨旺舟，2013）。

第三节　滇中城市群产业结构的测度研究

对于区域产业结构和经济增长的研究成果颇丰。地理学视角下的产业结构研究是从聚集、扩散、专业化的视角探究产业分布的空间性，当然，更普遍的是从地区产业结构的角度出发，探讨产业结构的差异和变动对经济增长的影响。要全面准确地认识滇中城市群产业结构演化与特征，需将定量分析与定性分析相结合，二者相互补充，来对滇中城市群产业结构进行研判和评估。因此，本章采用赫芬达尔—赫希曼指数（HHI）测算出滇中城市群的某次产业集聚程度，通过HHI值分析滇中城市群各县区某次产业的县域集中程度，并判断某次产业的绝大部分产值如何分布在某些区域；利用空间基尼系数（G），测算出滇中城市群某次产业的区域分散程度，从而分析出该次产业的区域分布是否均衡；赫芬达尔—赫希曼指数（HHI）和空间基尼系数（G）均是测算具体某产业的聚集和扩散程度的，所以还要用县域产业结构差异指标，判断滇中城市群各县区某次产业结构是否趋同或是否有差异（朱苏加，2014）。

一、赫芬达尔—赫希曼指数分析法

滇中城市群县域尺度三次产业的聚集情况可以通过赫芬达尔—赫希曼指数测算。计算公式为：

$$HHI = \sum_{i=1}^{n} S_i^2, \ S_i = X_i / T \qquad (8-1)$$

式中，X_i 为第 i 县域某产业（第一、二、三产业）的产值，T 是滇中城市群省域该产业的总产值，S_i 表示第 i 县域对应产业产值占滇中城市群县域该产业产值的比重。HHI 值越大，表明产业的县域集中程度越高，该产业绝大部分产值分布在某些区域；HHI 值越小，表明该产业在滇中城市群县域内分布比较分散。

二、空间基尼系数分析法

滇中城市群县域尺度三次产业的分散情况可以通过空间基尼系数（G）测算。计算公式为：

$$G = \sum_{i=1}^{n} (X_i - S_i)^2 \qquad (8-2)$$

式中，X_i 为第 i 县域地区总产值占滇中城市群县域总产值的比重，S_i 表示第 i 县域某产业与滇中城市群县域该产业产值的比重。空间基尼系数的取值范围在 0～1 之间，空间基尼系数越小，表明该产业在滇中城市群的分散程度越高，区域分布越均衡。

三、产业结构差异指标分析法

赫芬达尔—赫希曼指数和空间基尼系数均是测算某具体产业聚集和扩散程度的算法，但不能判断产业结构趋同或差异，朱苏加等构建了地区间的产业结构差异指标：

$$SD = \frac{1}{n} \sum_{i=1}^{n} \sum_{j=1}^{k} \left| \frac{Y_{jn}}{Y_n} - \frac{Y_j}{Y} \right| \qquad (8-3)$$

式中，i 代表地区，j 代表产业，Y 表示滇中城市群县域地区生产总值，Y_j 是滇中城市群县域 j 产业总值，Y_n 是县域 n 的地区生产总值。Y_{jn} 是县域 n 的 j 产业产值。如果该指标的值接近 0，则表明各产业在滇中城市群县域均匀分布，即产业结构趋同；如果该指标的值越大，则表明滇中城市群县域产业结构的差异越大。

第四节 滇中城市群产业结构演化与特征分析

一、滇中城市群产业结构变动的时空分析

（一）产业结构演进过程分析

2006～2016 年这 11 年间，云南省的 GDP 总体上呈现明显的上升趋势，而三次产业增长速率和占比情况则有显著差异（见表 8-1）。

首先，2006～2016 年，滇中城市群第一产业的产值虽然整体上呈上升趋势，但是变化幅度较小，主要因为滇中地区地形复杂多样，加之基础设施条件较差，社会经济发展缓慢，所以第一产业在三大产业中依然占据着一定的比重，虽然所占比重变化幅度比较小，但是随着区域产业结构的不断优化，总体上也呈现缓慢的下降趋势。

其次，滇中城市群 2006～2016 年第二产业的产值呈现波动增长的趋势，2006～2013 年，第二产业的产值逐年增长。其中，2006～2009 年第二产业产值的增长变化幅度明显低于 2009～2013 年的增长变化幅度。2013～2014 年，第二产业的产值呈下降趋势，2014～2016 年呈缓慢增长的态势，即 2006～2016 年这11 年间，滇中城市群第二产业产值最高的年份出现在 2013 年，第二产业的产值比重整体呈现波动下降趋势。

最后，滇中城市群的第三产业 2006～2016 年一直处于稳定上升的态势，第三产业的产值比重整体呈现出了波动增长的趋势，而且自 2010 年开始上升的幅度明显较大，云南省从 1998 年开始转变区域经济发展的战略，所以作为省内的核心区域和增长极，这一变化趋势的产生，是因为滇中城市群充分发掘和利用自身优越的产业发展条件，区域经济得到飞速发展，地区第三产业产值快速提升，产生结构也向合理化方向发展。

整体而言，2006～2014 年，滇中城市群的产业结构呈现出"二、三、一"的演进状态，而 2015～2016 年则呈现出"三、二、一"的产业结构演进状态。2006 年滇中城市群三次产业产值比重为 12.1∶49.7∶38.1，2016 年滇中城市群三次产业产值比重为 10.6∶41.3∶48.1。历经 11 年，产业结构发生了较大的变化，

其中，第一产业的产值比重和第二产业的产值比重都呈现下降趋势，第三产业的产值比重在不断增长，这说明滇中城市群的产业结构演变规律符合世界上已经完成工业化的国家和地区产业结构的演变规律。可以预判，随着滇中城市群的不断发育和区域一体化进程的推进，滇中城市群的产业结构将不断优化并逐渐趋于合理化。

表 8 - 1 　　　　　　　　　2006～2016 年滇中城市群三次产业结构、
生产总值、产业比重变动情况

年份	第一产业		第二产业		第三产业		生产总值（亿元）
	产值（亿元）	比重（%）	产值（亿元）	比重（%）	产值（亿元）	比重（%）	
2006	324.2970	12.1	1328.7797	49.7	1018.8734	38.1	2671.9501
2007	377.7155	12.0	1598.3619	50.7	1174.5412	37.3	3150.6186
2008	453.3823	12.1	1885.2379	50.5	1396.6696	37.4	3735.2898
2009	497.1445	12.0	2027.1631	48.8	1629.5997	39.2	4153.9073
2010	542.6704	12.4	2362.8801	46.6	1796.5887	41.0	4702.1392
2011	638.5200	11.3	2853.7600	50.6	2143.9320	38.0	5636.2120
2012	761.8300	11.3	3348.6200	49.6	2640.8200	39.1	6751.2700
2013	834.0800	10.9	3693.2600	48.3	3115.9600	40.8	7643.3000
2014	896.6100	11.1	3593.9400	44.6	3561.5400	44.2	8052.0900
2015	931.0600	10.8	3700.5900	42.9	3987.8100	46.3	8619.4600
2016	988.3200	10.6	3852.9700	41.3	4481.0700	48.1	9322.3600

注：因四舍五入原因，百分比之和可能不为 100%。
资料来源：2006～2017 年《云南统计年鉴》。

（二）产业结构的空间差异分析

根据统计数据，滇中城市群内大多数城市 2016 年的产业结构是"三、二、一"的形式，所有县区的产值都主要集中在第二产业和第三产业，大多数县区的第三产业已经成为当地的主导产业（如表 8 - 2 所示）。第一产业方面，滇中城市群各县区的第一产业产值都普遍较低。其中，第一产业产值最高的是宣威市（56.05 亿元），主要是因为宣威市气候条件较好，种植农产品种类多，玉米、土豆、烤烟等农产品种植面积大，产量多。第一产业产值最低的是五华区（2.07 亿元），因为五华区位于滇中城市群的核心区域，该区内的人口比重大，城市化水平较高，基础设施相对于其他县区来说较完善，经济基础实力较雄厚，经济主要是以第二、第三产业为主。从数值上看，宣威市的第一产业产值是五华区的

27 倍之多，从三次产业占比方面看，2016 年石屏县第一产业占比最高，为
37.2%，五华区第一产业占比仅为 0.2%，占比最低。第二产业方面，滇中城市
群各县区中，除了宜良县、师宗县、罗平县、元江县、双柏县、姚安县、元谋
县、石屏县这 8 个县区的第二产业产值低于第一产业的产值低外，其余 41 个县
区的第二产业产值都高于第一产业产值。五华区的第二产业产值最高（509.94
亿元），第二产业产值最低的是姚安县（7.84 亿元），五华区的第二产业产值是
姚安县的 65 倍之多。从数值上看，各县区中除了姚安县外，双柏县和永仁县的
第二产业产值也较低。因为五华区位于滇中城市群的核心区域，地处云南省的省
会城市，经济发展能力强，资源丰富，基础设施较完善，所以第二产业的产值
高，而双柏县、永仁县、姚安县位于楚雄州，基础设施建设较滞后，资源相对匮
乏，工业基础薄弱，资源的开发和工业的发展还待完善。从第二产业占比看，
2016 年滇中城市群内五华区、东川区、麒麟区、红塔区、易门县、个旧市、弥
勒市 7 个县（市、区）的第二产业占比已经高于 50%，在上述县（市、区）中，
工业已经成为主导产业，它们都有历史悠久的工业历史和较好的工业发展基础，
也是带动区域发展的重要节点。第三产业方面，各县区的第三产业产值差距巨
大。第三产业产值最高的县区是官渡区（633.09 亿元），显著高于滇中城市群里
其他县区，与第三产业产值最低的双柏县（14.78 亿元）相比，官渡区的第三产
业产值是双柏县的 43 倍左右。这主要因为官渡区位于云南省的省会城市，交通
通达度高，城市化水平高，服务业发达，旅游资源丰富，所以第三产业较为发
达。从第三产业的比重看，城市群中第三产业占比超过 50% 的有盘龙区
（70.0%）、西山区（73.4%）、宣威市（50.4%）、澄江市（54.7%）、元江县
（54.1%）和开远市（54.4%）。其中，盘龙区、西山区和开远市主要是由于城
市化水平较高、服务业发达，所以第三产业已经成为主导产业，而澄江市、元江
县和宣威市主要因地理位置和资源禀赋较好，旅游业较为发达，使得第三产业得
到发展。第三产业占比较低的地区为红塔区（28.3%）和弥勒市（26.3%）。因
为上述两个地区的产业发展均以工业为主导，第三产业发展较为滞后。城市群的
产业结构将不断优化并逐渐趋向于合理化。

表 8 - 2　　　　　　　　　2016 年滇中城市群各县区三次产业
产值及占 GDP 比重比较情况

县区	第一产业		第二产业		第三产业	
	产值（亿元）	占比（%）	产值（亿元）	占比（%）	产值（亿元）	占比（%）
五华区	2.07	0.210	509.94	51.746	473.46	48.044
盘龙区	5.02	0.877	166.51	29.084	400.99	70.039

续表

县区	第一产业		第二产业		第三产业	
	产值（亿元）	占比（%）	产值（亿元）	占比（%）	产值（亿元）	占比（%）
官渡区	8.46	0.845	360.17	35.955	633.09	63.200
西山区	3.6	0.721	129.03	25.856	366.41	73.423
东川区	6.03	7.435	41.58	51.270	33.49	41.295
呈贡区	5.04	2.572	103.9	53.024	87.01	44.404
晋宁区	21.26	18.269	40.91	35.155	54.2	46.576
富民县	10.16	15.754	32.15	49.853	22.18	34.393
宜良县	46.51	28.279	46.32	28.163	71.64	43.558
石林县	19.24	24.855	20.91	27.012	37.26	48.133
嵩明县	15.14	14.106	51.38	47.871	40.81	38.023
禄劝县	22.31	27.221	22.89	27.928	36.76	44.851
寻甸县	22.36	27.192	24.98	30.378	34.89	42.430
安宁市	13.31	4.878	109.38	40.085	150.18	55.037
麒麟区	24.01	4.164	295.72	51.285	256.89	44.551
马龙区	38.41	21.531	67.3	37.726	72.68	40.742
陆良县	9.26	19.057	20.15	41.469	19.18	39.473
师宗县	53.98	35.801	38.56	25.574	58.24	38.626
罗平县	38.91	35.991	29.34	27.139	39.86	36.870
富源县	41.08	26.710	44.4	28.869	68.32	44.421
会泽县	35.03	26.169	40.96	30.599	57.87	43.232
沾益区	38.83	22.936	71.09	41.991	59.38	35.074
宣威市	56.05	22.521	67.31	27.045	125.52	50.434
红塔区	14.79	2.418	423.78	69.296	172.98	28.286
江川区	15.99	19.719	26.42	32.581	38.68	47.700
澄江市	10.7	13.372	25.56	31.942	43.76	54.686
通海县	16.13	15.940	36.9	36.466	48.16	47.594
华宁县	17.9	22.581	24.25	30.592	37.12	46.827
易门县	11.07	12.966	44.2	51.769	30.11	35.266
峨山县	11.22	15.992	26.69	38.042	32.25	45.966
新平县	18.64	14.950	48.62	38.996	57.42	46.054

县区	第一产业		第二产业		第三产业	
	产值（亿元）	占比（%）	产值（亿元）	占比（%）	产值（亿元）	占比（%）
元江县	18.57	25.752	14.5	20.108	39.04	54.140
楚雄市	25.1	7.765	167.93	51.952	130.21	40.283
双柏县	10.29	31.022	8.1	24.420	14.78	44.558
牟定县	11.63	26.872	15	34.658	16.65	38.470
南华县	13.97	25.938	17.29	32.102	22.6	41.961
姚安县	14.1	34.466	7.84	19.164	18.97	46.370
大姚县	18.35	28.423	21.87	33.875	24.34	37.701
永仁县	8.5	26.243	8.96	27.663	14.93	46.094
元谋县	15.28	28.841	13.97	26.368	23.73	44.790
武定县	16.56	26.382	18.23	29.043	27.98	44.575
禄丰县	28.85	22.257	42.31	32.642	58.46	45.101
个旧市	13.61	6.095	118.65	53.135	91.04	40.770
开远市	17.94	10.679	58.67	34.923	91.39	54.399
蒙自市	23.27	14.253	78.02	47.789	61.97	37.958
弥勒市	28.3	10.404	171.38	63.007	72.32	26.588
建水县	29.36	21.462	52.53	38.399	54.91	40.139
石屏县	23.13	37.234	16.73	26.932	22.26	35.834
泸西县	19	22.785	29.69	35.604	34.7	41.612

注：因四舍五入原因，百分比之和可能不为100%。

资料来源：2006～2017年《云南统计年鉴》。

二、滇中城市群产业结构演进评价

（一）三次产业的聚集分析

依据滇中城市群2006～2016年县域产业的统计数据，运用赫芬达尔—赫希曼指数（HHI）公式，测算出该地区的县域三次产业的聚集情况（见表8-3）。

表 8 - 3　　　　　　　2006～2016 年滇中城市群三次产业集聚程度的 HHI 值

年份	第一产业	第二产业	第三产业
2006	0.0266	0.0667	0.0710
2007	0.0271	0.0653	0.0716
2008	0.0277	0.0633	0.0697
2009	0.0274	0.0653	0.0671
2010	0.0283	0.0614	0.0659
2011	0.0289	0.0598	0.0682
2012	0.0287	0.0586	0.0679
2013	0.0284	0.0569	0.0691
2014	0.0283	0.0624	0.0600
2015	0.0282	0.0594	0.0592
2016	0.0282	0.0574	0.0581

资料来源：2006～2017 年《云南统计年鉴》。

　　赫芬达尔—赫希曼指数从时间序列上反映出三次产业结构集聚的基本特征。HHI 值越大，表明某产业的县域集中度越高，该产业绝大部分产值集中分布在某些县域。本章从多年平均角度出发，分别先选取出产业产值排在前 12 位的县区，将其产值加和后与滇中城市群所有县域产业产值之和相比，用于说明该产业集聚程度的高低。

　　从产业的构成来看，滇中城市群三次产业中第三产业的集聚程度最高，第三产业的 HHI 均值为 0.0662；其次是第二产业，均值为 0.0615；第一产业的集聚程度最低，均值为 0.0280。2006～2016 年，滇中城市群第一产业的集聚程度变化较小，大致为 0.0280；第二产业总体呈现略微下降的趋势；第三产业呈现出波动下降的趋势。2014 年后，滇中城市群第二产业和第三产业的县域集中程度大致相当。

　　从县区角度看，滇中城市群第一产业产值排名前 12 位的县区依次是宣威市、陆良县、宜良县、师宗县、罗平县、会泽县、沾益区、富源县、禄丰县、建水县、弥勒市、楚雄市。该区第一产业排名前 12 的县区集聚了滇中城市群全部县区第一产业产值的 46%。第二产业产值排名前 12 位的县区依次是五华区、红塔区、官渡区、麒麟区、弥勒市、楚雄市、盘龙区、安宁市、个旧市、西山区、宣威市、呈贡区。该区第二产业排名前 12 的县域集聚了滇中城市群全部县区第二产业产值的 68%。第三产业产值排名前 12 位的县区依次是官渡区、五华区、盘龙区、西山区、麒麟区、红塔区、安宁市、宣威市、楚雄市、开远市、个旧市、东川区。该区第三产业排名前 12 的县域集聚了滇中城市群全部县区第三产业产值的 67%。该测算结果与城市群三次产业的 HHI 值走势大致吻合（见表 8 - 3）。滇中城市群共有 49 个县区，如此看来，滇中城市群县区的产业空间集聚程度高，差异比较明显。第三产业的集聚度是整体中最高的，但 2014 年后有明显的下降趋势，这说明区域内第三产业的空间分布正向着均衡方向发展，从县区的空间分布上看，基本上位于滇中城市群核心区域的县区第三产业的产值都较高，这些县区经济较发达，经济总量集中了整个滇中城市群很大一部分产业产值。

（二）三次产业的分散分析

使用赫芬达尔—赫希曼指数测算产业集聚程度时，忽略了县域经济规模的大小，得出的结论可能有扩大化的倾向。因此，本章选用空间基尼系数进行测算和进一步验证。基尼系数的经济意义是：数值越小，说明滇中城市群县域三次产业的扩散程度越高。空间基尼系数包含具体的产业和经济规模两个因素，根据空间基尼系数的公式，测算出滇中城市群县域三次产业的分散情况（见表 8 - 4）。

表 8 - 4　　　　　　2006 ~ 2016 年滇中城市群三次产业空间基尼系数（G）

年份	第一产业	第二产业	第三产业
2006	0.0392	0.005	0.0084
2007	0.0389	0.0052	0.0098
2008	0.0379	0.0049	0.0094
2009	0.0384	0.0053	0.0084
2010	0.0382	0.0045	0.008
2011	0.0385	0.0053	0.0104
2012	0.039	0.0052	0.0098
2013	0.0394	0.0052	0.0092
2014	0.0401	0.0059	0.0059
2015	0.0397	0.0051	0.0047
2016	0.0393	0.0046	0.0038

资料来源：2006 ~ 2017 年《云南统计年鉴》。

根据滇中城市群县区产业结构的数据，计算出滇中城市群的空间基尼系数。各产业基尼系数基本保持稳定。这说明三次产业占滇中城市群县域相应产业的比例与县域经济总量占滇中空间城市群县域经济总量的比例大致相当；2006 ~ 2016 年，滇中城市群中基尼系数所反映出区域内第二产业的扩散程度最低，第三产业次之，扩散程度最高的是第一产业，也就是说，第一产业的县域分布最不均衡。从 2014 年开始，滇中城市群第三产业的扩散程度呈现出比第二产业扩散程度还低的趋势，这说明滇中城市群的第三产业分布正在往均衡分布的方向发展。这一分析结果与前文三次产业集聚分析的结论相一致。

这里引入了县域经济规模因素，经济规模的大小与第二、第三产业关联性很强。一般来说，倘若某县域的经济规模较大，那么该县域的第二、第三产业就发展得比较好，而如果某县域的经济规模较小，那么该县域的第二、第三产业发展就较差，但是这并不说明其占县域经济总量的比重就较低。滇中城市群中第一产业的扩散程度基尼系数较大，说明该区域内第一产业的扩散程度较低，这是因为自然地理条件是影响第一产业发展的首要因素。滇中城市群的地形条件多样，县区间资源禀赋差异显著。因此，各县区间自然地理条件的差异，使得第一产业的分布显然不可能呈现均匀分布的状态，当然，随着滇中城市群县域经济的发展以及科学技术水平的不断提高，第一产业占县域经济的比重也会越来越低。

从多年平均角度出发，分别先选取产业产值排在前 12 位的县区，将其产值加和后与滇中城市群所有县域产业产值之和相比，用来说明该产业集聚程度的高低。测算结果显示，滇中城市群第一产业产值排名在前 12 位的县区中，只有少数几个县区经济总量排名也比较靠前。第二产业产值和第三产业产值排名前 12 位的县区中，大部分县区的经济总量名也比较靠前。从第二产业产值和第三产业产值分别占经济总量的比值看，第二产业和第三产业的产业比值相似度高。

总体来看，滇中城市群第三产业的扩散程度还较低。由 2006～2016 年滇中城市群三次产业的扩散程度及趋势（见表 8-4）可以得出初步结论：滇中城市群的第二产业和第三产业的扩散程度高于第一产业，即第二产业和第三产业的分布比第一产业均衡。

（三）滇中城市群县域产业结构差异分析

使用县域产业结构差异指标（SD）公式，测算出滇中城市群产业结构差异指标的具体情况（见表 8-5）。

表 8-5　　　　　　　　2006～2016 年滇中城市群产业结构差异的测算

年份	第一产业	第二产业	第三产业
2006	0.1492	0.1501	0.077
2007	0.1463	0.1533	0.0825
2008	0.1422	0.141	0.0786
2009	0.1395	0.1371	0.0759

续表

年份	第一产业	第二产业	第三产业
2010	0.1345	0.1299	0.0707
2011	0.1284	0.1366	0.088
2012	0.1317	0.1274	0.0877
2013	0.1255	0.1204	0.0884
2014	0.1246	0.1214	0.0704
2015	0.1184	0.1126	0.0717
2016	0.1125	0.1046	0.0728

资料来源：2006～2017年《云南统计年鉴》。

滇中城市群产业结构的变化趋势明显。从整体的变化趋势来看，2006～2016年滇中城市群县域产业结构差异明显，没有任何产业的指标接近0，也就是说，滇中城市群的三次产业都没有在整个滇中城市群所辖的县区中均匀分布的。第一产业结构的变化趋势在2006～2016年整体呈现下降趋势，主要原因是，随着社会经济的发展，不同县域会根据具体的情况转变经济发展方式、调整产业结构，因地制宜地利用当地的自然优势，发展农林套种。相邻县域之间竞争与合作的关系，导致第一产业的县域结构差异越来越小。但是第一产业的县域结构指标在大多数年份依然是三次产业中最高的，因为第一产业的发展会受到自然地理特征的影响，不同的县域地形、气候、水文、植被、土壤等要素不同，其发展第一产业的优势条件也存在差异，所以，滇中城市群第一产业的县域差异是三次产业中最大的。第二产业结构的变化趋势在2006～2016年总体呈现波动下降的趋势，因为滇中城市群各县域受到经济、科技以及资金和基础设施建设等条件限制，尤其是部分综合实力较弱，但产业还不发达的县区，第二产业占比较低，产业发展缓慢。加之为了追求经济利益，各县区之间相互借鉴和模仿产业发展方式，最终导致该区内各县区的第二产业产业结构越来越趋同。所以各县区之间的第二产业结构差异仅次于第一产业位居第二。滇中城市群第三产业在2006～2016年变化是最明显的。2006～2010年呈现下降趋势，2010～2013年又呈现上升趋势，2013～2014年下降幅度大，2014～2016年又呈现轻微的上升趋势，但是不管怎样变化，滇中城市群的第三产业结构指标依然是三次产业结构中最小的，即第三产业县域差异最小，在滇中城市群所有县区中，第三产业是分布得最均匀的。滇中城市群各个县区的旅游资源都比较丰富，加上各县区产业结构都在朝着合理化和科学化的方向调整和发展，所以县域第三产业结构差异最小，相似度最高。

第五节 滇中城市群产业结构优化研究

一、滇中城市群产业结构优化研究背景

(一) 机遇与优势

随着区域经济的不断发展，气候变化异常、资源枯竭和环境污染等问题不断涌现，人们开始意识到人地关系应该往和谐相处的方向发展。人地矛盾要缓和，产业结构的调整和优化就是重中之重。目前，全球的经济形态和经济增长动力正在随着日新月异的时代而发生转变。我国在提出经济转变的同时，也在不断发展生态文明，全社会正在不断关注建设资源节约型和环境友好型的社会。滇中城市群地缘优势明显，便于与东南亚、南亚国家加强联系，便于发展对外贸易经济。交通通信便捷、动植物资源丰富、气候条件适宜、降水量丰富、矿产资源丰富、独特的自然地理景观加上别具风情的民族文化景观，形成了独具魅力的旅游资源，加上滇中城市群坝子众多，适宜农作物的种植，具有丰富的优势农业资源和别具特色的农产品资源，发展潜力十分巨大。这些有利的机遇和优势条件，有利于滇中城市群产业结构的优化，吸引外资，因地制宜地开发和保护其中的旅游资源，促进产业结构的调整，提高当地的科学技术水平，促进区内各县区产业结构的转型升级，加快滇中城市群的经济发展，切实转变经济发展方式。

(二) 劣势与挑战

滇中城市群经济实力较强的县区主要集中在昆明市中心区域，经济发展的区域协调性较差，大部分县域的生态环境较脆弱，因为技术水平和管理制度不完善的原因，为了发展经济盲目开采当地的自然资源，导致了严重的水土流失、环境污染等突出问题。大多数县区存在生态环境不断退化的趋势且尚未得到有效控制。滇中城市群的工业起步晚，工业基础较落后，第三产业近年来得到发展，但还存在产业层次不高、现代服务业和生产性服务业还不发达的问题，所以整体的区域经济实力较弱。区内大多数县区的经济发展方式以农业为主，制造业比较低端，第三产业不发达，农业人口的比重较大，贫困人口较多，整个滇中城市群的城镇化进程缓慢。再者，滇中城市群产业结构中，农业就业的比重相对较高，非农产业尤其是工业对区域内劳动力的吸纳能力较弱。整体而言，滇中城市群工业在经济发展中占据了主导地位，但是工业化的整体水平却比较低，竞争力薄弱，

工业经济增长速度缓慢，发展后劲不足，与全国平均水平以及发达地区相比，目前仍然存在较大的差距。这些劣势制约着滇中城市群产业结构的优化升级。

二、滇中城市群产业结构优化的基本目标

（一）促进区域协调发展

对滇中城市群的产业结构进行优化，促进滇中城市群各县区之间的协调发展。根据各县区的资源优势和发展的有利条件，合理确定产业发展方向，正确定位重点产业选择，避免盲目借鉴产业发展方式，要因地制宜地制定其产业结构调整对策。推进区域产业合理分工，充分利用区域的优势发展自身经济，优化产业结构空间配置，培育优势产业区和优势产业带。要尽可能利用政策措施鼓励各县区有效避免低水平重复建设的经济发展方式，避免不利于地区经济长期发展的产业结构趋同现象。大力发展服务业，促进旅游资源的地域组合，通过旅游业向农业的延伸与联动发展，带动农业和农村经济的发展，带动城乡和区域间的经济共同协调发展。

（二）保障和改善民生

滇中城市群应该把保障和改善民生作为产业结构调整的根本出发点和落脚点。要通过产业结构的调整和优化来吸纳更多的农村剩余劳动力，发展滇中城市群的劳动力密集型产业，以产生更多就业机会，让更多的农民转移到非农业生产上，从而提高区内农民的收入水平，缩小城乡差距。也可以利用区域内得天独厚的自然优势，充分促进当地农产品资源的发展，建立起不同县区特有的优势农产品，发展健康环保的绿色农业，通过技术手段延长农产品的产业链，推动农产品的深加工，增强滇中城市群农村经济的发展活力，改善区内人民的生活水平。

三、滇中城市群产业结构优化对策建议

滇中城市群是云南省的核心区域，包括省会城市昆明以及玉溪市、楚雄州、曲靖市、红河州等市州所辖的 49 个县区。滇中城市群的人口稠密、第二产业和第三产业发展都较好，交通网络相对较完善，科技力量也是云南省最雄厚的地区，该区已经成为带动云南省经济社会发展的中坚力量。

要充分发挥好滇中城市群的增长极作用，促进区域各县区的经济持续发展。产业结构要合理地转型升级，就需要有正确的产业发展思路和科学的产业调整对策，达到资源优化配置的目的，促进滇中城市群和整个云南省的经济发展。

（一）加大对第一产业的生产投入

2006～2016 年这 11 年间，滇中城市群各县区的产业结构都逐步走向"三、二、一"产业结构模式，绝大部分县域的经济总量以第二、第三产业的产值为主，在社会经济发展过程中，这是正常的发展阶段。但是滇中城市群的这种产业发展进程并不能说明此区域内部的第一产业具有较高的生产效率或有较高的城市效率。还有 48% 的县区第二产业占比超过 20%。滇中城市群所辖的 49 个县区地形大部分以山地为主，道路崎岖不平，地势条件复杂多样，自然灾害频发。山地地形导致第一产业机械化水平低，而且山地上一般土壤较贫瘠，不利于农作物的种植，加上山地地形海拔高度不同导致水热条件限制农作物的种植，第一产业产值较低。从社会经济条件方面来说，山区的信息欠发达，交通较闭塞，农产品的市场有限，科技力量也十分薄弱，所以整体来说，大多数县区的第一产业生产效率低（路满，2017）。

针对此，滇中城市群各县域应该因地制宜地加大当地农产品的投入，各县区可以利用当地有利的区位条件种植合适的农作物。滇中地区的气候条件在整个中国都比较独特，各县区应利用自身的优势吸引外资和加大农业技术投入，提高第一产业的生产效率，走农业产业化的道路，通过延长农产品的产业链，增加产品的附加值，增加当地的就业机会，不断引导各县区的农村剩余劳动力向第二、第三产业转移。除此之外，滇中城市群还得提升林业的战略地位，要响应时代的发展，充分发挥林业的生态功能，建设农、林、牧相结合的大农业体系。可以将林业作为滇中城市群基础性和战略性的产业加以培育，提高林业总产值在第一产业产值中的比重，改善滇中城市群内农业生态环境，可以加大对林业发展的财政补贴，加大林业发展的投资力度，加快林业的发展，让滇中城市群的绿色农业经济地位得到提升。第一产业的投入力度不仅仅体现在农产品和林业方面，还体现在特色农业方面。如楚雄州的大姚县种植的核桃品质优良，核桃是重要的木本油料作物，核桃油绿色又健康，是高档的木本食用油。核桃树质地坚硬，纹理细致，色泽美观，可以用作制作家具的原料。核桃这种植被的根系发达，对水土资源的保持作用强，能够起到绿化造林和涵养水源的作用。所以，滇中城市群的部分县区可以结合自身的具体条件，将生态建设和退耕还林相结合，适当发展核桃种植业，扩大种植面积，加快高育良种核桃的繁育和推广，加强核桃基地的建设，让核桃产业成为推动当地经济增长的主导产业之一。葡萄产业也是滇中城市群重点考虑的发展方向。

滇中城市群的气候条件除了可以发展农作物的种植外，还可以通过各县区的优势条件发展桑蚕养殖业或花卉产业。这都离不开政策和措施的支持。尤其是滇中城市群的花卉生产在整个亚洲地区都有影响力，应该加大对花卉产业的投入力度，增强对花卉的研发力度，提高花卉的质量，以增加鲜花的生产量和贸易量。利用花卉产业先进的生产技术，提高花卉产业的市场竞争力。延长花卉的产业链，完善花卉新产品的研发、加工、物流配送、技术服务等环节，形成具有强大竞争力的花卉产业群。同时，滇中城市群还应结合经济发展的现状，充分考虑人们对不同肉制品的需求量，加大对牛羊等牲畜的饲养力度，加快传统畜牧业向现代畜牧业和生态畜牧业的转变，提升滇中城市群畜牧业的生产品质，提高畜牧业产值比重。这样才能更好更快地带动该区域的经济不断稳定发展。

（二）加强各县区的基础设施建设力度

滇中城市群各县区之间的第二、第三产业产值差异较大。第二、第三产业产值最高的县区主要集中在省会城市及距离较近的县区。这说明滇中城市群的基础设施建设不完善，县区之间的基础设施总体发展欠佳。滇中城市群的基础设施建设因为受到当地地形和经济技术投入限制等因素的影响，成为阻碍区域经济发展、产业结构调整的障碍。基础设施在提高国家生产力的同时还改善着人民的生活，是一个国家物质文明发展水平的重要标志。滇中城市群的产业结构要合理地转型升级，基础设施的支撑必不可少。近几年，滇中城市群大多数县区的基础设施不断得到改善，国家扶贫力度加大，公路村村通，电力和网络建设也在不断完善，省会城市连接东部沿海城市的高铁陆续投入使用，使得大多数县区的第二产业和第三产业都得到了发展。滇中城市群各县区要充分利用区位优势，抓好"一带一路"建设的好时机，加强基础设施建设，加快推进各县区之间高速公路和铁路等建设，加大各县区间的合作，要重视区域内快速通道的建设，确保各县区之间的交通联系快捷、畅通。滇中城市群的交通网络规划、建设和经营要融为一体，铁路与城市轨道交通融合，长途公共交通与城市公共交通融合，公路与城市道路融合，不同县区之间公路网相互融合。在通信设施建设方面，滇中城市群应加大资金和技术的投入力度，保障各县区的信息流通畅，建设能够完全覆盖滇中城市群的信息网络，包括建设区域一体化的个人与企业诚信平台，让各县区的信息资源能够安全快速地共享。信息平台的建成，有利于滇中城市群共同市场的形成，能够有效地降低社会交易成本，提高交易效率，促进整个区域的经济发展，提高整个区域的综合竞争能力。通过基础设施的一体化建设实现各县区之间的优势互补，共同繁荣地方经济。

（三）加大第二产业技术投入力度

世界各国或者各地区的发展实践证明，工业化是实现现代化的必经之路，是一个国家和地区经济发展的主要引擎，没有工业化，任何一个国家和地区想要实现物质财富高度充裕和科学技术高度发达都是不可能的。滇中城市群在云南省的地位举足轻重，不仅是云南省的核心区域，还是云南省的优先开发区域，各县区必须抓住机会，合理开采丰富的自然资源，增加当地经济增长的动力。要使得当地的资源转化为经济优势，技术投入力度就必须加大：一是通过技术投入提高资源的利用效率；二是通过技术改造减轻环境污染，减小对当地生态环境的破坏力度。当然，利用科学技术，可以对传统工业进行技术改造，也可以充分利用滇中城市群高校众多的有利条件，加大对高新技术产业和新兴产业的投入，促进产品的升级换代，树立品牌。

滇中城市群各县区的农产品各具特色。在省内湿热的气候条件下种植出来的农产品，品质优良，口味独特，可以通过技术手段，对区内某些县域优势农产品进行深加工。区域产业要遵循比较优势，企业的发展能力才会强。滇中城市群生产农产品的自然地理条件优越，劳动力资源丰富，产品还有绿色环保的优势，生物资源丰富，甘蔗、茶叶、花卉、香料、木材、河谷热带水果等优势农产品在整个省内的优势比较明显。如果将优势农产品进行加工，滇中城市群就会增加更多劳动力密集型的产业，这些产业对资金的需求量较少，和农业的关联度比较高，能增加更多的就业机会，吸纳农村剩余劳动力就近就业，这有利于农村经济的发展。而且，农产品的深加工产业对能源的消耗少，污染程度较低，对生态的破坏作用弱。因此，滇中城市群通过发展优势农产品的加工业，能够在一定程度上带动当地的产业结构升级发展。

对第二产业加强技术的引进和新产品的研发。对滇中城市群的烟草、土豆等传统农产品加工业进行改造升级，加大力度发展和壮大木本油料、生物化工、绿色食品加工业等行业。重点发展花卉、有机糖等高附加值农产品。对于核桃、油茶等营养价值较高的木本油料作物，应该引进优良品种，扩大种植面积，推动这些经济效益好又环保的农产品产业的发展。滇中城市群优良的气候条件，为区域内野生菌的生长提供了优越的自然条件，这些野生菌属于绿色食品，应该加大投入力度，发展野生菌深加工产业。

滇中城市群的传统工业也应该改造和提升。区域内有色金属、磷化工、煤化工等传统原材料工业快速发展，对资源的消耗大，加上技术落后，会造成大量资源的浪费，污染物排放没有得到有效控制，所以区内的资源和环境问题比较严重。滇中城市群必须改变第二产业粗放发展的状况，淘汰落后产能，加大县域联系，引导部分企业迁并重组，培育有竞争优势的主导产业。加大投入，提高产业的技术设备水平和劳动力素质，调整产品的结构，推进产品的精深加工，延长产品的产业链，使产品的附加值和科技含量得到提高，提升竞争力，形成能够引导区域经济发展的主导产业。以传统煤化工产业为主导产业的县区应该改变发展方式，向现代煤化工方向转型。磷化工应该向精细化和专用化方向发展。滇中城市群内的技术水平和经济水平在云南省内处于领先地位，应该利用此优势，发展电子、电力、家电、不锈钢板等精深加工产品。材料工业应该向附加值高的锡材等产品方向发展。城市群内应建设新材料的产业研发和生产基地，培育和发展有色金属新材料、塑料新材料、橡胶新材料产业等。通过壮大产业规模和增强创新能力，加速传统原材料工业的转型和升级，大幅度提高资源利用效率，促进第二产业经济效益的提升。

装备制造业方面，滇中城市群有一定的优势条件，经济和技术基础较好，况且，云南省对于挖掘机、矿山采选成套设备等重化工装备的需求量较大。装备制造业是加快城市群内的传统行业升级的关键支撑条件。滇中城市群内装备制造业的发展方向应该是加大投入力度，推动重工业由以原材料为重心向以加工组装制造业为重心的方向发展，促进工业结构调整。巩固现有的装备制造业，着力提升装备制造业产品的质量。电力装备制造业应该围绕水能资源的开发和建设水电基地展开。随着"一带一路"倡议的实施，滇中城市群与东南亚、南亚地区的联系将不断加强，因此，滇中城市群应该通过加强技术手段提升自动化物流成套设备和铁路养护机械的研发和制造能力，打开东南亚、南亚的市场。总之，滇中城市群应该注重发展减少环境污染、节约水资源、节约能源资源的产业和新兴电子产业。滇中城市群的清洁能源也比较丰富，应对区域内地热资源、风能资源、光能资源等进行有效开发。

对于各县区之间的产业联系，滇中城市群应该结合实际情况，推进区域内各县区之间产业的整合和联动发展。促进县域产业结构升级，提升县域产业的现代化、信息化水平，通过信息技术将区域内各县区之间相关行业的生产资料、产品研发、产品生产、产品运输、产品供应等环节进行集成和整合，推进相关行业的一体化发展，加快构建区域一体化的产业体系。通过加大力度推动新兴产业的发展，带动县域传统产业的优化和升级（石天戈，2013；戴波，2008）。

（四）加大第三产业投入力度

滇中城市群要将第三产业的发展作为重点发展领域，当引导产业往高级化方向发展。滇中城市群加大第三产业发展的力度，可以通过改善基础设施建设，结合不同县区的实际情况，推动区域内制度的创新，完善政策体系，全方位提高服务业的标准，让区域内的服务业得到最大限度的提升。对于教育、医疗、影视、文化和休闲娱乐等生活性服务的发展，应该得到充分的重视。随着生活水平的提高，人们对于生活性服务的需求日益增加，迎合市场需求、满足人们的需要是发展的方向之一。加快生产性服务业的发展，可以通过技术手段将生产性服务业与先进制造业和现代农业相融合，提高农业和工业的发展效率；积极发展生态文明建设所要求的环保服务业，重点推进旅游业与现代物流业两大复合型服务业的发展。

　　滇中城市群在自然资源方面和民族文化资源方面都拥有独特的优势。滇中城市群的第三产业产值越来越高，分布也越来越均匀，大多数县区的文化旅游产业开始成为县区经济增长的主导产业之一。但是目前滇中城市群绝大多数县区的旅游产业体系不完善、结构单一、旅游产品质量较低，所以各县区应该加大对第三产业的投入力度，增强部分县区旅游业发展的能力，完善各县区的旅游发展体系，丰富产业的发展内容，通过技术和资金的投入提高本区域的旅游产品质量，提升旅游产品的竞争力市场，构建合理科学的第三产业内部结构，使其成为滇中城市群最具活力的经济增长动力。

　　近年来，滇中城市群的旅游业受到的挑战越来越多，旅游行业中的混乱现象屡见不鲜。应该提升旅游业的整体素质，提高旅游业的经济效益。对于旅游业中的混乱现象，应该通过政策和完善的法律法规进行干涉和规范。旅游从业人员的素质也应得到提升，从而提升旅游业的服务水平。推进旅游业的经营管理和服务应与国际接轨，让滇中城市群旅游发展的社会环境得到更大的优化。旅游业兼具经济功能与社会功能，是集传统与现代、生产性与生活性、劳动密集型与知识密集型等特征于一体，需求潜力较大和关联度高的朝阳产业。在机遇与挑战并存的大环境下，滇中城市群应该抓住机遇，利用自身独特的优势，转变旅游业的发展方式，实现旅游经济增长由粗放型向质量效益型转变，旅游模式由传统旅游向现代旅游转变，旅游方式由观光型旅游向休闲度假型旅游转变，提升区域旅游业的整体素质和经济效益。在旅游开发的过程中，区域内的污染问题也日益凸显，对于已经污染的区域，滇中城市群应该投入资金和技术加强治理，对于还未污染或污染较小的区域，滇中城市群应该尽可能保护环境，改善和保护生态环境的质量。

　　旅游业的相关行业较多，滇中城市群可以拓展旅游业的相关产业功能，加大投入力度，正确引导旅游业由消费型产业向消费、生产服务、社会服务一体化的发展方式转变。旅游业的功能不仅仅是带动当地经济的发展，也兼具带动当地生态环境和社会文化的开发与保护功能。总之，应该提高旅游业与相关行业的关联度，带动相关行业发展，并增强相关行业对旅游业发展的支撑能力。

　　滇中城市群应加强与周边区域的合作，加强交通设施的建设，构建连通内地与南亚、东南亚的交通网络体系。因此，滇中城市群应该通过政策措施，加强与周边区域的联系，建设旅游大区，或者旅游大环线，推出跨区域的旅游产品，让滇中城市群的旅游空间得到扩大。区域内现代物流业的发展，可通过改善区域内的物流基础设施，加强物流中心和物流基地建设，培育大商品集散市场和专业市场，发展连锁经营、物流配送、电子商务等现代物流组织形式实现。

（五）加大对外开放的力度

　　滇中城市群有优越的地缘优势条件，地处云南省的核心区域和"一带一路"

建设的经济带上。距离东南亚、南亚国家较近，所以滇中城市群应该充分发挥自身的地缘优势，积极主动地加强与东南亚、南亚国家的联系，发展对外贸易，推动滇中城市群与泰国、缅甸等国家间的铁路建设。滇中城市群相对于与云南接壤的南亚、东南亚国家与地区来说，基础设施条件较好，技术创新能力较强，因此可以利用"互联网＋"等新技术增强滇中城市群的科学技术创新能力，在对外开放的过程中，提高出口产品的技术附加值。加大对南亚以及东南亚国家初级产品的进口量，优化滇中城市群产品的进口结构，通过多渠道吸引外资和技术力量的投入，促进产业结构升级，扩大滇中城市群的对外开放度，推动该区域经济快速稳定发展。

在第一产业方面，可以出口已具有产业优势的花卉和黑桃等农产品。充分利用资金和科学技术的优势，引进东南亚、南亚国家的初级农产品，进行深加工后再发展出口贸易。滇中城市群应加大力度重点发展低污染的产业，重点发展新材料、先进装备制造业、生物医药制造业等高端产业，优化区内第二产业的产业结构和产业布局，加强与国内外的产业链对接，促进地区经济发展。同时，应大力发展以物流、商贸、金融、教育、商务会展、信息服务等为主的现代服务业。充分发挥区域发达的交通和信息网络的作用，将该地区建设成为面向东南亚和南亚的重要商贸基地。

参 考 文 献

［1］戴波：《云南水电产业竞争力分析》，载于《经济问题探索》2008 年第 6 期。

［2］豆鹏：《云南产业结构的演进路径透析》，云南财经大学硕士学位论文，2010 年。

［3］关伟、蔚振杰：《辽宁沿海经济带产业结构分析》，载于《地域研究与开发》2011 年第 4 期。

［4］侯小星：《滇中城市群产业集聚与整合研究》，昆明理工大学硕士学位论文，2008 年。

［5］胡宗群、吴映梅、张伟等：《滇中城市群产业演进研究》，载于《地域研究与开发》2013 年第 1 期。

［6］纪玉山、吴勇民：《我国产业结构与经济增长关系之协整模型的建立与实现》，载于《当代经济研究》2006 年第 6 期。

［7］刘刚、沈镭：《1951～2004 年西藏产业结构的演进特征与机理》，载于《地理学报》2007 年第 4 期。

［8］路满、张天明、吴映梅：《云南省产业结构演进特征及路径优化研究》，载于《西部经济管理论坛》2017 年第 3 期。

［9］彭邦文、曹洪华：《城市群产业分工与结构趋同演进研究：以滇中城市群为例》，载于《资源开发与市场》2015 年第 10 期。

［10］钱利英、吴映梅、徐燕苗：《滇西北民族地区经济发展水平与产业结构演进状态协调分析》，载于《经济地理》2010 年第 8 期。

［11］石天戈、张小雷、杜宏茹等：《中亚制造业发展的空间差异与结构特征》，载于《干旱区地理》2013 年第 4 期。

［12］武友德：《云南经济地理》，经济管理出版社 2018 年版。

［13］薛源：《成渝城市群产业结构演进与城镇化协调发展研究》，西南大学硕士学位论文，2016 年。

［14］闫彪、汪安佑：《云南省有色金属产业发展策略研究》，载于《中国矿业》2009 年第 6 期。

［15］杨旺舟：《区域产业结构分析与调整对策——以云南省为例》，科学出版社 2013 年版。

［16］杨文凤、杜莉、朱桂丽：《基于产业演进的西藏产业发展路径分析》，载于《农业现代化研究》2015 年第 5 期。

［17］云南省统计局：《云南统计年鉴》，中国统计出版社 2007 年版。

［18］云南省统计局：《云南统计年鉴》，中国统计出版社 2008 年版。

［19］云南省统计局：《云南统计年鉴》，中国统计出版社 2009 年版。

［20］云南省统计局：《云南统计年鉴》，中国统计出版社 2010 年版。

［21］云南省统计局：《云南统计年鉴》，中国统计出版社 2011 年版。

［22］云南省统计局：《云南统计年鉴》，中国统计出版社 2012 年版。

［23］云南省统计局：《云南统计年鉴》，中国统计出版社 2013 年版。

［24］云南省统计局：《云南统计年鉴》，中国统计出版社 2014 年版。

［25］云南省统计局：《云南统计年鉴》，中国统计出版社 2015 年版。

［26］云南省统计局：《云南统计年鉴》，中国统计出版社 2016 年版。

［27］云南省统计局：《云南统计年鉴》，中国统计出版社 2017 年版。

［28］赵玉林：《产业经济学》，武汉理工大学出版社 2004 年版。

［29］赵晓华：《云南工业化进程中的产业结构分析》，载于《云南民族大学学报（哲学社会科学版）》2007 年第 2 期。

［30］张平、王树华：《产业结构理论与政策》，武汉大学出版社 2009 年版。

［31］张海峰：《1949 ～2007 年青海省产业结构演进特征与机理》，载于《青海师范大学学报（自然科学版）》2010 年第 4 期。

［32］郑彬：《我国产业空间扩散态势分析》，载于《商业研究》2013 年第 7 期。

［33］中华人民共和国国家统计局：《国家统计局关于印发〈三次产业划分

规定〉的通知》，http：//www. stats. gov. cn/tjbz/t20030528_402369827. htm，2003 年 5 月 28 日。

［34］朱苏加、吴建民、张慧峰：《河北省县域产业结构的空间差异及演化分析》，载于《地理与地理信息科学》2014 年第 6 期。

［35］邹敏、吴映梅：《产业视角下滇中城市群城市分工与发展模式研究》，载于《资源开发与市场》2015 年第 4 期。

第九章

滇中城市群的交通网络结构研究

第一节 滇中城市群交通网络结构的测度研究

一、交通网络结构研究的理论与方法

最早关于交通网络通达性的研究起源于古典区位论，直到 1959 年，汉森（Hansen）第一次总结提出了交通网络通达性的基本概念，学者们才真正开始交通网络的相关研究，并尝试准确定义交通网络通达性的概念。20 世纪 60 年代以后，爱德华·乌尔曼（Edward Ullman）进一步深化了通达性概念，并提出了切实可行的操作和度量方法，奠定了交通网络相关研究的基础。

随着我国城市化迅猛发展和高速交通网线的快速扩展，区域一体化发展趋势日益强化，交通作为区域联系的纽带逐渐被学者们所重视，交通网络演化的研究随之被重视起来。吴威、曹有挥、梁双波等（2018）以长三角地区为例，探究了 20 世纪 80 年代以来的综合交通通达性及其时空演化；蒋海兵、徐建刚、祁毅（2010）分析了 1996～2011 年京沪高铁影响下的区域通达性空间格局演化的特点；徐旳、陆玉麒（2004）探究了江苏省高等级公路交通网络的演变，并分析了内部交通通达性的空间分异效应；叶茂、王兆峰（2017）以武陵山区为个案探究了武陵山区交通网络通达性的空间演化格局；吴超等（2014）运用网络分析技术分析了南通市交通网络通达性空间布局；杨效忠等（2013）借助 GIS 软件，分别从区内和区外通达性两个方面测度和分析了大别山跨界旅游景区通达性及空间分异特征，认为普适性交通网络的完善程度是区内通达性的决定性影响因子，而高铁等快速交通的发展对景区区内通达性提升有显著作用；王国明、李夏苗、邹华鹏（2014）从城市群交通网络发展的角度探究了城市群交通网络空间分异特征。

二、交通网络研究基本概念

（一）交通网络的基本概念

交通网络是交通运输网和邮电运输网的总称，也被称为运输网络，由设施网络子系统、径路网络子系统、组织网络子系统和需求网络子系统组成（邹璇等，2018；马雪莹等，2016；王丹丹等，2014）。具体来说，交通网络作为重要的地理空间网络，主要包括铁路网络、公路网络、水运网络、航空网络等，对区域经济、旅游、文化等相关产业的发展有着重要的意义。

交通是社会经济生活必不可缺少的基础性因素，其在区域和城市发展中的地位随着人类社会经济的演变发展不断提升，交通网络镶嵌于地理空间中，是人文地理空间组织的一种表现形式，其具有两大显著特征：一是地表构建上具有典型的客观性；二是内部组织关系具有空间联系性。交通网络可以抽象为地理几何要素（包括点、线、权）的空间组合构成的地理区位形式，这里的点包括汽车站、火车站、交通枢纽和区域交通交汇中心；线是指连接公路车站之间、火车站点之间、交通枢纽点之间或者地区中心之间的交通道路；权是指节点的关联性，包括两地的行车时间、交通成本。

（二）交通通达性的基本概念

在区域视角下，通达性反映了某一城市或区域与其他城市或区域之间发生空间相互作用的难易程度；城市内视角下，一般通过个体或微观商业区位的角度来评价可达性（高铁网络时代区域旅游空间格局）。其实，通达性本身并不难理解，在杜能的农业区位论、韦伯的工业区位论中，都暗含了大量的通达性的概念。然而，直到 20 世纪 60 年代的数量革命，通达性才得以清楚定义。简单来说，通达性是指利用不同的交通工具从一个地方到另一个地方的难易程度，它可以用乌鸦距离、拓扑距离、蜗牛距离、旅行时间或运输费用等不同的测度方法来衡量。在人文地理学里，它被用来解释社会现象的空间变化，如城镇的增长、服务设施的选取、土地利用的空间结构。通达性更多源于空间的相互作用。

一般情况下，空间相互作用，或者社会实体之间的相互关系，被认为是影响区位选择及城市增长的重要因素。空间的相互作用是社会实体之间的连续的或反复的联系，这种联系导致了人力资源和自然资源的流动与交换，并且决定了进行交流的社会实体的大致位置。在城市化地区内部，通达性通过不同活动之间的相互作用及其导致的交通行为来定义，它以在给定的交通条件下，一个地方的活动能够从另外一些地方接近的容易程度来衡量。因而，通达性能够表示某一地域内不同地点之间的联系，并可衡量把某一活动放在不同地点的相对优势。

概括起来说，要想对交通通达性的概念有一个更加深刻的理解与解释，我们主要应从以下几个方面入手：第一，各个地理单元的具体分布位置；第二，不同交通工具的组合方式、不同交通工具的时速以及各个地理单元的地貌特征；第三，接近与被接近的对象的社会经济特性，如收入状况、就业情况、产业发展状况。

三、交通网络结构的测度研究

由于交通通达性的概念会随着时间的发展被赋予新的内涵与意义，因此通达性的测度方法也是多变的（李琳等，2017；殷江滨等，2016），从最初最简单的以距离衡量的通达性过渡到较为抽象的以机会成本来衡量的通达性。并且，随着通达性概念内涵的深化和外延的拓展，人们开始按不同的出行目的、不同的出行方式以及出行者的不同年龄、性别、职业类型来分别计算通达性。正是由于交通通达性的概念不断深化、交通通达性测度方法的样式不断丰富，因此，在日常生活中，我们从不同的角度去考察通达性，就会导致测量方法的巨大差异。就算是对同一角度的考察，由于所得的数据不同、所采取的方法不一样，最终得出的结论也会有很大的差别。综上所述，本章只简单介绍四种最为常见、最基本的测度方法。

（一）距离度量法

距离度量法是所有交通通达性测量方法量中最基本、最简单的一种测度方法（陈永林等，2012；陈少沛等，2014）。它使用空间距离（蜗牛距离或者乌鸦距离）、时间距离（跨越空间距离所需的时间）或经济距离（为跨越空间距离所支付的费用）来衡量一个地区的交通通达性。在所有这些方法中，最为基础的一种叫相对通达性，它用两个地点之间的自然间隔（即两地的空间距离）来度量它们之间的通达性，并且还假设通达性是具有对称性的，即甲地到乙地的交通通达度测度指数与乙地到甲地的交通通达性指数是相同的。在相对通达性的基础上，又定义了总体通达性，即某地到所有其他地点的相对通达性的总和。在实际应用中，根据资料的可得性和研究问题的需要，相对通达性和总体通达性可分别以直线距离（乌鸦距离、蜗牛距离）、旅行距离、旅行费用、旅行时间或其他一些相关的耗费来衡量。其优点是计算过程简单，结果容易理解，缺点是未考虑距离衰减对计算结果的影响，经常应用于系统边界较为清晰完整地理区域的宏观尺度的交通通达性。其计算公式为：

$$A_{ij} = \frac{\sum_{j=1}^{n} (T_{ij} \times M_j)}{\sum_{j=1}^{n} M_j} \qquad (9-1)$$

式中，A_{ij} 表示为某县区的通达性指数，T_{ij} 表示为从 i 县区到 j 县区的加权旅行时间，M_j 为节点的质量。为了更准确地体现不同县区交通通达度的差异性，本章取各个节点相应年份的公路密度作为节点的质量来计算交通通达性。其中 A_{ij} 值越小说明该县区的通达度越高，反之则通达性越低。

（二）拓扑度量法

拓扑度量法是将现实中各个自然地理空间单元抽象成为网状单元，用网络单元中的各个节点来度量这个地区的交通通达性指数（黄偲等，2017；梁宇等，2017）。因此，该测度方法通常只考虑点与点之间的连接性，而不考虑它们之间的实际距离，每一对互相连接的节点之间的距离被认为是等值的，每一对节点之间的交通通达度指数也是相同的。连接两点的线段是这两个节点之间的最短路径，最短路径包含的线段数是这两点之间的拓扑距离，这就是拓扑度量法的相对通达性。在拓扑度量法中通常规定某地区的总体通达性指数为该地区到其他节点的通达性测度指数之和。用拓扑度量法测度出的通达性指数常用于衡量交通网络中各地之间的交通方便程度。与此同时，通常还将网络中各个节点的通达性指数取平均值，得到整个网络的通达性指数，它常在网络分析中与其他参数一起使用，用来评价交通网络的优劣。在某些交通行为中，如航空，是否能够直达，要转多少次航班，在许多情况下比距离本身更重要。因而，拓扑法在实际应用中多用于计算与解决实际问题，但不能反映节点距离。该方法多用于评价城市规划、园林与建筑设计、景观规划等研究领域某节点或区位优势。计算公式如下：

$$T_i = \frac{t_i}{\sum_{i=1}^{n} \frac{t_i}{v}} \qquad (9-2)$$

式中，T_i 为某县区的通达性指数，t_i 为某节点到达多个节点的直接和非直接路径数目总和，v 为网络中的节点数目。

（三）重力度量法

重力度量法将自然间隔与各个地理实体的自身属性结合起来衡量通达性。用重力度量法度量所得的通达性通常也称为潜能。它借用了物理学中的重力模型，认为城市等地理实体的空间效应随距离而衰减，与万有引力有相似的数学表达方式（王妙妙等，2016；申怀飞等，2017）。城市对城市外的某地点的影响，被称为城市在该点的潜能，它是作为引力因子的地理实体与距离衰减效应双重作用的结果。一个地方的通达性是它所在的系统中所有其他地理实体施加的影响的总和。重力度量法下，通达性也是对称的。重力度量法考虑的影响通达性的要素更为全面，一个地方的通达性不仅取决于它在交通网络中的位置，也取决于该网络中的大小不一的地理实体的分布方式。通常适用于各种尺度区域公共设施通达性及市场或城市的潜力研究。计算公式如下：

$$A_{ij} = \frac{\partial M_i M_j}{\sum\limits_{ij} \ell} \qquad (9-3)$$

式中，A_{ij} 为某县区的通达性指数，M_i、M_j 分别为某区的势能与动能，∂、ℓ 为不同能量的赋值权重。

（四）累积机会法

累积机会法用在设定的出行距离或出行时间之内，从某地点出发能接近的机会的多少来衡量通达性，这里的机会既可以是就学机会、就业机会、购物机会，也可以是就医机会、休闲机会，完全可以视需要而定（杨林川等，2016；刘建军等，2016）。必须注意到，这一度量方法并不考虑距离衰减效应，随着设定的出行时间或出行距离的增加，计算所得的通达性值是增加的。这一方法的缺陷在于对时间或距离的设定不可避免地带有主观因素，可能掩盖不同地点的通达性差异。该方法适宜不同时空条件下交通通达性研究。计算公式如下：

$$A_{ij} = \int_0^d f(s)\,ds \qquad (9-4)$$

式中，A_{ij} 为某县区的通达性指数，d 是某县域基准点的距离，$f(s)$ 是机会成本分布函数。

不同的通达性的度量方法，往往与对通达性的不同理解相对应。使用距离法或拓扑法，倾向于把通达性理解成接近程度，使用累积机会法，倾向于把通达性理解成给定的旅行时间或距离内，能够接近的目的地的数目，而重力度量法的使用者将通达性理解为接近某个地方的潜在可能性。更为复杂的通达性度量往往是对以上四种度量方法的改进或者将它们结合起来使用。也可以根据研究目的，分别计算不同种类的通达性。

第二节　滇中城市群交通网络可达性分析

一、滇中城市群通达性与加权旅行时间计算

对于区域道路交通网络通达性研究而言，交通节点几何距离比拓扑逻辑关系显得更加重要。因此，选择几何网络度量方法研究滇中城市群交通网络结构通达

性显得更加合理。根据研究目的的不同，本章综合了距离度量法、拓扑度量法、重力度量法和累积机会法，并结合滇中城市群的实际情况，采用加权平均旅行时间计算交通网络的通达性指数，其计算公式为：

$$A_{ij} = \frac{\sum_{j=1}^{n} (T_{ij} \times M_j)}{\sum_{j=1}^{n} M_j} \quad (9-5)$$

式中，A_{ij} 表示某县区的通达性指数，T_{ij} 表示从 i 县区到 j 县区的加权旅行时间，M_j 为节点的质量。为了更准确地体现不同县区交通通达度的差异性，本章取各个节点相应年份的公路密度作为节点的质量来计算交通通达性。其中 A_{ij} 值越小说明该县区的通达度越高，反之则通达性越差。

$$T_{ij} = \frac{D}{S_1} + \frac{D}{S_2} + \frac{D}{S_3} \quad (9-6)$$

式中，T_{ij} 表示从 i 县区到 j 县区的加权旅行时间，D 为从 i 县区到 j 县区的乳牛距离，S_1、S_2、S_3 分别表示不同等级公路的设计时速。具体标准见表 9-1。

表 9-1　　　　　　　　　各等级公路设计时速　　　　　　　　单位：千米/小时

等级	2008 年	2013 年	2017 年
高速公路（S_1）	90	100	120
国道（S_2）	55	60	90
省道（S_3）	40	50	60

资料来源：（1）《公路工程技术标准（JTJ 001－97）》；（2）《公路工程技术标准（JTG B01－2003）》《公路工程技术标准（JTG B01－2014）》。

$$M_j = \frac{L}{S} \quad (9-7)$$

式中，M_j 为节点的质量，L 为该县区公路通车里程，S 为该县区的国土面积，用于反映区域交通发展水平，M_j 值越大，水平越高。

二、滇中城市群加权旅行时间分析

运用公式分别计算出滇中城市群 49 个县区中心节点 2008 年、2013 年和 2017 年的加权交通旅行时间（见表 9-2）。

表 9 - 2　　　　　　　　　　滇中城市群各县区加权旅行时间

县区	加权旅行时间（小时）			年均加权旅行时间变化值（小时）	
	2008 年	2013 年	2017 年	2008～2013 年	2013～2017 年
五华区	83.2500	71.3571	55.5000	2.3786	3.9643
盘龙区	84.3667	72.3143	56.2444	2.4105	4.0175
官渡区	82.4667	70.6857	54.9778	2.3562	3.9270
西山区	83.3833	71.4714	55.5889	2.3824	3.9706
呈贡区	82.6667	70.8571	55.1111	2.3619	3.9365
晋宁区	85.8333	73.5714	57.2222	2.4524	4.0873
东川区	134.0000	114.8571	89.3333	3.8286	6.3810
安宁市	85.4833	73.2714	56.9889	2.4424	4.0706
禄劝县	101.9167	87.3571	67.9444	2.9119	4.8532
富民县	89.4333	76.6571	59.6222	2.5552	4.2587
宜良县	87.9500	75.3857	58.6333	2.5129	4.1881
石林县	93.0833	79.7857	62.0556	2.6595	4.4325
寻甸县	105.8833	90.7571	70.5889	3.0252	5.0421
嵩明县	92.9833	79.7000	61.9889	2.6567	4.4278
麒麟区	123.6667	106.0000	82.4444	3.5333	5.8889
沾益区	128.3333	110.0000	85.5556	3.6667	6.1111
宣威市	174.0000	149.1429	116.0000	4.9714	8.2857
会泽县	157.9667	135.4000	105.3111	4.5133	7.5222
富源县	155.0667	132.9143	103.3778	4.4305	7.3841
陆良县	107.5833	92.2143	71.7222	3.0738	5.1230
马龙区	111.2333	95.3429	74.1556	3.1781	5.2968
师宗县	125.1000	107.2286	83.4000	3.5743	5.9571
罗平县	145.3333	124.5714	96.8889	4.1524	6.9206
红塔区	95.9500	82.2429	63.9667	2.7414	4.5690
江川区	96.3667	82.6000	64.2444	2.7533	4.5889
澄江市	85.8333	73.5714	57.2222	2.4524	4.0873
易门县	97.1833	83.3000	64.7889	2.7767	4.6278

续表

县区	加权旅行时间（小时）			年均加权旅行时间变化值（小时）	
	2008 年	2013 年	2017 年	2008～2013 年	2013～2017 年
华宁县	101.4833	86.9857	67.6556	2.8995	4.8325
通海县	104.3667	89.4571	69.5778	2.9819	4.9698
峨山县	105.7333	90.6286	70.4889	3.0210	5.0349
新平县	124.0000	106.2857	82.6667	3.5429	5.9048
元江县	149.0333	127.7429	99.3556	4.2581	7.0968
楚雄市	124.7833	106.9571	83.1889	3.5652	5.9421
禄丰县	99.9667	85.6857	66.6444	2.8562	4.7603
双柏县	121.4167	104.0714	80.9444	3.4690	5.7817
武定县	102.1000	87.5143	68.0667	2.9171	4.8619
牟定县	128.0833	109.7857	85.3889	3.6595	6.0992
元谋县	126.4333	108.3714	84.2889	3.6124	6.0206
永仁县	153.6667	131.7143	102.4444	4.3905	7.3175
大姚县	156.0833	133.7857	104.0556	4.4595	7.4325
姚安县	152.1333	130.4000	101.4222	4.3467	7.2444
南华县	143.8000	123.2571	95.8667	4.1086	6.8476
蒙自市	159.3833	136.6143	106.2556	4.5538	7.5897
个旧市	156.1000	133.8000	104.0667	4.4600	7.4333
建水县	133.8333	114.7143	89.2222	3.8238	6.3730
开远市	134.8500	115.5857	89.9000	3.8529	6.4214
弥勒市	105.0833	90.0714	70.0556	3.0024	5.0040
泸西县	117.5500	100.7571	78.3667	3.3586	5.5976
石屏县	131.1333	112.4000	87.4222	3.7467	6.2444
平均值	116.8844	100.1866	77.9229	3.3396	5.5659
最大值	174.0000	149.1429	116.0000	4.9714	8.2857
最小值	82.4667	70.6857	54.9778	2.3562	3.9270

2008 年，滇中城市群 49 个县区中，加权交通旅行时间用时最多的县区是宣威市，交通旅行时间耗时为 174.0000 我个小时，用时最少的县区是官渡区，交通旅行时间耗时为 82.4667 个小时，最大值与最小时相差 91.5333 个小时。2008 年 49 个县区的平均交通旅行用时为 116.8844 个小时，有 24 个县区的交通旅行时间用时大于平均值，25 个县区的交通旅行时间用时小于平均值。2013 年，滇中城市群 49 个县区中，加权交通旅行时间用时最多的县区是宣威市，交通旅行时间耗时为 149.1429 个小时，用时最少的县区是官渡区，交通旅行时间耗时为 70.6857 个小时，最大值与最小时相差 78.4572 个小时。2013 年 49 个县区的平均交通旅行用时为 100.1866 个小时，有 23 个县区的交通旅行时间用时大于平均值，26 个县区的交通旅行时间用时小于平均值。2017 年，滇中城市群 49 个县区中，加权交通旅行时间用时最多的县区是宣威市，交通旅行时间耗时为 116.0000 个小时，用时最少的县区是官渡区，交通旅行时间耗时为 54.9778 个小时，最大值与最小时相差个 61.0222 小时。2017 年 49 个县区的平均交通旅行用时为 77.9229 个小时，有 24 个县区的交通旅行时间用时大于平均值，25 个县区的交通旅行时间用时小于平均值。

2008～2017 年滇中城市群县区的交通旅行时间用时呈现出减少的趋势，说明滇中城市群县区的通达性趋向良性发展。

在第一阶段，即 2008～2013 年，年均加权旅行时间变化值大于 2 个小时的有五华区、官渡区、盘龙区等 20 个县区；年均加权旅行时间变化值大于 3 个小时的有东川区、麒麟区、沾益区等 18 个县区；年均加权平均旅行时间变化值大于 4 个小时的有宣威市、会泽县、富源县等 11 个县区。其中，年均加权旅行时间变化最大的是宣威市，变化值为 4.9714 个小时，年均加权旅行时间变化最小的是官渡区，变化值为 2.3562 个小时。2008～2013 年滇中城市群 49 县区的年均加权旅行时间的平均值为 3.3396 个小时，有 24 个县区的年均加权旅行时间大于该平均值，25 个县区的年均加权旅行时间小于该平均值。

在第二阶段，即 2013～2017 年，年均加权旅行时间变化值大于 3 个小时且小于 4 个小时的有五华区、官渡区、西山区等 4 个县区；年均加权旅行时间变化值大于 4 个小时且小于 5 个小时的有盘龙区、晋宁区、安宁市等 16 个县区；年均加权平均旅行时间变化值大于 5 个小时且小于 6 个小时的有寻甸县、陆良县、麒麟区等 11 个县区；年均加权平均旅行时间变化值大于 6 个小时且小于 7 个小时的有东川区、沾益区、罗平县等 9 个县区；年均加权平均旅行时间变化值大于 7 个小时且小于 8 个小时的有会泽县、富源县、元江县等 8 个县区；年均加权平均旅行时间变化值大于 8 个小时且小于 9 个小时的仅有宣威市 1 个地区。其中，年均加权旅行时间变化最大的是宣威市，变化值为 8.2857 个小时，年均加权旅行时间变化最小的是官渡区，变化值为 2.3562 个小时。2008～2013 年滇中城市群 49 县区的年均加权旅行时间的平均值为 3.9270 个小时,有 24 个县区的年均加权旅行时间大于该平均值,25 个县区的年均加权旅行时间小于该平均值。

综合 2008 年、2013 年、2017 年滇中城市群 49 县区的加权旅行时间、年均加权旅行时间变化值来看,滇中城市群县区到县区的加权旅行时间在不断缩短,主要原因可以归纳为以下几点:第一,近十年来随着道路设计通行能力、公路等级的不断提高,以及不同等级公路的设计宽度不断变宽,汽车行驶的平均速度在不断增加,平均时速由 2008 年的 60 千米/小时,提高到 2013 年的 70 千米/小时,再到 2017 年的 90 千米/小时。第二,随着财政支出的不断增加,公共基础设施的投入力度也不断提高,高速公路、国道、省道、县道、乡道等不同级别公路的长度在不断增加,使得 49 县区的道路交通网络不断完善,交通密度不断提高,县区与县区之间的相对行驶距离不断缩减,进一步缩短了县区与县区之间的旅行时间。第三,21 世纪以来,国内外制造业水平不断提高,汽车制造业作为制造业的重要组成部分,也取得了长足的进步,汽车的综合性能越来越高,安全系数不断提高,设计时速也在进一步提高,这也在一定程度上缩短了县区与县区的旅行时间。

三、滇中城市群通达性分析

运用公式(9-1)分别计算出滇中城市群 49 个县区中心节点 2008 年、2013 年和 2017 年的交通通达性指数,并依据三个时间截面的通达性指数,采用 ArcGIS 中自然间断点分级法,把滇中城市群 49 县区分为优、好、较好、一般、较差和差 6 个类型。

如图 9-1 所示,在 2008 年滇中城市群交通通达性指数中,交通通达性指数最低的县区是姚安县,通达性指数为 1.1856,交通通达性指数最高的县区是罗平县,通达性指数为 4.2685,两者相差 3.0829。滇中地区 49 县区交通通达性指数的平均值为 2.3221,有 28 个县区的交通通达性小于平均值,21 个县区的交通通达性指数大于平均值。其中,通达性等级为优的县区有官渡区、石林县、开远市等 6 个县区;通达性等级为好的县区有呈贡区、西山区、寻甸县等 6 个县区;通达性等级为较好的县区有五华区、盘龙区、安宁市等 12 个县区;通达性等级为一般的县区有晋宁区、澄江市、江川区等 14 个县区;通达性等级为较差的县区有华宁县、易门县、新平县等 9 个县区;通达性等级为差的县区有罗平县和楚雄市两个地区。

审图号：云S（2020）064号

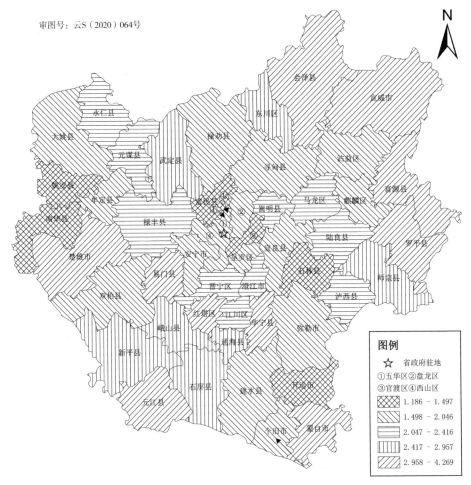

图9-1　2008年滇中城市群地区交通通达性指数格局

　　如图9-2所示，在2013年滇中城市群交通通达性指数中，交通通达性指数最低值为0.7526，最大值为3.8475，两者相差3.0949。滇中地区49县区交通通达性指数的平均值为1.9877，有28个县区的交通通达性小于平均值，21个县区的交通通达性指数大于平均值。其中，通达性等级为优的县区只有盘龙区；通达性等级为好的县区有呈贡区、西山区、寻甸县等13个县区；通达性等级为较好的县区有嵩明县、禄劝县、安宁市等11个县区；通达性等级为一般的县区有晋宁区、通海县、石屏县等12个县区；通达性等级为较差的县区有禄丰县、易门县、华宁县等7个县区；通达性等级为差的县区有罗平县、富源县、宣威市等5个地区。

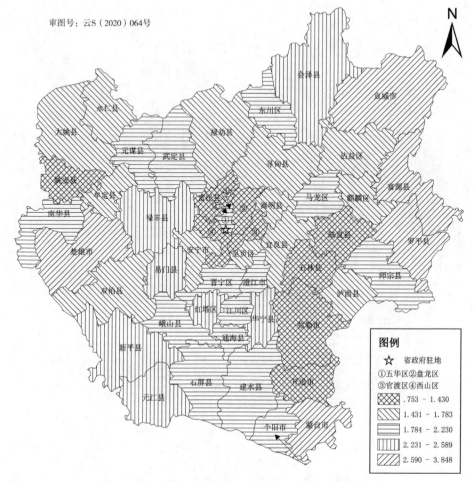

图 9 - 2　2013 年滇中城市群地区交通通达性指数格局

如图 9-3 所示，在 2017 年滇中城市群交通通达性指数中，交通通达性指数最低值为 0.5394，最大值为 3.2861，两者相差 2.7467。滇中地区 49 县区交通通达性指数的平均值为 1.5858，有 30 个县区的交通通达性小于平均值，19 个县区的交通通达性指数大于平均值。其中，通达性等级为优的县区有盘龙区、弥勒市、姚安县 3 个县区；通达性等级为好的县区有呈贡区、西山区、寻甸县等 15 个县区；通达性等级为较好的县区有澄江市、晋宁区、红塔区等 13 个县区；通达性等级为一般的县区有禄丰县、东川区、易门县等 7 个县区；通达性等级为较差的县区有建水县、石屏县、富源县等 7 个县区；通达性等级为差的县区有罗平县、永仁县、宣威市等 4 个地区。

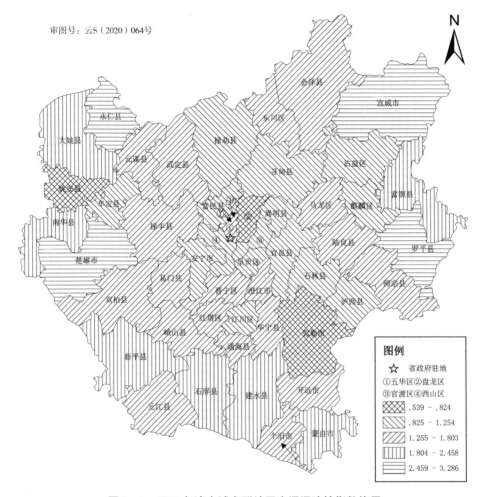

审图号：云S（2020）064号

图例
☆　省政府驻地
①五华区②盘龙区
③官渡区④西山区
.539－.824
.825－1.254
1.255－1.803
1.804－2.458
2.459－3.286

图9－3　2017年滇中城市群地区交通通达性指数格局

2008～2017年滇中城市群县区的交通通达性指数总体呈现降低的趋势（见表9－3），说明滇中城市群县区的通达性趋向良性发展。

在第一阶段，即2008～2013年，有五华区、陆良县、永仁县等6个县区的年均通达性指数变大，表明上述6县区的交通通达性变差，但变化值与变化幅度较小。在该类别中，年均通达性指数变化值最大的是南华县，变化值为－0.1788，年均通达性指数变化率最大的也是南华县，变化率为－13.8304%，年均通达性指数变化值最小的是五华区，变化值为－0.0044，年均通达性指数变化率最小的也是五华区，变化率为－0.2315%，年均通达性指数变化值的最大值与最小值相差－0.1744，变化率的最大值与最小值相差－13.5989个百分点。同时，有盘龙区、官渡区、西山区等43个县区的年均通达性指数变小，表明上述43县区的交通通达性变优。在该类别中，年均通达性指数变化值最大的是盘龙区，变化值为0.2311，年均通达性指数变化率最大的也是盘龙区，变化率为12.1128%，年均通达性指数变化值最小的是开远市，变化值为0.0013，年均通达性指数变化率最小的也是开远市，变化率为0.1014%，年均通达性指数变化值的最大值与最小值相差0.2298，变化率的最大值与最小值相差12.0114个百分点。

在第二阶段，即2013～2017年，有陆良县、永仁县、大姚县等7个县区的年均通达性指数变大，表明上述7县区的交通通达性变差，但变化值与变化幅度较小。在该类别中，年均通达性指数变化值最大的是永仁县，变化值为 - 0.3010，年均通达性指数变化率最大的也是永仁县，变化率为 - 19.2687%，年均通达性指数变化值最小的是石屏县，变化值为 - 0.0132，年均通达性指数变化率最小的也是五华区，变化率为 - 0.6597%，年均通达性指数变化值的最大值与最小值相差 - 0.2878，变化率的最大值与最小值相差 - 18.6090个百分点。同时，有五华区、盘龙区、官渡区等42个县区的年均通达性指数变小，表明上述42县区的交通通达性变优。在该类别中，年均通达性指数变化值最大的是富源县，变化值为0.2227，年均通达性指数变化率最大的也是富源县，变化率为7.2638%，年均通达性指数变化值最小的是官渡区，变化值为0.0414，年均通达性指数变化率最小的也是官渡区，变化率为2.9579%，年均通达性指数变化值的最大值与最小值相差0.1813，变化率的最大值与最小值相差4.3059个百分点。

综合2008年、2013年、2017年滇中城市群的交通通达性指数、年均通达性指数变化值和年均通达性指数变化率来看，滇中49县区的交通通达性指数总体呈下降趋势，交通通达度水平显著上升。

表9-3　　　　　　　　　2008～2017年滇中城市群县区的交通通达性指数

县区	交通通达性指数			年均通达性指数变化值		年均通达性指数变化率（%）	
	2008 年	2013 年	2017 年	2008～2013 年	2013～2017 年	2008～2013 年	2013～2017 年
五华区	1.9104	1.9325	1.4137	- 0.0044	0.1297	- 0.2315	6.7118
盘龙区	1.9083	0.7526	0.5394	0.2311	0.0533	12.1128	7.0821
官渡区	1.4972	1.4010	1.2353	0.0192	0.0414	1.2847	2.9579
西山区	1.6735	1.3986	1.0409	0.0550	0.0894	3.2852	6.3940
呈贡区	1.7425	1.5659	1.0823	0.0353	0.1209	2.0269	7.7205
晋宁区	2.3042	2.0781	1.4705	0.0452	0.1519	1.9623	7.3091
东川区	2.5198	2.1149	1.7223	0.0810	0.0982	3.2134	4.6417
安宁市	1.9243	1.6578	1.2542	0.0533	0.1009	2.7692	6.0870

续表

县区	交通通达性指数			年均通达性指数变化值		年均通达性指数变化率（%）	
	2008 年	2013 年	2017 年	2008～2013 年	2013～2017 年	2008～2013 年	2013～2017 年
禄劝县	1.9187	1.7072	1.2402	0.0423	0.1168	2.2045	6.8390
富民县	1.3930	1.3507	0.9454	0.0085	0.1013	0.6074	7.5025
宜良县	1.6778	1.5052	1.1516	0.0345	0.0884	2.0574	5.8719
石林县	1.3819	1.3246	1.0590	0.0115	0.0664	0.8293	5.0134
寻甸县	1.7098	1.4745	1.2329	0.0471	0.0604	2.7523	4.0965
嵩明县	2.1308	1.7098	1.1769	0.0842	0.1332	3.9518	7.7924
麒麟区	2.0459	1.7072	1.1114	0.0677	0.1489	3.3109	8.7248
沾益区	2.0283	1.6474	1.1938	0.0762	0.1134	3.7558	6.8836
宣威市	3.1731	3.2136	2.6415	−0.0081	0.1430	−0.2551	4.4509
会泽县	3.0833	2.3285	1.5162	0.1510	0.2031	4.8959	8.7212
富源县	3.1954	3.0663	2.1754	0.0258	0.2227	0.8083	7.2638
陆良县	2.4163	1.3637	1.5373	0.2105	−0.0434	8.7125	−3.1816
马龙区	2.3178	2.0819	1.5437	0.0472	0.1346	2.0354	6.4629
师宗县	2.6706	2.2302	1.5676	0.0881	0.1657	3.2975	7.4278
罗平县	4.2685	3.6779	2.8310	0.1181	0.2117	2.7674	5.7564
红塔区	3.0896	2.4510	1.5954	0.1277	0.2139	4.1340	8.7272
江川区	2.3283	1.8554	1.2369	0.0946	0.1546	4.0623	8.3336
澄江市	2.3479	1.8654	1.5622	0.0965	0.0758	4.1103	4.0632
易门县	3.2885	2.5264	1.6483	0.1524	0.2195	4.6345	8.6894
华宁县	3.3056	2.5082	1.6995	0.1595	0.2022	4.8250	8.0598
通海县	2.6772	2.0369	1.6418	0.1281	0.0988	4.7832	4.8488
峨山县	2.7937	2.1605	1.4484	0.1266	0.1780	4.5330	8.2403
新平县	2.9568	2.5892	2.0280	0.0735	0.1403	2.4865	5.4189
元江县	3.1660	2.4133	1.7747	0.1505	0.1596	4.7552	6.6147
楚雄市	4.2015	3.8475	3.2861	0.0708	0.1404	1.6853	3.6481
禄丰县	2.4094	2.4901	1.8029	−0.0161	0.1718	−0.6700	6.8996
双柏县	1.9683	1.6994	1.4605	0.0538	0.0597	2.7323	3.5151

县区	交通通达性指数			年均通达性指数变化值		年均通达性指数变化率（%）	
	2008 年	2013 年	2017 年	2008~2013 年	2013~2017 年	2008~2013 年	2013~2017 年
武定县	2.5918	2.1882	1.4246	0.0807	0.1909	3.1149	8.7234
牟定县	2.0163	1.5462	1.0066	0.0940	0.1349	4.6634	8.7248
元谋县	2.1885	1.9577	1.4783	0.0462	0.1199	2.1088	6.1227
永仁县	2.2288	1.5622	2.7662	0.1333	-0.3010	5.9818	-19.2687
大姚县	1.9370	1.6032	2.0521	0.0668	-0.1122	3.4473	-7.0010
姚安县	1.1856	1.4302	0.8236	-0.0489	0.1517	-4.1268	10.6043
南华县	1.2931	2.1874	2.4583	-0.1788	-0.0677	-13.8304	-3.0961
蒙自市	3.4855	3.1669	2.4434	0.0637	0.1809	1.8279	5.7114
个旧市	1.9125	1.8867	1.6549	0.0052	0.0579	0.2700	3.0710
建水县	1.6830	1.9440	2.3108	-0.0522	-0.0917	-3.1021	-4.7171
开远市	1.2554	1.2491	1.4351	0.0013	-0.0465	0.1014	-3.7221
弥勒市	1.7237	1.1566	0.7378	0.1134	0.1047	6.5801	9.0518
泸西县	2.2472	1.7832	1.1910	0.0928	0.1481	4.1293	8.3031
石屏县	2.6123	2.0032	2.0561	0.1218	-0.0132	4.6634	-0.6597
平均值	2.3221	1.9877	1.5858	0.0669	0.1005	2.5726	4.8456
最大值	4.2685	3.8475	3.2861	0.2311	0.2227	12.1128	10.6043
最小值	1.1856	0.7526	0.5394	-0.1788	-0.3010	-13.8304	-19.2687

四、滇中城市群通达性指数趋势变化分析

在 ArcGIS 中自然间断点分级法的基础上，应用克里金差值法和掩膜法对滇中城市群 49 个县区 2008 年、2013 年、2017 年三个时间截面的交通通达性指数进行趋势变化分析。

在图 9-4 中，可以看出 2008 年滇中城市群 49 县区交通通达性指数的低值区（即交通通达性较高）有两个：一个是以大姚县、姚安县等县区为中心的滇中城市群的西北地区；另一个是以五华区、官渡区、盘龙区等县区为中心的滇中城市群的中心地区。中值区（即交通通达性一般）有一个，即以个旧市、开远市和蒙自市等县区为中心的滇中城市群的东南地区。高值区（即交通通达性较低）有两个：一个是以元江县、新平县、峨山县等县区为中心的滇中城市群的西南地区；另一个是以宣威市、罗平县、富源县等县区为中心的滇中城市群的西北、西部地区。

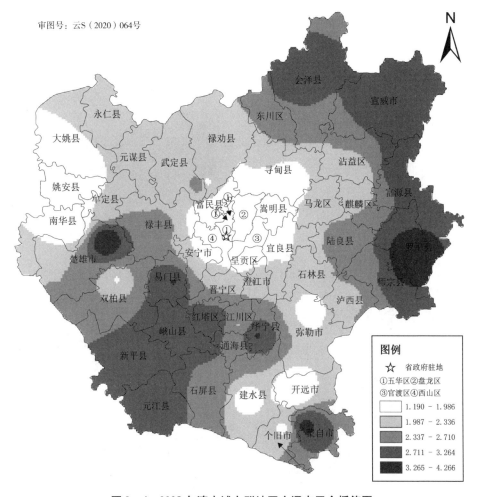

图 9-4　2008 年滇中城市群地区交通克里金插值图

从图 9-5 中可以看出，2013 年滇中城市群 49 县区交通通达性指数的低值区（即交通通达性较高）有两个：一个是以大姚县、姚安县等县区为中心的滇中城市群的西北地区，但该低值区与 2008 年的低值区相比，前者的交通通达性指数低值区的面积有所缩小；另一个是以五华区、官渡区、盘龙区等县区为中心的滇中城市群的中心地区，但该低值区与 2008 年的低值区相比，前者的交通通达性指数低值区面积有所扩大。中值区（即交通通达性一般）和 2008 年中值区的个数相比数量有所增加，为两个：一个是以即以个旧市、开远市和蒙自市等县区为中心的滇中城市群的东南地区，但该中值区与 2008 年的中值区相比，前者的交通通达性指数中值区的面积有所缩小；另一个中值区是以峨山县、新平县、元江县等县区为中心的滇中城市群的西南地区；高值区（即交通通达性较低）有1个，即以宣威市、会泽县、富源县等县区为中心的滇中城市群的西北、西部地区。

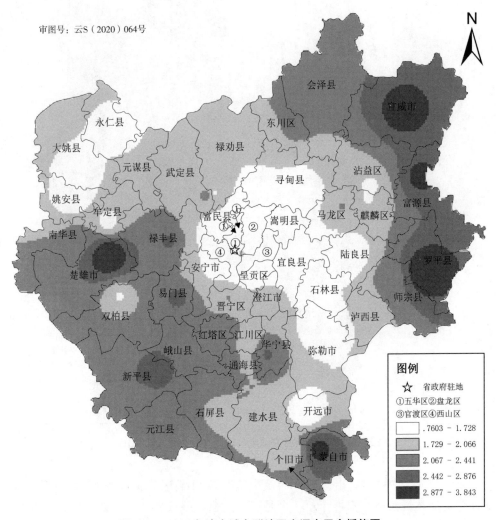

图9-5　2013年滇中城市群地区交通克里金插值图

从图9-6中可以看出，2017年滇中城市群49县区交通通达性指数的低值区（即交通通达性较高）有1个，即以官渡区、盘龙区、弥勒市等县区为中心的滇中城市群的中心地区；中值区有一个，即分布在低值区外围的通海县、沾益区、开远市等县区；高值区（即交通通达性较低）有1个，即分布在滇中城市群边缘的宣威市、楚雄市等县区。

审图号：云S（2020）064号

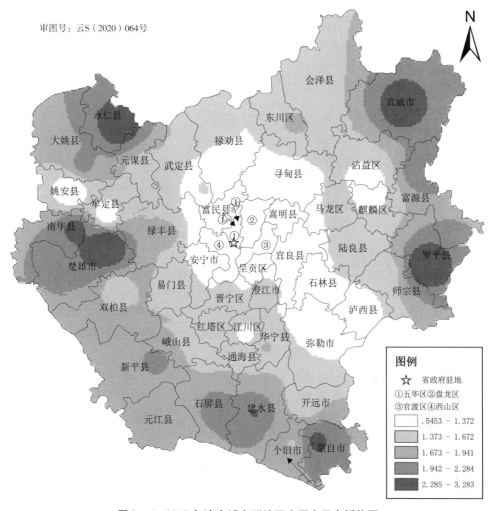

图9-6 2017年滇中城市群地区交通克里金插值图

　　综合2008年、2013年、2017年滇中城市群县区交通通达性指数的克里金差值示意图来看，滇中城市群县区交通通达性指数的低值区（即交通通达性较高）、中值区（即交通通达性一般）与高值区（即交通通达性较差）处于不断发展的过程中。其中低值区的中心由滇中城市群的西北部地区呈现出往东、东南方向迁移的现象，并且低值的面积在不断扩大；中值区、低值区的分布状况也处于不断发展的过程，基本呈"圆圈"状分布于低值区外。

第三节　滇中城市群交通网络结构优化研究

一、滇中城市群地区交通网络发展现状

近十年来，云南省围绕建设成为我国面向西南开放的中心地区，以构建连通中南半岛、南亚及印度洋的国际大通道为重点，着力打造以航空为先导、以铁路和公路为骨干、以水运为补充、以管道运输为辅助的五大运输体系，以及以昆明为区域性综合枢纽，以曲靖、蒙自、大理等城市节点为次级中心（云南省"十二五"规划），各级节点城市相互连接的区域交通运输网络，多种运输方式相互衔接、优势互补、高效便捷，内联川渝黔桂藏周边省区，沟通长三角、珠三角等东部、南部发达地区，外通东南亚、南亚等周边国家，形成通边达海、内通外畅、城乡一体的现代综合交通运输体系，服务与融入国家发展战略，助力云南经济社会跨越式发展，而滇中地区又是该中心地区的核心地区，滇中城市群的发展在云南省全面发展的过程中起到了带头作用。

在通车里程建设方面，1989 年云南省的通车里程为 52534 千米，滇中 5 市（州）的通车里程为 23795 千米。其中昆明市通车里程为 4226 千米、曲靖市通车里程为 7221 千米、玉溪市通车里程为 3605 千米、红河州通车里程为 6039 千米、楚雄州通车里程为 2704 千米。截至 2017 年，云南省的通车里程为 238052 千米，滇中 5 市（州）的通车里程为 101532 千米。其中，昆明市通车里程为 17959 千米、曲靖市通车里程为 24186 千米、玉溪市通车里程为 17231 千米、红河州通车里程为 23105 千米、楚雄州通车里程为 19051 千米。1989～2017 年，云南省通车里程增加了 185518 千米，年均增长量为 6625.6429 千米。其中，滇中 5 市（州）的通车里程增长量为 77737 千米，年均增长量为 2776.3214 千米。滇中 5 市（州）通车里程占云南省通车里程的比重由 1989 年的 45.29%，变为 2017 年的 42.65%。

在高速公路建设方面，1997 年云南省首次有了高速公路通车里程数的统计，全省高速公路的通车里程为 45 千米。2012 年云南省高速公路通车里程为 2746 千米，滇中 5 市（州）的高速公路通车里程为 1649 千米。其中，昆明市高速公路通车里程为 438 千米、曲靖市高速公路通车里程为 255 千米、玉溪市高速公路通车里程为 239 千米、红河州高速公路通车里程为 301 千米、楚雄州高速公路通车里程为 416 千米。截至 2017 年，云南省高速公路通车里程为 4134 千米，滇中 5 市（州）的高速公路通车里程为 2323 千米。其中，昆明市高速公路通车里程为

678 千米、曲靖市高速公路通车里程为 542 千米、玉溪市高速公路通车里程为 256 千米、红河州高速公路通车里程为 514 千米、楚雄州高速公路通车里程为 333 千米。2012~2017 年，云南省高速公路通车里程增加了 1388 千米，年均增长量为 277.6 千米。其中，滇中 5 市（州）的增长量为 674 千米，年均增长量为 134.8 千米。滇中 5 市（州）高速公路通车里程占云南省高速公路通车里程的比重由 2012 年的 60.0510% 变为 2017 年的 56.1925%。

在一级公路建设方面，1997 年云南省首次有了一级公路通车里程数的统计，全省一级公路的通车里程为 71 千米。2012 年云南省一级公路通车里程为 842 千米，滇中 5 市（州）的一级公路通车里程为 510 千米。其中，昆明市一级公路通车里程为 126 千米、曲靖市一级公路通车里程为 229 千米、玉溪市一级公路通车里程为 78 千米、红河州一级公路通车里程为 43 千米、楚雄州一级公路通车里程为 34 千米。截至 2017 年，云南省一级公路通车里程为 1196 千米，滇中 5 市（州）的一级公路通车里程为 612 千米。其中，昆明市一级公路通车里程为 141 千米、曲靖市一级公路通车里程为 248 千米、玉溪市一级公路通车里程为 107 千米、红河州一级公路通车里程为 44 千米、楚雄州一级公路通车里程为 72 千米。2012~2017 年，云南省一级公路通车里程增加了 354 千米，年均增长量为 70.8 千米。其中，滇中 5 市（州）的增长量为 102 千米，年均增长量为 20.4 千米。滇中 5 市（州）一级公路通车里程的比重由 2012 年的 60.57% 变为 2017 年的 51.17%。

在二级公路建设方面，1989 年云南省首次有了二级公路通车里程数的统计，全省二级公路的通车里程为 99 千米。1998 年云南省二级公路通车里程为 1301 千米，滇中 5 市（州）的二级公路通车里程为 830 千米。其中，昆明市二级公路通车里程为 349 千米、曲靖市二级公路通车里程为 86 千米、玉溪市二级公路通车里程为 85 千米、红河州二级公路通车里程为 196 千米、楚雄州二级公路通车里程为 114 千米。截至 2017 年，云南省二级公路通车里程为 11752 千米，滇中 5 市（州）的二级公路通车里程为 3793 千米。其中，昆明市二级公路通车里程为 1190 千米、曲靖市二级公路通车里程为 519 千米、玉溪市二级公路通车里程为 685 千米、红河州二级公路通车里程为 1080 千米、楚雄州二级公路通车里程为 319 千米。1998~2017 年，云南省二级公路通车里程增加了 10451 千米，年均增长量为 550.0526 千米。其中，滇中 5 市（州）的增长量为 2963 千米，年均增长量为 155.9474 千米。

在三级公路建设方面，1989 年云南省三级公路通车里程为 6209 千米，滇中 5 市（州）的三级公路通车里程为 3593 千米。其中，昆明市三级公路通车里程为 620 千米、曲靖市三级公路通车里程为 861 千米、玉溪市三级公路通车里程为 663 千米、红河州三级公路通车里程为 962 千米、楚雄州三级公路通车里程为

487千米。截至2017年，云南省三级公路通车里程为8618千米，滇中5市（州）的三级公路通车里程为4149千米。其中，昆明市三级公路通车里程为479千米、曲靖市三级公路通车里程为867千米、玉溪市三级公路通车里程为893千米、红河州三级公路通车里程为1104千米、楚雄州三级公路通车里程为806千米。1989～2017年，云南省三级公路通车里程增加了2409千米，年均增长量为86.0347千米。其中，滇中5市（州）的增长量为610千米，年均增长量为21.7857千米。

在四级公路建设方面，1989年云南省四级公路通车里程为37683千米，滇中5市（州）的四级公路通车里程为17044千米。其中，昆明市四级公路通车里程为3260千米、曲靖市四级公路通车里程为5920千米、玉溪市四级公路通车里程为2590千米、红河州四级公路通车里程为3541千米、楚雄州四级公路通车里程为1733千米。截至2017年，云南省四级公路通车里程为175198千米，滇中5市（州）的四级公路通车里程为76458千米。其中，昆明市四级公路通车里程为12890千米、曲靖市四级公路通车里程为18976千米、玉溪市四级公路通车里程为14842千米、红河州四级公路通车里程为17641千米、楚雄州四级公路通车里程为12109千米。1989～2017年，云南省四级公路通车里程增加了137515千米，年均增长量为4911.25千米。其中，滇中5市（州）的增长量为59414千米，年均增长量为2121.9286千米。

综合公路通车里程、高速公路建设里程、一级公路建设里程、二级公路建设里程、三级公路建设里程和四级公路建设里程来看，云南省的公路交通建设处于一个良好的发展趋势，滇中5市（州）的公路发展水平仍处于云南省公路发展水平的领先地位与核心地位，虽然2017年滇中5（州）的各个指标的比重相比初始年的比重有所降低，但是这更加说明了云南省公路交通建设处于一个均衡发展的态势，其他11个市（州）公路交通网络的完善，不仅便捷了其他市州的出行，也为滇中5州（州）的出行带来了极大的便利，为把云南建设成为面向西南的中心地区构筑了完善的公路交通网络。

二、滇中城市群地区交通网络优化建议

为了实现把云南省建设为面向西南的中心地区这一既定战略，一是靠富有活力的产业，二是靠完善的基础设施。构筑完善的基础设施网络，就是要推动路网、航空网、能源保障网、水网、互联网建设，建成互联互通、功能完备、高效安全、保障有力的现代基础设施网络体系，破解跨越式发展瓶颈，为云南全面建成小康社会提供强有力的支撑和保障。

（一）构建内畅外通的综合交通运输体系

滇中地区处于云贵高原的西部，地形起伏度相对较大，路网建设成本高昂，

经过多年的发展，铁路、公路建设虽取得显著成绩，但与发达地区相比，并未形成快速网络体系。因此，滇中地区应以发展畅通、快捷、安全、大容量、低成本的交通运输为目标，加快建设广覆盖的航空网、"八出省、五出境"铁路骨架网、"七出省、五出境"高速公路主骨架网、"两出省、三出境"水运通道，构建辐射南亚、东南亚的综合交通运输体系。

（二）构建内通外联的综合交通走廊

以铁路、高速公路为重点，全面打通出省出境通道，实现昆明—保山—腾冲猴桥通往缅甸和印度、昆明—临沧—孟定（水河）通往缅甸、昆明—景洪—勐海（打洛）通往缅甸、昆明—思茅—澜沧—孟连（勐阿）通往缅甸、昆明—墨江—江城（勐康）通往老挝、昆明—文山—麻栗坡（天保）通往越南、昆明—蒙自—金平（金水河）通往越南、昆明—香格里拉通往西藏、昆明—昭阳—彝良—威信通往四川、昆明—大理—攀枝花通往四川和重庆，促进形成昆明—拉萨、昆明—水富、昆明—富宁、昆明—河口、昆明—瑞丽、昆明—磨憨和沿边七个交通走廊（武友德等，2018 年）。

（三）建设功能明晰的综合交通网络

第一，建设广覆盖的基础运输网。构筑以航空为先导，干线铁路、高速公路为骨干，城际铁路、支线铁路、国省干线公路、水运为补充，农村公路畅通、城市公共交通设施完善、层次分明、功能明晰、覆盖广泛的基础运输网络。

第二，建设高品质的快速运输网。加快推进昆明—成都、昆明—重庆、上海—昆明、广州—昆明等高速铁路、高速公路云南段及昆明—玉溪、昆明—楚雄—大理高速铁路建设，尽早开工建设北京—昆明云南段高速铁路，畅通云南省与华北、华中、华南、西北地区的联系。加快昆明长水机场国际航空枢纽建设，打造丽江、西双版纳、大理等地区的区域性旅游枢纽机场的建设，加快建设干线、支线、通用机场，形成以省会昆明长水机场为核心、地州干支线机场为支撑、通用机场为补充的层次分明的机场体系。开辟连接国内外重点城市、重点旅游景区（景点）的联程航线和直达航线，重点开辟昆明到越南、泰国、老挝、印度等亚洲国家的国际航线，逐步开辟以英国、法国、德国为主的欧洲航线，以美国、加拿大为主的北美洲航线，以巴西、阿根廷为主的南美洲航线，以澳大利亚、新西兰为主的澳洲航线，以南非为主的非洲的航线，构建国际、国内、省内三级航线网络。

第三，逐步建成专业化的货物运输网。推进交通基础设施、运输装备的标准化，以综合交通枢纽为载体，加强设施一体化和运营组织衔接，推进公铁、空铁联运。加快城际间货物快运、集装箱国际联运，打通铁路货运国际通道。发展全货运航线航班，优化国际国内货运中转联程、联程联运和通关流程。

第四，建设高效便捷的城际轨道交通网和城市公共交通网。以轨道交通和高速公路为主，国省干线公路为辅，推进城市群内多层次城际轨道交通网络建设，建成六个城镇群城际交通网络。通过提高运输能力、提升服务水平、增强公共交通竞争力和吸引力，构建以公共交通为主的城市机动化出行系统，同时改善步行、自行车出行条件。

（四）打造一体化衔接的综合交通枢纽

按照"统一规划、同步建设、协调管理"的原则，大力发展铁路、公路、机场、城市轨道交通等多种交通方式的建设，形成以昆明为中心的高效集疏、顺畅衔接的综合性交通枢纽，实现各种运输方式在综合交通枢纽上的便捷换乘、高效换装。构建昆明内联外通、立体复合的全国性综合交通枢纽，加快建设曲靖、大理、红河等区域性综合交通枢纽，推动其他各类专业化的公路枢纽铁路枢纽、航空枢纽、物流枢纽等加快发展。

参考文献

［1］陈永林、钟业喜、周炳喜：《基于交通通达性的江西省设区市经济联系分析》，载于《热带地理》2012年第2期。

［2］陈少沛、李勇、庄大昌等：《广东区域公路网络的城市通达性度量及空间特征分析》，载于《地球信息科学学报》2014年第6期。

［3］黄偎、祁新华：《地铁对福州主城区空间格局的影响》，载于《世界地理研究》2017年第5期。

［4］蒋海兵、徐建刚、祁毅：《京沪高铁对区域中心城市陆路可达性影响》，载于《地理学报》2010年第10期。

［5］李琳、辜寄蓉、文学虎等：《不同空间尺度下交通通达性测算效果对比分析》，载于《地理空间信息》2017年第10期。

［6］梁宇、郑新奇、宋清华等：《中国大陆交通网络通达性演化》，载于《地理研究》2017年第12期。

［7］刘建军、陈颖彪、千庆兰等：《广州市交通网络的综合通达性及其空间特征》，载于《经济地理》2016年第2期。

［8］马雪莹、邵景安、徐新良：《基于熵权－TOPSIS的山区乡镇通达性研究——以重庆市石柱县为例》，载于《地理科学进展》2016年第9期。

［9］申怀飞、沈宁娟、林英豪等：《中原经济区干线公路路网通达性研究》，载于《地域研究与开发》2017年第3期。

［10］王丹丹、张景秋、孙蕊：《北京城市办公空间通达性感知研究》，载于

《地理科学进展》2014 年第 12 期。

[11] 王国明、李夏苗、邹华鹏：《城市群道路网络上交通流的演化分析》，载于《交通运输系统工程与信息》2014 年第 2 期。

[12] 王妙妙、曹小曙：《基于交通通达性的关中—天水经济区县际经济联系测度及时空动态分析》，载于《地理研究》2016 年第 6 期。

[13] 吴超、王栋、吴黎明：《基于 GIS 的南通市公路交通网络可达性研究》，载于《信阳师范学院学报（自然科学版）》2014 年第 1 期。

[14] 吴威、曹有挥、梁双波等：《长江经济带航空运输发展格局及对策建议》，载于《经济地理》2018 年第 2 期。

[15] 武友德，王源昌，陈长瑶等：《云南经济地理》，经济管理出版社 2018 年版。

[16] 徐昀、陆玉麒：《高等级公路网建设对区域可达性的影响——以江苏省为例》，载于《经济地理》2004 年第 6 期。

[17] 杨林川、张衔春、洪世键等：《公共服务设施步行可达性对住宅价格的影响——基于累积机会的可达性度量方法》，载于《南方经济》2016 年第 1 期。

[18] 杨效忠、冯立新、张凯：《交通方式对跨界旅游景区可达性影响及边界效应测度——以大别山为例》，载于《地理科学》2013 年第 6 期。

[19] 叶茂、王兆峰：《武陵山区交通通达性与旅游经济联系的耦合协调分析》，载于《经济地理》2017 年第 11 期。

[20] 殷江滨、黄晓燕、洪国志等：《交通通达性对中国城市增长趋同影响的空间计量分析》，载于《地理学报》2016 年第 10 期。

[21] 邹璇、黄萌、余燕团：《交通、信息通达性与区域生态效率——考虑空间溢出效应的研究》，载于《中南大学学报（社会科学版）》2018 年第 2 期。

[22]《中华人民共和国行业标注公路工程技术标准（JTJ001 - 97）》《中华人民共和国公路工程技术标准（JTGB01 - 2003）》《中华人民共和国公路工程技术标准（JTGB01 - 2014）》。

第十章

滇中城市群的经济联系研究

城市群的经济联系是城市群研究的重要内容之一，本章基于理论探讨和实证测度两个角度考察了2016年滇中城市群新规划出台、滇中城市群地理区域范围发生变化后（增加了红河州北部七县、市）城市群在县级尺度区域之间的经济联系情况。本章以滇中城市群49个县（市、区）为研究范围，借助描述区域间相互作用强度的、用最短通行时间修正的引力模型和隶属度模型，在对49个县（市、区）中心性测算并分级的基础上，测算了滇中城市群各县区之间经济联系的强度和方向。结果显示滇中城市群县级尺度区域的经济联系主要存在以下特征：城市群内以昆明主城四区为核心的极化现象较为突出，各县区间实力差异悬殊，县区间经济联系的方向表现为比较显著的中心县区指向或地域相邻指向，尚未形成层次鲜明的圈层结构或中心—边缘结构。

第一节 滇中城市群的经济联系测度方法

一、经济联系的理论与方法

区域经济联系一直是区域和城市研究的内容之一，区域经济联系及其空间结构的规律是区域地理学、经济地理学研究的主要内容。《地理学词典》认为，区域间的"经济联系"指的是地区之间、城镇之间、农村之间以及城乡之间在原料、材料以及工农产品的交换活动和技术经济上的相互联系（《地理学词典》编辑委员会，1983）。

当前在我国经济高速发展，城镇化快速推进，城市群（城镇群）不断涌现的背景下，区域之间、城市之间、城镇之间经济的联系受到学者们的关注和研究。城市间的经济联系已经被认为是普遍、客观存在的，因为"在非均质空间和近于理智的人类活动条件下，城市和区域城市体系的空间结构受到主要经济联系方向的牵引而有某种规律性。这不仅被大量事实所证实，也可应用于城市规划、区域规划和城镇体系规划"（周一星，1998）。

本章认为，城市群经济联系指的是城市群内部区域（包括城市、城镇或特殊区域）之间的经济联系，包括城市之间的宏观经济关系和相互作用，也包括微观层面的城市群内各城市之间物质流、信息流、技术流、资本流、人力资源流等要素流动和相互作用。对城市群经济联系开展的研究是在城市地区社会经济不断发展、城市体系不断演进、城市群逐步发育涌现的背景下进行的。随着城市群的出现和不断演化，传统单个城市点状分布区域的空间结构和组织发生了变化，不同地区、不同发育阶段的城市群内部的空间演化机制和过程及空间形态也具有不同的特征。特别是在进入信息时代以后，工业化进程加快，通信网络和交通基础设施等不断完善，城市体系的经济联系越加活跃，城市群的发展和演化也呈现出新的结构形态和演化特征，城市群经济联系的复杂性和动态性受到学者们的重视，城市群的空间结构演化的状态、演变机制和进程、空间网络结构、地域空间特征、发展的空间规律、空间网络节点之间的相互作用等内容成为研究的热点。随着信息社会和全球化的发展，城市职能不断发生改变，城市之间的经济联系方式也随之变化，城市群内各城市间、区域间的经济联系的空间结构呈现出广域化、多核化、国际化等多项特征，这些内容也都成为城市群经济联系的重要内容。

18 世纪后期时的学者们对城市之间经济联系的研究主要集中在单个城市之间，主要集中于城市的空间组织思想、城市的中心性、城市与周边区域经济联系等方面。主要的学者及思想有：霍华德（E. Howard）的"田园城市"的城市规划设想和"田园城市的群体组合模式"；格迪斯（Patrick Geddes）的集合城市的概念；泰勒（Graham Taylor）的卫星城的概念；沙里宁（Eliel Saarinen）提出的"有机疏散"理论；克里斯塔勒（Walter Christaller）的中心地理论。二战以后，计量学的引入使得对经济联系的空间研究得到了发展。主要的学者及思想有：佩鲁（Francois Perroux）的增长极理论；弗里德曼（John Friedman）的核心—边缘理论；哈格斯特朗（Hagerstrand）的空间扩散理论；邓肯（O. Ducan）的城市体系的概念；巴里（B. Berry）和霍顿（F. Horton）的城镇体系理论。

国内研究经济联系的学者主要有杨吾扬、李春芬、周一星、李国平、孙海燕、张娟娟等人。国内城市群经济联系研究的热点主要集中在以下四个方面：第一，通过对城市群内各城市的中心性进行测算并对结果进行层级划分，据此观测和评价城市群内不同层级中心城市的空间层次结构（如牛恩慧等，1998；雷菁等，2006；欧向军等，2010）。第二，通过对城市群内经济联系的测算，判断城市群内各城市之间的经济联系量和主要联系方向，分析城市群的经济联系格局（如苏文才，1992；唐娟等，2009）。第三，通过对空间距离、城市规模、制度因素等影响经济联系的要素进行分析后，对城市群经济联系和相互作用进行分析（如戴学珍，2002；秦尊文，2005；崔和瑞，2008）。第四，对城市群与周边城市之间的地缘经济关系进行分析和判别（如金玉国，2000；张学波、武友德等，2006；邓春玉，2009）。

国内城市群经济联系研究的主要方法有以下几种：第一，借助经典的引力模型并根据研究对象和研究目标对引力模型进行修正后，测算城市群内各城市的经济联系量和方向（如王德忠等，1996；牛恩慧等，1998；陈彦光，1999；李国平，2004；王欣等，2006）。第二，对城市群内部各城市之间的可达性进行测算以分析城市群内经济联系紧密度（如郑海良等，2011；贾卓等，2013）。第三，对城市群内各类"流"的强度与方向进行测算来分析城市群经济联系的强度和区域对外联系与辐射的能力（如秦尊文等，2005；王海江，2007；罗守贵等，2010；徐建斌等，2015）。第四，运用社会网络分析法等其他学科的经典方法对城市群经济联系进行测算和分析（如韩慧然等，2011；刘耀斌等，2013；邹琳等，2015）。一般情况下，国内学者们开展研究时会综合运用两种或多种方法，对城市群的经济联系情况进行综合评判。

滇中城市群作为区域性城市群，研究成果相对较少，主要有以下一些：滇中城市群协调发展机制（黄春平等，2009）、空间发展特征（李泽华，2010）、发展模式（刘学等，2010）、空间结构演变（刀秋坤等，2013）。也有一些学者对滇中城市群区域发展一体化相关内容进行了研究（如庄嘉琳等，2011；王伟忠等，2011；普荣，2011）。其他如滇中城市群内产业发展、生态环境等重要内容也都有学者开展过研究。

二、经济联系的研究方法

（一）城市中心职能模型的构建及测算公式

城市的中心性是指一个城市为它以外地方服务的相对重要性，表现为其他地区提供中心商品与服务的能力，是衡量城市功能地位高低的重要指标。城市的中心性测度主要是根据众多指标的综合度量方法，在零售业和服务业零售额、城际实际交互作用等指标的基础上，依据人口、科技职能和工业指数等指标，然后取其平均值求得。本章选取滇中城市群49个县区的6个指标：地区生产总值（G）、城镇人口数（P）、二三产业增加值（S）、固定资产投资额（M）、社会消费品零售总额（N）、一般财政支出（F）。

其中，区域的地区生产总值、城镇人口数量和二三产业总产值代表的是县区的整体经济实力和水平；固定资产投资额、社会消费品零售总额和一般财政支出三个指标用于反映区域发展经济、社会的基本能力。计算公式如下：

$$K_E = \frac{K_{Gi} + K_{Pi} + K_{Si} + K_{Mi} + K_{Ni} + K_{Fi}}{6} \qquad (10-1)$$

式中，$K_{Gi} = \dfrac{G}{\dfrac{1}{n}\sum\limits_{i=1}^{n} G}$ \qquad (10-2)

K_{Pi}、K_{Si}、K_{Mi}、K_{Ni}、K_{Fi} 的职能指数 K 值也按照公式（10-2）计算。

（二）可达性的计算公式

可达性是度量两地之间通行、交往便利程度的相对指标。可达性值越高，说明两地之间经济联系和交往越便利，反之则说明两地之间经济联系与交往不便利。可达性分析是依据区域交通网络现状和线路等级规模，计算出区域内某点到区域内其他点的交通联系时间，并通过交通联系所需时间的相对比较来反映空间联系的紧密程度。计算公式如下：

$$A_i = \frac{D_i}{V_i};\ \overline{A} = \frac{1}{n}\sum_{i=1}^{n} A_i;\ a_i = \frac{\overline{A}}{A_i} \qquad (10-3)$$

式中：D_i 表示城市 i 与某城市间的最短公路距离（千米），V_i 表示城市 i 与某一城市间的公路交通平均行车速度（千米/小时），$\overline{A}$ 表示城市 i 与其他 n 个城市间 A_i 的平均值，A_i 表示城市 i 的可达性，a_i 表示城市 i 的可达性指数。

（三）k 值和最短通行时间修正的引力模型公式

经济联系量是用来衡量城市间经济联系强度大小的指标，既能反映经济中心城市对周围地区的辐射能力，也可以测度周围地区对经济中心辐射能力的接受程度。对城市间经济联系测算的引力模型来源于物理学中万有引力的有益启示。地理学家塔菲（E. F. Taaffe, 1962）认为，城市间经济联系的强度与它们的人口成正比，与它们之间距离的平方成反比。经济引力论认为区域经济联系存在着类似万有引力的规律，城市群区域城市经济联系量的经典计算公式为：

$$P_{ij} = k\,\frac{\sqrt{P_i \times V_i} \times \sqrt{P_j \times V_j}}{D_{ij}^2} \qquad (10-4)$$

式中，P_{ij} 表示城市间的经济联系量，P_i 和 P_j 为城市 i 和城市 j 的人口指标，通常用非农人口数表示；V_i 和 V_j 为 i、j 两城市的经济指标，通常由 GDP 及相关指标组成；D_{ij} 为两城市之间的距离；k 为常数。

上述模型公式（10-4）是基于诸多假设理想状态的简洁公式，在实际运用中需要对公式进行修正，使其对区域间经济联系的测算更加适应研究的需要。因此本章对公式（10-4）中的 k、V 和 D 进行修正后得到如下计算公式：

$$F_{ij} = K_{ij} \frac{\sqrt{P_i \times G_i \times I_i} \times \sqrt{P_j \times G_j \times I_j}}{T_{ij}^2} \qquad (10-5)$$

式中，F_{ij} 为城市间经济联系量；K_{ij} 为修正的 k 值，$K_{ij} = \frac{G_i}{G_i + G_j}$，$G_i$ 和 G_j 表示 i、j 两城市的 GDP；P_i 和 P_j 为城市 i 和城市 j 的人口指标，本章用城镇人口数表示；I_i 和 I_j 表示城市 i 和城市 j 的建设规模，本章用固定资产投资额表示；T_{ij} 表示两城市之间的最短通行时间。

（四）经济联系隶属度公式

经济联系隶属度是指区域内较低一级的城市对其周围高级中心城市的经济联系程度和方向。其计算公式为：

$$I_{ij} = \frac{F_{ij}}{F} ; \quad F = \sum_{j=1}^{n} F_{ij} \qquad (10-6)$$

式中，I_{ij} 表示两城市的经济联系隶属度，F_{ij} 为公式（10-5）计算的经济联系量，F 为一个城市对外经济联系量的总和，反映该城市与区域内其他所有城市的经济联系总量和疏密程度。

第二节　滇中城市群内各县区中心职能指数的计算和层级划分

一、滇中城市群县级尺度中心性评价指标体系

根据前文计算方法部分的内容，本章选取滇中城市群 49 个县区的 6 个指标，即地区生产总值（G）、城镇人口数（P）、二三产业增加值（S）、固定资产投资额（M）、社会消费品零售总额（N）、一般财政支出（F），作为衡量滇中城市群县区经济实力中心职能指数的基础指标，利用中心性计算公式，对各个县区每个指标的中心性指数进行计算后，再计算各县区的综合中心性指数，反映 49 个县区总体经济实力。其中，GDP 的中心性指数反映的是区域经济体量规模，二三产业的中心性指数反映的是经济发展的实力，城镇人口中心性指数用于反映区域的城市化水平，固定资产投资规模中心性指数反映城市实体建设的规模，社会消费品零售中心性指数反映区域的商贸服务能力，一般财政支出中心性 K 指数反映当地政府的财政实力和管理能力。

二、滇中城市群各县区的中心性计算和等级划分

根据计算结果，依据中心职能强度的大小，对滇中城市群内县域尺度区域进行等级划分，将 49 个县区中心性划分为 4 个等级（如表 10 - 1 所示）。滇中城市群 49 个县区中，中心职能指数最高的是官渡区（4.39），得分最低的是牟定县和永仁县（0.20），差距悬殊。49 个县区中，一级中心 6 个，占 12.22%，二级中心 9 个，占 18.4%，三级和四级中心共 34 个（见附表 10 - 1 和附表 10 - 2），占 69.3%，其中三级中心县区集中在昆明市和曲靖市，共有 14 个，四级中心主要分布在玉溪市和楚雄州，有 15 个。这一层级划分反映出滇中城市群内县域尺度区域的等级规模结构，县区之间的综合实力差距悬殊，两极分化状况明显。滇中城市群体系内层次不同、规模大小不等的县区在质和量方面的层级分化，主要受县区自身城市化水平和产业结构影响，这一层级划分是滇中城市群的主要层级结构的体现。

表 10 - 1　　　　　　　　滇中城市群 49 个县区中心性等级划分

中心性等级	昆明市	曲靖市	玉溪市	楚雄州	红河州
K>2 一级	五华区 4.09、盘龙区 3.33、官渡区 4.39、西山区 3.44	麒麟区 2.45	红塔区 2.19		
1<K≤2 二级	呈贡区 1.21、安宁市 1.44	宣威市 1.88		楚雄市 1.60	个旧市 1.27、开远市 1.01、蒙自市 1.09、弥勒市 1.24、建水县 1.34
0.5<K≤1 三级	东川区 0.55、晋宁区 0.65、宜良县 0.75、石林县 0.53、嵩明县 0.64、禄劝县 0.60、寻甸县 0.58	马龙区 0.57、陆良县 0.67、师宗县 0.62、罗平县 0.61、富源县 0.98、会泽县 0.77、沾益区 0.67	通海县 0.51	禄丰县 0.71	泸西县 0.55
K≤0.5 四级	富民县 0.32		江川区 0.43、澄江市 0.39、华宁县 0.39、易门县 0.42、峨山县 0.37、新平县 0.48、元江县 0.41	双柏县 0.25、牟定县 0.20、南华县 0.34、姚安县 0.28、大姚县 0.41、永仁县 0.20、元谋县 0.31、武定县 0.41	石屏县 0.47

从表 10-1 可以看出，滇中城市群内，昆明市所辖的五华区、盘龙区、西山区、官渡区四区，曲靖市的麒麟区，玉溪市的红塔区在滇中城市群内是首位度最高的区域中心，划为一级中心县区。二级中心县区的数量为 9 个，主要分布在红河州（有 5 个县区处于二级中心层级），昆明市、曲靖市、玉溪市的二级中心县区数量分别为 2 个、1 个、1 个。玉溪市没有县区列入二级中心县区。三级中心县区为 17 个，主要分布在昆明市（7 个）和曲靖市（7 个）辖区内，玉溪市、楚雄州、红河州的三级中心县区数量均为 1 个。四级中心县区共有 17 个，主要分布在玉溪市（7 个）和楚雄州（8 个），昆明市和红河州各有 1 个四级中心县区，分别为富民县和石屏县。曲靖市没有四级中心县区。

从县域尺度看，观察五个市州内部各县区在各个中心性层级所处的位置，从图 10-1 中可以发现，昆明市除了主城中心四区中心性指数值较高外，只有呈贡区和安宁市处于第二层级，大部分的县区综合发展水平处于第三层级，富民县还处于第四层级且中心性指数显著偏低，这样的层级结构反映出昆明市在滇中城市群内总体上虽然具有较强的经济影响力，但市辖区各县区发展不平衡的情况也较为突出，这对昆明市发挥滇中城市群内核心城市的辐射、聚集能力有一定的影响。曲靖市仅有麒麟区和宣威市分别处于第一、第二层级，剩余县区均处于第三层级，这一层级结构反映出曲靖市在滇中城市群内也具有较强的经济影响力，但高中心性指数值的县区数量少，对曲靖市培育有利于本市和区域发展的整体合力产生了影响。红河州北部的 7 县区是 2016 年在新规划中被纳入滇中城市群的区域，从其内部各县区中心性指数值的分布看，7 个县区中，有 5 个处于第二层级，处于第三、第四层级的县区各有 1 个，整个区域具有较强的经济实力，这 7 个县区纳入滇中城市群区域，为城市群的发展注入了较强的能量，尤其是个旧、开远、蒙自等省内重要资源型城市，更容易与昆明产生较密切的经济联系，有利于形成滇中城市群区域整体发展的合力。玉溪市和楚雄州的绝大部分县区的中心性指数处于第四层级，虽然玉溪市有红塔区借助烟草产业及相关产业优势，中心性处于第一层级，但其整体经济实力仍受到多个第四层级县区的影响，与楚雄州的情况较为类似，再考虑经济社会发展基础和区位因素，玉溪市和楚雄州在滇中城市群内的综合实力还有待提高。

从州市尺度看，上述 49 个县区的中心性层级划分，体现了昆明市、曲靖市、玉溪市、楚雄州和红河州北部 7 县区的区域综合实力状况。昆明市在区域内的综合经济实力占据首位，曲靖市和红河州北部 7 县区的综合实力处于第二梯队，玉溪市的红塔区虽然有较强的中心性，但是玉溪市辖区内的大部分县区综合实力仍处于第四层级，楚雄州的综合实力排在玉溪市之后。

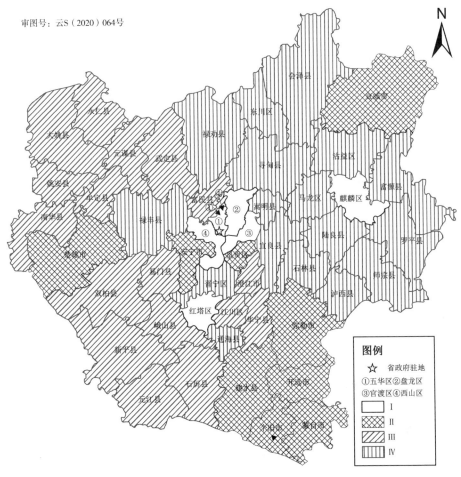

审图号：云S（2020）064号

图 10-1 滇中城市群内各县区中心性层级格局

第三节 滇中城市群内各县区之间的经济联系

一、滇中城市群各县区的可达性计算和分析

可达性是经济联系的反映之一，各种流的通达程度反映区域间经济联系的紧密程度。本章根据前文对滇中城市群内 49 个县区中心性层级划分的结果和公式（10-3），对各中心性等级县区内部之间的通达性和不同中心性层级重要县区之间的可达性进行计算。

（一）同一级中心性县区之间的可达性计算和分析

如表10-2和图10-2所示，6个一级中心县区之间的可达性指数反映出，昆明市主城区四区之间相互可达性指数均大于1.5，明显高于这四区与麒麟、红塔两区的可达性（可达性指数≤1）。虽然可达性指数主要由区域之间的地理距离决定，但交通状况也是影响可达性的主要因素之一。

表10-2　　　　　　　　　滇中城市群一级中心县区间的可达性

县区	五华区	盘龙区	官渡区	西山区	麒麟区
五华区	—				
盘龙区	1.94	—			
官渡区	1.76	2.58	—		
西山区	3.69	2.35	2.35	—	
麒麟区	0.61	0.75	0.77	0.72	—
红塔区	0.82	0.76	0.91	1.02	0.47

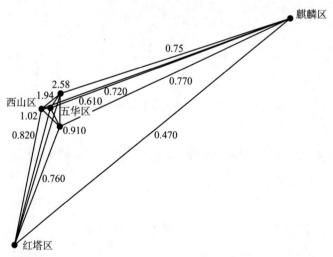

图10-2　滇中城市群一级中心性县区之间可达性示意图

昆明主城四区由于相互接壤且同处于昆明市核心区域内，通行便捷，地理距离近，因此可达性高是必然现象。麒麟区与红塔区与昆明主城四区之间有较远的地理距离，可达性受到影响，相对较低。2016年昆明到玉溪和曲靖的高铁开通以后,虽然高铁在昆明—玉溪、昆明—曲靖高铁站之间的运行时间均仅为30分钟左右,但从昆明核心四区到麒麟区和红塔区的最短通行时间并未得到有效缩短,主要由于高铁站均位于距离核心城区较远的区域。因此,在多种交通方式并存的情况下,公路交通,特别是包含高速公路和高等级公路路段的公路交通仍然是一级中心县区之间实现最短时间通行的首选交通方式。

二级中心县区之间的可达性指数如表10-3和图10-3所示,这些县区间的高低主要受地理的影响,毗邻或距离相近的县区可达性指数相对更高,同一市州辖区内的县区,可达性指数相对更高。如昆明市辖区内的呈贡区与安宁市之间可达性指数为3.12,红河州辖区内的个旧、开远、蒙自、弥勒、建水5县市之间的通达性指数相对高于与其他州市二级中心县区的可达性,而个旧、开远、蒙自三市之间的通达性均大于2.5,除地理距离相对较近外,也反映出这些县市在区域间有着更为紧密的经济联系。

另外,昆明市的呈贡区、安宁市与曲靖、楚雄、红河州辖区内的二级中心县区的可达性状况总体优化于曲靖、楚雄与红河州辖区内二级中心的可达性,反映出昆明作为滇中城市群的核心城市,辖区内的二级中心县区对其他州市二级中心县区的联系与影响力比于曲靖、楚雄辖区内的二级中心县区更强,经济联系也相应更加紧密。

表 10-3　　　　　　　　　二级中心县区间的通达性指数

县区	呈贡区	安宁市	宣威市	楚雄市	个旧市	开远市	蒙自市	弥勒市
呈贡区	—							
安宁市	3.12	—						
宣威市	1.00	0.85	—					
楚雄市	1.27	1.85	0.81	—				
个旧市	0.90	0.77	0.63	0.58	—			
开远市	1.15	0.96	0.59	0.55	3.01	—		
蒙自市	0.99	0.84	0.64	0.66	2.69	2.69	—	
弥勒市	1.66	1.28	0.85	0.80	3.63	3.95	3.95	—
建水县	1.08	1.02	0.50	0.71	2.54	2.22	2.43	1.36

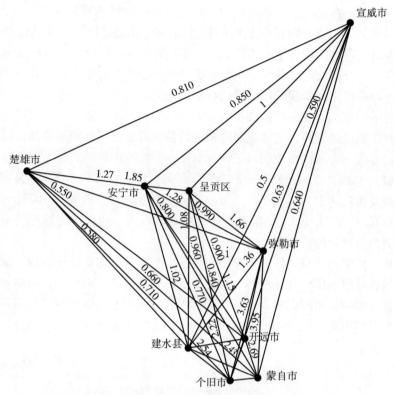

图 10 – 3 滇中城市群二级中心性县区之间可达性示意图

三级中心之间的可达性和四级中心之间的可达性总体较弱，因为三、四级中心性县区之间的道路交通条件主要以国道、省道为主，平均通行速度偏低，两者之间主要受到地理距离远近的影响，由于篇幅有限，在此不做详细分析，具体的计算结果可参见附表 10 – 1 和附表 10 – 2。

（二）不同中心等级主要县区之间的可达性计算和分析

考虑到在昆明市、曲靖市、玉溪市、楚雄州、红河州北部 7 县区域内部，较低等级中心性县区如需经公路到达其他市州县（区），选择的交通线路一般是从较低中心等级县（区）先经公路到达本区域内较高中心等级县（区）作为中转枢纽，然后再进行跨州市的通行，因此本研究在计算不同中心等级县（区）时，仅考虑不同等级之间重要（枢纽）县区之间的可达性。公式（10 – 2）计算结果如表 10 – 4 所示。

表 10 – 4 一级中心与二级中心主要县区之间的可达性表

		一级中心		
		官渡区	红塔区	麒麟区
二级中心	楚雄市	1.27	0.87	0.82
	宣威市	0.79	0.81	1.72
	蒙自市	1.02	1.04	0.92
	建水县	1.04	1.74	0.78

注：选蒙自是考虑到其为红河州首府，交通枢纽作用强，选建水县是因其二级中心指数在红河州最高。

从表 10 – 4 中可以看出，一级中心与二级中心 7 个主要县区间的可达性指数值在 0.78 ~ 1.74 之间，通达性程度不高，主要影响因素是地理距离和公路基础设施条件。如可达性指数最低的麒麟区与建水县（0.78），选择易弥高速和昆广高速，通行距离为 342 千米，最短通行时间为 3 小时 49 分钟；可达性指数最高的红塔区与建水县（1.74），选择翠大线和通建高速，通行距离为 118 千米，最短通行时间为 1 小时 58 分钟。上述四个县区之间，虽然有高速公路可达，但高速公路之间的衔接路段（如国道、省道）的通达性较弱，降低了两县区之间的可达性。如红塔区与建水县，通行距离 118 千米，其中高速公路路段部分为玉江高速 16 千米、通建高速 61 千米，共 77 千米，翠大线 21.7 千米，全部行程的平均通行时速仅为 60 千米/小时，如道路基础设施条件改善，可达性指数可得到提高。

总体上看（见表 10 – 5），二级与三级中心重要县区之间的可达性总体情况相对一级与二级中心之间的可达性较好，呈贡区与三级中心 5 个重要县区之间的可达性指数都大于 1，蒙自市与昆明市宜良县、玉溪市通海县和红河州泸西县的可达性指数也都大于 1，与宜良县的可达性指数为 2.07，宣威市和楚雄市与其他 5 个三级中心县区之间的可达性指数相对偏低，仅有楚雄市与禄丰县由于地理距离接近而可达性较高（2.38）。

表 10 – 5 二级中心与三级中心重要县区之间的可达性

		二级中心			
		呈贡区	宣威市	楚雄市	蒙自市
三级中心	宜良县	3.11	0.96	1.04	2.07
	富源县	1.18	1.69	0.68	0.67
	通海县	1.60	0.61	0.90	1.40
	禄丰县	1.71	0.66	2.38	0.61
	泸西县	1.18	0.72	0.66	1.32

注：（1）呈贡区、宣威市、楚雄市和蒙自市是昆明、楚雄州和红河州为二级中心性最高的区，玉溪没有二级中心县区；（2）宜良和富源是昆明和曲靖辖区内三级中心性最高的县；（3）通海、禄丰和泸西是玉溪市、楚雄州和红河州区域内分别仅有的三级中心。

在二级和三级中心之间，地理距离的接近是可达性指数提高的因素之一，如同处昆明市辖区内的呈贡区与宜良县（3.11）和同处楚雄州辖区内的楚雄市和禄丰县（2.38），而县区的发达程度和交通基础设施的发达程度，也是影响两地可达性的重要因素，如蒙自市与宜良县，通行选择开河高速（71.8千米）、昆广高速（105.3千米）汕昆高速（20.2千米），总通行距离为208.5公里，最短通行时间仅为2小时19分钟，平均时速为89.8千米，两地间虽然地理距离较远，但交通发达，高速公路路段占总通行路段的94%以上，极大地提高了通达性。上述9个二级和三级中心重要县区之间的可达性情况也反映了其所属市州之间的经济联系情况，昆明市、红河州北部7县市的经济实力处于前列，即使有较远的地理距离，但由于经济联系更紧密、交通基础设施更完善，其二级、三级中心县区之间的可达性仍然较好。

如表10-6所示，三级和四级中心重要县区之间的可达性受交通设施条件影响程度更大，虽然地理距离较近的县区之间可达性指数相对较高，但各县区间可达性指数总体偏低。如昆明市辖区内的宜良县和富民县（1.71），两地距离101千米，最短通行时间为1小时35分钟，平均时速仅为63.7千米；楚雄市辖区内的禄丰县和武定县（1.82），两地距离79.2千米（其中包括易弥高速路段34千米），最短通行时间为1小时42分钟，平均时速仅为46.6千米。上述三、四级县区之间的交通道路虽然包含了部分高速公路路段，但是国道、省道的通达性不高，降低了区域内县区之间的可达性。

表10-6　　　　　　　　　三级和四级别中心重要县区之间的可达性

		三级中心				
		宜良县	富源县	通海县	禄丰县	泸西县
四级中心	富民县	1.71	1.04	1.20	1.73	0.92
	新平县	0.95	0.63	1.66	1.98	0.65
	武定县	1.33	0.84	1.01	1.82	0.82
	石屏县	0.84	0.57	1.78	0.73	0.91

注：四级中心选昆明、玉溪、楚雄、红河的四级中心里中心性值最高的，曲靖没有四级中心县区。

综上所述，滇中城市群49个县区之间可达性指数，主要受到县区经济实力、地理距离和交通基础设施条件三方面的影响。其中，县区自身经济实力（辐射能力）与交通基础设施条件两方面的影响作用更显著。位于同一个州市辖区内的县区，当自身经济实力与道路交通条件处于相对落后的状态时，虽然在地理距离上更为接近，但相互之间的可达性有可能低于位于不同州市之间、地理距离较远但经济实力更强、交通基础设施更好的县区之间的可达性。

从不同层级中心性县区之间的可达性情况看，一级中心性县区之间的可达性主要受到地理距离远近的影响。同时也发现，昆明到玉溪、曲靖、楚雄三州市高铁线路的开通，并未显著提高四州市各自核心县区之间的可达性，上述四州市之间可实现最短通行时间的路径仍然是公路（高速公路）交通，主要原因是高铁站距离城市核心县区距离较远（如西山区政府到昆明高铁南站距离约35千米），从高铁站点再到州市核心县区之间的接驳的道路多为县区拥挤道路，平均通行速度较慢，即使从昆明市中心城区选择地铁到达高铁站，转换线路和候车等中转时间也延长了两区之间的通行时间。① 二级中心县区之间的可达性除了地理距离远近的影响外，与其他二级中心之间的可达性受县区本身经济实力的影响更为显著，部分相对发达的县区对其他州县区的可达性高于同一辖区内县区之间的可达性。三、四级中心性县区之间的可达性指数普遍偏低，地理位置的远近是影响三、四级中心县区可达性的主要因素。

二、基于最短通行时间修正的引力模型的计算

（一）滇中城市群各层级中心县区间经济联系量的计算

经济联系的计算使用了参数 k、时间 t、固定资产投资规模（反映城市建设规模）三个方面修正的引力模型，使用公式（10－5）计算得出各县区间经济联系量，数值反映的是区域间经济联系的量和强度。本章中，除了一、二级中心性县区之间经济联系量较显著外，三、四级中心县区由于区域本身经济体量较小，地理距离（最短通行时间）较大，因此计算结果与一、二级中心性县区差异巨大，即经济联系量微小，因此计算结果略去，仅对经济联系量显著的一、二级中心性县区内部及之间经济联系量的情况进行分析。

（二）各县区经济联系量及分析

一级中心性县区之间的经济联系量计算结果如表10－7和图10－4所示，昆明市辖区内的五华、盘龙、官渡、西山四区在一级中心性县区之间的经济联系量显著高于麒麟区、红塔区的经济联系总量，其规模对比在图10－5中有直观的体现。

---

① 例如：从西山区政府到麒麟区政府，选择乘坐地铁，从西山区政府到昆明高铁南站时间约为1小时41分钟，略去候车时间，高铁运行约30分钟，从曲靖北站高铁站到麒麟区政府约12.5公里，选择公共交通需要约53分钟，共约需要3小时4分钟，而如果选择驾车走高速公路，从西山区政府到麒麟区政府仅需约2小时2分钟。

表 10 - 7 一级中心县区间的经济联系量

	昆明市				曲靖市	玉溪市
	五华区	盘龙区	官渡区	西山区	麒麟区	红塔区
五华区						
盘龙区	15326.80					
官渡区	12836.21	20249.10				
西山区	75483.58	24601.98	30735.34			
麒麟区	1132.15	1380.78	1829.33	1191.46		
红塔区	1340.35	911.04	1684.75	1525.06	353.72	
一级中心各县区经济联系总量	106119.10	62469.70	67334.73	133537.43	5887.44	5814.92
一级中心间的经济联系总量	375348.39					

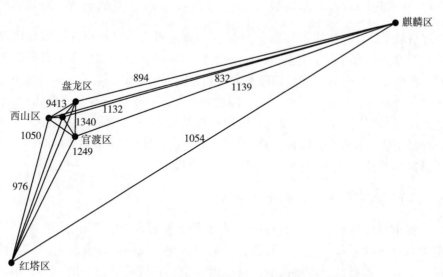

图 10 - 4 滇中城市群一级中心性县区之间经济联系量示意图

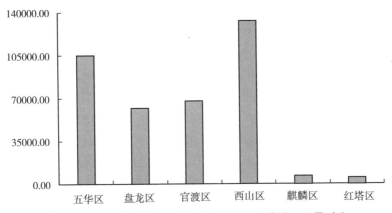

图 10-5　滇中城市群一级中心县区之间经济联系总量对比

西山区与其他 5 个一级中心性县区经济联系量最高（133537.43），是红塔区（5814.92）的 22.9 倍。可以说在滇中城市群 49 个县区中，西山区的综合实力在昆明市辖区内和整个滇中城市群内都占有绝对的优势，与昆明市主城区其他三个核心区结合在一起，为昆明市成为滇中城市群内一级核心城市奠定了基础。曲靖市的麒麟区和玉溪市的红塔区虽然是一级中心性县区，与其他 4 个一级中心县区之间的经济联系量虽然受到地理距离（最短通行时间）的影响，但总体上看主要原因是其综合经济实力还远低于昆明市辖的 4 个核心区，要继续保持一级中心性县区的地位和发挥相应的作用，还有很大的发展空间。

造成一级中心 6 个县区之间经济联系量的差异除了经济体量的大小外，各县区之间产业结构状况也是影响其经济联系量的因素之一。如图 10-6 所示，6 个一级中心县区 2016 年三次产业比重中，昆明辖区内 4 区的第三产业比例比重均

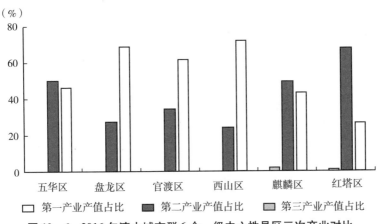

图 10-6　2016 年滇中城市群 6 个一级中心性县区三次产业对比

显著高于麒麟区和红塔区的第三产业比重。第三产业的发达对增加区域间经济联系，增加区域间信息、人力资源、资本等重要要素流的流动有积极影响。麒麟区和红塔区 2016 年第三产业占比均未超过 50%，第二产业，尤其是卷烟产业是支撑地区发展的主要动力，由于产业间经济联系需要更多考虑产业网络结构、产业链上下游关系及产业集群发展的情况，因此上述两区域基于第二产业的所产生的经济联系可能更易与其地区他相关上下游产业产生更为密切的经济联系。

二级中心之间的经济联系量如表 10 - 8 和图 10 - 7 所示，可以看到，二级中心县区之间经济联系总量显著低于一级中心县区之间的经济联系量，二级中心之间的经济联系总量仅为 18536.40，占一级中心县区经济联系总量（375348.39）的 4.9%，即滇中城市群内各县区的经济联系主要集中于 6 个一级中心县区之间，9 个二级中心县区之间的经济联系量占比甚微。主要是由于各县区自身综合经济体量远低于一级中心县区，加上县区间地理距离的加大，双重因素的影响。从表 10 - 8 还可以发现，处于同一市州辖区内的如昆明市呈贡区与安宁区、红河州个旧市与蒙自市与弥勒市的经济联系量要显著高于其他二级中心性县区，对照前文可达性分析的结果，两结果相互呼应，即二级中心性县区之间的经济联系与其本身经济体量大小和区域地理距离毗邻之间相关，虽然二级中心性县区之间经济联系比较薄弱，但是经济实力较强，地理距离毗邻的县区仍有相对较紧密的经济联系。

表 10 - 8　　　　　　　　　二级中心性县区之间的经济联系量

| | 昆明市 | | 曲靖市 | 楚雄州 | 红河州 | | | | |
	呈贡区	安宁市	宣威市	楚雄市	个旧市	开远市	蒙自市	弥勒市	建水县
呈贡区									
安宁市	1062.05								
宣威市	151.19	129.99							
楚雄市	207.58	535.44	97.78						
个旧市	99.32	85.12	54.44	51.94					
开远市	137.72	108.53	39.45	37.79	994.53				
蒙自市	89.81	73.44	40.92	48.80	699.56	112.99			
弥勒市	225.11	159.53	66.68	68.43	1155.69	176.81	1140.03		
建水县	90.04	90.47	20.71	46.23	520.44	70.28	419.89	159.45	
二级中心之间的各县区经济联系量	2062.83	2244.57	601.16	1094.00	3661.04	1678.11	2625.44	3151.73	1417.52
二级中心之间的经济联系总量	18536.40								

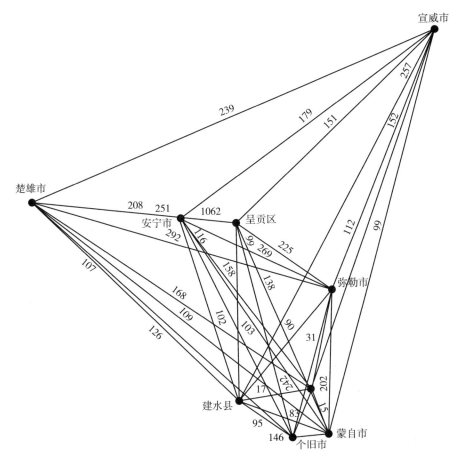

图 10 - 7　滇中城市群二级中心性县区之间的经济联系量示意图

鉴于二级中心性县区之间的经济联系量远低于一级中心性县区，本研究仅对一级、二级性中心主要县区之间的经济联系量做分析和对比（如表 10 - 9 所示）。在表中可以看到，与一级中心县区之间经济联系量相对比，一级、二级中心县区之间的经济联系量也很微小，主要在昆明市的官渡区和楚雄市之间，有较显著的经济联系量，而其他一级、二级主要县区之间的经济联系量都较小。与上一级中心性县区之间的经济联系量相比，非常微小，如昆明官渡区与楚雄市之间的经济联系量仅为官渡区与麒麟区之间经济联系量的 50% 左右，其他各县区之间经济联系量则更低。

表 10 – 9　　　　　　　　一级、二级中心重要县区之间的经济联系量

	县区	一级中心		
		官渡区	麒麟区	红塔区
二级中心	楚雄市	917.86	211.39	152.55
	宣威市	442.68	238.43	876.55
	蒙自市	533.73	296.61	185.37
	建水县	377.32	573.11	91.46

　　综上所述，从上述各县区之间经济联系量的数值看，滇中城市群 49 个县区之间产生的经济联系量主要产生于一级县区之间，特别集中于昆明市主城四区之间及昆明主城四区与其他一级、二级中心县区之间，一级中心性 6 个县区之间的经济联系总量为二级中心性 9 个县区之间经济联系总量的 20 倍左右，其他层级县区之间的经济联量数值都比较低。总体上看，昆明市辖区内 4 个中心城区由于有最强的综合实力，三次产业结构占比中，以第三产业为主，对推动区域间资金、信息、人才、物资之间的流动有积极作用，其他县区第三产业占比相对较低。因此，上述昆明市四个核心城区其他县区产生的经济联系最丰富。在同一层级县区之间，相较县区间的地理距离，县区的综合实力对与其他县区经济联系量的影响更显著。一级、二级重点县区之间的经济联系量与前文县区之间可达性指数的计算结果相呼应，可达性指数较高和经济实力相对较强的县区之间的经济联系量相对较高。

三、滇中城市群各县区的经济联系隶属度的计算

（一）经济联系隶属度的计算

　　经济联系隶属度是指区域内较低一级的城市对其周围高级中心城市的经济联系程度占其所有经济联系总量的比例，反映的是区域间经济联系的强度和方向。根据前文公式（10 – 6）对数进行计算后，得到滇中城市群各层级中心性县区内部及之间经济联系隶属度。

（二）滇中城市群各县区经济联系隶属度的计算结果和分析

　　一级中心性县区之间和二级中心县区之间的经济联系隶属度如表 10 – 10 和表 10 – 11 所示。从表 10 – 11 可以看出在均具有高经济联系度的一级中心之间，县区之间的经济联系方向有所不同。五华区和西山区之间存在较强的双向经济联

系，盘龙区与西山区之间的双向经济联系较弱，但强度基本相当，官渡区与西山区之间的经济联系方向主要集中于从官渡区→西山区方向。五华、盘龙、官渡三区之间的双向经济联系强度也基本相当，强度相对更弱一些。昆明四个主城区与麒麟区和红塔区之间的经济联系强度虽然不强，但方向明显，经济联系的主要方向是：从麒麟区→昆明四主城区和从红塔区→昆明四主城区方向。麒麟区和红塔区之间的双向经济联系强度基本相当，都较弱。昆明主城四区的经济聚集力较为明显，除了彼此吸引外，也对麒麟区和红塔区有较强的经济联系吸引力。

表 10 – 10   一级中心之间的经济联系隶属度   单位：%

| | 昆明市 | | | | 曲靖市 | 玉溪市 |
	五华区	盘龙区	官渡区	西山区	麒麟区	红塔区
五华区		24.53	19.06	56.53	19.23	23.05
盘龙区	14.44		30.07	18.42	23.45	15.67
官渡区	12.10	32.41		23.02	31.07	28.97
西山区	71.13	39.38	45.65		20.24	26.23
麒麟区	1.07	2.21	2.72	0.89		6.08
红塔区	1.26	1.46	2.50	1.14	6.01	

二级中心性 9 个县区的经济联系隶属度数值如表 10 – 11 所示。呈贡区和安宁市、弥勒市与蒙自市两对区（市）之间的经济联系强度较显著，且双向经济联系强度基本相当。楚雄市与安宁市之间的经济联系强度也较显著，经济联系的方向主要是楚雄→安宁方向。红河州辖区内的开远市和个旧市之间的经济联系强度也比较明显，但经济联系的主要方向是开远→个旧方向。剩余其他各县区之间的经济联系强度都较弱。

表 10 – 11   二级中心之间的经济联系隶属度   单位：%

	呈贡区	安宁市	宣威市	楚雄市	个旧市	开远市	蒙自市	弥勒市	建水县
呈贡区		47.32	25.15	18.97	2.71	8.21	3.42	7.14	6.35
安宁市	51.49		21.62	48.94	2.33	6.47	2.80	5.06	6.38
宣威市	7.33	5.79		8.94	1.49	2.35	1.56	2.12	1.46
楚雄市	10.06	23.85	16.26		1.42	2.25	1.86	2.17	3.26
个旧市	4.81	3.79	9.06	4.75		59.27	26.65	36.67	36.72

续表

	呈贡区	安宁市	宣威市	楚雄市	个旧市	开远市	蒙自市	弥勒市	建水县
开远市	6.68	4.84	6.56	3.45	27.17		4.30	5.61	4.96
蒙自市	4.35	3.27	6.81	4.46	19.11	6.73		36.17	29.62
弥勒市	10.91	7.11	11.09	6.26	31.57	10.54	43.42		11.25
建水县	4.36	4.03	3.44	4.23	14.22	4.19	15.99	5.06	

一级和二级中心重要县区的经济联系量和隶属度如表 10 - 12 所示，一级和二级重要县区之间的经济联系强度的显著性高于二级中心性县区之间的经济联系强度，部分县区间经济联系的方向较明显，如以下几个县区之间的经济联系强度和方向较明显：楚雄市→官渡区、宣威市→红塔区、蒙自市→官渡区。

表 10 - 12　　　　　　一级、二级中心重要县区的经济联系隶属度　　　　单位：%

		一级中心					
		麒麟区	红塔区	楚雄市	宣威市	蒙自市	建水县
二级中心	官渡区			71.61	28.42	52.55	36.21
	麒麟区			16.49	15.31	29.20	55.01
	红塔区			11.90	56.27	18.25	8.78
	楚雄市	16.02	11.68				
	宣威市	18.07	67.12				
	蒙自市	22.48	14.19				
	建水县	43.43	7.00				

综上所述，从上述分析中可以看出，一级中心性县区之间的经济联系强度高于二级中心县区之间经济联系强度，一、二级中心性县区之间经济联系强度总体也高于二级中心性县区之间的经济联系强度。经济联系产生的方向主要与县区综合经济实力在区域内的相对地位有关，一般两县区之间较为显著的经济联系方向都由实力较弱县区指向实力更强的县区，体现了县区综合实力在区域内聚集力、吸引力的作用。

第四节　滇中城市群各县区经济联系的评价

一、滇中城市群各县区经济联系的空间格局及影响因素

（一）滇中城市群各县区经济联系的空间格局

根据前文对滇中城市群各县区之间中心性指数、可达性指数、经济联系量和经济联系隶属度的计算结果看，滇中城市群中昆明市主城的五华区、盘龙区、官渡区和西山区四区在城市群内的中心地位非常突出，它们对城市群内周边县区的可达性、经济联系强度都有明显优势，城市群内四个州市中大部分经济实力较强县区对这四个区的经济联系隶属度也较高。

从整体层面看，滇中城市群49个县区之间的经济联系总量差异很大，城市群内发生的经济联系主要集中在昆明主城四区和曲靖麒麟区及玉溪红塔区之间，其中麒麟区和红塔区的对外经济联系量显著低于昆明主城四区，同时它们的经济联系主要方向指向这四个城区。总体上看，滇中城市群内以昆明主城四区为核心的极化现象较为突出，县区间实力差异悬殊，经济联系的方向表现为比较显著的中心县区指向或地域相邻指向，其中昆明主城四区均为一级中心性县区，综合实力相当，其吸引力和辐射能力最强，红河州北部个旧、开远、蒙自、弥勒四市均为二级中心性县区之间，四市之间也存在较高的经济联系强度，在红河州内有较强的区域吸引力和辐射能力，但综合实力悬殊较大的县区之间以及综合基本相当但总体偏弱的县区之间，即使有较接近的地理距离，也没有较显著的经济联系。

从四州市的层面，滇中城市群四州市内部各县区之间的经济联系总量差异也非常显著，如昆明市辖区内的14个县区，仅有主城四区中心地位突出，安宁市、呈贡区的对外经济联系量与主城四区差距明显，其他处于三级中心性和四级中心性的县区还有8个，其对外经济联系总量显著偏低。曲靖、玉溪两市内部各县区之间的情况也比较相似，存在着严重的极化现象，同时县区间实力差异悬殊，仅有个别县区有较强的影响力，其他大部分县区还处于综合实力较弱，对外经济联系较弱的局面。红河州北部7个县市区的综合经济实力相对较强，虽然没有一级中心性县区，但7个县市中有5个处于二级中心性层级，它们与昆明、玉溪重要县区之间有相对显著的经济联系，5个县区之间的经济联系强度较为显著，在区域内有较强的辐射力和吸引力。应该说，2016年《滇中城市群规划》将红河州北部7县市区纳入滇中城市群，符合上述区域发展的客观情况和对外联系的要求，同时也对增强滇中城市群整体经济实力，加强城市群内经济联系有积极作用。

（二）影响滇中城市群经济联系空间格局的主要因素

影响滇中城市群经济联系空间格局的主要因素有自然地理因素和人文社会因素两个方面，自然地理因素的影响主要体现在滇中城市群不同类型的地形地貌、地理距离、资源禀赋等情况对交通基础设施建设和产业发展特征的影响，人文社会因素的影响主要体现在不同县域综合经济实力（经济体量、基础设施、交通设施等）、产业结构、民族文化和地区政府政策力度等因素的差异对县区间经济联系格局产生的影响。

自然地理方面，滇中城市群的地形地貌特征如本书第一章所述，城市群地区地势整体上呈现北高南低的格局，北部分布着一系列的高山，平均海拔较高，地形起伏指数较大，限制了这些地区的县区建设高等级公路或高铁线路的条件，降低了县区之间的可达性，提升经济联系的难度。城市群内也有海拔较低的河谷地区，处于不同地形的县区之间的经济联系受到地形特征和地理距离的双重影响。同时滇中城市群内各县区所处的气候资源、土地资源、矿产资源等资源禀赋要素存在显著差异，这些要素对各县区三次产业发展水平等情况产生影响。

相对于自然地理因素，人文社会因素对县区经济联系的影响更为显著。县区综合经济实力的规模是影响县区间经济联系的最重要因素，县区的经济体量与其对外经济联系有正相关关系，这本身就符合引力模型的逻辑。同时县区的经济实力也直接影响了交通基础设施建设的规模和水平，包括道路交通基础设施，通信基础设施，信息网络基础设施等，都对县区间经济联系的量与强度产生影响。另外，滇中城市群内有多个民族聚集区，不同民族文化和地区政府政策等因素也会对县区间经济联系格局产生的影响。这些因素对经济联系影响的程度和范围还有待于进一步研究。

二、滇中城市群经济联系存在的主要问题

（一）一级中心性县区集中，规模差异显著，极化现象显著

一级中心县区分布集中，规模差异显著，对地理距离较远县区辐射带动能力不显著。昆明市主城四区在滇中城市群 49 个县区中具有绝对优势，对城市群内其他城市具有一定的辐射能力，但同为一级中心县区的麒麟区和红塔区综合实力显著偏低，在区域内发挥的辐射和带动作用有限，在一定程度上影响了曲靖市、玉溪市作为滇中城市群重要中心城市的辐射带动能力。

（二）二、三级中心性县区整体实力弱，还有大量县区处于四级中心性层级

滇中城市群内二、三级中心县区整体实力较低，交通可达性还有待提高。红

河州北部个旧市、开远市、蒙自市、弥勒市、建水县作为区域性中心县市，已经体现出较强区域影响力，但由于整体实力水平和产业结构特征等多重因素，对其他重要中心县市的影响力和辐射能力还有限。昆明市、曲靖市是滇中城市群内最具影响力的两个城市，但其所辖的县区还有较多处于第三、第四中心性层级，发展基础较为薄弱，影响了昆明市、曲靖市的整体实力。滇中城市群之间虽然已经有高铁、铁路交通网线，但区域内主要交通方式仍是公路运输，州市层面内的交通网络主要仍以四州市核心县市为中心的放射性网络结构，县区之间的交通可达性需要进一步提高。

（三）节点型县区不足，区域内影响力有待提高

滇中城市群内的重要节点型县区仍是传统经济体制下形成的州市首府及区域内重要工业县区，新型城镇化和现代县域经济发展的成果还未充分显现，新兴的节点型城市的数量明显较少。昆明主城四区与其他州市核心县区之间的经济联系量和经济联系隶属度总体不高，说明其他各中心县区的经济实力还有待提高，其中除了地理距离因素，分属于不同的行政区域也有影响，同时，由于滇中西城市群中的大量城镇经济水平均偏低，使得不同层级区域内县区带动辐射能力缺乏，影响了滇中了城市群内城镇网络体系结构的构建和完善。

第五节　优化滇中城市群经济联系状况的建议

根据对滇中城市群经济联系状况的分析，主要提出以下建议以提升城市群内经济联系的质量与强度：通过增加中心县区（城市）整体实力；增强节点城市建设，发挥支撑作用；提高区域交通联系强度；合理布局城市群内产业布局等。

一、通过引导协调产业发展推进区域一体化发展

应进一步加快滇中城市群区域一体化发展的进程，以现有昆明主城四区为重点依托，建设具有辐射带动能力的大昆明，通过在区域内协调产业发展和资源整合，强化昆明与其他四州市的区域一体化和资源共享，完善重要中心县区的功能，优化昆明主城四区与其他四州市核心县区的经济合作与联系，提升其他四州市核心县区作为区域复合中心的影响力与合作能力。加强通过市场配置资源，发挥各州市核心县区之间的优势，加强产业体系建设，逐步降低行政体制给经济合作带来的阻力，在经济一体化基础上，真正实现滇中城市群的一体化。

二、培育现有一级中心县区，壮大二级、三级中心县区

通过引导和协调产业发展，把一级和二级中心性县区打造为滇中城市群内的两个内核层级，作为城市群整体和市州层面区域内聚和外推的动力源。滇中城市群在地形和规划区域限制的范围内，发展的空间是有限的，应凭借现有一级、二级中心性县区的优势基础，进一步提高其在区域内的综合服务能力和影响力，加大这些相对发达县区的外向功能，增强辐射作用，带动市州发展。同时以节点型县区为重点，推进道路、通信等基础设施建设，加强县区之间的可达性和经济联系强度，根据不同县区的资源禀赋，发展包括农业、资源开发，旅游产业等县域经济，提升三级、四级中心性县域的经济实力。

三、完善区域内交通基础设施

在云南省城镇体系发展的背景下，充分把握云南省城镇交通体系建设、物流体系建设的机遇，进一步完善区域内交通、通信等基础设施建设、提升滇中城市群的交通通畅水平和通达深度，结合已有的高铁、高速公路等基础设施，优化州市内各县区之间多种运输方式的衔接，全面提升滇中城市群内的通达性。

四、按照功能分区优化区域空间结构

结合云南省域主体功能区区划中滇中城市群所处的区域，对滇中城市群内各县区所处的主体功能区、主体功能亚区、主体功能小区的开发现状和开发特征做进一步的研究，在对滇中城市群内每一县区的资源状态、开发状态、开发潜力充分考虑的基础上，对其发展定位、资源配置和发展目标等做更详细的设置，进一步优化滇中城市群区域空间结构，提高县区之间经济联系的质量。

五、加强城市群与外界区域的联系，构建更大的空间架构体系

滇中城市群的发展定位是：面向南亚东南亚辐射中心的核心区；中国西南经济增长极和区域性国际综合枢纽。滇中城市群经济联系不仅包括滇中城市群内部各县区之间的经济联系，也包括与其他省区重要城市、城市群、国外城市或区域之间的经济联系。滇中城市群在加强内部经济联系，增强区域一体化发展的进程中，也应进一步加强与西南地区各省重要城市，与长江经济带重要城市、城市群和南亚东南亚地区的经济联系，通过构建全球经济体系下的经济联系网络，构建具有开放性和国际综合枢纽各种的经济联系空间结构。

附表 10-1

三级中心之间的经济联系量

	东川区	晋宁区	宜良县	石林县	嵩明县	禄劝县	寻甸县	马龙区	陆良县	师宗县	罗平县	富源县	会泽县	沾益区	通海县	禄丰县
东川区																
晋宁区	16.25															
宜良县	22.11	98.36														
石林县	23.12	103.30	993.36													
嵩明县	57.16	81.08	112.24	49.74												
禄劝县	15.43	57.83	48.77	25.77	57.73											
寻甸县	73.51	55.52	72.96	37.08	366.45	31.02										
马龙区	18.56	31.92	42.23	32.57	149.98	16.73	98.72									
陆良县	19.10	27.44	202.09	219.98	79.33	21.68	54.41	199.92								
师宗县	10.43	52.85	105.91	82.61	31.34	12.73	24.60	81.33	105.51							
罗平县	11.64	48.52	74.63	75.51	29.68	13.13	23.88	65.23	70.01	446.72						
富源县	25.96	59.82	75.99	59.06	110.63	20.87	70.07	306.90	72.95	74.95	56.53					
会泽县	32.84	25.31	25.11	12.76	41.11	11.56	56.64	45.61	13.09	17.78	11.98	34.92				
沾益区	7.61	6.51	29.43	21.48	42.80	7.31	29.66	297.86	32.37	27.61	14.57	165.01	17.53			
通海县	5.98	60.67	21.96	12.58	16.07	10.95	9.86	13.34	6.92	10.13	6.94	7.48	6.26	10.22		
禄丰县	8.62	62.97	32.63	16.06	27.95	35.32	17.49	24.59	8.45	14.27	8.79	12.48	10.30	17.90	17.56	
泸西县	8.36	20.83	73.25	86.23	20.34	11.44	13.20	34.07	28.40	279.08	68.58	21.55	9.45	31.10	15.13	13.02

附表 10-2

四级中心间的经济联系量

	昆明市	玉溪市							楚雄州						红河州	
	富民县	江川区	澄江县	华宁县	易门县	峨山县	新平县	元江县	双柏县	牟定县	南华县	姚安县	大姚县	永仁县	元谋县	武定县
富民县																
江川区	14.97															
澄江县	70.70	76.37														
华宁县	13.67	268.11	34.68													
易门县	28.82	10.69	17.04	11.09												
峨山县	25.82	38.60	40.12	37.35	51.29											
新平县	3.24	5.36	5.68	5.50	6.51	23.40										
元江县	3.88	5.53	5.50	5.53	6.27	19.10	18.59									
双柏县	6.48	4.83	5.36	3.77	9.74	5.01	5.99	2.72								
牟定县	4.97	3.42	3.83	2.60	7.73	3.54	2.39	1.81	10.25							
南华县	6.94	4.70	5.37	3.56	11.93	4.87	3.14	2.03	14.49	29.22						
姚安县	4.67	3.44	3.73	2.75	9.21	3.59	2.64	1.93	7.82	13.29	58.78					
大姚县	4.15	2.78	3.08	2.29	5.23	2.83	2.29	1.62	4.84	7.62	22.42	112.77				
永仁县	10.15	2.46	4.01	2.30	5.88	2.95	2.18	1.64	2.59	10.50	5.65	9.24	20.63			
元谋县	9.22	2.18	3.15	1.69	4.80	2.00	1.67	1.17	2.32	13.43	4.26	3.39	5.90	30.12		
武定县	103.02	8.52	13.07	5.98	27.94	8.76	5.02	3.69	3.70	7.16	8.21	3.88	5.37	11.73	27.68	
石屏县	7.00	22.60	9.73	18.10	11.02	30.01	30.41	46.38	2.11	2.79	3.64	2.29	2.25	1.88	2.99	5.10

参 考 文 献

［1］陈彦光：《基于互相关函数的分形城市引力模型——对 Reilly – Converyse 引力模型的修正与发展》，载于《信阳师范学院学报（自然科学版）》1999 年第 12 期。

［2］崔和瑞：《京津冀地区城市间的经济联系方向研究》，载于《技术经济》2008 年第 27 期。

［3］《地理学词典》编辑委员会：《地理学词典》，上海辞书出版社 1983 年版。

［4］戴学珍：《论京津空间相互作用》，载于《地理科学》2002 年第 22 期。

［5］刀秋坤、吴映梅：《滇中城市群空间结构演变的动力机制》，载于《对外经贸》2013 年第 1 期。

［6］邓春玉：《城市群际空间经济联系与地缘经济关系匹配分析——以珠三角建设全国重要经济中心为例》，载于《城市发展研究》2009 年第 16 期。

［7］黄春萍：《基于管治理念的滇中城市群区域协调发展机制探究》，载于《云南地理环境研究》2009 年第 2102 期。

［8］金玉国：《山西省地缘经济关系的测度分析》，载于《经济问题》2000 年第 10 期。

［9］经济学大辞典编委会：《经济学大词典》，经济科学出版社 1993 年版。

［10］贾卓、陈兴鹏、袁媛：《中国西部城市群城市间联系测度与功能升级研究——以兰白西城市群为例》，载于《城市发展研究》2013 年第 7 期。

［11］雷菁、郑林、陈晨：《利用城市流强度划分中心城市规模等级体系——以江西省为例》，载于《城市问题》2006 年第 1 期。

［12］李国平、玄兆辉、王立明：《深圳与全国区域经济联系的测度及分析——基于人口迁移模型的研究》，载于《人文地理》2004 年第 2 期。

［13］李泽华、张改枝：《滇中城市群城市化空间特征分析及新构想》，载于《湖北经济学院学报（人文社会科学版）》2010 年第 703 期。

［14］刘学、迭戈·萨麦隆、罗卿等：《滇中城市群优化发展模式研究》，载于《城市发展研究》2010 年第 1711 期。

［15］刘耀彬、戴璐：《基于 SNA 的环鄱阳湖城市群网络结构的经济联系分析》，载于《长江流域资源与环境》2013 年第 22 期。

［16］罗守贵、金芙蓉、黄融：《上海都市圈城市间经济流测度》，载于《经济地理》2010 年第 3 期。

［17］欧向军、顾晓波、李陈：《基于经济联系强度的徐州都市圈空间重组分形研究》，载于《青岛科技大学学报（社会科学版）》2010 年第 26 期。

［18］普荣：《滇中城市群物流一体化发展战略思考》，载于《经济论坛》

2011 年第 9 期。

[19] 秦尊文：《武汉城市圈各城市间经济联系测度及其核心圈建设》，载于《系统工程》2005 年第 23 期。

[20] 塔费：《城市等级飞机乘客的限界》，载于《经济地理（英文版）》1962 年第 1 期。

[21] 王海江、许传阳、陈志超：《河南省城市流强度与结构研究》，载于《河南理工大学学报（社会科学版)》2007 年第 8 期。

[22] 王伟忠、吴映梅、杨琳：《滇中城市群外向型经济发展分析与战略选择》，载于《中国外资》2011 年第 2 期。

[23] 王欣、吴殿廷、王红强：《城市间经济联系的定量计算》，载于《城市发展研究》2006 年第 3 期。

[24] 徐建斌、占强、刘春浩等：《基于经济联系与空间流的长株潭城市群空间异质性分析》，载于《经济地理》2015 年第 10 期。

[25] 周一星：《主要经济联系方向论》，载于《城市规划》1998 年第 22 期。

[26] 庄嘉琳、刘方乐：《总部经济与城市群一体化发展——以滇中城市群为例》，载于《社科纵横（新理论版)》2011 年第 2602 期。

[27] 邹琳、曾刚、曹贤忠等：《长江经济带的经济联系网络空间特征分析》，载于《经济地理》2015 年第 35 期。

第十一章

滇中城市群空间治理
与跨区域合作

第一节　滇中城市群空间治理

"治理"的内在含义是国家事务和资源配置的协调机制。空间治理则是指通过资源配置实现国土空间的有效、公平和可持续的利用,以及各地区间相对均衡的发展。空间治理的实现是以地理空间客观实体为实施载体,以人类对区域开发现状及其影响为客观依据对区域空间中存在的人文社会现实问题进行管理,实现区域与环境、区域间及区域内部的协调发展。滇中城市群集中位于云南省亚热带季风气候区的喀斯特地貌广泛发育地区,生态环境脆弱。同时,滇中城市地区人类活动强度大,生态环境受干扰显著。因此,滇中城市群地区的空间治理主要集中于资源环境的开发利用与保护上。

一、滇中城市群区域空间管制

结合滇中城市群地区生态资源环境承载力的空间差异及其在国家主体功能区划中的位置,依据城市群内部山、水、城、田、林空间分布进行滇中城市群地区生态空间、农业空间及城镇空间等空间控制线的划定。针对滇中城市群空间管制,本课题组在 2010 年就提出高原湖泊环湖适度开发和低山缓坡适度开发的观点。

滇中城市群区域生态保护红线区域分为"一级管控区"和"二级管控区"两个层次进行分区管控。其中,一级管控区也称红线区,实行最严格的管控措施,禁止一切形式的开发建设活动。红线区主要包括自然保护区的核心区和缓冲区、国家公园严格保护区和生态保育区、国家级公益林、滇中范围内重点城市主要集中式饮用水水源地保护区一级保护区、牛栏江流域水源保护核心区、六大高原湖泊一级保护区、珍稀濒危、特有和极小种群等物种分布栖息地等。一级管控区内的农田实行退耕还林，村庄进行异地搬迁，不得开展探（采）矿项目。其他建设行为按照所属的各类保护区管理要求执行。二级管控区也称黄线区，该类区域以生态保护为重点，实行差别化的管控措施，严禁有损生态功能和不符合主体功能定位的各类开发建设活动。黄线区主要包括自然保护区实验区、风景名胜区、国家公园游憩展示区、地方公益林、省级以上森林公园、饮用水水源地保护区二级保护区、牛栏江流域水源保护区的重点污染控制区和重点水源涵养区、六大高原湖泊一级保护区外的其他生态保护红线区域，以及其他需要纳入二级管控区的区域。二级管控区内的农田可以从事不破坏生态的农业生产活动；对坡度25°以上的耕地进行退耕还林；有条件的村庄进行异地搬迁，无搬迁条件的在不破坏生态安全条件下可进行正常的生产生活活动，位于风景区内部村庄可结合景区旅游发展第三产业；不得新增探（采）矿项目，在建和已建的探（采）矿项目在勘查（采）矿许可证有效期满后，不得延续。其他建设行为按照所属的各类保护区管理要求执行。

滇中城市群区域实施严格的耕地保护制度，保障合理的耕地保有量和永久基本农田保护面积。将永久基本农田集中连片的区域划为永久基本农田保护区，对其实行特殊保护，构建耕地数量、质量、生态"三位一体"保护新格局。滇中区域永久基本农田保护线划定应与云南省永久基本农田划定相衔接。永久基本农田保护区一经划定，任何单位和个人不得改变或者占用；因国家能源、交通、水利、军事设施等重点建设项目选址确实无法避开基本农田保护区，需要占用基本农田，必须依法报批。

滇中城市群区域在结合生态保护红线、永久基本农田划定工作，在开展资源环境承载力评价、生态敏感性评价和建设用地适宜性评价的基础上合理确定滇中区域城镇开发边界。城镇开发边界是允许城市建设用地扩展的最大边界，其作用为控制城市无序蔓延、引导城市合理发展、促进城市由粗放型增长变为内生增长。城镇开发边界划定后，采取规模和发展边界双重管控。在生态承载力未明显提高时，城市建设用地总规模不得突破城镇开发边界。

二、滇中城市群区域生态空间修复

（一）昆明生态修复引导

《滇中城市群发展规划》以优化国土开发空间、合理构建昆明都市区生态安全格局，加快实施生态恢复与修复工程，提升生态红线保护区域生态系统功能。

坚持绿色、低碳、环保的产业发展，优化产业结构。发展高原特色农业、现代服务业，推动工业转型升级。依法淘汰落后产能，严格环境准入，实施差别化环境准入政策。以改善水环境质量为核心，因地制宜，采取有效综合治理措施，做好以滇池治理为重点的水污染防治工作。遵循滇池流域治理相关规划切实推进区域水生态文明建设任务，完成国家考核任务。加大南盘江、金沙江、小江、牛栏江、螳螂川、普渡河流域污染防治力度。

（二）曲靖生态修复引导

以珠江水系为骨架，以山、林、江、田等自然要素为基础，构筑与城镇群空间体系相平衡的区域生态体系。以珠江源自然保护区为主，结合饮用水源地保护区、自然山体、公益林和农田保护区进行控制。控制城镇工业和生活污染，发展循环经济，推行节能减排。实施节能减排、降低能耗，推进行业清洁生产、节能改造和能源高效利用，节约集约利用建设用地。合理配置水资源、土地资源等各类资源，把发展规模控制在水土资源的合理容量之内。以牛栏江、南盘江、北盘江干流及区域诸河水体为主，与自然山体、各城市绿环、主要交通走廊沿线绿地形成生态隔离廊道，加强外围自然山地丘陵系统、河谷坝子的系统性和连续性，与区域各生态要素构成有机整体。

（三）玉溪生态修复引导

针对城镇以组团式发展，保持区域绿地的连通性，限制东风水库水源地保护区域内的城镇发展和污染产业布置，完善污水收集和处理设施，维护曲江干流水环境安全，完善城市环境基础设施建设，引导加工制造产业向产业园区集中，加强城市绿地系统建设。针对"三湖一海"流域，遵循保护条例，确保水环境安全，禁止在抚仙湖流域布局化工、冶金、造纸、食品加工等高污染产业，保证抚仙湖水质保持稳定。阳宗海、杞麓湖、星云湖流域整治内容包括建设或完善环湖截污管网、退田退房退塘、污染底泥疏浚、面源污染防治、湖滨带湿地建设、生态恢复等。不规划、新建工业园区，现有分散企业逐步向已批工业园区集中。保护基本农田，控制面源污染和畜禽养殖排放。

（四）楚雄生态修复引导

坚持保护优先、开发有序的原则，发展环保产业、严格规划环境影响评价，推动工业园区生态化改造，推进粉煤灰、煤矸石、尾矿、冶金与化工废渣、有机废水等综合利用。实施水资源开发利用控制、用水效率控制、水功能区限制纳污三条红线管理，加强对金沙江流域生态环境的保护与建设，加大小流域治理工程和自然保护区建设，加强水土保持、植被恢复建设。落实大气、水、土壤污染防治三大行动计划，突出"两江一湖四库"（龙川江、礼社江、青山湖、九龙甸、西静河、团山和尹家嘴水库）水环境质量改善、园区工业污染防治、城市"两污"环保基础设施建设等重点，持续保持和精准改善城乡环境质量。

（五）蒙自生态修复引导

引导人口和产业集聚，保护生态发展空间，促进人口、产业与资源环境协调发展。构建节约能源资源和保护生态环境的产业结构、增长方式和消费模式，工业园区实行严格的产业准入环境标准，严把项目准入关，向低消耗、可循环、少排放、零污染的生态型工业园区转型。

以面山绿化、公路绿化、河道绿化、公园绿化、产业绿化等为重点，实施"补植增绿"和重大生态修复工程，加快长桥海国家湿地公园建设，建立江河湖泊生态水量保障机制，推进石漠化综合治理，扩大森林、湖泊、湿地面积，有序实现休养生息。加强重点流域、区域水污染防治和良好湖泊生态环境保护，严格入河、入湖排污管理，推进地下水污染防治。加强农业面源污染防治。开展矿山地质环境恢复和综合治理，推进尾矿安全、环保存放，妥善处理处置矿渣等大宗固体废物，推进重金属污染治理。继续落实大气污染防治行动计划，以大气污染联防联控为重点，持续改善城市和区域大气环境质量。

三、滇中城市群区域空间形态引导

（一）昆明市区域空间形态引导

昆明都市区内分布有滇池、阳宗海、抚仙湖等高原湖泊，是高原淡水湖泊及其周边山地等生态敏感要素集中的保护区域。城镇和产业布局应严格避让生态敏感区域，以生态基底为刚性红线，科学布局城镇与园区。昆明都市区呈组团式发展结构，由绿色生态空间、农业种植空间、城镇产业发展空间、大型基础设施以及城市远景战略预留空间组成。形成"核心城市—外围城市片区"两个层次的空间发展框架。

核心城市：由昆明城区（五华、盘龙、西山、官渡、呈贡、晋宁）与滇中新区（嵩明—空港片区、安宁片区）组成。昆明城区加快疏解除经济贸易、科技创新、金融服务、人文交流以外的非中心职能，在更大的地域空间上实现城市功能的分布统筹，完善昆明的区域性国际服务功能，支撑"面向南亚东南亚辐射中心"建设。依托昆明国际会展中心建设中央商务区，提升呈贡科教创新要素的聚集程度和质量，加快安宁产业转型升级，强化嵩明现代服务业产业，培育小哨科技创新能力和临空产业发展，为昆明长水国际综合交通枢纽服务。以城市片区、城市社区的公共服务职能强化为重点，加快完善昆明各级公共服务设施建设，形成便捷的生活圈与和睦的邻里圈。开展"城市双修"工作，加强城中村（棚户区）改造，拓展城市公共开敞空间。强化昆明城区与滇中新区的交通基础设施建设，完善城市主干道、快速路、绕城高速、重要交通枢纽的高效衔接和快速换乘，提高城市效率。滇中新区加快产城融合，形成大板桥组团、小哨组团、草铺组团等具有一定规模的综合功能组团。

外围城市片区：指宜良、富民、石林、澄江。应强化外围城市片区与核心城市的联系，促进昆明都市区重要节点城镇的快速发展。

（二）曲靖市区域空间形态引导

曲靖城镇组团形成"一主、两副、绿网"的空间发展框架。其中，"一主"为麒麟城区（含国家级经济技术开发区）；"两副"为沾益城区、马龙城区；"绿网"为曲靖城市各组团间的生态绿地、水源保护地及涵养区。

首先，联动三区，构建中心。以麒麟区为主要载体，以绕城高速和快速路交通为支撑，联合三片区，加强城市公共服务设施建设共享，各片区商业中心和商务中心应积极联合老城传统商业中心，打造具有区域服务能力的城市服务中心。

其次，开拓新区，疏解老城。改变功能过度集中于麒麟老城区的单一中心结构，以快速交通为支撑，逐步向沾益片区、马龙片区和城南新区、珠街等副中心疏解城市功能和居住人口，降低老城区人口密度，置换老城区部分用地功能，改善环境品质；同时以新区建设为契机，完善城市区域功能，塑造现代化城市形象。

最后，战略预留，增强弹性。预留区位重要且具有重要战略价值的节点地区土地并进行严格控制，作为未来发展区域性服务功能和战略性支柱产业的重要空间储备。保持城市在空间结构、用地布局、道路系统、生态保护等方面的可生长性，构建城市弹性发展空间。

（三）玉溪市区域空间形态引导

玉溪城镇组团形成"一主、一副"的空间发展框架。其中，一主即红塔城区作为滇中城市群次核心的主体城市和市域中心城市，重点发展会展、外贸、教育、科研等高端产业；大力推动烟草业技术创新、体制创新和环境创新，充分发挥在专业化生产方面的带头和示范作用；强化区域对外开放职能，逐步实现与昆明的功能互补，实现昆玉互动发展。一副即江川城区是玉溪城镇组团经济发展的副中心，也是以高原淡水湖泊及其周边山地等生态敏感要素集中的保护区域。经济产业发展和三湖一海生态资源的保护是需协调的两个重大问题。江川城区应加快与红塔城区一体化建设，以玉江高速为轴带，形成产业密集、人口集中、三产发达的城镇发展优势区域，同时严格保护三湖环湖路以内的核心保护区域。

（四）楚雄州区域空间形态引导

楚雄城镇组团形成"一心、四副、三轴"的空间发展框架。其中，一心指楚雄城区，楚雄城区处于滇中城市群与滇西城镇群的交汇地带，是两个城市群之间以及滇川之间人流、物流、信息流的陆上枢纽，是推动区域新型工业化、城镇化、信息化、农业现代化发展的龙头。通过聚合生产要素，拉动经济增长，加速城市规模的扩大，提升城市品位。四副指南华、牟定、双柏、广通四个与楚雄城区紧密协同发展的副中心。应依托昆楚大、长广、双柏至楚雄至牟定高速公路，引导发展楚雄、南华、牟定、双柏、广通之间的空间，促成楚雄—南华—牟定—双柏—广通产业密集区。三轴为两条东西向发展轴线，即楚雄—南华、广通—牟定—姚安发展轴。一条南北向发展轴线，即牟定—楚雄—双柏发展轴。沿轴线地区农副产品资源、劳动力和旅游资源十分丰富，具有优越的区域开发优势，同时昆楚大高速公路还是云南省通往南亚、东南亚的陆路大通道，联系滇中和滇西，是区域性的重要交通走廊。南北向的发展轴线向北可接成渝城市群，向南联通昆曼大通道，有重要的战略意义，也是楚雄城镇组团发展最为重要的对外联系通道。

（五）蒙自区域空间形态引导

蒙自城镇组团形成"一主、一次、两轴"的空间发展框架。其中，一主即蒙自城市。个旧并入蒙自城市发展，依托蒙自—个旧多条快速路引导发展蒙自、个旧间的城镇空间，促成蒙自—个旧产业密集区。蒙自城市处于滇中城市群与滇东南城镇群的交汇地带，是滇中面向东南亚人流、物流、信息流的陆上枢纽，是推动区域新型工业化、城镇化、信息化、农业现代化发展的龙头。通过聚合生产要素，拉动经济增长，加速城市规模的扩大，提升城市品位，强化蒙自城市的核心作用。一次即开远城区。它是滇中城市群南部发展极的重要组成部分，通过加强交通联系、产业分工协作、公共服务设施和资源要素合理布局，促进与蒙自城市的一体化发展。两轴指南北向、东西向发展轴，南北向为"蒙自—雨过铺—开远"发展轴、东西向为"大屯—鸡街—建水"发展轴，加快西轴建设，可以聚合蒙自城区、个旧城区、开远城区等发展空间，加快轴线上乡镇与产业融合发展，形成发展要素高度聚集的轴带空间，形成蒙自城镇组团的基本空间骨架。

第二节　滇中城市群地区跨区域合作

一、滇中城市群地区基础设施建设合作

（一）滇中城市群地区能源设施建设合作

滇中地区主要以煤炭资源为区域内部的能源资源。因此，需要强化区域内部能源统一管理和配置及新能源基础设施的建设。（1）加强滇中主网架与滇西、滇东电网的联系，实现滇西北水电向滇中城市群直接供电，完善滇中"品"字形环网为全线双环网，提高滇中城市群的供电能力和可靠性，成为跨区域电力交换枢纽的重要组成部分。积极推进滇中城市群新一轮农村电网改造升级工程建设，加快农村电力基础设施建设，建成安全可靠、节能环保、管理规范的新型农村电网。（2）油气管网建设以昆明为中心，形成覆盖滇中的放射性成品油管网。加快形成以昆明为中心，连接主要州、市和消费区的成品油输送干线管网和集散、收储油库设施，实现油品输送管网化，形成与成品油输送管网相配套、以商业仓储设施为主的储油仓储设施格局。充分利用滇中城市群丰富的煤炭资源，以曲靖为重点，提高煤气层的利用率，进一步推动瓦斯发电项目。天然气干支线网架互联互通，基本实现统一调控，实现昆明市、曲靖市、玉溪市、楚雄州及红河州北部拓展区城市管道气化率超90%。

（二）滇中城市群地区互联网设施建设合作

统筹城市群发展的物质资源、信息资源和智力资源利用，充分利用基础设施廊道资源，积极落实"宽带云南"和大数据战略，推动4G/5G、物联网、云计算、大数据等新一代信息技术创新应用；积极推动"万物互联"和"智能连接"，促进跨部门、跨行业、跨地区的政务信息共享和业务协同，强化信息资源社会化的开发利用，推广智慧化的信息应用和新兴信息服务，促进人口信息动态化、基础设施智能化、公共服务便捷化、产业发展现代化、社会管理精细化。以构建"智慧滇中"为目标，强化信息网络、数据中心等信息基础设施建设。

加强以昆明为中心的互联网建设，加快昆明区域性国际通信业务出入口局、昆明中国移动国际数据中心、昆明中国移动国际通信关口局、呈贡中国移动大数据计算中心、华为玉溪云计算数据中心、浪潮昆明云计算中心、呈贡信息产业园

等项目建设；全面实现"三网融合"和"数字滇中"。

（三）滇中城市群地区数字城市共建

建设智慧城市，加快向信息社会发展。推广智慧化的信息应用和新兴信息服务，充分利用物联网和通信技术手段感测、分析、整合城市运行核心系统的各项关键信息，加强对包括民生、环保、公共安全、城市服务、工商业活动在内各种需求的智能响应，实现城市智慧式管理和运行。协同推进昆明市、曲靖市、玉溪市、楚雄市、蒙自市、弥勒市等智慧城市建设，统一建设标准，开放数据接口，建设一体化公共应用平台，构建智慧城市群。

二、滇中城市群地区区域经济合作

（一）滇中城市群地区特色产业建设

云南省主体功能区规划将滇中定位为重点发展粮食、烤烟、果蔬、木本油料、蚕桑、花卉园艺、野生食用菌等特色农产品行业。滇中地区已经形成以生猪、牛羊、蔬菜、花卉、中药材、核桃、水果、食用菌等为主的特色产业。生猪养殖主要分布在滇中的宣威市、会泽县、富源县、陆良县、罗平县、麒麟区、弥勒市、沾益区、建水市、泸西市、石屏县、师宗县、蒙自县、禄丰县、寻甸县、禄劝县、等县区。牛羊养殖主要分布在滇中的会泽县、宣威市、富源县、师宗县、陆良县、马龙区、禄劝县、寻甸县、弥勒市、泸西市、建水市、楚雄市、双柏县、大姚县等县区。蔬菜生产主要分布在滇中的元谋县、建水市、石屏县、华宁县、泸西市、陆良县、会泽县、师宗县、罗平县、宣威市、麒麟区、晋宁区、嵩明县、禄丰县、宜良县、通海县、江川区、澄江市、富源县等县区。花卉生产主要分布在滇中的呈贡区、宜良县、嵩明县、石林县、晋宁区、罗平县、麒麟区、宣威市、师宗县、沾益区、元江县、通海县、江川区、红塔区、泸西市、弥勒市、开远市、楚雄市、禄丰县等县区。中药材生产主要分布在滇中的昆明高新技术产业开发区和东川区、寻甸县、禄劝县、沾益区、师宗县、新平县、华宁县、武定县、双柏县、泸西市、文山市等县区。核桃生产主要分布在滇中的大姚县、南华县、楚雄市、双柏县、弥勒市等县区。水果生产主要分布在宜良县、麒麟区、会泽县、陆良县、华宁县、新平县、元江县、元谋县、蒙自市、建水市、泸西市、石屏县、弥勒市、开远市等县区。食用菌生产主要分布在禄劝县、会泽县、沾益区、麒麟区、马龙区、陆良县、易门县、新平县、楚雄市、牟定县、南华县、姚安县、大姚县、禄丰县、石屏县、建水市等县区。这些特色产业大多都形成产业规模，为区域产业融合发展奠定坚实的基础。

（二）滇中城市群地区产业园区建设

产业园区是指一国或地区政府考虑到其所处区域的经济发展阶段和要求，综合权衡行政或市场等各种调控手段的运用，集聚各类生产要素，将其科学整合于一定的空间范围，使之发展成为功能布局优化、产业结构合理、特色鲜明的产业聚集区域或产业集群。产业园区的形式包括工业园区、农业园区、旅游园区、科技园区、出口加工区、自由贸易区、保税区、免税区、旅游度假区、高新技术开发区、经济技术开发区等。产业园区在区域经济的发展中发挥着增长极的作用。园区经济是区域经济的载体，发挥着重要作用，在促进区域经济发展的同时，区域经济又反哺园区经济的发展，二者呈现出互动发展的态势。区域经济为产业园区提供相应的物质条件，包括有形资本和无形资本。产业园区通过集聚效应、规模效应与外部经济性，影响区域的综合经济实力。产业园区竞争优势主要依赖其产业集群的形成及集群竞争优势的发挥，一旦产业园区的产业集群形成并得以发挥其集聚效能，产业园区和区域经济就能形成良性的互动关系。产业园区和区域经济的发展将演变成一个互相促进、互相壮大发展的过程，即产业园区推动区域经济的发展和区域竞争优势的形成。同时，区域经济的发展又反作用于产业园区，为产业园区的形成和发展创造积极的条件，促进产业园区的进一步发展和壮大。

滇中城市群地区的产业园区建设最早源于1992年组建省级昆明高新区、昆明经开区、曲靖经开区等。截至2015年，昆明市有18个园区（不含市级）。其中，国家级园区有5个，省级园区13个，主要产业包括烟草、机械、化工、有色金属、黑色金属、建材、生物医药、电子信息、金融、现代商贸、旅游、果蔬、花卉等。曲靖市共有国家级、省级工业园区10个，其中，1个国家级工业园区是位于麒麟区的曲靖经济技术开发区，主要产业包括烟草、能源、冶金、建材、化工、汽车、机械制造、生物等。玉溪市共有国家级、省级产业园区7个，其中，1个国家级产业园区是位于红塔区的玉溪高新技术产业开发区，主要产业烟草、矿冶、生物资源、高新技术、旅游等。楚雄主要有10个工业园区，其中3个是省级园区，7个是市州园，主要发展烟草、冶金、化工、生物医药、绿色食品、文化旅游、新能源、新材料等产业。红河北部的7县区，有省级和市级的工业园区一共7个，工业园区主要发展烟草、冶金、化工、生物、旅游等产业。从滇中城市群地区产业园区主要产业看，滇中地区的产业部门之间存在着密切的联系。因此，在区域内部合作市需要关注相同产业的协同发展，也需要不同产业部门间的承接发展。

（三）滇中城市群地区旅游业发展合作

刘安乐对滇中城市群地区（未含红河州北部七县）旅游发展水平的研究表

明，在县域旅游发展水平指数分布层面，滇中城市群旅游发展极化明显。其中，滇中城市群旅游综合发展水平最高的为官渡区，指数为 0.872，旅游综合发展水平最低的为永仁县，指数为 0.162，两者相差近 7 倍多。与此同时，呈贡区（0.196）、嵩明县（0.189）、富民县（0.214）等县域旅游发展水平均不高，与周边旅游发达的官渡（0.872）、西山（0.840）、盘龙（0.722）、五华（0.647）等县域旅游发展水平相差较大，旅游发达区域对周边旅游发展带动不明显。从空间格局上看，滇中城市群旅游发展水平空间差异较大，中心城市旅游发展水平较高，整体呈现出自城市群中南部向周边逐渐下降的规律特征。昆明传统主城区（包括官渡、西山、盘龙和五华）成为滇中城市群旅游发展中心，而城市群北部及南部边缘县域发展成为滇中城市群旅游发展的"低地"，呈贡—嵩明—富民—禄劝等区县域连接了中心与北部"低地"，形成了滇中城市群城自中心向北部的"低谷带"。分析其原因：昆明传统主城区经济较为发达，是滇中城市群发展的核心，拥有组合较好的旅游资源和旅游基础设施等优势条件，旅游发达；城市群北部和边缘县域由于受到经济发展水平及地理位置等条件的限制，并没能把旅游资源和旅游环境本底优势有效地转化为产品优势，阻碍各县域单元旅游整体实力发展；"低谷带"拥有优越的地理区位条件，旅游发展旅游资源丰度较好，但旅游资源品味不高和缺乏北区旅游交通出口，难以形成旅游环线，导致的旅游产业发展缓慢。因此，滇中城市地区应在加强旅游交通设施建设的同时，有针对性地进行"低谷区"旅游资源的开发及特色小城镇的建设，真正实现滇中城市群地区旅游产业的协同发展及旅游精品路线的打造。

三、滇中城市群地区外部合作

滇中城市群作为云南省主要的经济增长极，除在云南省占据重要的地位外，还通过扩散效应辐射和影响着周围省区，甚至是影响着周围国家，发挥着边疆省区对外开放的全方位职能。因此，系统认识滇中城市群的外部合作机制具有重要的现实意义，尤其是滇中城市群地区与长江经济带、孟中印缅经济走廊的联系。袁伟平等认为：第一，云南水富港与长江相连，水富—昆明—瑞丽的交通干线沟通着孟中印缅经济走廊。因此，扩建水富港，提升水富—昆明—瑞丽的交通干线运力，实施水陆联运，是充分利用长江黄金水道，实现云南物流成本降低、长江经济带和孟中印缅经济走廊畅通的重要手段。积极推进宜宾港—水富港共建机制，打破行政区划藩篱，探索成本共担、利益共享的分配机制，切实实现水陆联运。沿水富—昆明—瑞丽交通轴线，应加大交通设施投入，构建港口、高铁、高速公路、航空、油气管道综合交通体系，并对物流体系、产业体系和园区体系进行综合布局，从交通和产业两方面推进长江经济带和缅孟印的有效衔接。同时，应开展国际合作，推动国外段交通大动脉建设，重点推进瑞丽—皎漂铁路和瑞丽—曼德勒—皎漂港高等级公路建设。第二，缩小区域发展差距、促进金沙江地区协调发展是长江经济带战略的内在要求。金沙江流域应以生态文明建设为中心，以扶持沿江产业发展为支撑，以促进居民脱贫致富为目标，加强交通基础设施投入力度，构建金沙江航运网络体系；完善生态补偿与人口转移政策，确保金沙江生态承载力；发挥水电与生物资源优势，建设水电清洁能源基地和载能产业园区，构建清洁产业支撑的生态经济带。围绕乌蒙山区扶贫攻坚的目标，以打造面向长江水道的交通体系为突破口，以劳动力转移与就地就业为路径，以承接长江经济带产业转移为支撑，探索构建云贵川跨区域产业承接协作方式，重点发展交通物流业、劳动密集型产业和生态旅游业，形成川滇贵三省诸县分工协作的产业承接园区和长江上游生态屏障，实现乌蒙山区脱贫致富，既是"经济从沿海起步、溯内河向纵深腹地梯度推进"的现实实践，也是"确保一江清水绵延后世"的具体体现。第三，构建引领作用显著的滇中城市群，是推动云南经济社会又好又快发展的重要手段，是融入长江经济带的具体任务，也是建设孟中印缅经济走廊的战略举措。滇中地区中央商务、先进制造、空港物流、生物制药、重化工等产业均具有相当规模，是云南经济最发达地区，只有做实做强滇中的支撑作用，扩张滇中城市群的外向辐射力，才能实现两大战略在云南的首尾衔接。以昆明为中心的滇中城市经济圈，在未来发展过程中，应以发展外向型经济为重要手段，建设面向南亚和东南亚的区域性金融中心，促进产融互动；夯实滇中陆路港建设，设置昆明综合保税区，提升昆明面向东南亚、南亚开放的中心城市功能；推动滇中产业集聚区发展，引领云南全省参与孟中印缅经济走廊合作、大湄公河次区域经济合作，承担起"链接"两大战略的重要职责。

第十二章

滇中城市群资源环境
承载力分析

世界经济的极速发展，极大地影响着人类所处地理环境的变化，这让资源环境承载力成为当今社会研究的热点之一。2000 年以来，我国发生过很多次因资源环境遭受破坏而造成的问题，人民的生命财产均遭受灾难，从而影响经济社会发展的事件，如 2004 年夏季发生的全国性的能源三荒（煤、电、油供应短缺），2005 年以来北方因气候异常造成的北方多个城市供气紧张的局面，以及 2002 年10 月云南省南盘江柴石滩以上河段突发严重水污染事件，造成上百吨鱼死亡，下游柴石滩水库 3 亿多立方米水体受污染。因南盘江沿岸人口稠密，工农业生产集中，是云南经济较发达的区域之一，此次水污染事件不仅造成巨大经济损失，且社会影响十分恶劣。上述事件表明，我国在城镇化过程中，资源环境保障的基础非常脆弱，严重影响着我国城镇化的发展。因此，对于滇中城市群资源环境承载力的研究，关乎滇中城市群实现可持续发展之大计。

第一节　滇中城市群资源环境承载力内涵

一、资源环境承载力的概念与内涵

资源环境承载力是指在自然生态环境不受危害并维系良好生态系统的前提下，一定地域空间可以承载的最大资源开发强度与环境污染排放量以及可以提供的生态系统服务能力。资源环境承载能力评估的基础是资源最大可开发阈值、自然环境的环境容量和生态系统的生态服务功能量的确定。在这里需要强调的是，资源环境是一个复合性词汇，其包含两个方面：资源和环境。其中，资源可分为自然资源和社会资源两大类。广义的自然资源是指存在于自然界的人类赖以生存和发展的自然物质和能量，既包括人类经济社会所必需的具有稀缺性和经济价值的经济资源，又包括一般的自然物质和能量。狭义的自然资源主要是指经济资源，具有数量上的稀缺性、分布上的差异性、经济上的有价值性。自然资源可按其物质组成分为土地资源、水资源、生物资源、矿产资源和气候资源等；社会资源是城市发展的物质基础之一。社会资源是指在一定时空条件下，人类通过自身劳动在开发利用自然资源过程中所提供的物质与精神财富统称，包括劳动力资源、人才资源、劳动力材料资源、原料、信息资源、资金资源、管理资源等。本章所指的环境主要是指生态环境。生态环境在城市发展过程中扮演的角色越来越重要，近年来，人类逐渐意识到生态环境对于城市发展的制约性。生态环境的良好与否是城市能否实现可持续发展的前提。城市是历史发展到一定阶段的产物，城市产生之前的生态问题主要是自然生态问题。由于社会的发展和城市的产生，人类活动对自然的破坏逐渐加剧，自然生态问题成为自然—社会生态问题。

同样的，资源环境承载力也要包含两个内容：资源承载力和生态环境承载力。资源环境承载力的实证研究，概括来说，可分为以下三个层次：第一个层次是区域资源开发利用与环境之间的平衡关系研究；第二个层次是区域资源与其社会经济结构的适配关系研究，主要是对支撑人口与社会经济发展的资源可持续利用状态进行时空动态分析；第三个层次是社会需求与资源生态承载力之间的平衡关系研究，以区域资源生态承载力的约束因子、模糊评判为主。

二、资源环境承载力的基本理论

对于资源环境承载力的研究，国外在很早就开始关于承载力的研究，"承载力"源于希腊，最早出现于生态学领域的研究。1842 年，英国政治经济学家马尔萨斯在其著作《人口原理》一书中提出了人口承载力的概念。1949 年美国学者阿兰（W. A. Allan）界定了土地承载力概念，他认为：土地承载力是指在维持现有土地资源不被破坏的条件下，一个地区能够维持生存的人口数量和人类活动的能力。进入到 20 世纪中后期，随着全球人口数量的急剧增长、社会经济的不断发展所带来的资源短缺、生态环境不断恶化、人与环境的矛盾日益尖锐，促使了承载力研究开始向更广阔更深层的领域拓展，研究领域也延伸到了自然资源和生态学、环境科学与可持续发展等领域，在研究方法方面也从静态转为动态研究。20 世纪 60 年代末，由美国麻省理工学院的学者组成的"罗马俱乐部"提出了著名的"世界模型"，其理念是通过对全世界范围内包括水、矿产、粮食、土地等资源与人的相互关系之间的评价，进一步分析人口的增长、工业化进程的推进与过度的资源消耗、环境的不断恶化之间的相互联系，该俱乐部成员还预测到21世纪中期全球的经济增长将达到顶峰。20世纪70年代，米林顿等（Millington et al.，1973）应用多目标决策分析方法计算了澳大利亚的土地资源承载力。英国的斯莱塞尔（Slesser）提出了新的测算资源环境承载力的模型——ECCO模型。该模型假设"一切都是能量"，以能量的折算为标准，通过对多个城市发展路径的比较得出人口与资源环境之间的变量关系，从而确定一个地区可持续发展的最优方案。由于ECCO模型的实际操作性较强，因此在很多国家得到了应用，并为联合国开发计划署所承认。1992年，加拿大学者里斯（Rees）和他的博士生瓦克纳格尔（Wackernagel）提出了"生态足迹模型"，1999年瓦克纳格尔等人又在不同角度深入研究的基础上对模型进行了完善。

自20世纪90年代以来，由于认识到城市资源环境承载力对城市可持续发展的实现所具有的影响越来越重大，国内的学者也开始将承载力的概念引入城市可持续发展的研究之中。舒俭民等（1984）在对黑流域生态环境研究中提出了生态承载力AHP综合评价法。蓝丁丁等（2007）对城市土地资源承载力的概念进行了界定。杨晓鹏等（1992）进行了青海省土地资源的人口承载力研究。但随着对于承载力问题研究的不断深入，只从单方面研究资源承载力或者环境承载力对于一个城市可持续发展水平的影响，已经不能满足现实和理论的需要，其研究缺陷也逐渐显现。所以国内的一些学者开始将两个理论综合起来开展实际的实证分析研究。浙江大学"长三角都市带人口容量研究"课题组通过研究充分认识到都市带区域内部土地资源以及通过市场利用本区域以外的各种资源和人文资源都是属于这个区域中的资源，他们提出了影响都市带人口容量的三个主要因素，该课题组从开放系统角度探讨城市资源环境承载力的研究方法，对于资源环境承载力理论的进一步发展有现实的指导意义。叶裕民认为在研究城市综合承载力时应包括城市的生态环境、公共服务和基础设施、资源差异等方面的研究。孙莉等人运用城市资源环境综合承载力评价模型构建了城市资源环境综合承载力评价体系，主要用于分析中国城市之间的承载力地区差异，提出了对城市承载力影响最大的因子。

第二节　滇中城市群资源环境承载力测度方法

对于滇中城市群资源环境（不含社会资源）承载力的测度，本章采用生态足迹法和基于"云南省域主体功能区区划"中对滇中城市群49个县区的资源环境承载力评价两个方法来进行互证分析。

一、基于生态足迹法的滇中城市群资源环境承载力分析

（一）生态足迹的基本内涵

生态足迹（ecological footprint，EF）的概念于 1992 年由加拿大生态经济学家威廉·里斯（William Rees）提出，后由他的学生瓦克纳格尔（Wackernagel）逐渐完善。生态足迹涵盖了生态足迹、生物生产性土地与生态承载力的概念。生态足迹（EF）是生产这些人口所消费的所有资源的所需要的生物生产总面积与吸纳这些人口所产生的废弃物所需要的生物生产总面积之和。生态足迹模型是通过一定区域维持人类生存与发展的自然资源消费量以及吸纳人类产生的废弃物所需的生物生产性土地（biologically productive area）面积大小，与给定的一定人口的区域生态承载力（ecological capacity，EC）进行比较，评估人类对生态系统的影响，测度区域可持续发展状况的方法。生物生产性土地是在生态足迹核算中，生物生产性土地主要考虑如下 6 种类型：可耕地、林地、草地、水域、建筑用地、化石能源用地。

（二）生态足迹的基本方法

生态足迹模型主要由生态足迹（EF）、生态承载力（EC）、生态赤字/盈余（ED/ER）三个基本模型构成。

1. 生态足迹计算公式

$$EF = N \times ef = N \times \sum_{j=1}^{6} (r_j \times aa_j) = N \times \sum_{j=1}^{6} \left[r_j \times \sum_{i=1}^{n} a_i \right] = N \times \sum_{j=1}^{6} r_j \times \sum_{i=1}^{n} \left(\frac{c_i}{p_i} \right)$$

$$(12-1)$$

式中：EF 为区域总生态足迹；N 为人口数；ef 为人均生态足迹；r_j 为均衡因子；aa_j 为各类生物生产土地面积，$j=1, 2, \cdots, 6$ 表示 6 类生物生产土地面积。a_j 为人均 i 种消费项目折算的生态生产性面积；i 为消费项目类型；p_i 为 i 种消费品的平均生产能力；c_i 为 i 种消费品的人均年消费量；n 为消费品的数量。

2. 区域生态承载力计算公式

$$EC = N \times ec = N \times \sum_{j=1}^{6} (r_j \times a_j \times Y_j) = N \times \sum_{j=1}^{6} \left(r_j \times a_j \times \frac{Y_{ij}}{Y_{nj}} \right) \quad (12-2)$$

式中：EC 为区域总生态承载力；N 为区域总人口数；ec 为人均生态承载力；a_j 为实际人均占有的 j 类生物生产土地面积；r_j 为均衡因子；Y_j 为产量因子；Y_{ij} 为区域 j 类土地的平均生产力；Y_{nj} 为 j 类土地的世界平均生产力。根据世界环境与发展委员会的报告《我们共同的未来》建议，生态供给中扣除 12% 的生物多

样性土地面积来保护生物多样性。

3. 生态盈亏计算公式

$$ED = EC - EF \qquad\qquad (12-3)$$

$$ed = ec - ef \qquad\qquad (12-4)$$

生态盈亏 ED/ed 是指生态足迹和生态承载力之差。式中，ED 为总量生态盈亏，EC 为区域生态承载力，EF 为区域总生态足迹；ed 为人均生态盈亏，ec 为人均生态承载力，ef 为人均生态足迹。当 ED/ed < 0 时表示为生态赤字，表明生态环境已超载；ED/ed > 0 表示为生态盈余。由此判断区域发展是否处于生态承载力范围之内。

4. 生态足迹均衡因子与产量因子

（1）均衡因子是指各类土地（耕地、牧草地、林地和水域等）的平均生物生产力相差很多，通过乘以各自的均衡因子转化成可以直接比较的标准面积。具体取值：耕地、林地、草地、水域、建筑用地、化石能源用地的均衡因子分别为 0.76、0.88、0.62、0.48、0.76、0.88。

（2）产量因子是指某一地域的某类土地的平均生产力与其背景地域的同类土地的平均生产力水平的差异，综合反映了特定地域的环境和社会经济因素。具体取值：耕地、林地、草地、水域、建筑用地、化石能源用地的产量因子分别为 0.93、1.32、2.94、2.94、0.93、0.00。

（三）基于生态足迹法的滇中城市群资源环境承载力情况

据《云南统计年鉴》2015 年的数据，运用生态足迹法计算得出滇中城市群 49 个县市的人均生态足迹，根据生产面积类型的不同，分别得出耕地面积、草地面积、林地面积、水域面积、建设用地面积和化石能源用地面积等六种类型的生态足迹和生态承载力。

分析滇中地区生态承载力结构后发现，耕地、草地和林地是影响各区域生态承载力最重要的三个指标，因此，滇中城市群的生态足迹组以耕地、草地和林地为主。耕地、草地、林地的主要消费项目为粮食作物、经济作物及林产品等，可见滇中城市群对粮食作物、经济作物及林产品的消耗较大。其中，相比于其他县（区、市）来看，盘龙区的耕地人均生态足迹值最大，占滇中地区人均生态足迹总值的 36.36%；五华区的草地人均生态足迹值最大，占滇中地区人均生态足迹总值的 100%；罗平县的水域人均生态足迹值最大，占滇中地区人均生态足迹总值的 18.49%；元江县的林地人均生态足迹值最大，占滇中地区人均生态足迹总值的 57.09%；澄江市的化石能源用地人均生态足迹值最大，占滇中地区人均生态足迹总值的 56.22%。滇中地区的六大生产面积类型中，水域、化石能源用地和建设用地的生态足迹占比总体较小。

如图 12-1 所示，综合分析各个县区的耕地、草地、水域、林地、化石能源用地及建设用地六个生产面积类型的人均生态足迹后发现，从市域层面上来看，区内人均生态足迹值在Ⅰ类的市州是楚雄州、昆明市和玉溪市等，占滇中地区人均生态足迹总值的 55%；区内人均生态足迹值在Ⅱ类的县区，滇中城市群五个市州均有分布，占滇中城市群的 27%；区内人均生态足迹值最大的位于曲靖市，占滇中城市群的 18%。

审图号：云S（2020）064号

图 12-1 滇中城市群地区人均生态足迹

从县域层面来看，如表 12-1 所示，五华区、盘龙区、官渡区、西山区等 27 个县（区、市）的人均生态足迹值在 0.022 ~ 5.851 公顷/人之间，属于Ⅰ类地区；师宗县、通海县、蒙自市、弥勒市、石屏县和泸西县等 13 个县（区、市）

的人均生态足迹值在 5.852 ~ 19.548 公顷/人之间，属于Ⅱ类地区；陆良县、罗平县、富源县、会泽县的人均生态足迹值为 19.549 ~ 40.089 公顷/人，属Ⅲ类地区；宣威市的人均生态足迹值为 74.49 公顷/人，属于Ⅳ类地区。

从空间特征来看，滇中地区人均生态足迹值相近的地区几乎连片分布，滇中地区西北部和中部最低，南部次之，东北部最高。

表 12 – 1　　　　滇中城市群 49 个县区各生产面积类型人均生态足迹

县区	耕地 人均生态足迹（公顷/人）	草地 人均生态足迹（公顷/人）	水域 人均生态足迹（公顷/人）	林地 人均生态足迹（公顷/人）	化石能源用地 人均生态足迹（公顷/人）	建设用地 人均生态足迹（公顷/人）	类别
五华区	0.000	0.063	0.000	0.000	0.000	0.000	Ⅰ
盘龙区	0.008	0.014	0.000	0.000	0.000	0.000	Ⅰ
官渡区	0.003	0.620	0.002	0.000	0.000	0.000	Ⅰ
西山区	0.001	0.069	0.001	0.002	0.000	0.000	Ⅰ
东川区	0.001	0.195	0.000	0.001	0.000	0.000	Ⅰ
呈贡区	0.001	0.018	0.001	0.003	0.000	0.000	Ⅰ
晋宁区	0.020	8.942	0.023	0.001	0.000	0.000	Ⅱ
富民县	0.139	2.478	0.006	0.091	0.000	0.000	Ⅰ
宜良县	0.049	0.879	0.002	0.032	0.000	0.000	Ⅰ
石林县	0.083	1.479	0.003	0.054	0.000	0.000	Ⅰ
嵩明县	0.107	4.068	0.032	0.003	0.000	0.000	Ⅰ
禄劝县	0.052	0.928	0.002	0.034	0.000	0.000	Ⅰ
寻甸县	0.430	8.009	0.388	0.000	0.000	0.000	Ⅱ
安宁市	0.029	6.914	0.015	0.038	0.000	0.000	Ⅱ
麒麟区	0.023	1.794	0.065	0.004	0.000	0.000	Ⅰ
马龙区	0.238	7.630	0.215	0.059	0.000	0.000	Ⅱ
陆良县	0.730	28.338	0.742	0.037	0.000	0.000	Ⅲ
师宗县	0.423	14.271	0.872	0.003	0.000	0.000	Ⅱ
罗平县	0.887	17.722	4.223	0.009	0.000	0.000	Ⅲ
富源县	0.678	24.013	0.389	0.002	0.001	0.000	Ⅲ
会泽县	0.875	38.818	0.362	0.033	0.000	0.000	Ⅲ
沾益区	0.873	24.382	0.694	0.007	0.000	0.000	Ⅲ

续表

县区	耕地 人均生态足迹（公顷/人）	草地 人均生态足迹（公顷/人）	水域 人均生态足迹（公顷/人）	林地 人均生态足迹（公顷/人）	化石能源用地 人均生态足迹（公顷/人）	建设用地 人均生态足迹（公顷/人）	类别
宣威市	1.671	72.497	0.319	0.002	0.000	0.000	IV
红塔区	0.027	5.240	0.005	0.016	0.284	0.000	II
江川区	0.023	2.387	0.104	0.001	0.505	0.000	I
澄江市	0.025	0.579	0.025	0.001	0.809	0.000	I
通海县	0.017	13.966	0.052	0.005	0.000	0.000	II
华宁县	1.069	3.179	0.018	3.478	0.000	0.000	II
易门县	0.065	2.630	0.005	0.002	0.000	0.000	I
峨山县	0.102	4.019	0.008	0.001	0.000	0.000	I
新平县	1.825	3.261	0.010	0.755	0.000	0.000	II
元江县	1.541	1.024	0.023	3.443	0.000	0.000	II
楚雄市	0.243	2.757	0.089	0.004	0.000	0.000	I
双柏县	0.147	2.763	0.009	0.003	0.000	0.000	I
牟定县	0.176	1.641	0.028	0.002	0.000	0.000	I
南华县	0.209	2.002	0.018	0.003	0.000	0.000	I
姚安县	0.112	1.370	0.142	0.003	0.000	0.000	I
大姚县	0.254	1.814	0.010	0.004	0.000	0.000	I
永仁县	0.176	2.210	0.010	0.217	0.000	0.000	I
元谋县	0.387	1.302	0.056	0.892	0.000	0.000	I
武定县	0.195	3.747	0.008	0.011	0.000	0.000	I
禄丰县	0.350	5.630	0.090	0.025	0.000	0.000	II
个旧市	0.102	8.855	0.129	0.117	0.000	0.000	I
开远市	0.213	8.628	0.166	0.164	0.001	0.000	I
蒙自市	1.303	7.971	0.081	3.667	0.000	0.000	II
弥勒市	0.674	17.372	0.100	0.491	0.000	0.000	III
建水县	0.442	23.590	0.386	0.470	0.000	0.000	III
石屏县	0.679	16.682	0.748	1.583	0.000	0.000	III
泸西县	0.593	17.936	0.149	0.870	0.000	0.000	II

　　滇中城市群 49 个县（区、市）的人均生态足迹需求为 0.0526 公顷。由表 12 - 2 来看滇中城市群的县域层面：（1）耕地、草地、林地、水域、化石能源用地和建设用地六种生产性面积总的承载力在 49 个县（区、市）中，承载力为Ⅰ类的有五华区、盘龙区、官渡区、西山区、东川区等 38 个县区；承载力为Ⅱ类的有禄劝县、峨山县、元江县、新平县等 8 个县区；承载力为Ⅲ类的有马龙区 1 个县区；承载力为Ⅳ类的有双柏县和永仁县 2 个县区。（2）在生态总承载力中，每个县（区、市）有 12% 需用作生物多样性保护面积，其中，生物多样保护面积为Ⅰ类的是五华区、盘龙区、官渡区、西山区等 23 个县区；生物多样保护面积为Ⅱ类的是东川区、富民县、石林县、寻甸县等 16 个县区；生物多样保护面积为Ⅲ类的是禄劝县、峨山县、新平县等 8 个县区；生物多样保护面积为Ⅳ类的是双柏县和永仁县 2 个县区。（3）每个县（区、市）的可利用生态承载力为Ⅰ类的有五华区、盘龙区、官渡区、西山区等 23 个县区；可利用生态承载力为Ⅱ类的有东川区、富民县、石林县寻甸县等 16 个县区；可利用生态承载力为Ⅲ类的有禄劝县、峨山县、新平县等 8 个县区；可利用生态承载力为Ⅳ类的有双柏县和永仁县 2 个县区。

　　从市域层面来看：生态承载力较低的（Ⅰ类）大多分布于昆明市和曲靖市，占滇中地区的 78%；生态承载力较好（Ⅱ类）的大多位于昆明市和曲靖市的一部分县区，占滇中地区的 16%；生态承载力好（Ⅲ类）的位于玉溪市，占滇中地区的 0.2%；生态承载力最好的（Ⅳ类）仅位于楚雄州的两个县区，占滇中地区的 0.4%。

　　总体来看，在滇中城市群 49 个县（区、市）中，除五华区、盘龙区和麒麟区三个地区是生态赤字状态外，其他县（区、市）为生态盈余状态，表明滇中城市群生态环境良好，生态环境承载力较高。

表 12 - 2　　　　　　　　　　滇中城市群生态承载力状况

县区	承载力（公顷）	类别	生物多样性保护面积（12%）（公顷）	类别	可利用生态承载力（公顷）	类别	生态盈余/赤字（公顷）
五华区	0.0467	Ⅰ	0.0056	Ⅰ	0.0411	Ⅰ	- 0.0115
盘龙区	0.0459	Ⅰ	0.0055	Ⅰ	0.0404	Ⅰ	- 0.0122
官渡区	0.0688	Ⅰ	0.0083	Ⅰ	0.0605	Ⅰ	0.0079
西山区	0.1112	Ⅰ	0.0133	Ⅰ	0.0978	Ⅰ	0.0452
东川区	0.7571	Ⅰ	0.0908	Ⅱ	0.6662	Ⅱ	0.6136
呈贡区	0.1283	Ⅰ	0.0154	Ⅰ	0.1129	Ⅰ	0.0603

续表

县区	承载力（公顷）	类别	生物多样性保护面积（12%）（公顷）	类别	可利用生态承载力（公顷）	类别	生态盈余/赤字（公顷）
晋宁区	0.4300	I	0.0516	I	0.3784	I	0.3258
富民县	0.6129	I	0.0736	II	0.5394	II	0.4868
宜良县	0.4041	I	0.0485	I	0.3556	I	0.3030
石林县	0.5662	I	0.0679	II	0.4982	II	0.4456
嵩明县	0.4337	I	0.0520	I	0.3817	I	0.3291
禄劝县	1.1483	II	0.1378	III	1.0105	III	0.9579
寻甸县	0.7400	I	0.0888	II	0.6512	II	0.5986
安宁市	0.3692	I	0.0443	I	0.3249	I	0.2723
麒麟区	0.0183	I	0.0022	I	0.0161	I	-0.0365
马龙区	0.8476	III	0.8476	II	0.7459	II	0.6933
陆良县	0.2662	I	0.0319	I	0.2343	I	0.1817
师宗县	0.6372	I	0.0765	II	0.5607	II	0.5081
罗平县	0.4841	I	0.0581	I	0.4260	I	0.3734
富源县	0.3998	I	0.0480	I	0.3518	I	0.2992
会泽县	0.6611	I	0.0793	II	0.5817	II	0.5291
沾益区	0.3527	I	0.0423	I	0.3103	I	0.2577
宣威市	0.2371	I	0.0285	I	0.2087	I	0.1561
红塔区	0.1891	I	0.0227	I	0.1664	I	0.1138
江川区	0.2345	I	0.0281	I	0.2063	I	0.1537
澄江市	0.3462	I	0.0415	I	0.3046	I	0.2520
通海县	0.2207	I	0.0265	I	0.1942	I	0.1416
华宁县	0.4951	I	0.0594	I	0.4357	I	0.3831
易门县	0.8835	I	0.1060	II	0.7774	II	0.7248
峨山县	1.2185	II	0.1462	III	1.0723	III	1.0197
新平县	1.5345	II	0.1841	III	1.3504	III	1.2978
元江县	1.2808	II	0.1537	III	1.1271	III	1.0745
楚雄市	0.7888	I	0.0947	II	0.6942	II	0.6416
双柏县	2.5503	IV	0.3060	IV	2.2442	IV	2.1916

县区	承载力 (公顷)	类别	生物多样性保护 面积（12%） (公顷)	类别	可利用生态 承载力 (公顷)	类别	生态盈余/ 赤字 (公顷)
牟定县	0.7096	I	0.0852	II	0.6245	II	0.5719
南华县	0.9817	I	0.1178	II	0.8639	II	0.8113
姚安县	0.6029	I	0.0723	II	0.5305	II	0.4779
大姚县	1.5631	II	0.1876	III	1.3756	III	1.3230
永仁县	2.6518	IV	0.3182	IV	2.3336	IV	2.2810
元谋县	1.1493	II	0.1379	III	1.0114	III	0.9588
武定县	1.1003	II	0.1320	III	0.9683	III	0.9157
禄丰县	0.8522	I	0.1023	II	0.7499	II	0.6973
个旧市	0.3316	I	0.0398	I	0.2918	I	0.2392
开远市	0.5806	I	0.0697	II	0.5109	II	0.4583
蒙自市	0.4381	I	0.0526	I	0.3856	I	0.3330
弥勒市	0.7271	I	0.0872	II	0.6398	II	0.5872
建水县	0.6951	I	0.0834	II	0.6117	II	0.5591
石屏县	1.0632	II	0.1276	III	0.9356	III	0.8830
泸西县	0.3225	I	0.0387	I	0.2838	I	0.2312

二、基于主体功能区区划的滇中城市群资源环境承载力分析

（一）滇中城市群资源环境承载力预警类型评价

1. 资源环境承载力载荷类型评价的科学内涵

　　资源环境承载力载荷类型是在陆域与海域（云南仅含陆域评价）的基础评价与专项评价的基础上，遴选出集成指标，采用"短板效应"的原理确定出Ⅰ类、Ⅱ类、Ⅲ类3种载荷类型，继而校验各项载荷类型，最终形成资源环境承载力载荷类型划分方案。就本研究涉及的陆域评价而言，集成指标中的基础评价包含了土地资源、水资源、环境、生态这4项指标；集成指标中的专项评价包含了城市化地区、农产品主产区种植区、农产品主产区牧业地区、重点生态功能区这4项指标。上述8项集成指标中，任意2项Ⅲ类或3项及3项以上Ⅱ类，其类型确定为Ⅲ类地区；任意1项Ⅲ类、2项Ⅱ类或1项Ⅲ类且1项Ⅱ类区，其类型确定为Ⅱ类地区；其余类型则为Ⅰ类地区。

2. 资源环境承载力Ⅲ类类型评价的基本结论

滇中城市群资源环境承载能力集成评价是集基础评价与专项评价的评价结果综合得出的评价。其中，基础评价包含了土地资源、水资源、环境、生态这4个方面的评价；专项评价包含了城市化地区、农产品主产区、重点生态功能区这3个方面的评价。从图 12－2 中反映的滇中城市群资源环境Ⅲ类载荷类型来看，Ⅰ类载荷类型的县区数量较少，主要分布在昆明、曲靖一带；Ⅲ类载荷类型的县区主要分布在曲靖的部分县区；其余则为Ⅱ类载荷类型县区，这一类型区涵盖的县区分布最多最广。

审图号：云S（2020）064号

图 12－2　滇中城市群载荷类型评价地图

具体而言，滇中城市群资源环境承载能力集成评价中Ⅲ类载荷类型的划分如表 12-3 所示，其中Ⅰ类载荷类型的县区包括呈贡区、晋宁区、嵩明县、安宁市、麒麟区、马龙区、沾益区、通海县共 8 个县区；Ⅱ类载荷类型的县区包括五华区、盘龙、官渡区等 25 个县区；Ⅲ类载荷类型的县区包括东川区、石林县、禄劝县等 16 个县区。滇中城市群资源环境承载能力总体上呈现出以Ⅱ类为主的态势；Ⅲ类载荷类型区也有较多的数量，该类型区基本上和《云南省主体功能区规划》中的限制开发区吻合，同时参考了《云南省申报调整为国家级重点生态功能区的县市区名录》，进一步验证了本报告中Ⅲ类载荷类型划分的科学性与合理性。

3. 资源环境承载力Ⅲ类类型的分项评价

（1）基础评价。

①土地资源评价。土地资源评价的结果如表 12-3 所示。土地资源压力大的县区有东川区、宜良县、石林区等 24 个县区；土地资源压力中等的县区有五华区、盘龙区、西山区等 13 个县区；土地资源压力小的县区有官渡区、呈贡区、晋宁区等 12 个县区。总体而言，滇中城市群土地资源呈现出土地资源承载力较为紧张的态势。

②水资源评价。水资源评价的结果如表 12-3 所示。水资源为Ⅲ类的县区有五华区、盘龙区、官渡区、西山区共 4 个县区；水资源为Ⅱ类的县区为东川区；水资源为Ⅰ类的县区有呈贡区、晋宁区、富民县等 44 个县区。总体而言，滇中城市群水资源呈现出水资源承载力盈余的态势。

③环境评价。环境评价的结果如表 12-3 所示。环境指数超标的县区有峨山县和石屏县 2 个县区；污染物浓度超标指数接近超标的县区有陆良县、师宗县和宣威市 3 个县区；污染物浓度超标指数不超标的县区有 44 个县区。总体而言，滇中城市群环境呈现出环境资源承载力较好的态势。

④生态评价。生态评价的结果如表 12-3 所示。生态指数低的县区有东川区、石林县、禄劝县等 10 个县区；生态系统健康度中等的县区有五华区、富民县、宜良县等 27 个县区；生态系统健康度高的县区有盘龙区、官渡区、西山区等 12 个县区。总体而言，云南省生态呈现出生态资源承载力较为紧张的态势。

（2）专项评价。

①城市化地区。城市化地区评价的结果如表 12-3 所示。城市化地区指数为Ⅲ类的县区有红塔区、易门县、隆阳区等 7 个县区；城市化地区指数为Ⅱ类的县区有江川区、澄江市、通海县等 5 个县区；城市化地区指数为Ⅰ类的县区有五华区、盘龙区、官渡区等 18 个县区。总体而言，滇中城市群城市化地区呈现出城市化地区资源承载力较为缓和的态势。

②农产品主产区。种植业地区评价的结果如表 12-3 所示。种植业地区指数

相对稳定的县区有石林县、禄劝县、罗平县等 5 个县区；种植业地区指数趋良的县区有宜良县、陆良县、师宗县等 10 个县区。总体而言，滇中城市群农产品主产区的种植业地区呈现出种植业地区资源承载力较为良好的态势。牧业地区评价的结果如表 12 - 3 所示。牧业地区指数为Ⅲ类的县区有陆良县和泸西县 2 个县区；牧业地区指数为Ⅱ类的县区有石林县和师宗县 2 个县区；牧业地区指数为Ⅰ类的县区有彝良县、禄劝县、罗平县等 11 个县区。总体而言，滇中城市群农产品主产区的牧业地区呈现出牧业地区资源承载力较为良好的态势。

③重点生态功能区。重点生态功能区评价的结果如表 12 - 3 所示。重点生态功能区指数为中等的县区有东川区 1 个县区；重点生态功能区指数为高等的县区有双柏县、大姚县和永仁县 3 个县区。总体而言，滇中城市群重点生态功能区呈现出重点生态功能区资源承载力较为良好的态势。

表 12 - 3 云南省资源环境承载能力集成评价

县区	基础评价				专项评价				资源环境载荷类型
	土地资源	水资源	环境	生态	城市化地区	农产品主产区		重点生态功能区	
						种植业地区	牧业地区		
五华区	Ⅱ	Ⅲ	Ⅰ	Ⅱ	Ⅰ				Ⅱ
盘龙区	Ⅱ	Ⅲ	Ⅰ	Ⅰ	Ⅰ				Ⅱ
官渡区	Ⅰ	Ⅲ	Ⅰ	Ⅰ	Ⅰ				Ⅱ
西山区	Ⅱ	Ⅲ	Ⅰ	Ⅰ	Ⅰ				Ⅱ
东川区	Ⅲ	Ⅱ	Ⅰ	Ⅲ				Ⅱ	Ⅲ
呈贡区	Ⅰ	Ⅰ	Ⅰ	Ⅰ	Ⅰ				Ⅰ
晋宁区	Ⅰ	Ⅰ	Ⅰ	Ⅰ	Ⅰ				Ⅰ
富民县	Ⅱ	Ⅰ	Ⅰ	Ⅱ	Ⅰ				Ⅱ
宜良县	Ⅲ	Ⅰ	Ⅰ	Ⅱ		Ⅰ	Ⅰ		Ⅱ
石林县	Ⅲ	Ⅰ	Ⅰ	Ⅲ		Ⅱ	Ⅱ		Ⅲ
嵩明县	Ⅰ	Ⅰ	Ⅰ	Ⅱ	Ⅰ				Ⅰ
禄劝县	Ⅲ	Ⅰ	Ⅰ	Ⅲ		Ⅱ	Ⅰ		Ⅲ
寻甸县	Ⅱ	Ⅰ	Ⅰ	Ⅱ	Ⅰ				Ⅱ
安宁市	Ⅱ	Ⅰ	Ⅰ	Ⅰ	Ⅰ				Ⅰ
麒麟区	Ⅰ	Ⅰ	Ⅰ	Ⅰ	Ⅰ				Ⅰ
马龙区	Ⅰ	Ⅰ	Ⅰ	Ⅰ	Ⅰ				Ⅰ

续表

县区	基础评价				专项评价				资源环境载荷类型
	土地资源	水资源	环境	生态	城市化地区	农产品主产区		重点生态功能区	
						种植业地区	牧业地区		
陆良县	Ⅲ	Ⅰ	Ⅱ	Ⅱ		Ⅰ	Ⅲ		Ⅲ
师宗县	Ⅲ	Ⅰ	Ⅱ	Ⅱ		Ⅰ	Ⅱ		Ⅲ
罗平县	Ⅲ	Ⅰ	Ⅰ	Ⅲ		Ⅱ	Ⅰ		Ⅲ
富源县	Ⅲ	Ⅰ	Ⅰ	Ⅲ	Ⅰ				Ⅲ
会泽县	Ⅲ	Ⅰ	Ⅰ	Ⅱ		Ⅰ	Ⅱ		Ⅲ
沾益区	Ⅰ	Ⅰ	Ⅰ	Ⅱ	Ⅰ				Ⅰ
宣威市	Ⅱ	Ⅰ	Ⅱ	Ⅱ	Ⅰ				Ⅲ
红塔区	Ⅱ	Ⅰ	Ⅰ	Ⅰ	Ⅲ				Ⅱ
江川区	Ⅲ	Ⅰ	Ⅰ	Ⅱ	Ⅱ				Ⅱ
澄江市	Ⅲ	Ⅰ	Ⅰ	Ⅲ	Ⅱ				Ⅲ
通海县	Ⅰ	Ⅰ	Ⅰ	Ⅰ	Ⅱ				Ⅰ
华宁县	Ⅲ	Ⅰ	Ⅰ	Ⅲ	Ⅰ				Ⅲ
易门县	Ⅱ	Ⅰ	Ⅰ	Ⅲ	Ⅲ				Ⅲ
峨山县	Ⅱ	Ⅰ	超标	Ⅱ	Ⅰ				Ⅱ
新平县	Ⅲ	Ⅰ	Ⅰ	Ⅱ		Ⅰ	Ⅰ		Ⅱ
元江县	Ⅲ	Ⅰ	Ⅰ	Ⅲ		Ⅱ	Ⅰ		Ⅲ
楚雄市	Ⅱ	Ⅰ	Ⅰ	Ⅱ	Ⅲ				Ⅱ
双柏县	Ⅲ	Ⅰ	Ⅰ	Ⅱ				Ⅰ	Ⅱ
牟定县	Ⅰ	Ⅰ	Ⅰ	Ⅱ	Ⅲ				Ⅱ
南华县	Ⅱ	Ⅰ	Ⅰ	Ⅱ	Ⅲ				Ⅱ
姚安县	Ⅲ	Ⅰ	Ⅰ	Ⅰ		Ⅰ	Ⅰ		Ⅱ
大姚县	Ⅲ	Ⅰ	Ⅰ	Ⅱ				Ⅰ	Ⅱ
永仁县	Ⅲ	Ⅰ	Ⅰ	Ⅰ				Ⅰ	Ⅱ
元谋县	Ⅲ	Ⅰ	Ⅰ	Ⅲ		Ⅱ	Ⅰ		Ⅲ
武定县	Ⅰ	Ⅰ	Ⅰ	Ⅱ	Ⅲ				Ⅱ
禄丰县	Ⅱ	Ⅰ	Ⅰ	Ⅱ	Ⅲ				Ⅱ
个旧市	Ⅱ	Ⅰ	Ⅰ	Ⅱ	Ⅱ				Ⅲ

续表

县区	基础评价				专项评价				资源环境载荷类型
	土地资源	水资源	环境	生态	城市化地区	农产品主产区		重点生态功能区	
						种植业地区	牧业地区		
开远市	Ⅲ	Ⅰ	Ⅰ	Ⅱ	Ⅰ				Ⅱ
蒙自市	Ⅰ	Ⅰ	Ⅰ	Ⅱ	Ⅱ				Ⅱ
弥勒市	Ⅲ	Ⅰ	Ⅰ	Ⅱ		Ⅰ	Ⅰ		Ⅱ
建水县	Ⅲ	Ⅰ	Ⅰ	Ⅱ		Ⅰ	Ⅰ		Ⅱ
石屏县	Ⅲ	Ⅰ	超标	Ⅱ		Ⅰ	Ⅰ		Ⅲ
泸西县	Ⅲ	Ⅰ	Ⅰ	Ⅱ		Ⅰ	Ⅲ		Ⅲ

(二) 滇中城市群资源环境预警类型评价

1. 资源环境承载力预警类型评价的科学内涵

资源环境承载能力预警,是指结合对资源环境Ⅲ类状况的检测和评价,对区域可持续发展状态进行诊断和预判,确定区域资源环境承载力预警等级。具体评价内容包括:针对Ⅲ类载荷类型开展过程评价,根据资源环境耗损类型,并进一步确定预警等级。

2. 资源环境承载力预警类型评价的基本结论

(1) 资源环境承载力预警类型评价的总体结果。

综合集成滇中城市群地区资源环境Ⅲ类状况和滇中城市群地区资源环境耗损类型,形成了滇中城市群地区资源环境承载能力预警类型划分,得到表12-4和图12-3。

从表12-4可以看出:第一,滇中城市群地区资源环境承载能力预警类型为一级预警的有石林县、陆良县、澄江市等5个县区;第二,滇中城市群地区云南省资源环境承载能力预警类型为二级预警的有东川区、禄劝县、师宗县、富源县、易门县等10个县区;第三,滇中城市群地区资源环境承载能力预警类型为三级的有五华县、盘龙县、官渡区、西山区等8个县区;第四,滇中城市群地区资源环境承载能力预警类型为四级预警区的县区有富民县、会泽县、红塔区、江川区、峨山县等17个县区;第五,滇中城市群地区资源环境承载能力预警类型为五级无警型的有呈贡区、晋宁区、嵩明县、安宁市、麒麟区等8个县区。

从图12-3可以看出,滇中城市群地区资源环境承载能力预警等级适中,其被大面积的四级、二级、三级的中等预警色占据。第一,7个一级预警县区在滇中地区呈零散分布；第二，9 个二级预警县区在滇中东部地区集中连片分布；第三，8 个三级预警区分布在云南省南部和中部；第四，17 个四级预警区分布在云南省西部和中部；第五，8 个五级无警区分布在云南省为零散分布。

表 12 − 4 云南省资源环境承载力预警等级

县区	资源环境载荷类型	资源环境耗损程度	预警等级
五华区	Ⅱ	Ⅰ	三级预警区
盘龙区	Ⅱ	Ⅰ	三级预警区
官渡区	Ⅱ	Ⅰ	三级预警区
西山区	Ⅱ	Ⅰ	三级预警区
东川区	Ⅲ	Ⅱ	二级警戒区
呈贡区	Ⅰ	Ⅰ	五级无警区
晋宁区	Ⅰ	Ⅰ	五级无警区
富民县	Ⅱ	Ⅱ	四级警戒区
宜良县	Ⅱ	Ⅰ	三级预警区
石林县	Ⅲ	Ⅰ	一级警戒区
嵩明县	Ⅰ	Ⅰ	五级无警区
禄劝县	Ⅲ	Ⅱ	二级警戒区
寻甸县	Ⅱ	Ⅰ	三级预警区
安宁市	Ⅰ	Ⅰ	五级无警区
麒麟区	Ⅰ	Ⅰ	五级无警区
马龙区	Ⅰ	Ⅰ	五级无警区
陆良县	Ⅲ	Ⅰ	一级警戒区
师宗县	Ⅲ	Ⅱ	二级警戒区
罗平县	Ⅲ	Ⅱ	二级警戒区
富源县	Ⅲ	Ⅱ	二级警戒区
会泽县	Ⅱ	Ⅱ	四级警戒区
沾益区	Ⅰ	Ⅰ	五级无警区
宣威市	Ⅲ	Ⅱ	二级警戒区
红塔区	Ⅱ	Ⅱ	四级警戒区

续表

县区	资源环境载荷类型	资源环境耗损程度	预警等级
江川区	II	II	四级警戒区
澄江市	III	I	一级警戒区
通海县	I	II	五级无警区
华宁县	III	I	一级警戒区
易门县	III	II	二级警戒区
峨山县	II	II	四级警戒区
新平县	II	II	四级警戒区
元江县	III	II	二级警戒区
楚雄市	II	II	四级警戒区
双柏县	II	II	四级警戒区
牟定县	II	II	四级警戒区
南华县	II	II	四级警戒区
姚安县	II	II	四级警戒区
大姚县	II	II	四级警戒区
永仁县	II	I	三级预警区
元谋县	III	I	一级警戒区
武定县	II	II	四级警戒区
禄丰县	II	II	四级警戒区
个旧市	III	I	一级警戒区
开远市	II	II	四级警戒区
蒙自市	II	II	四级警戒区
弥勒市	II	I	三级预警区
建水县	II	II	四级警戒区
石屏县	III	II	二级警戒区
泸西县	III	II	二级警戒区

审图号: 云S（2020）064号

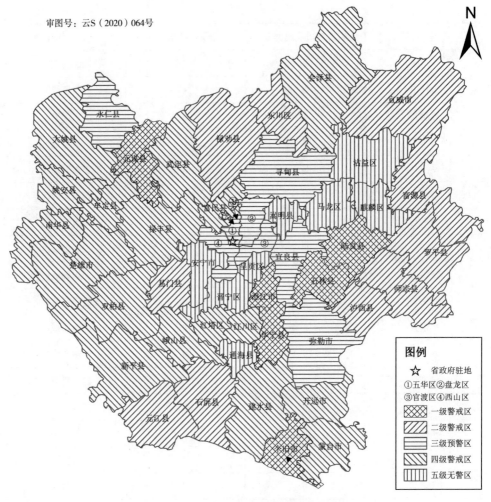

图 12 - 3　滇中城市群预算等级评价地图

（2）资源环境承载能力的分项结果。

①资源环境耗损类型。由表 12 - 5 可知，滇中城市群 49 个县（区、市）中，资源耗损类型为Ⅰ类的有五华区、官渡区、麒麟区、马龙区等 21 个县区，资源耗损类型为Ⅱ类的有东川区、富民县、禄劝县、师宗县、罗平县、富源县等 28 个县区。如图 12 - 4 滇中地区县域资源耗损类型图所示：第一，Ⅰ类县区集中分布在滇中中部地区，零散分布在滇中北部和南部；第二，Ⅱ类县区广泛分布在滇中城市群。

表 12 -5　　　　　　　　　　云南省资源环境耗损程度集成表

县区	资源利用效率变化		污染物排放强度		生态质量变化		资源环境耗损程度
	类别	指向	类别	指向	类别	指向	
五华区	II	I	II	II	II	II	I
盘龙区	I	I	II	II	II	II	I
官渡区	II	I	II	II	II	II	I
西山区	II	I	II	II	II	II	I
东川区	II	I	II	II	II	I	II
呈贡区	I	I	II	II	II	II	I
晋宁区	II	I	II	II	II	II	I
富民县	II	I	II	II	I	I	II
宜良县	II	I	II	II	II	II	I
石林县	II	I	II	II	II	II	I
嵩明县	II	I	II	II	II	II	I
禄劝县	I	I	II	II	I	I	II
寻甸县	II	I	II	II	II	II	I
安宁市	II	I	II	II	II	II	I
麒麟区	II	I	II	II	II	II	I
马龙区	II	I	II	II	II	II	I
陆良县	II	I	II	II	II	II	I
师宗县	I	I	II	II	I	I	II
罗平县	II	I	II	II	I	I	II
富源县	II	I	I	II	I	I	II
会泽县	II	I	I	II	I	I	II
沾益区	II	I	II	II	II	II	I
宣威市	II	II	II	II	II	II	I
红塔区	II	I	I	I	I	II	II

续表

县区	资源利用效率变化		污染物排放强度		生态质量变化		资源环境耗损程度
	类别	指向	类别	指向	类别	指向	
江川区	II	I	I	II	I	I	II
澄江市	II	I	II	II	II	II	I
通海县	II	I	I	II	I	I	II
华宁县	I	I	I	II	II	II	I
易门县	I	I	I	II	I	I	II
峨山县	II	I	I	II	I	I	II
新平县	I	I	I	II	I	I	II
元江县	I	I	I	II	I	I	II
楚雄市	II	I	I	II	I	I	II
双柏县	I	I	I	II	I	I	II
牟定县	II	I	I	II	I	I	II
南华县	I	I	I	II	I	I	II
姚安县	II	I	I	I	I	I	II
大姚县	I	I	I	I	I	I	II
永仁县	I	I	I	II	II	II	I
元谋县	I	I	I	II	II	II	I
武定县	I	I	I	II	I	I	II
禄丰县	II	I	I	I	I	I	II
个旧市	II	I	II	II	I	II	I
开远市	II	I	II	II	I	I	II
蒙自市	II	I	II	II	I	I	II
弥勒市	II	I	I	II	I	II	I
建水县	II	I	II	II	I	I	II
石屏县	I	I	II	II	I	I	II
泸西县	I	I	II	II	I	I	II

审图号：云S（2020）064号

图 12 - 4　滇中城市群资源损耗程度评价地图

②资源利用效率变化。由表 12 - 5 可知，滇中城市群地区资源利用效率变化指向总体为Ⅰ类。资源利用为Ⅰ类的县区低于Ⅱ类的县区，其中资源利用效率变化类别为Ⅱ类的有五华区、官渡区、西山区、东川区等 23 个县区，Ⅰ类的有盘龙区、呈贡区禄劝县、师宗县等 13 个县区。资源利用效率类别为Ⅱ类的县区多数分布在滇中东部，资源利用效率类别为Ⅰ类的县区多分布在滇中城市群西北和西南部。

③污染物排放强度变化。由表 12 - 5 中的滇中城市群污染物排放强度可知，滇中城市群县域污染物排放情况强度除曲靖市、楚雄州和玉溪市的少数几个县区外，强度都较强。从污染物排放强度指向上看，滇中城市群大部分县区的污染物排放强度都为Ⅱ类，仅有 5 县区为Ⅰ类且零散分布。另外，滇中城市群绝大部分

县区的污染物排放都趋于严重，只有 5 个县区的污染物排放趋良。

④生态质量变化。由表 12 - 5 可知，滇中城市群生态质量变化态势总体较好。其中东川区、富民县、禄劝县、师宗县、罗平县等 27 个县区生态质量变化趋良，五华区、盘龙区、官渡区、麒麟区、马龙区等 22 个县区生态质量趋于下降。同时，在变化类别上，滇中城市群多数县区的生态质量为Ⅰ类。其中，有 19 个县的生态质量为Ⅱ类，30 个县的生态质量为Ⅰ类。由表 12 - 5 可知，滇中城市群生态质量变化指向和变化类别在空间上有明显重叠，即生态质量变化趋良的县区同时也是生态质量Ⅰ类县区，生态质量变化趋差的县区同时也是生态质量为Ⅱ类县区。具体表现为：第一，生态质量下降和生态质量为低质量的县区集中分布在滇中中部地区，零散分布在滇中西北地区；第二，生态质量变化趋良的县区和生态质量为Ⅰ类的县区广泛分布在滇中城市群。

三、两种方法对滇中城市群生态承载力研究的结果

本章对滇中城市群生态环境承载力的研究采用了两种不同的研究方法：生态足迹法和基于《云南省域主体功能区区划》一书中对云南省 129 个县（区、市）资源环境承载力的研究成果。本章利用 2015 年的面板数据，运用生态足迹法，计算得出的滇中城市群资源环境（不含社会资源环境）承载力与《云南省域主体功能区区划》中对滇中城市群 49 个县区的资源环境承载力研究结果大致吻合，即：总体来看，滇中城市群生态环境较为良好，资源环境承载力良好；滇中城市群 49 个县区资源环境承载力较差的集中分布在昆明、曲靖和玉溪的部分县区。

第三节　滇中城市群社会资源环境承载力分析

社会资源是指在一定时空条件下，人类通过自身劳动在开发利用自然资源过程中所提供的物质与精神财富统称，包括劳动力资源、人才资源、劳动力材料资源、原料、信息资源、资金资源、管理资源等。本章主要采用义务教育发展的综合程度来评价。

一、义务教育发展指标体系与计算表达

（一）义务教育机会指数

教育机会有狭义和广义之分。狭义的教育机会是指进入各级正规学校学习的

机会，义务教育机会是指选择任何教育渠道接受教育并取得学业成功的机会。本章中教育机会指数主要是通过毛入学率和净入学率来反映区域义务教育的教育机会指数。

$$YCAI_{11} = (YCAI_{111} + YCAI_{112})/2 \qquad (12-5)$$

$$YCAI_{12} = (YCAI_{121} + YCAI_{122})/2 \qquad (12-6)$$

$$YCAI_1 = (YCAI_{11} + YCAI_{12})/2 \qquad (12-7)$$

式中：$YCAI_1$ 为义务教育机会指数；$YCAI_{11}$ 为义务教育小学机会指数；$YCAI_{12}$ 为义务教育初中机会指数；$YCAI_{11}$、$YCAI_{112}$ 为小学的毛入学率指数、小学净入学率指数；$YCAI_{121}$、$YCAI_{122}$ 为初中的毛入学率指数、小学净入学率指数。

（二）区域义务教育教育质量指数

教育质量指数是反映区域义务教育发展水平高低和效果优劣的程度指数，主要包括升学率指数、巩固率指数及辍学率指数。

$$YCAI_{21} = (YCAI_{211} + YCAI_{212} + YCAI_{213})/3 \qquad (12-8)$$

$$YCAI_{22} = (YCAI_{221} + YCAI_{222} + YCAI_{223})/3 \qquad (12-9)$$

$$YCAI_2 = (YCAI_{21} + YCAI_{22})/2 \qquad (12-10)$$

式中：$YCAI_2$ 为义务教育质量指数；$YCAI_{21}$ 为义务教育小学教育质量指数；$YCAI_{22}$ 为义务教育初中教育质量指数；$YCAI_{211}$、$YCAI_{212}$、$YCAI_{213}$ 为小学巩固率指数、小学辍学率指数及小学升学率指数；$YCAI_{221}$、$YCAI_{222}$、$YCAI_{223}$ 为初中巩固率指数、初中辍学率指数及初中的升学率指数。

（三）区域义务教育办学条件

办学条件指数是指满足教学正常运行和学生学习生活所需的基础实施条件指数，本研究包括学校藏书指数、学校占地面积指数、校舍建筑面积指数及危房面积指数。

$$YCAI_3 = YCAI_{31} = (YCAI_{311} + YCAI_{312} + YCAI_{313} + YCAI_{314})/4 \qquad (12-11)$$

式中：$YCAI_3$ 为义务教育办学条件指数；$YCAI_{31}$ 为义务教育小学教育办学条件指数；$YCAI_{311}$、$YCAI_{312}$、$YCAI_{313}$、$YCAI_{314}$ 为小学的学校藏书指数、学校占地面积指数、校舍建筑面积指数及危房面积指数。

（四）区域义务教育师资指数

师资指数是反映从事教育教学工作的教师情况的指数，本研究包括专任教师、学历达标率等。

$$YCAI_{41} = (YCAI_{411} + YCAI_{412})/2 \qquad (12-12)$$

$$YCAI_{42} = (YCAI_{421} + YCAI_{422})/2 \qquad (12-13)$$

$$YCAI_4 = (YCAI_{41} + YCAI_{42})/2 \qquad (12-14)$$

式中：$YCAI_4$ 为义务教育师资指数；$YCAI_{41}$ 为义务教育小学教育师资指数；$YCAI_{42}$ 为义务教育初中教育师资指数；$YCAI_{411}$、$YCAI_{412}$ 为小学的专任教师指数、教师学历达标指数；$YCAI_{421}$、$YCAI_{422}$ 为初中的专任教师指数、教师学历达标指数。

（五）区域义务教育多样性指数

教育多样性指数是反映滇中城市群各市州义务教育的构成情况指数，包括民族学校数及特殊学校的数量。

$$YCAI_5 = (YCAI_{511} + YCAI_{512})/2 \qquad (12-15)$$

式中：$YCAI_5$ 为义务教育多样性指数；$YCAI_{511}$ 为民族学校指数；$YCAI_{512}$ 为特殊教育学校指数。民族学校指数采取赋值的办法：有民族学校的非民族地区赋值为 3；有民族学校的民族地区赋值为 2；没有民族学校的非民族地区赋值为 1；没有民族学校的民族地区赋值为 0。特殊教育学校指数亦采取赋值的方法：有特殊教育的地区赋值为 3；没有特殊教育的地区赋值为 0。最后对民族学校数的赋值和特殊教育学校数的赋值进行标准化和指数化处理。

（六）区域义务教育总指数

滇中城市群县域指数计算公式如下：

$$YCAI = (YCAI_1 + YCAI_2 + YCAI_3 + YCAI_4 + YCAI_5)/5 \qquad (12-16)$$

式中：$YCAI$ 为滇中城市群各县区义务教育发展总指数；$YCAI_1$ 为滇中城市群各县区义务教育机会指数；$YCAI_2$ 为滇中城市群各县区义务教育质量指数；$YCAI_3$ 为滇中城市群各县区义务教育办学条件指数；$YCAI_4$ 为滇中城市群各县区义务教育师资指数；$YCAI_5$ 为滇中城市群各县区义务教育多样性指数。

二、义务教育社会贡献指标体系与计算表达

义务教育的社会贡献是指义务教育发展对该区域所产生的社会经济贡献，主要通过区域人口国民受教育程度、基于受教育年限的人力资本存量来提高区域劳动力资源，促进区域社会经济的发展。

（一）滇中城市群县区义务教育对国民受教育程度的贡献

$$YGSG = (YGSG_X + YGSG_C)/2 = (WP_X/WP + WP_C/WP)/2 \qquad (12-17)$$

式中：$YGSG$ 为云南省各县区义务教育对国民受教育程度的贡献；$YGSG_X$ 为云南省各县区小学对国民受教育程度的贡献；$YGSG_C$ 为云南省各县区初中对国民

受教育程度的贡献；WP_X 为受过小学教育的人口数；WP_C 为受过初中教育的人口数；WP 为受过教育的人口数，即各种文化程度人口总数。

（二）滇中城市群县区义务教育对人力资本存量的贡献

1. 平均受教育年限是指总人口的平均受教育年限

$$R = \sum_{i=1}^{n} D_i L_i H_i \qquad (12-18)$$

式中：R 为人力资本存量；D_i 为初等教育当量年，其中，小学教育为 1，中等教育为 1.4，高等教育为 2；L_i 为受过相应教育的人数，如受过小学教育的人口为小学及以上文化程度人口之和；H_i 为受该种教育的教育年数，其中，小学为 6 年，初中为 3 年，高中为 3 年，大专为 3 年，大学本科为 4 年，研究生为 3 年；i 为 1、2、3、4、5、6，分别为小学、初中、高中、大专、大学本科、研究生。

2. 滇中城市群各县区义务教育对人力资本存量的贡献

$$YGSR = (YGSR_X + YGSR_C)/2 = (YR_X/YR + YR_C/YR)/2 \qquad (12-19)$$

式中：$YGSR$ 为义务教育对人力资本存量的贡献，$YGSR_X$ 为小学教育对人力资本存量的贡献，$YGSR_C$ 为初中教育对人力资本存量的贡献，YR 为总人口人力资本存量，YR_X 为小学教育人力资本存量，YR_C 为初中教育人力资本存量。

三、滇中城市群社会资源环境承载力分析

教育资源作为一种社会资源也具有资源的一般属性，如总量、质量、消耗率等。有学者认为教育资源就是指整个社会用于教育领域中培养不同熟练程度的后备劳动者和专门人才的人力和物力的总和。对于滇中城市群社会资源承载力的测度，本章主要选取滇中城市群 49 个县区的 6 岁以上人口受教育程度以及义务教育贡献程度，来进行分析评价。

（一）滇中城市群 6 岁以上人口受教育程度

滇中城市群各县区 6 岁以上人口受教育程度的区域差距聚类分析结果分为4 类。

由图 12－5 和表 12－6 来看，6 岁以上人口受教育程度在Ⅰ类的有五华区、盘龙区、官渡区、西山区、宣威市以及建水县等 6 个区域，占滇中城市群 49 个县区的 12%；6 岁以上人口受教育程度在Ⅱ类的有东川区、晋宁区、富民县、石林县、嵩明县等 25 个县区，占滇中城市群的 51%；6 岁以上人口受教育程度在Ⅲ类的有呈贡区、宜良县、禄劝县、寻甸县等 17 个县区，占滇中城市群的

35%；6 岁以上人口受教育程度在Ⅳ类的有麒麟区、会泽县 2 个县区，占滇中城市群的 4%。

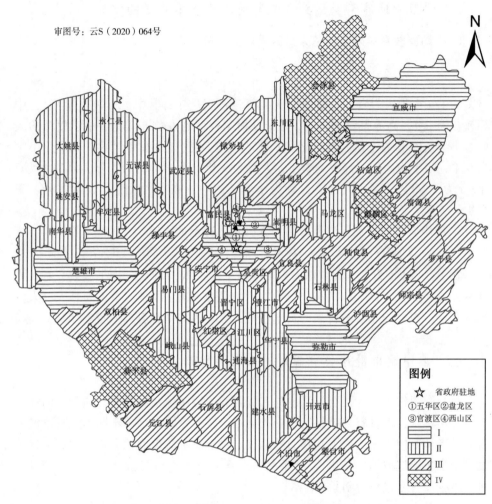

审图号：云S（2020）064号

图 12 - 5　滇中城市群地区 6 岁以上人口受教育程度格局

表 12 - 6　　　　　　　　　　　　　滇中城市群 6 岁以上人口受教育程度

县区	类别	县区	类别	县区	类别	县区	类别	县区	类别
五华区	I	嵩明县	II	会泽县	IV	新平县	II	武定县	II
盘龙区	I	禄劝县	III	沾益区	III	元江县	II	禄丰县	III
官渡区	I	寻甸县	III	宣威市	I	楚雄市	III	个旧市	III

续表

县区	类别	县区	类别	县区	类别	县区	类别	县区	类别
西山区	Ⅰ	安宁市	Ⅲ	红塔区	Ⅲ	双柏县	Ⅱ	开远市	Ⅱ
东川区	Ⅱ	麒麟区	Ⅳ	江川区	Ⅱ	牟定县	Ⅱ	蒙自市	Ⅲ
呈贡区	Ⅲ	马龙区	Ⅱ	澄江市	Ⅱ	南华县	Ⅱ	建水县	Ⅰ
晋宁区	Ⅱ	陆良县	Ⅲ	通海县	Ⅱ	姚安县	Ⅱ	石屏县	Ⅱ
富民县	Ⅱ	师宗县	Ⅲ	华宁县	Ⅱ	大姚县	Ⅱ	弥勒市	Ⅲ
宜良县	Ⅲ	罗平县	Ⅲ	易门县	Ⅱ	永仁县	Ⅱ	泸西县	Ⅲ
石林县	Ⅱ	富源县	Ⅲ	峨山县	Ⅱ	元谋县	Ⅱ		

从市州层面来看，6 岁以上人口受教育程度在Ⅰ类的区域主要位于昆明市，曲靖市和红河州的一部分县区；6 岁以上人口受教育程度在Ⅱ类的多数位于玉溪市和楚雄州的一部分县区；6 岁以上人口受教育程度在Ⅲ类的多数位于昆明市；6 岁以上人口受教育程度在Ⅳ类的主要位于曲靖市的两个县区。

（二）滇中城市群义务教育贡献程度

滇中城市群各县区义务教育总指数的区域差距聚类分析结果分为 4 类。

从表 12 - 7 可以看出：从县域层面来看，五华区、盘龙区、西山区、建水县 4 县区数值分别为 1. 25964、1. 27207、1. 12769、1. 13463，属于Ⅰ类地区；官渡区、宜良县、易门县、禄丰县、石屏县和弥勒市 6 个县区的数值分别为 0. 84831、0. 71550、0. 64202、0. 67789、0. 79016 和 0. 86099，属于Ⅱ类地区；东川区、呈贡区、晋宁区、富民县、石林县、嵩明县、禄劝县、寻甸县、安宁市、马龙区、陆良县、师宗县、罗平县、富源县、会泽县、沾益区、江川区、澄江市、通海县、华宁县、峨山县、新平县、元江县、双柏县、牟定县、南华县、姚安县、大姚县、永仁县、元谋县、武定县、个旧市、开远市、蒙自市以及泸西县 35 个县区的数值分别为 0. 48791、0. 38939、0. 52115、0. 44925、0. 50143、0. 53091、0. 67812、0. 64763、0. 48335、0. 55147、0. 62436、0. 59011、0. 56363、0. 61845、0. 65367、0. 61734、0. 50089、0. 50978、0. 49577、0. 46732、0. 60750、0. 57413、0. 55112、0. 47983、0. 50534、0. 51919、0. 47943、0. 56155、0. 50840、0. 47801、0. 51305、0. 54748、0. 61978、0. 65465、0. 64898，属于Ⅲ类地区；麒麟区、宣威市、红塔区和楚雄市 4 个县区的数值分别为 1. 57566、1. 63916、1. 43154、1. 51462，属于Ⅳ类地区。

表 12 - 7　　　　　　　　　滇中城市群县域义务教育贡献类型

县区	类别	县区	类别	县区	类别	县区	类别	县区	类别
五华区	I	嵩明县	III	会泽县	III	新平县	III	武定县	III
盘龙区	I	禄劝县	III	沾益区	III	元江县	III	禄丰县	II
官渡区	II	寻甸县	III	宣威市	IV	楚雄市	IV	个旧市	III
西山区	I	安宁市	III	红塔区	IV	双柏县	III	开远市	III
东川区	III	麒麟区	IV	江川区	III	牟定县	III	蒙自市	III
呈贡区	III	马龙区	III	澄江市	III	南华县	III	建水县	I
晋宁区	III	陆良县	III	通海县	III	姚安县	III	石屏县	II
富民县	III	师宗县	III	华宁县	III	大姚县	III	弥勒市	II
宜良县	II	罗平县	III	易门县	II	永仁县	III	泸西县	III
石林县	III	富源县	III	峨山县	III	元谋县	III		

从市州层面上来看，义务教育贡献程度在 I 类的县区大多分布在昆明市的几个县区；义务教育贡献程度在 II 类的县区多分布在昆明市、红河州的几个县区；义务教育贡献程度在 III 类的县区主要在昆明市、楚雄市的部分县区；义务教育贡献程度在 IV 类的县区多分布在曲靖市。总体来看，滇中城市群在教育资源的贡献上，呈现出良好的贡献水平。

（三）滇中城市群义务教育对人力资本存量的贡献

如图 12 - 6 和表 12 - 8 所示，通过对滇中城市群人口各个受教育阶段对人力资本存量贡献的计算，得出以下结果：

从市域层面上来看，义务教育对人力资本存量贡献率低值出现在昆明市，为 0.32235（I 类）；其余州市义务教育对人力资本存量的贡献基本保持在较高水平（III 类及以上）。总体来看，滇中城市群五个州市的义务教育对人力资本存量的贡献整体较高。

从县域层面来看，义务教育对人力资本存量贡献率最低的是昆明市的五华区，为 I 类，占滇中城市群的 2%；义务教育对人力资本存量贡献率为 II 类地区是昆明市的盘龙区、西山区、呈贡区，占滇中城市群的 6%；义务教育对人力资本存量贡献率为 III 类地区有官渡区、安宁市、麒麟区、红塔区等 8 个县区，占滇中城市群的 16%；义务教育对人力资本存量贡献率 IV 类地区有东川区、富民县、宜良县、石林县等 37 县区，占滇中城市群的 63%。

审图号：云S（2020）064号

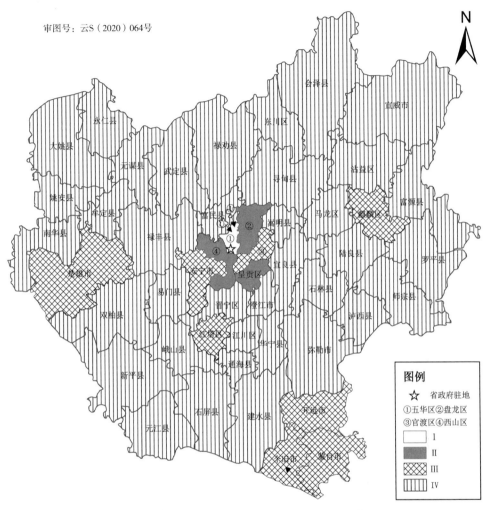

图12-6　滇中城市群地区人力资本存量贡献率格局

表12-8 滇中城市群义务教育对人力资本存量的贡献

县区	类别	县区	类别	县区	类别	县区	类别	县区	类别
五华区	I	嵩明县	IV	会泽县	IV	新平县	IV	武定县	IV
盘龙区	II	禄劝县	IV	沾益区	IV	元江县	IV	禄丰县	IV
官渡区	III	寻甸县	IV	宣威市	IV	楚雄市	III	个旧市	III
西山区	II	安宁市	III	红塔区	III	双柏县	IV	开远市	III
东川区	IV	麒麟区	III	江川区	IV	牟定县	IV	蒙自市	III
呈贡区	II	马龙区	IV	澄江市	IV	南华县	IV	建水县	IV

续表

县区	类别	县区	类别	县区	类别	县区	类别	县区	类别
晋宁区	IV	陆良县	IV	通海县	IV	姚安县	IV	石屏县	IV
富民县	IV	师宗县	IV	华宁县	IV	大姚县	IV	弥勒市	IV
宜良县	IV	罗平县	IV	易门县	IV	永仁县	IV	泸西县	IV
石林县	IV	富源县	IV	峨山县	IV	元谋县	IV		

参 考 文 献

[1] 陈慧琳:《人文地理学 (第三版)》,科学出版社 2012 年版。

[2] 党丽娟等:《水资源承载力研究进展及启示》,载于《水土保持研究》2015 年第 3 期。

[3] 丁学森、邬志辉:《新型城镇化下对城市义务教育资源承载力的省思》,载于《现代教育管理》2015 年第 3 期。

[4] 蓝丁丁、韦素琼、陈志强:《城市土地资源承载力初步研究——以福州市为例》,载于《沈阳师范大学学报 (自然科学版)》2007 年第 2 期。

[5] 刘某承、李文华:《基于净初级生产力的中国各地生态足迹均衡因子测算》,载于《生态与农村环境学报》2010 年第 5 期。

[6] 马尔萨斯、丁伟:《人口原理》,载于《商场现代化》2012 年第 21 期。

[7] 全国科学技术名词审定委员会:《地理学名词 (第二版)》,科学出版社 2006 年版。

[8] 十三部委下发《资源环境承载能力监测预警技术方法 (试行),2016 年。

[9] 孙莉、吕斌、周兰兰:《中国城市承载力区域差异研究》,载于《城市发展研究》2009 年第 3 期。

[10] 舒俭民、王家骥、郑丙辉等:《黑河流域生态环境恶化状况与治理建议》,载于《环境科学研究》1998 年第 4 期。

[11] 田玲玲、罗静、董莹等:《湖北省生态足迹和生态承载力时空动态研究》,载于《长江流域资源与境》2016 年第 2 期。

[12] 童彦、朱海燕、施玉:《云南省资源环境基础与人地关系动态评价》,载于《资源开发与市场》2015 年第 2 期。

[13]《叶裕民解读"城市综合承载能力"》,载于《前线》2007 年第 4 期。

[14] 文凤平、王晶、文燕等:《基于自然资源条件下的滇中城市群经济发展初探》,载于《乐山师范学院学报》2010 年第 10 期。

[15] 翁伯琦、王义祥、黄毅斌等:《福建省生态足迹和生态承载力的动态变化》,载于《应用生态报》2006 年第 7 期。

［16］徐中民、陈东景、张志强等：《中国 1999 年的生态足迹分析》，载于《土壤学报》2002 年第 3 期。

［17］杨晓鹏、张志良：《青海省土地承载力的系统动力学研究》，载于《地理学与国土研究》1992 年第 4 期。

［18］袁振国：《当代教育学》，教育科学出版社 2004 年版。

［19］杨屹等：《21 世纪以来陕西生态足迹和承载力变化》，载于《生态学报》2015 年第 14 期。

［20］张恒义、刘卫东、王世忠等：《"省公顷"生态足迹模型中均衡因子及产量因子的计算——以浙江省为例》，载于《自然资源学报》2009 年第 1 期。

［21］张雷：《资源环境基础论：中国人地关系研究的出发点》，载于《自然资源报》2008 年第 2 期。

［22］周晓艳、张文妍、叶信岳等：《1992～2012 年国际生态足迹研究文献计量分析》，载于《地理科学展》2014 年第 3 期。

［23］Allan W A. *Studies in Afican Land Usage in Northern Rhodesia*, *Rhodes Livingstone Papers and No.* 15. Cape Town：Oxford University Press，1949：35 − 36.

［24］Millington R，Gifford R，et al. *Energy and How We Live* . Australian UNESCO seminar Committee for Man and Biosphere，1973. York：The Resource Use Institute.

［25］Rees W E. Ecological footprint and apropriated carrying capacity：What urban economics leaves out. *Environment and Urbanization*，1992，4（2）：121 − 130.

［26］Wackernagel M，Onisto L，Bello Petal. *Ecological Footprints of Nations*. Commissioned by the Earth Council for the Rio + 5 Forum. International council for local Environmental Initiatives，Toronto，1997：10 − 21.

［27］Wackernagel M，Rees W E，Testemale P. *Our Ecological Footprint：Reducing Human Impact on the Earth*. Gabriola Island：New Society Publisher，1996.

第十三章

滇中城市群可持续发展
综合分析

可持续发展是目前人地关系研究的重点和热点，城市地区或城市群地区的可持续发展业已成为国际研究的前沿。因此，参考谢高地等关于中国可持续发展研究的基础上，从居住容载、就业保障、经济发展、资源保障、生态维持等层面进行滇中城市群地区的可持续发展分析。本章以人地关系状态为理论指导，以2016年为时间尺度，以滇中城市群49个县区为空间尺度，以居住容载功能指数、就业保障功能指数、经济发展功能指数、资源保障功能指数、生态维持功能指数5个功能分指数为基础，对滇中城市群可持续发展综合功能水平进行分析。在此基础上进一步对滇中城市群49个县区的居住容载功能指数、就业保障功能指数、经济发展功能指数、资源保障功能指数、生态维持功能指数5个功能分指数及综合功能指数进行空间插值计算，进而对其空间分异格局进行研究。结合各研究区的基本特征及未来发展方向，对滇中城市群未来可持续发展提出优化对策，推进滇中城市群区域的可持续发展，具有重要的实践意义。

第一节　区域可持续发展的理论与方法

一、可持续发展的理论背景

（一）可持续发展思想的产生与兴起

可持续发展思想的产生，是人类一直以来对地理环境的密切关注及对协调人地关系的努力与追求。可持续发展概念的提出和界定，是由于人类对当代社会人地关系失调而产生的环境和发展问题的争论引起的。可持续发展实际上是对"人地关系"的新研究，它不仅为人类处理人地关系提供了新的思维模式，同时也为人地系统协调指明了新的思路（许然，1997）。人地关系的问题是伴随着人类的产生而出现的，人地关系即人类社会发展与地理环境变化之间所存在的相互依存、相互作用的关系。人类社会的发展过程中，人与自然的关系经历了几个发展阶段，从最初的消极服从到被动接受，再到能动改造与和谐共处。

在人类社会发展的最初期，人类的生活依赖于自然，受到生态法则的支配与制约，因此曾有过片面夸大地理环境影响的倾向，"环境决定论""天命论"等思想在这一阶段占据着统治地位。在这一阶段，人类处于对自然的屈服状态，对周围环境产生的影响很小。到了农业文明以后，人类已经能够利用自身力量去影响、改变局部地区的自然生态系统，也对自然有了初步的了解。在这一阶段，人类开始对自然生态系统进行改造，人类生产生活范围和人口规模急剧扩大，人类也对环境产生了一些局部性的影响，如水土流失、土地盐渍化等。进入工业经济时代，科学技术和社会生产力获得了巨大发展，人们的物质需求不断得到满足，人类利用与改造自然的能力也得到了空前的提高。在这一阶段，一部分人自认为人类已经能够彻底摆脱自然制约，甚至能够主宰自然，从而形成了"人类中心论"等思想。这种片面的思想违背了客观规律，酿成了资源枯竭、环境恶化等威胁人类生存与发展的后果。人类逐渐意识到，环境问题与发展模式是相互联系的，也不得不开始检讨以经济增长为唯一标志的传统发展观，寻求探索新的发展模式。这样就把人口、环境与经济的关系从过去的以破坏环境为代价换取经济的增长，转化为既有利于环境保护又不妨碍经济发展的协调模式，由此开始产生了科学的可持续发展思想。

（二）可持续发展的概念及理论探索

1. 可持续发展的概念阐释

从 20 世纪 80 年代可持续发展思想被提出以来，不同领域的专家学者对其进行了深刻的研究，并分别从不同学科的角度阐释了对可持续发展概念及其内涵的理解。从发展的自然属性方面来看，可持续发展是找到一种最佳的生态系统，以生态的完整性和人类愿望的共同实现为目标，保护生态环境系统的生产和更新能力，不超越环境系统更新能力的发展，使人类的生存环境得以持续；从发展的社会属性方面来看，可持续发展着重强调的是人类社会，在生存不超出维持生态系统涵容能力的情况下，创造更美好的环境，提高人类的生活质量。从发展的经济属性方面来看，可持续发展是以保持自然资源的质量及其所提供服务为前提，使经济发展的净利益达到最大限度，是一种不降低环境质量和不破坏自然资源基础的经济发展模式。从发展的科技属性方面来看，可持续发展是利用更清洁、更有效的技术尽可能减少能源和其他自然资源的消耗；建立产生极少废料和污染物的技术系统。从发展的伦理属性方面来看，可持续发展应当不损害后代人维持和改善其生活质量的能力。

目前，比较普遍引用并得到广泛认可的定义是由《我们共同的未来》中提出的，即"可持续发展是既满足当代人的需要，又不对后代满足其自身需求的能力构成危害的发展"。

2. 可持续发展的理论探讨

对可持续发展理论的内涵与外延不断进行着深入探讨和研究，国内外学者基本上是从社会学方向、经济学方向、系统学方向、生态学方向与对其进行探讨。对其归纳如下：可持续发展是以综合协同的观点，探索人地复杂巨系统的运行机制及可持续发展的本源和演化规律，以"发展度、协调度、持续度"为中心，有序地演绎可持续发展的时空耦合与互相制约、互相作用的关系，建立人与自然、人与人之间关系的统一解释基础和定量评判规则（中国科学院可持续发展研究组，2004）。

二、可持续发展在中国的发展

当前，中国既面临着提高生产力、增强综合国力和提高人民生活水平的历史重任，同时也面临着人口包袱沉重、经济基础薄弱、自然资源不足、生态系统破坏、环境质量下降等严峻的挑战。中国的基本国情决定了我们必须走可持续发展的道路（王伟中，1999）。1994 年，中国政府率先发布了《中国 21 世纪议程——中国 21 世纪人口、环境与发展白皮书》，提出促进经济、社会、资源、环境以及人口、教育相互协调的可持续发展总体战略、对策措施和行动方案，而后正式将可持续发展战略与科教兴国战略一并列为国家两项基本国策。同时，《中华人民共和国国民经济和社会发展第十三个五年规划纲要》中提出推动区域协调发展也可以看成是可持续发展的另一种提法。

三、国内外可持续发展指标体系研究进展

（一）国外可持续发展指标体系研究进展

可持续发展指标体系既是理论研究的一个基本科学问题，也是实践操作中的一个核心问题。为此，国际上许多著名学者和研究机构一直在不懈地寻求更加科学、完善的指标体系。概括起来讲，国际上可持续发展的指标体系建设已形成四大学科研究主流方向，即经济学方向、生态学方向、系统学方向和社会政治学方向，它们分别从不同的角度和不同的侧重点，对可持续发展理论体系与发展指标

体系展开深入研究（张丽君，2004）。

（二）国内可持续发展指标体系研究动态

自可持续发展理论提出以来，国内诸多学者在借鉴国外相关研究的基础上，以中国国情为根据，寻找适用于评价我国可持续发展实践效果的理论体系与方法。现对一些具有代表性的研究成果加以简单介绍。

1. 中国科学院可持续发展研究组提出的可持续发展指标体系

以牛文元为代表的中国科学院可持续发展战略研究组，依据可持续发展的系统学研究原理，提出并逐步完善了一套"五级叠加，逐层收敛，规范权重，统一排序"的可持续发展指标体系（中国科学院可持续发展研究组，2004）。该指标体系由总体层、系统层、状态层、变量层和要素层5个等级组成：总体层代表着中国战略实施的总体态势和效果；系统层构成了可持续发展理论体系的主体内容，表达了系统内部的逻辑关系和函数关系，包括生存、发展、环境、社会与智力5个支持系统；状态层刻画了每一系统内部能够表征系统行为的关系结构；变量层从本质上反映状态的行为、关系、变化等的原因和动力；要素层作为对上一层次的指标进行定量的系统描述，采用可测得、可比的、可获得的指标来度量变量层的数量、强度和速率表现效果，并成为该指标体系的最为基层的要素。该指标体系的构建，运用系统学理论与方法，并以系统论规划来编制，在国际上首次对国家内部区域的发展差异做出了衡量，对各区域的可持续发展能力进行全面而系统的评估，具有重要的理论意义和应用价值。但由于其指标数量过于庞大（45个指数共计219个指标），指标的选取受人为因素影响较明显，而且某些指标相关密切或被重复计算，从而在一定程度上影响了评价结果的客观性与准确性。

2. 国家统计局统计科学研究所提出的可持续发展指标体系

国家统计局统计科学研究所和中国21世纪议程管理中心建立了一套包括经济、社会、人口、资源、环境、科教六大子系统的国家级可持续发展统计指标体系（李立辉，2002）。该指标体系突出了可持续整体优化的发展思想，既能反映区域可持续发展的现状和水平，又能反映可持续发展各领域、各层次以及总体的趋势变化动态，因此能够较为全面地评价可持续发展进程。

3. 清华大学刘求实等提出的区域可持续发展指标体系

清华大学的刘求实等认为，从可持续发展角度评价区域社会大系统应包括两个层次：一是系统运行层次，该层次含有资源利用、经济社会系统运行、污染防治与生态维护3个主要过程；另一个层次是系统表现层次，它是系统运行的结果，主要包括资源潜力、经济绩效、生活质量和生态环境质量4个方面。根据以上框架，他们针对长白山地区建立了由两个层次，包括2个准则、8个子准则，共计 38 项指标组成的区域可持续发展指标体系（刘求实，1997）。该指标体系对区域社会大系统的运行过程做出了准确、全面的描述和分析，同时综合考虑了人口、资源、生态环境和经济、社会等诸多方面及其协调性，满足了可持续发展的全面性要求。但由于该指标体系是针对典型区域建立的，所以在其他地区的可持续发展评价应用中存在一定的局限性。

国内有关可持续发展指标体系的研究根据研究角度和侧重点的不同，大致可归纳为侧重于社会发展、侧重于经济发展、以人的发展为核心、侧重于生态环境建设、贯彻可持续发展思想五大类。通过对众多研究成果的分析发现，已构建的可持续发展指标体系存在的问题主要体现在这些方面：一是混淆了社会发展与可持续发展的差别，将可持续发展指标体系等同于社会发展指标体系，偏重社会发展的评价，忽视了可持续发展的能力建设等方面；二是没有处理好可持续发展系统中人口、经济、社会、资源、环境等子系统的关系，偏重经济发展的评价，较少或没有顾及资源的可持续利用与生态环境的保护和改善，这类指标只是对经济发展的多维测量；三是指标体系中数量指标过多，质量指标较少；四是指标体系所选取的指标数目较多，过于庞杂，可操作性差；五是没有或很少考虑可持续发展的时间动态性与阶段性等问题。

第二节　滇中城市群可持续发展综合分析方法[①]

可持续发展功能综合研究是一个复合的、多维的、综合自然—社会—经济的、具有层次性的复杂开放系统。根据可持续发展的核心是追求自然的可持续发展与人的可持续发展，区域可持续发展功能可以分解为生态功能、生产功能与生活功能。其中，生态功能与生产功能在资源供给方面具有一定交叉，生产功能与生活功能在就业与收入方面存在一定交叉。因此，滇中城市群地区可持续发展采用加权求和模型进行计算。

一、评价指标权重的确定

（一）评价指标的权重

指标权重的大小是反映指标对目标层的贡献程度，指标权重越大，贡献越大；指标权重越小，贡献越小。通常，研究对象指标权重的确定方法主要有主

---

① 高庆彦：《云南省可持续发展功能区划研究》，云南师范大学硕士学位论文，2014 年。

观赋权法和客观赋权法。其中，主观赋权法是根据评价者主观上对各指标的重视程度来决定权重的方法，客观赋权法所依据的赋权原始信息来源于客观环境，它根据各指标所提供的信息量来决定指标的权重（陈明星，2009）。为客观反映滇中城市群地区可持续发展的实际情况及各个指标对滇中城市群地区可持续发展各项功能指数的实际贡献情况，本章采用具有客观赋权法的熵值法进行权重的确定。由于各项指标存在着量纲、数量级和正负取向的差异，因此，为了计算需要必须对各项指标进行标准化处理。数据标准化处理计算公式（吴文恒，2010）如下：

正向指标：

$$y_{ij} = \frac{e_i - m_i}{M_i - m_i} \qquad (13-1)$$

负向指标：

$$y_{ij} = \frac{M_i - e_i}{M_i - m_i} \qquad (13-2)$$

式中，y_{ij} 为标准化数值，e_i 为第 i 类指标原始数据，m_i、M_i 分别为第 i 类指标原始数据的最小值和最大值。各项指标归一化矩阵为 $Y_i = \{Y_{ij}\}_{m \times n}$。

（二）评价指标权重的确定步骤

各指标权重确定的具体步骤如下（马丽，2012）：

第一步，对各项指标归一化数值进行正向化处理，并计算第 i 地区第 j 项指标的值的比重：

$$m_{ij} = \frac{y_{ij}}{\sum_{i=1}^{m} y_{ij}} \qquad (13-3)$$

第二步，第 j 项指标的熵值：

$$e_j = -k \sum_{i=1}^{m} m_{ij} \ln m_{ij} \qquad (13-4)$$

式中，k 为调节系数，令 $k = \frac{1}{\ln m}$（$0 \leq e_j \leq 1$）。

第三步，第 j 项指标的冗余度计算：

$$d_j = 1 - e_j \quad (j = 1, 2, 3, \cdots, n) \qquad (13-5)$$

第四步，第 j 项指标的权重系数计算：

$$w_j = \frac{d_j}{\sum_{j=1}^{n} d_j} \qquad (13-6)$$

根据滇中城市群可持续发展功能区划指标体系的构建及公式（13-1）至公

式（13 - 6）最终计算求得滇中城市群地区可持续发展功能区划各层指标权重值（如表13 - 1 所示）。

表 13 - 1　　　　　　滇中城市群可持续发展功综合研究各级指标及其权重

目标层	准则层	指标层	信息熵	冗余度	权重值
滇中城市群可持续发展综合研究	居住容载功能指数	年平均温度	0.96755	0.03245	0.01985
		年平均降水量	0.94747	0.05253	0.03213
		植被覆盖度	0.98021	0.01979	0.01210
		平均坡度	0.97499	0.02501	0.01530
		地形起伏度	0.98655	0.01345	0.00823
	就业保障功能指数	平均受教育年限	0.91496	0.08504	0.05202
		就业规模指数	0.97604	0.02396	0.01466
		教育发展指数	0.89947	0.10053	0.06149
		人均年末储蓄	0.89023	0.10977	0.06714
	经济发展功能指数	人均 GDP	0.87346	0.12654	0.07739
		第一产业产值	0.94186	0.05814	0.03556
		第二产业产值	0.81265	0.18735	0.11459
		第三产业产值	0.79316	0.20684	0.12651
		国有经济固定投资总产值	0.87276	0.12724	0.07782
	资源保障功能指数	水资源总量	0.91439	0.08561	0.05236
		耕地面积	0.92307	0.07693	0.04706
		粮食产量	0.90733	0.09267	0.05668
		肉产品产量	0.89371	0.10629	0.06501
	生态保持功能指数	水网密度指数	0.95759	0.04241	0.02594
		植被覆盖指数	0.98021	0.01979	0.01210
		生物多样性指数	0.95739	0.04261	0.02606

注：数据来源于《云南统计年鉴（2015）》、《云南省 2010 年人口普查资料》（上、中、下）、《水资源调查报告评价专题报告（水资源四级区）》、《2010 年人口普查分县资料》、《中国县（市）社会经济统计年鉴 2011》、地理空间数据云。

二、滇中城市群地区可持续发展研究模型

本章以地理学及其分支学科自然地理学和人文地理学、自然资源学、生态学（景观生态学）为学科支持，以自然地域分异理论、人地关系地域系统思想、可

持续发展理论等为理论基础。根据已有文献将滇中城市群可持续发展功能细化为居住容载功能（指区域支持人类居住的能力）、就业保障功能（指区域提供就业岗位的规模与质量）、经济发展功能（指区域经济发展的竞争力与活力）、资源保障功能（指区域提供自然资源的能力）、生态维持功能（指区域在生态过程维持与环境污染净化方面的能力）。各项功能指数模型如下。

（一）滇中城市群地区居住容载功能指数模型

区域居住容载功能指数是反映一个区域自然地理要素及其综合体对区域人口承载力情况的功能指数，它属于人居环境研究的重要组成部分。根据胡志丁（胡志丁，2010）等研究认为影响区域人居环境的自然因素主要有：区域的地形起伏度、地被、气候及水资源供给情况等。本章主要采用年平均温度、年平均降水量、NDVI（归一化植被指数）、平均坡度、地形起伏度5项指标指数进行加权求和，计算滇中城市群地区各县区居住容载功能指数。计算公式：

$$SDF_1 = \sum_j w_{1,j} \times r_{1,j} \quad (j = 1, 2, 3, 4, 5) \tag{13-7}$$

式中：SDF_1 为居住容载功能指数，$w_{1,j}$ 和 $r_{1,j}$ 分别为该子系统指标层的权重及该子系统对应指标归一化指数。其中平均坡度功能指数（汤国安，2012）是采用 ArcGIS 10.0 获得：

$$RDLS = ALT/1000 + \{[\max(H) - \min(H)] \times [1 - P(A)/A]\}/500 \tag{13-8}$$

式中：RDLS 为研究县区地形起伏度指数；ALT 为研究县区平均海拔；$\max(H)$、$\min(H)$ 分别为研究县区的最高海拔和最低海拔；$P(A)$、A 分别为研究县区内的平地面积和研究区总面积。本章中取坡度小于等于5°为平地（王妍，2013），研究区栅格像元重采样为250米。

（二）滇中城市群地区就业保障功能指数模型

区域就业保障功能指数是反映一个区域财富创造及潜在财富创造水平的功能指数，是一个区域社会经济发展的潜在动力机制的标志。本章主要采用平均受教育年限、人口活力人数、就业规模人数、人均储蓄4项指标进行加权求和，计算滇中城市群各县区就业保障功能指数。计算公式如下：

$$SDF_2 = \sum_j w_{2,j} \times r_{2,j} \quad (j = 1, 2, 3, 4, 5) \tag{13-9}$$

式中：SDF_2 为就业保障功能指数，$w_{2,j}$ 和 $r_{2,j}$ 分别为该子系统指标层的权重及该子系统对应指标归一化指数。

（三）滇中城市群地区经济发展功能指数模型

区域经济发展功能指数是反映一个区域经济发展水平的功能指数。本章选取反映区域经济发展程度及潜力的人均 GDP、第一产业产值、第二产业产值、第三产业产值、国有经济固定资产投资、总产值 5 项指标进行加权求和，计算滇中城市群各县区经济发展功能指数。计算公式如下：

$$SDF_3 = \sum_j w_{3,j} \times r_{3,j} \ (j = 1, 2, 3, 4, 5, 6) \qquad (13-10)$$

式中：SDF_3 为经济发展功能指数，$w_{3,j}$ 和 $r_{3,j}$ 分别为该子系统指标层的权重及该子系统对应指标归一化指数。

(四) 滇中城市群地区资源保障功能指数模型

区域资源环境是区域社会经济可持续发展的空间载体，资源环境禀赋的优劣深刻影响着区域社会活动发展，尤其是作为区域第二产业及第三产业人群生活消费保障的区域农产品的生产对区域可持续发展更为重要。因此，本章主要选取影响区域农业发展较为显著的水资源总量、气候资源、耕地面积 3 项自然资源及反映区域农产品供给情况的粮食产量、肉产品产量 2 项指标进行加权求和，计算滇中城市群各县区资源保障功能指数。计算公式如下：

$$SDF_4 = \sum_j w_{4,j} \times r_{4,j} \ (j = 1, 2, 3, 4, 5, 6) \qquad (13-11)$$

式中：SDF_4 为资源保障功能指数，$w_{4,j}$ 和 $r_{4,j}$ 分别为该子系统指标层的权重及该子系统对应指标归一化指数。

(五) 滇中城市群地区生态维持功能指数模型

区域生态维持功能是指区域环境的现状及对区域社会经济发展过程中所产生的污染物的净化能力，生态环境的优劣直接影响着区域的未来发展。因此，系统认识区域生态维持功能的空间分异格局，对于指导未来人类产业活动的布局和规划具有重要意义。本章采用对污染物具有降解和调节作用的水网密度指数、植被覆盖度指数、生物多样性功能指数 3 项指数进行加权求和，计算滇中城市群各县区生态维持功能指数。计算公式如下：

$$SDF_5 = \sum_j w_{5,j} \times r_{5,j} \ (j = 1, 2, 3, 4, 5, 6, 7) \qquad (13-12)$$

式中：SDF_5 为生态维持功能指数，$w_{5,j}$ 和 $r_{5,j}$ 分别为该子系统指标层的权重及该子系统对应指标归一化指数。

(六) 滇中城市群地区综合功能指数模型

区域综合功能指数是指以区域资源环境承载力为前提条件，人类社会可持续发展为目的的共轭程度综合功能指数。通常，共轭综合功能指数值越大，说明区域综合程度越强，潜在可持续发展能力越强；共轭综合功能指数值越小，说明区域综合程度越弱，潜在可持续发展能力越弱。它是由居住容载功能指数、就业保障功能指数、经济发展功能指数、资源保障功能指数、生态维持功能指数 5 项功能指数加权求和而得。计算公式如下：

$$SDF = \sum_{i} SDF_i \times w_i \qquad (13-13)$$

式中：SDF 为区域可持续发展综合功能指数，SDF_i 为各个子功能指数，w_i 为各个子功能指数对综合功能指数的权重值，$i = 1，2，3，4，5$。

（七）滇中城市群地区可持续发展功能系统聚类标准确定

结合已有研究成果及滇中城市群的实际情况将滇中城市群的各功能指数分为四级，分别为高、较高、较低和低四个等级，具体分级标准见表 13 - 2。

表 13 - 2　　　　　　　　　　　　区域可持续发展功能分级标准

功能类型	Ⅰ类	Ⅱ类	Ⅲ类	Ⅳ类
居住容载	0.0500 ~ 0.0600	0.0400 ~ 0.0500	0.0350 ~ 0.0400	0.0000 ~ 0.0350
就业保障	0.1000 ~ 0.1600	0.0400 ~ 0.1000	0.0250 ~ 0.0400	0.0000 ~ 0.0250
经济发展	0.2000 ~ 0.3700	0.1000 ~ 0.2000	0.0500 ~ 0.1000	0.0000 ~ 0.0500
资源保障	0.0600 ~ 0.2200	0.0300 ~ 0.0600	0.0200 ~ 0.0300	0.000 ~ 0.0200
生态维持	0.0400 ~ 0.0600	0.0300 ~ 0.0400	0.0200 ~ 0.0300	0.0000 ~ 0.0200
综合功能	0.4000 ~ 0.6000	0.2500 ~ 0.4000	0.1600 ~ 0.2500	0.0000 ~ 0.1600

三、滇中城市群可持续发展功能空间分异格局研究方法

空间插值是运用有限采样点，通过 GIS 软件进行插值来反映研究区的研究对象的空间分布情况，主要运用于土壤采样、气温和降水量等分异研究。常用的主要插值方法有：反距离权重插值（IDW）、样条函数插值（slpine）、克里金插值（kriging）、自然邻域插值（natural neighborhood）、趋势面法插值（trend）5 种。本章将空间插值方法引入滇中城市群可持续发展功能研究，目的是通过研究滇中城市群 49 个县区可持续发展居住容载功能指数、就业保障功能指数、经济发展功能指数、资源保障功能指数、生态维持功能指数及综合功能指数 6 项指数来揭示滇中城市群可持续发展各项指数的空间分异状况（见表 13 - 3）。通过运用上述 6 种插值对指数进行插值研究发现自然邻域插值能较好地反映滇中城市群可持续发展的空间分异格局。

表 13 - 3 滇中城市群可持续发展综合研究各项指标指数

县区	综合功能指数	居住容载功能指数	就业保障功能指数	经济发展功能指数	资源保障功能指数	生态维持功能指数
官渡区	0.5564	0.0388	0.1133	0.3611	0.0096	0.0335
宣威市	0.5437	0.0595	0.1255	0.1015	0.2181	0.0391
五华区	0.5242	0.0268	0.1566	0.3252	0.0023	0.0134
麒麟区	0.4753	0.0426	0.1214	0.2240	0.0582	0.0291
红塔区	0.4428	0.0359	0.1139	0.2399	0.0217	0.0314
盘龙区	0.4165	0.0297	0.1543	0.2087	0.0034	0.0203
西山区	0.4109	0.0362	0.1076	0.1996	0.0100	0.0574
楚雄市	0.3656	0.0477	0.0988	0.1272	0.0539	0.0380
弥勒市	0.3432	0.0520	0.0709	0.1072	0.0838	0.0293
富源县	0.3398	0.0544	0.0467	0.0677	0.1278	0.0432
会泽县	0.3274	0.0463	0.0535	0.0501	0.1464	0.0311
罗平县	0.2936	0.0502	0.0352	0.0484	0.1162	0.0436
安宁市	0.2631	0.0369	0.0466	0.1339	0.0186	0.0272
师宗县	0.2591	0.0461	0.0322	0.0639	0.0811	0.0357
新平县	0.2575	0.0528	0.0313	0.0553	0.0684	0.0497
沾益区	0.2506	0.0434	0.0343	0.0648	0.0865	0.0215
建水县	0.2503	0.0498	0.0566	0.0594	0.0670	0.0174
蒙自市	0.2502	0.0449	0.0528	0.0719	0.0561	0.0245
宜良县	0.2460	0.0414	0.0531	0.0789	0.0470	0.0256
寻甸县	0.2342	0.0471	0.0413	0.0324	0.0886	0.0248
个旧市	0.2334	0.0345	0.0449	0.0885	0.0364	0.0292
禄丰县	0.2236	0.0476	0.0407	0.0513	0.0518	0.0324
呈贡区	0.2193	0.0296	0.0489	0.1196	0.0029	0.0183

县区	综合功能指数	居住容载功能指数	就业保障功能指数	经济发展功能指数	资源保障功能指数	生态维持功能指数
禄劝县	0.2179	0.0403	0.0387	0.0364	0.0673	0.0352
开远市	0.2118	0.0417	0.0418	0.0799	0.0363	0.0121
陆良县	0.2035	0.0393	0.0446	0.0220	0.0851	0.0125
石屏县	0.2031	0.0450	0.0502	0.0251	0.0461	0.0367
元江县	0.1863	0.0534	0.0240	0.0314	0.0393	0.0382
晋宁区	0.1843	0.0339	0.0414	0.0607	0.0182	0.0302
马龙区	0.1794	0.0372	0.0261	0.0712	0.0352	0.0097
泸西县	0.1778	0.0374	0.0378	0.0314	0.0538	0.0173
通海县	0.1773	0.0356	0.0544	0.0359	0.0134	0.0380
大姚县	0.1771	0.0423	0.0294	0.0237	0.0472	0.0345
嵩明县	0.1718	0.0358	0.0357	0.0501	0.0281	0.0221
峨山县	0.1662	0.0388	0.0317	0.0357	0.0217	0.0382
石林县	0.1657	0.0417	0.0292	0.0421	0.0405	0.0122
易门县	0.1627	0.0331	0.0346	0.0445	0.0198	0.0307
东川区	0.1611	0.0326	0.0323	0.0328	0.0344	0.0290
武定县	0.1532	0.0382	0.0252	0.0218	0.0443	0.0237
澄江市	0.1511	0.0307	0.0295	0.0432	0.0106	0.0371
双柏县	0.1428	0.0410	0.0176	0.0086	0.0379	0.0377
南华县	0.1423	0.0370	0.0218	0.0174	0.0343	0.0317
华宁县	0.1372	0.0314	0.0242	0.0344	0.0247	0.0225
江川区	0.1357	0.0335	0.0336	0.0283	0.0134	0.0269
富民县	0.1355	0.0316	0.0285	0.0348	0.0164	0.0241
永仁县	0.1238	0.0400	0.0191	0.0134	0.0219	0.0295
姚安县	0.1229	0.0365	0.0224	0.0117	0.0229	0.0294
元谋县	0.1147	0.0432	0.0203	0.0174	0.0208	0.0130
牟定县	0.1089	0.0339	0.0225	0.0129	0.0216	0.0180

第三节 滇中城市群可持续发展综合分析[①]

基于滇中城市群 49 个县区的温度功能指数、降水功能指数、植被覆盖度指数、地形起伏功能指数、坡度功能指数的居住容载功能指数，得到滇中城市群县域尺度的居住容载功能指数的空间分异格局图、空间聚类图；基于滇中城市群 49 个县区的受教育年限功能指数、就业规模功能指数、教育发展功能指数、人均年末储蓄指数的就业保障功能指数，得到滇中城市群县域尺度的就业保障功能指数的空间分异格局图、空间聚类图；基于滇中城市群 49 个县区的人均 GDP 功能指数、第一产业产值功能指数、第二产业产值功能指数、第三产业产值功能指数、国有经济固定资产投资功能指数的经济保障功能指数，得到滇中城市群县域尺度的经济发展功能指数的空间分异格局图、空间聚类图；基于滇中城市群 49 个县区的水资源功能指数、耕地规模功能指数、粮食产出功能指数、肉产品产出功能指数，得到滇中城市群地区县域尺度的资源保障功能指数的空间分异格局图、空间聚类图；基于滇中城市群 49 个县区的水网密度功能指数、植被覆盖度功能指数、生物多样性功能指数的生态维持功能指数，得到滇中城市群县域尺度的生态维持功能指数的空间分异格局图、空间聚类图；基于居住容载功能指数、就业保障支持功能指数、经济发展功能指数、资源保障功能指数、生态维持功能指数的加权求和运算得到滇中城市群地区可持续发展综合功能指数的空间分异格局图、空间聚类图。

一、滇中城市群地区可持续发展：居住容载功能指数空间分异格局

通过对滇中城市群可持续发展居住容载功能指数分异格局的研究发现，滇中城市群可持续发展居住容载功能高值区主要分布于滇中城市群的边缘地区，根据滇中城市群可持续发展居住容载功能空间聚类图，如图 13 - 1 所示，将其分为四类：Ⅰ类区包括宣威市、罗平县、富源县、新平县、弥勒市、元江县 6 县区；Ⅱ类区包括麒麟区、师宗县、会泽县、沾益区、楚雄市、蒙自市、建水县、宜良县、石林县、禄劝县、寻甸县、大姚县、禄丰县、开远市、石屏县、双柏县、元谋县 17 县区；Ⅲ类区包括官渡区、西山区、红塔区、安宁市、嵩明县、马龙区、陆良县、通海县、峨山县、泸西县、南华县、姚安县、永仁县、武定县 14 县区；Ⅳ类区包括五华区、盘龙区、东川区、呈贡区、晋宁区、易门县、个旧市、富民

① 高庆彦：《云南省可持续发展功能区划研究》，云南师范大学硕士学位论文，2014 年。

县、江川区、澄江市、华宁县、牟定县 12 县区。

审图号：云S（2020）064号

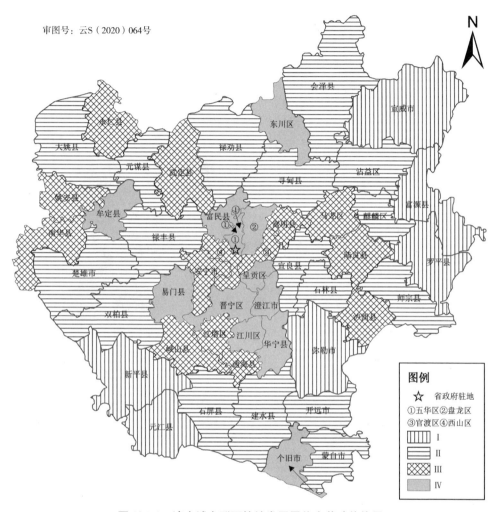

图 13 - 1　滇中城市群可持续发展居住容载功能格局

通过对滇中城市群地区可持续发展居住容载功能指数分异格局的研究发现，如图 13 - 2 所示，滇中城市群地区可持续发展居住容载功能高值区主要分布于滇中地区的东北部和西南部地区，整体形成中间低四周高的空间分异格局：一级区为宣威市及元江县地区，其居住容载功能指数均值分别为 0.0595、0.0534；二级区为罗平县、新平县、弥勒市 3 县区，其居住容载功能指数分别为 0.0502、0.0528、0.047。通过对影响滇中城市群可持续发展居住容载功能指数的年均温度指数、年均降水量指数、植被覆盖度指数、平均坡度指数及起伏度指数进行对比研究发现，上述居住容载功能指数高值区基本与滇中城市群范围内的多雨区分布区吻合，宣威市、罗平县、富源县、新平县、弥勒市、元江县6县区均是降水量比较丰富的县区。同时，从年均温度、年均降水量、植被覆盖度指数、平均坡度及起伏度的权重指数对比也可以看出，年均降水量的权重最大，说明年均降水量对区域居住容载功能指数的影响较大。因此，导致滇中城市群可持续发展居住容载功能指数空间分异的主要影响因素是区域的年均降水量，权重为0.0321。

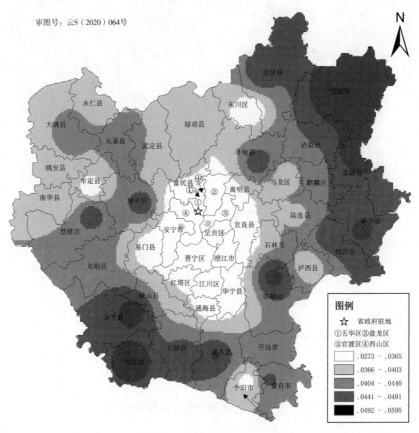

图 13-2 滇中城市群可持续发展居住容载功能指数插值图

二、滇中城市群地区可持续发展：就业保障功能指数空间分异格局

如图13-3所示，通过对滇中城市群可持续发展就业保障功能指数分异格局的研究，根据滇中城市群可持续发展居住保障功能空间聚类图，将其分为四类：Ⅰ类包括五华区、盘龙区、官渡区、西山区、宣威市、麒麟区、红塔区7个县区；Ⅱ类包括楚雄市、弥勒市、建水县、通海县、会泽县、宜良县、蒙自市、石

屏县、呈贡区、富源县、安宁市、个旧市、陆良县、开远市、晋宁区、寻甸县、禄丰县17个县区；Ⅲ类包括禄劝县、泸西县、嵩明县、罗平县、易门县、沾益区、江川区、东川区、师宗县、峨山县、新平县、澄江市、大姚县、石林县、富民县、马龙区、武定县17个县区；Ⅳ类包括华宁县、元江县、牟定县、姚安县、南华县、元谋县、永仁县、双柏县8个县区。

图13-3　滇中城市群可持续发展就业保障功能指数格局

如图13-4所示，通过对滇中城市群地区可持续发展就业保障功能指数分异格局的研究发现，滇中城市群地区可持续发展就业保障功能高值区主要分布于滇中地区的东北部和中部地区，整体形成"一个中心，四个基本点"的空间分异格局。其中，一级区为宣威市地区，其就业保障功能指数均值为0.1255。通过对影响滇中城市群可持续发展就业保障功能指数的平均受教育年限、就业规模指数、教育发展指数、人均年末储蓄进行对比研究发现，上述4个就业保障功能中心受教育指数和人均储蓄指数较高，说明教育指数和人均储蓄指数对上述功能中心的形成影响较为显著。同时，从平均受教育年限、就业规模、教育发展指数，人均储蓄指标的权重指数对比也可以看出，人均储蓄的权重最大，为0.0671，其次为教育发展指数的权重，指数为0.0615。因此，导致滇中城市群可持续发展就业保障功能指数空间分异的主要影响因素是区域的教育发展指标、人均储蓄指标。

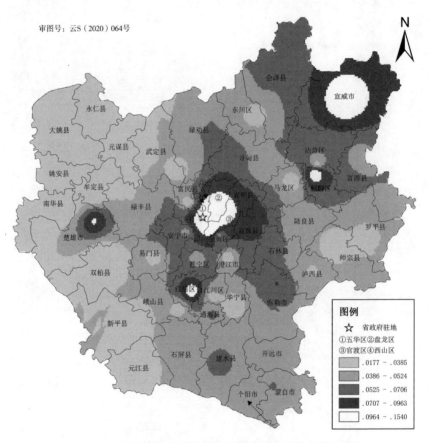

图13-4　滇中城市群可持续发展就业保障功能指数插值图

三、滇中城市群地区可持续发展：经济发展功能指数空间分异格局

如图13-5所示，通过对滇中城市群可持续发展经济发展功能指数分异格局的研究发现，根据滇中城市群可持续发展经济发展功能指数，将其分为四类：Ⅰ类区包括官渡区、五华区、盘龙区、麒麟区、红塔区5县区；Ⅱ类区包括西山区、安宁市、楚雄市、呈贡区、弥勒市、宣威市6县区；Ⅲ类区包括个旧市、开远市、宜良县、蒙自市、马龙区、富源县、沾益区、师宗县、晋宁区、建水县、新平县、禄丰县、嵩明县、会泽县14县区；Ⅳ类区包括罗平县、易门县、澄江

市、石林县、禄劝县、通海县、峨山县、富民县、华宁县、东川区、寻甸县、元江县、泸西县、江川区、石屏县、大姚县、陆良县、武定县、南华县、元谋县、永仁县、牟定县、姚安县、双柏县 24 县区。

图 13 - 5　滇中城市群可持续发展经济发展功能格局

如图 13 - 6 所示，通过对滇中城市群地区可持续发展经济发展功能指数分异格局的研究发现，滇中城市群地区拥有 5 个经济发展中心，它们是未来经济的增长极，分别为：官渡可持续发展经济保障功能区，其经济发展功能指数为0.3611；五华可持续发展经济保障功能区，其经济发展功能指数为 0.3252；红塔可持续发展经济保障功能区，其经济发展功能指数为 0.2399；麒麟可持续发展经济保障功能区，其经济发展功能指数为 0.2240；盘龙可持续发展经济保障功能区，其经济发展功能指数为 0.2087。通过对影响滇中城市群可持续发展经济发展功能指数的人均 GDP 指数、第一产业产值指数、第二产业产值指数、第三产业产值指数、国有经济固定资产投资指数进行对比研究发现，上述经济发展功能中心受第二产业产值指数、第三产业产值指数、国有经济固定资产投资指数影响较为显著，受人均 GDP 指数、第一产业产值指数影响较小。同时，从人均 GDP、第一产业产值、第二产业产值、第三产业产值、国有经济固定资产投资及总产值指标的权重指数对比也可以看出：第三产业产值的权重指数最大为 0.1265；第二产业产值权重指数为 0.1146；国有经济固定资产投资权重指数为 0.0778。因此，导致滇中城市群可持续发展经济发展功能指数空间分异的主要影响因素是区域的第二产业产值指标、第三产业产值指标、国有经济固定资产投资指标。

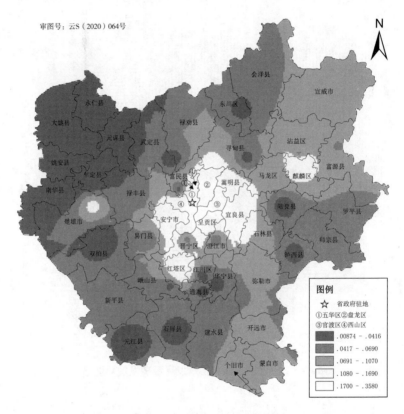

图 13-6　滇中城市群可持续发展经济发展功能指数插值图

四、滇中城市群地区可持续发展：资源保障功能指数空间分异格局

如图 13-7 所示，通过对滇中城市群可持续发展资源保障功能指数分异格局的研究发现，根据滇中城市群可持续发展资源保障功能分为 4 个类别，分别为：Ⅰ类区包括宣威市、会泽县、富源县、罗平县、寻甸县、沾益区、陆良县、弥勒市、师宗县、新平县、禄劝县、建水县 12 县区；Ⅱ类区包括麒麟区、蒙自市、楚雄市、泸西县、禄丰县、大姚县、宜良县、石屏县、武定县、石林县、元江县、双柏县、个旧市、开远市、马龙区、东川区、南华县 17 县区；Ⅲ类区包括

嵩明县、华宁县、姚安县、永仁县、红塔区、峨山县、牟定县、元谋县 8 县区；Ⅳ类区包括易门县、安宁市、晋宁区、富民县、江川区、通海县、澄江市、西山区、官渡区、盘龙区、呈贡区、五华区 12 县区。

图 13 - 7　滇中城市群可持续发展资源保障功能格局

　　如图 13 - 8 所示，通过对滇中城市群地区可持续发展资源保障功能指数分异格局的研究发现，滇中城市群地区的高值区主要分布于滇中地区的东北部及东部地区。通过对影响滇中城市群可持续发展资源保障功能指数的水资源总量指数、耕地面积指数、粮食产量指数、肉产品产量指数进行对比研究发现，上述 2 个资源发展功能中心受粮食产量指数、肉产品产量指数影响较大，受水资源总量指数、耕地面积指数影响较小。同时，从水资源总量、气候资源、粮食产量、肉产品产量、耕地面积及粮食当量指标的权重指数对比也可以看出，肉产品产量的权重指数最大为 0.0650，粮食产量的权重指数为 0.0567。因此，导致滇中城市群可持续资源保障发展功能指数空间分异的主要影响因素是区域的肉产品产量、粮食产量指标。

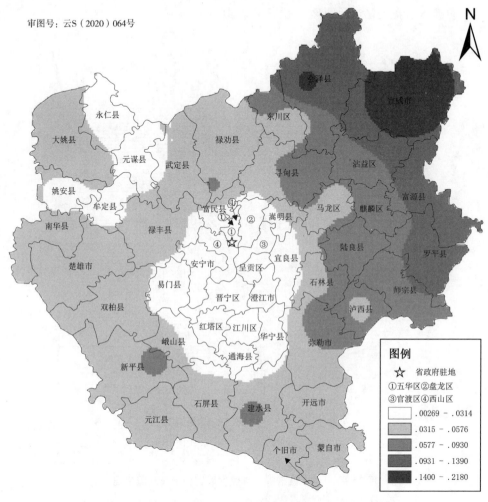

审图号：云S（2020）064号

图13－8　滇中城市群可持续发展资源保障功能指数插值图

五、滇中城市群地区可持续发展：生态维持功能指数空间分异格局

如图13－9所示，通过对滇中城市群可持续发展生态维持功能指数分异格局的研究发现，根据滇中城市群可持续发展生态保障功能分为四个类别，分别为：Ⅰ类区包括西山区、新平县、罗平县、富源县4县区，其生态维持功能指数均值为0.09845；Ⅱ类区包括宣威市、峨山县、元江县、通海县、楚雄市、双柏县、澄江市、石屏县、师宗县、禄劝县、大姚县、官渡区、禄丰县、南华县、红塔区、会泽县、易门县、晋宁区18县区；Ⅲ类区为永仁县、姚安县、弥勒市、个

旧市、麒麟区、东川区、安宁市、江川区、宜良县、寻甸县、蒙自市、富民县、武定县、华宁县、嵩明县、沾益区、盘龙区 17 县区；Ⅳ类区包括呈贡区、牟定县、建水县、泸西县、五华区、元谋县、陆良县、石林县、开远市、马龙区 10 县区。

图 13 - 9　滇中城市群可持续发展生态维持功能格局

如图 13 - 10 所示，通过对滇中城市群地区可持续发展生态维持功能指数分异格局的研究发现，滇中城市群地区的高值区主要分布于滇中地区的东北部及东部地区、西南部。通过对影响滇中城市群可持续发展生态维持功能指数的水网密度指数、植被覆盖指数、生物多样性指数进行对比研究发现，生态维持功能中心受水网密度、生物多样性指数影响较大。同时，从水网密度、生物多样性、植被覆盖度指数指标的权重指数对比也可以看出，水网密度权重指数为 0.0259，生物多样性的权重指数为 0.0261。因此，导致滇中城市群可持续发展生态维持功能指数空间分异的主要影响因素是水网密度、生物多样性指标。

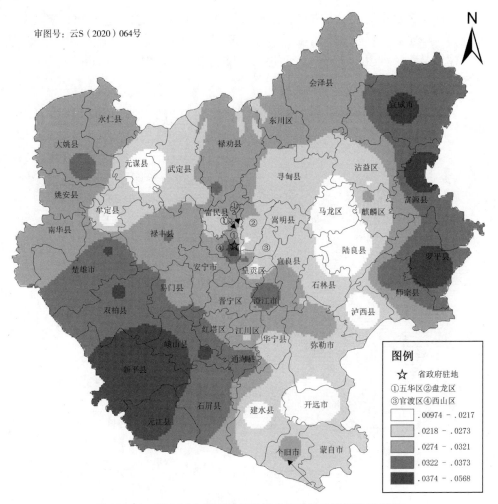

图 13 − 10　滇中城市群可持续发展生态维持功能指数插值图

六、滇中城市群地区可持续发展：综合功能指数空间分异格局

　　如图 13 −11 和图 13 −12 所示，通过对滇中城市群可持续发展综合功能指数分异格局的研究发现，根据滇中城市群可持续综合功能分为四个类别，分别为：Ⅰ类区包括西山区、宣威市、官渡区、红塔区、麒麟区、盘龙区、五华区 7 个县区；Ⅱ类区包括新平县、罗平县、富源县、楚雄市、师宗县、会泽县、弥勒市、安宁市、蒙自市、沾益区、建水县 11 县区；Ⅲ类区包括峨山县、元江县、通海县、石屏县、禄劝县、大姚县、禄丰县、易门县、晋宁区、个旧市、东川区、宜良县、寻甸县、嵩明县、呈贡区、泸西县、陆良县、石林县、开远市、马龙区 20 县区；Ⅳ类区包括双柏县、澄江市、南华县、永仁县、姚安县、江川区、富

图 13-11 滇中城市群可持续发展综合功能格局

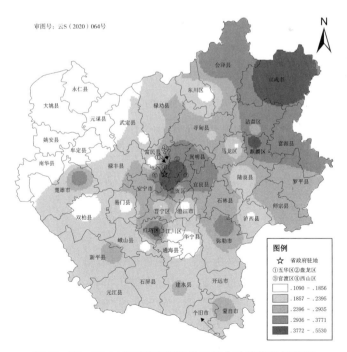

图 13-12 滇中城市群可持续发展综合功能指数插值图

民县、武定县、华宁县、牟定县、元谋县 11 县区。同时有四个中心区，它们是未来城市发展的增长极，分别为：一是以昆明四区为中心的区域可持续发展综合功能区，包括西山区、官渡区、盘龙区、五华区四个县区，其中西山区居住容载功能指数为 0.0362、就业保障功能指数为 0.1076、经济发展功能指数为 0.1996、资源保障功能指数为 0.0100、生态维持功能指数为 0.0574、综合功能指数为 0.4109，官渡区居住容载功能指数为 0.0388、就业保障功能指数为 0.1133、经济发展功能指数为 0.3611、资源保障功能指数为 0.0096、生态维持功能指数为 0.0335、综合功能指数为 0.5564，盘龙区居住容载功能指数为 0.0297、就业保障功能指数为 0.1543、经济发展功能指数为 0.2087、资源保障功能指数为 0.0034、生态维持功能指数为 0.0203、综合功能指数为 0.4165，五华区居住容载功能指数为 0.0268、就业保障功能指数为 0.1566、经济发展功能指数为 0.3252、资源保障功能指数为 0.0023、生态维持功能指数为 0.0134、综合功能指数为 0.5242。二是以宣威市为中心的可持续发展综合功能区，其居住容载功能指数为 0.0595、就业保障功能指数为 0.1255、经济发展功能指数为 0.1015、资源保障功能指数为 0.2181、生态维持功能指数为 0.0391、综合功能指数为 0.5437。三是以麒麟区为中心的可持续发展综合功能区，其居住容载功能指数为 0.0426、就业保障功能指数为 0.1214、经济发展功能指数为 0.2240、资源保障功能指数为 0.0582、生态维持功能指数为 0.0291、综合功能指数为 0.4753。四是以红塔区为中心的可持续发展综合功能区，其居住容载功能指数为 0.0359、就业保障功能指数为 0.1139、经济发展功能指数为 0.2399、资源保障功能指数为 0.0217、生态维持功能指数为 0.0314、综合功能指数为 0.4428。

第四节 滇中城市群地区可持续发展结论与对策建议

一、滇中城市群地区可持续发展结论

本章是对滇中城市群可持续发展研究的拓展与丰富，以滇中城市群 49 个县区自然资源环境为主要经济承载基础，以滇中城市群各县区就业保障和经济发展为目的尝试进行的城市群可持续发展综合研究。在进行此项研究时，始终遵循自下而上与自上而下相结合的研究方法，始终采用要素研究与地域综合体研究相结合的思路进行。通过对滇中城市群 49 个县区的居住容载功能指数、就业保障功能指数、经济发展功能指数、资源保障功能指数、生态维持功能指数 5 个分指数

及 1 个综合功能指数进行系统聚类和插值研究。得出以下结论及初步建议：

第一，就居住容载功能指数而言，从系统聚类来看把滇中城市群居住容载功能划分为四个类别。从空间分异格局看，滇中城市群居住容载功能指数由四周向内部呈现出"V"分异格局。滇中城市群居住容载功能高的地区主要分布于宣威市、罗平县、富源县、新平县、弥勒市、元江县 6 县区，并以此形成高值中心区；五华区、盘龙区、东川区、呈贡区、晋宁区、易门县、个旧市、富民县、江川区、澄江市、华宁县、牟定县等县区为滇中城市群居住容载功能低水平地区。通过结合各个基础指标的权重值可以看出：在本研究中，年平均降水量对居住容载功能指数的贡献最大，这些居住指数高值区与滇中城市群范围内的降水的高值区基本重叠。

第二，就就业保障功能指数而言，从系统聚类来看把滇中城市群就业保障功能划分为四个类别。从空间分异格局看，滇中城市群就业保障功能指数呈现出差异明显的格局。其中，滇中城市群就业保障功能高的地区主要分布在五华区、盘龙区、官渡区、西山区、宣威市、麒麟区、红塔区 7 个县区，并以此形成高值中心。华宁县、元江县、牟定县、姚安县、南华县、元谋县、永仁县、双柏县 8 个县区为滇中城市群就业保障功能低水平地区。同时，在就业保障功能空间插值图上也可以看出上述类似的高值中心。其中，宣威市和红塔区是以工业形成的就业保障功能保障中心；因此，进一步开发滇中城市群工业产业的发展是未来滇中城市群地区就业的发展途径之一。

第三，就经济发展功能指数而言，从系统聚类来看把滇中城市群经济发展功能划分为四个类别。从空间分异格局看，滇中城市群经济发展功能指数呈现出中心向外围扩散的空间分异，滇中城市群经济发展功能高的地区主要分布在官渡区、五华区、盘龙区、麒麟区、红塔区 5 县区，并以此形成高值中心。罗平县、易门县、澄江市、石林县、禄劝县、通海县、峨山县、富民县、华宁县、东川区、寻甸县、元江县、泸西县、江川区、石屏县、大姚县、陆良县、武定县、南华县、元谋县、永仁县、牟定县、姚安县、双柏县 24 县区。为滇中城市群经济发展功能低水平地区。同时，在经济发展功能空间插值图上也可以看出上述类似的比较显著的高值中心滇中城市群可持续发展经济发展功能中心分布相对均衡，只是各中心发展程度差别较大。因此，在强化滇中城市群产业布局时，需要关注滇中城市群已经形成的次级经济发展中心，比如西山区、安宁市、楚雄市、呈贡区、弥勒市、宣威市等县区，使其成为滇中城市群未来经济增长的潜在增长极，促进滇中城市群经济的均衡发展。

第四，就资源保障功能指数而言，从系统聚类来看把滇中城市群资源保障功能划分为四个类别。从空间分异格局看，滇中城市群资源保障功能由四周向内部呈现出显著的"外高内低"的分异格局。滇中城市群资源保障功能高的地区主要分布于宣威市、会泽县、富源县、罗平县、寻甸县、沾益区、陆良县、弥勒市、师宗县、新平县、禄劝县、建水县 12 县区，并以此形成高值中心；滇中城市群资源保障功能低水平的地区主要分布在以昆明市区为中心的周边县区，包括易门县、安宁市、晋宁区、富民县、江川区、通海县、澄江市、西山区、官渡区、盘龙区、呈贡区、五华区 12 县区。同时，在资源保障功能空间插值图上也可以看出上述类似的比较显著的高值中心区和低值中心区。

第五，就生态维持功能指数而言，从系统聚类来看把滇中城市群生态维持功能划分为四个类别。从空间分异格局看，滇中城市群生态维持功能整体呈现出分散分布的分异格局。滇中城市群生态维持功能值高的地区主要分布于西山区、新平县、罗平县、富源县 4 县区，并以此形成高值中心。呈贡区、牟定县、建水县、泸西县、五华区、元谋县、陆良县、石林县、开远市、马龙区 10 县区为滇中城市群生态维持功能低水平地区。同时，在生态维持功能空间插值图上也可以看出上述类似的比较显著的高值中心和低值中心。这些地区高值区是滇中城市群主要的林业资源分布区及水源地保护区，是未来生态维持及滇中城市群生态平衡的重要调节区。

第六，就综合功能指数而言，根据居住容载功能指数、就业保障功能指数、经济发展功能指数、资源保障功能指数、生态维持功能指数综合分析，把滇中城市群生态维持功能划分为四个类别。从空间分异格局看，滇中城市群综合功能基本呈现出东西向及南北向的空间分异。滇中城市群综合功能高的地区为西山区、宣威市、官渡区、红塔区、麒麟区、盘龙区、五华区 7 个县区，并以此形成高值中心。双柏县、澄江市、南华县、永仁县、姚安县、江川区、富民县、武定县、华宁县、牟定县、元谋县 11 县区为滇中城市群综合功能低水平地区，同时，在生态维持功能空间插值图上也可以看出上述类似的比较显著的高值中心和低值中心。从总体上看，滇中城市群的可持续发展综合功能指数程度空间差异较大，发展程度较低。

二、滇中城市群地区可持续发展对策建议

第一，生态修复，恢复区域植被生态系统。针对近些年来盲目植树造林所带来的负面影响，如植被无法更新、植被群落生态系统结构单一，种植树种难以适应区域自然环境的变化等问题，深入研究区域现有及已经消失的地带性植被，进行植被恢复的科学物种选择；特殊生境需选择特殊的植物进行生态修复，如干热河谷区需要选择耐旱植被；区域植被生态恢复需结合当地实际自然条件进行植树造林前期工作准备，如采用工程措施改善区域水分沟渠。

第二，改善能源结构。区域的能源结构，深刻的影响着区域的生态植被覆盖率，尤其是农村地区。因此，开发广大农村地区的新能源，优化区域能源结构势

在必行，如太阳能开发、沼气、地热能等。

第三，优化产业结构。区域的产业结构，影响和制约着区域的植被覆盖度。因此，调整区域产业结构，使其朝向低能耗、低排放、高产出方向发展。

第四，合理规划区域用地结构。土地利用类型是直接改变区域植被现状的主要驱动力。因此，尽量避免过多占用林地和耕地。同时，不能盲目地追求耕地保护而破坏林地，使得区域植被覆盖度下降、生物多样性丧失、水源地破坏。

第五，加强石漠化地区植被的恢复重建工作，石漠化除了造成水土流失，还深刻影响区域的人居环境及区域发展的资源保障。

第六，针对旅游就业型城市，需要强化与开发旅游区的区域品牌、挖掘区域民族文化特色；对还未形成就业中心区且具有民族文化特色区域，需要结合区域景观特点进行旅游业的开发。

第七，资源就业型城市，需要在优化区域产业结构的同时，开发新型产业。

第八，综合就业型城市，综合就业型城市的就业主要以第三产业、第二产业为主，产业结构演进总体朝向第三产业发展且水平较高，因此，未来产业规划布局时主要以高新电子产品的生产与研发为主。

第九，滇中城市群在强化现有经济发展功能中心，以发挥经济中心的极化扩散效应的同时，需要加强各县区经济发展功能中心的培育，以促进区域经济的均衡发展。

参 考 文 献

［1］陈明星、陆大道、张华：《中国城市化水平的综合测度及其动力因子分析》，载于《地理学报》2009 年第 4 期。

［2］高庆彦：《云南省可持续发展功能区划研究》，云南师范大学硕士学位论文，2014 年。

［3］胡志丁、骆华松、李树梅等：《区域综合承载力导向的云南省经济发展重点区域研究》，载于《热带地理》2010 年第 5 期。

［4］李立辉：《广东省可持续发展指标体系及测评方法》，西南财政大学出版社 2002 年版。

［5］刘求实、沈红：《区域可持续发展指标体系与评价方法研究》，载于《中国人口·资源与环境》1997 年第 4 期。

［6］马丽、金凤君、刘毅：《中国经济发展与环境污染耦合度格局及工业结构解析》，载于《地理学报》2012 年第 10 期。

［7］汤国安、杨昕：《ArcGIS 地理信息系统空间分析实验教程》，科学出版社。

［8］许然：《人地关系的系统理论与可持续发展》，载于《地域研究与开发》1997 年增刊。

[9] 王伟中、郭日生、黄晶:《地方可持续发展导论》,商务出版社 1999 年版。

[10] 王妍、张超、宋维峰:《元阳梯田空间分析特征研究》,载于《水土保持研究》2013 年第 2 期。

[11] 吴文恒、牛叔文、郭晓东等:《中国人口与资源环境耦合演进分析》,载于《自然资源学报》2010 年第 6 期。

[12] 张雷、刘毅:《中国东部沿海地带人地关系状态分析》,载于《地理学报》2004 年第 2 期。

[13] 张丽君:《可持续发展指标体系建设的国际进展》,载于《国土资源情报》2004 年第 4 期。

[14] 中国科学院可持续发展研究组:《中国可持续发展战略报告》,科学出版社 2001 年版。

[15] 中国科学院可持续发展研究组:《中国可持续发展战略报告》,科学出版社 2004 年版。

第十四章

城市群发展约束、挑战
与存在的问题

在城市群建设这个复杂巨系统中，深受资源的存有量与环境的容量的严格约束和限制。一般而言，自然综合体可依托自我循环直至相对净化，然而不合理人类活动的日益扩大将影响自然综合体正常运转，甚至人对地的压力值远远超出资源环境的承载能力，干扰自然综合体原本和谐有序的循环机制，这导致两个方面的问题：一是迫使生态环境产生负面效应；二是由于在经济社会发展的同时，带来许多不加处理的污染废弃物（如工业、生活三废）随意排放，遏制了土地资源、水资源等的绿色循环发展，资源可持续性不复存在，终而约束城市群经济社会迈向又好又快发展之路。滇中城市群的自然资源环境约束主要反映在土地资源、水资源两个方面。

当城市化发展到一定的程度和阶段，城市群就应运而生了，世界范围内，在区域经济一体化和经济全球化的大背景下，地理上的空间临近和分工合作、贸易往来等经济联系促使城市群发展愈加迅猛。作为体量更加庞大的经济综合体，城市群使得原先某几个城市间相互的合作竞争演化为拥有核心城市并以核心城市为中心的城市群或城市集合的合作竞争。城市群以其"城市—区域发展模式"，将在全世界层面上推动区域经济发展更加迈向多极化趋势。城市群与经济社会具有极强的互动关系，二者互为辅助，并且彼此约束。滇中城市群的社会经济约束主要反映在产业、交通两个方面。

第一节　滇中城市群自然资源环境约束分析

一、资源环境与城市群的关系

资源要素和环境要素是城市群发展不可或缺的两大因子，与此同时，二者又通过本身质与量的差别以及空间格局差异来作用于城市群的发展。资源是城市群发展壮大的根基之一，发挥着供给物质流和能量流的重要作用。资源是在一定的条件下能够为人类利用的一切物质、能量和信息的总称。实际上资源自身的存有数量是较为匮乏的，可再生资源的再生和更新速度极缓，不可再生资源则多为一次性使用，加之人类社会对资源开发使用能力的局限性，使得资源未得到合理有效利用，造成浪费和环境问题，资源锐减，导致经济社会发展受限，人类生存状况堪忧。因此经济社会想要可持续发展，必须协调好资源开发、利用与保护之间的关系，运用科学技术指导资源开发利用，优化资源开采手段和方式，控制规模、产能、年限，保障城市群资源总体价值得到最大发挥。同时加大资源循环使用的研发力度和系统建设，充分使用可再生、可更新资源，变废为宝，对不可再生、不可更新资源，则控制在合理使用范围内，并寻求替代品，避免经济社会发展中资源短缺的问题。

生态环境对城市群发展至关重要，并且二者的持续性发展互为动因。生态环境以其固有功能制约人类社会生命健康状况，为人们提供赖以存续的地理环境。环境优劣关乎人类命运，环境是构建城市群人类命运共同体关键的一环，其与资源密切相关，不可分割，环境友好则推进资源永续，进而为城市群经济社会发展奠定良好的资源环境基底。城市群的可持续发展需做全面科学的发展规划，因地制宜，调控规模，优化结构，转变增长方式，投入足够的人、财、物力保护好环境，切实维护好经济社会发展的人居环境。

二、城市群的资源环境约束效应

（一）对经济发展的约束

在城市群发展的过程中，资源与环境仅有着相对有限的容量，一旦自然自净能力滞后于经济社会的发展速度，则会因资源环境承载能力的超载而导致一系列的问题，人类不合理的开发建设活动破坏了原有的资源环境，最终也将影响自身发展。在全国城市发展、城市群建设的大潮中，滇中城市群的起步较晚，水平不高，在一定程度上失去了资源和环境的初始优势。在资源环境运行紧张，甚至接近或超过承载力的条件下，经济增长具有资本投资高、资源消耗高、环境成本高的特点。

传统经济学在劳动的价值的基础上，认为自然资源没有额外的人类劳动和商品价值，造成对资源和环境的无偿和不计成本的使用，促使人们无偿占据和盘剥自然资源，资源和环境状况每况愈下，并导致虚假的经济繁荣。这种粗放的快速增长要求大量的资源供给。土地等不能从外部进口的资源成本正在飞速抬升，而可以从外部进口的其他资源的供应和安全压力越来越大，资源的对外依存度越来越高。庞大的资源消耗及其非集约化生产方式对环境的破坏与日俱增。最后，资源环境对经济发展的制约暴露无遗。

产业结构是衡量经济发展程度的标杆之一，资源环境具体状况影响着产业结构变化。不同的行业有不同的污染排放强度。三次产业中对资源需求较弱的为第一产业和第三产业，而第二产业特别是工业是资源消耗的主要产业，相应的污染产出也占据了更大比例。我国借鉴西方应对粗放式经济发展所带来的资源环境问题的经验，把可持续发展作为一项重要的发展方针，将生态文明建设上升为国家战略。资源节约和生态保护已成为经济可持续发展的根本保障，这就需要产业结构优化调整，实现产业更新换代、升级进步。赫蒂奇（Hettige, 1994）对1980～1996年美国、英国、日本和加拿大制造业的产业结构演变和环境污染进行了实证研究，结果表明，从1980年到1996年，随着四个发达国家环境污染水平的降低，制造业的产业结构发生了变化。

（二）对城市群规模的约束

城市群的发展与资源环境密切相关。土地资源直接决定着城市群的规模，影响着城市群可建成面积的多寡。城市群扩张最显著的指标是城市人口的增长，人口的增长必然会增加对水、土地和其他资源需求的增加。并且，城市群规模的扩大必然会影响到环境状况（水污染、空气污染、固体废弃物污染）等问题，人类生存环境的恶化将降低城市群对人口迁移过来聚集的吸引力，约束了城市群规模的扩大。由此造成污染状况日趋恶化，直抵自然自净能力的瓶颈，进而资源供应能力将渐渐缩减。假使城市发生以上状况，自身资源供给匮乏，就会面临两种情况：一是城市的废弃，原有城市的覆灭；二是花高价解决资源短缺问题，以期环境状况有所改善。由于外部成本随着城市群规模的扩大而增加，城市群发展的边际成本增加，边际效益则降低。

（三）对城市群结构的约束

城市群发展的结构取决于自然资源和环境，水文、地质、气候等自然基础条件对城市群的诞生和发展壮大有着极为关键的影响。城市群形成和发展是以自然基础条件为前提和基础的，自然基础条件为城市群的发展架构了不同的系统，通过自身影响并塑造不同的城市群特征。滇中城市群位于滇中坝区较多、相对平坦的区域，资源环境禀赋与城市群城镇空间分布的高度相关性决定了滇中城市群系统空间形态的初步形成。综合考虑水、土资源禀赋和环境条件，以特大城市和大城市为中心，并以供水、供电、交通为轴，实现了区域的扩张和延伸，进一步连接其他中小城镇，形成郊区化和卫星城；周边乡村受城镇带动而发展，逐渐构成了目前滇中城市群的发展格局。

三、滇中城市群土地资源约束

土地资源是人类存续的根基，是人类需求的本源。滇中城市群是云南省综合实力最强的区域，是以省会昆明市为核心，半径 150~200 千米的云南省中部地域，包括昆明市、曲靖市、玉溪市、楚雄彝族自治州及红河哈尼族彝族自治州北部 7 个县（市），总面积为 11.11 万平方千米，占云南省总面积的 28.99%（云南省统计年鉴，2017）。滇中城市群所处的滇中地区史上为云南省土地资源相对富集的地区，但由于其开发早、历时久远、发展程度高等特点，土地资源开发与利用受到很大制约。由于该地区的自然地理要素以山区、半山半坝区为主，坝区资源较少，负担着较高的城市建设和产业园区的建设成本（周瑞刚，2016）。

（一）滇中城市群土地资源现状

昆明市位于中国西南云贵高原中部，土地面积 2.09 万平方千米。昆明市区地处滇池平原，南濒滇池，三面环山，市中心海拔约 1891 米。拱王山马鬃岭为昆明境内最高点，海拔 4247.7 米，金沙江与普渡河汇合处为昆明境内最低点，海拔 746 米。市域地处云贵高原，总体地势北部高、南部低，由北向南呈阶梯状逐渐降低。中部隆起，东西两侧较低。以湖盆岩溶高原地貌形态为主，红色山原地貌次之。根据《昆明市土地利用总体规划（2006~2020 年）大纲》建设用地控制指标，2020 年，城镇工矿用地规模为 65100.00 公顷，占全市建设用地的 44.92%。土地资源开发及整合潜力巨大。

曲靖市位于云南省东部，云贵高原中部，是云南连接内地的重要陆路通道，土地面积 2.90 万平方千米。市境地貌高原山地为主，间有高原盆地，高山、中山、低山、河槽和湖盆多种地貌并存。地势西北高东南低，平均海拔 2000 米左右，全区最高点在会泽县的大海梁子牯牛寨，海拔 4017.3 米，最低点在会泽县娜姑区王家山象鼻岭小江出口处，海拔 695 米，相对高差 3322.3 米。其中陆良坝子面积 771.99 平方千米，是全省最大的坝子。曲靖市山区、半山区面积占国土面积的 88%，坝子面积仅占 12%。

玉溪市位于云南省中部，土地总面积 1.48 万平方千米。地势西北高，东南低，地形复杂，山地、峡谷、高原、盆地交错分布。西部哀牢山是一巨大屏障，山峦连绵，谷壑纵横。东部和北部有一些较大的断层陷落盆地。元江河谷沿哀牢山脉东侧的元江断裂带切割较深，从江面到山顶高差达 2000 米以上，形成高山峡谷地带。哀牢山脉主峰大雪锅山海拔 3137 米，为市内最高点。南昏江与元江汇合处海拔 328 米，是市内最低点。全市除元江河谷外，大部分地区海拔 1500~

1800 米。

楚雄彝族自治州地处云南省中部，土地总面积为 2.84 万平方千米。州境地势大致由西北向东南倾斜，境内多山，山地面积占总面积的 90% 上，山峦叠嶂，诸峰环拱，谷地错落，溪河纵横，素有"九分山水一分坝"之称。乌蒙山虎踞东部，哀牢山盘亘西南，百草岭雄峙西北，构成三山鼎立之势。州境最高点为大姚甚白草岭主峰帽台山，海拔 3657 米；最低点在双柏县南端的三江口，海拔 556 米。在群山环抱之间，有 104 个面积在 1 平方公里以上的盆地（坝子），星罗棋布，形成州内一个个规模不同、独具特色的经济、文化区域。

红河州 7 县（市）土地面积 1.80 万平方千米。红河州地势整体上西北高，东南低。个旧市、开远市、蒙自市、弥勒市、建水县、石屏县、泸西县主要分布在红河北岸，坝子面积占比为 8.83%，是以中低山为主的喀斯特高原地貌，高原上分布着为数众多、多沿构造线分布的断陷溶蚀盆地（坝子）。盆地与山岳之间以丘陵相连。高原边缘由于受红河、南盘江及其支流的切割，山川间布，具有山高坡陡、谷深的特点。7 县（市）中最高点为开远市东南部碑格与大庄两乡交界的裴呢冲大坡峰顶，海拔 2775.6 米，最低点位于个旧市，海拔 132 米。

（二）滇中城市群土地资源问题分析

一是土地供需之间的矛盾。随着滇中城市群经济的快速发展和城市化进程的加快，土地需求持续增长，经济增长方式粗放，土地资源稀缺。资源的保护和经济快速发展导致了土地供需的突出矛盾。滇中城市群在实现区域 GDP 同比增长的同时，还需要满足基础设施投资的需要，重点项目的实施、基础设施建设、交通建设工程、市政工程、基本设备、招商项目、工业项目等，这加剧了资源业已突出的供需矛盾。

我国人口多，土地少，粮食安全问题突出，严格的耕地保护制度是我国的基本国策。并且我国正处于城市化快速发展时期，经济社会对建设用地的需求旺盛，工业发展和新增的城市人口需要新的生产和生活用地。然而新建设用地往往需要占用大量优质耕地，这就是耕地保护与建设用地占有在数量之间的矛盾。城市土地需求持续增长，但城市土地供给缺口较大。经济发展、农业结构优化调整、退耕还林每年都占用大量的耕地，且还存在遭受自然或认为灾害的风险，随着经济的快速发展，滇中城市群建设用地与严格保护耕地、严守永久基本农田之间的矛盾越发显著。

土地是承载人类生存空间的仅有之地，土地资源的不可再生性、广泛的需求以及稳定性决定了其稀缺性。土地和其他稀有资源不均匀地分布在滇中城市群，导致短缺的资源供给不能跟上经济建设的需求量，此外，资源的不合理开发利用，造成资源利用效率低和严重的资源浪费，还给工程建设带来了不少障碍。因此，要把滇中城市群建设成为辐射南亚、东南亚的国际城市群，就要在不断促进生产进步的同时，加快产业升级，保障城市群健康发展。随着社会利益的分配不均、收入差距扩大、新的建设用地需求的增加、对重点项目用地的需求、土地征用的难度加大，以及矿产等资源利益分配的矛盾突出，滇中城市群统筹调配这些资源的难度也就增加了。根据滇中城市群建设和经济发展的要求，必须优化土地资源在经济发展方面的分配机制，将生态可持续发展、人与自然之间的和谐共生纳入城市化进程中生态保护、道路和绿化建设的规划中来，因地制宜，按照不同的区域发展方向，逐步实现资源优化的目标。这对人类在经济发展和建设中节约和有效利用土地提出了更高的要求。

二是土地利用和布局不合理。随着经济建设的稳步发展，城市群规模也随之壮大，土地资源日益短缺，又因不合理的资源开发方式，导致资源匮乏。滇中城市群的土地资源主要包括居住用地、经济用地、交通用地、工业用地等方面，必须合理配置这些土地资源，确保各类土地资源均衡发展。滇中城市群存在土地利用结构不太合理的问题，土地利用分布格局较为分散，功能区的划分不显著，城市用地功能与资源配置不协调。从城市功能区布局来看，各类土地错落分布影响着土地的增值。

三是土地节约、集约利用不合理。土地的集约利用和节约利用符合我国国情，关系到国家的长远利益和民族生存之本，更与我国经济和社会的发展密切相关。滇中城市群土地资源的集约利用仍存在不合理现象，主要反映在以下几个方面：随着土地层面宏观调控力度的加大，城市建设对经济用地的需求不断增加，土地资源短缺日甚；在经济利益的驱使下，各种违反土地资源法律法规的行为层出不穷，且依法查处和执法难度较大；对于开采强度高的矿产资源，节约型、规模化开采的情况没有得到根本改善等。

四是土地供应中的"双轨制"问题。土地双轨制是指土地无偿划拨和有偿出让两种形式，这是当前我国市场经济在不断完善进程中的产物。从我国现行的土地流转制度来看，城市土地供给具有双轨制。优化城市土地资源配置的目的是加强政府的调控，实现土地供需基本平衡，优化土地供应方式。政府主导的无偿划拨由于缺少监督管理，会导致任意划拨的土地破坏公平的市场环境，这将无法促进城市土地的集约利用，削弱市场交易的基本原则，并破坏市场交易的合理化和规范化。

四、滇中城市群水资源约束

滇中城市群水资源主要来自降水，降水的年际分布不均、变化较大。2006～2014 年间该区年均降水量为 679.5 毫米，年均水资源量为 209.42 亿立方米，人均水资源占有量（不包括过境水）为 1213.90 立方米，处于严重缺水线（<1000 立方米）与中度缺水线（<2000 立方米）之间（程超，童绍玉，彭海英，2016）。

（一）滇中城市群水资源现状

昆明市水源主要分布在滇池、嵩明、石林、宜良等地。水资源严重短缺，据估计，2016 年昆明人均水资源量仅 882 立方米，约为全国人均占有量的 1/3 左右。昆明区内没有大江大河过境，仅靠大气环流降水汇集于水库和天然湖泊。滇池作为昆明城市水资源的主要来源，水资源的开发利用率达到 60%。一方面，水资源短缺，另一方面，城市供水需求增长迅猛，昆明人均水资源占有量居于较低水平。

曲靖市境内流域面积 100 平方公里上的河流 79 条，以南盘江、北盘江、牛栏江等为主要干流，分属珠江和长江两大水系。曲靖河流众多，但源头较短流速较快，有着明显的干湿季，水资源分布不均。曲靖是资源型、工程型和水质类型并存的典型缺水地区。全市水资源总量为 133.87 亿立方米，仅占全省的 6.1%。由于降雨时空分布不均，又地处珠江和长江两大水系的分水岭地带，天然径流很难直接利用，有效水资源量仅为 64 亿立方米，人均有效水资源量 1061 立方米，水资源开发利用率仅在 12% 左右，低于全国平均水平。全市 503 千米的水质评价河段，水质为 Ⅰ 至 Ⅲ 类的河长仅 128 千米，占 30.8%。全市水土流失面积 13126.76 平方千米，占曲靖总面积的 45.53%，水土流失造成了生态破坏、水源枯竭，进一步加剧了水资源的供需矛盾。根据水资源供需平衡预测，在中等干旱年（保证率 75%）全市 2020 年将缺水 15.1 亿立方米、2030 年缺水 17.6 亿立方米。另外，曲靖作为云南重要的能源、化工、汽车等产业基地，随着工业化、城镇化进程的加快，水资源需求面临着越来越大的压力，水资源短缺的情况也越来越严重。

玉溪境内主要分属珠江、红河两大水系。珠江水系，范围包括东部的红塔区、澄江、江川、通海、华宁及峨山东部，流域面积 5044 平方千米。红河水系范围包括新平、易口、元江及峨山西部，流域面积 9981 平方公里。东部地表水系除珠江水系的各支流外，还有高原断陷湖泊抚仙湖、星云湖、杞麓湖和阳宗海。抚仙湖面积 212 平方千米，湖面水位海拔 1721 米，最深达 155 米，平均水深 87 米，是中国第二深水湖，总蓄水量 185 亿立方米；星云湖面积 34.7 平方千米，平均水深 7 米，蓄水量 1.89 亿立方米，正常蓄水位海拔 1722.15 米；杞麓湖面积 37.26 平方千米，平均水深 4.5 米，蓄水量 1.68 亿立方米，正常蓄水位海拔 1797.25 米；阳宗海面积 31 平方千米，平均水深 20 米，蓄水量 6.02 亿立方米。

楚雄州地处金沙江和元江的分水岭上，境内无天然湖泊，也无入境暗河，水资源多由大气降水形成。楚雄州多年水资源量为 68.67 亿立方米。

红河州 7 县（市）大部分属于南盘江流域，石屏县、建水县、个旧市、蒙自市也有一部分属于红河流域，南盘江为珠江主源，红河是中国西南地区最主要的国际跨界河流之一。红河州地处北回归线两侧的云南低纬高原地带，多数地区属亚热带季风气候区。11 月至次年 4 月为枯季，5 ~ 10 月为汛期。红河州的湖泊均为淡水湖，分布在南盘江流域，主要有位于石屏县的异龙湖等。红河州 7 县（市）人均水资源总量 1419 立方米，远远低于云南省平均水平（3948 立方米）。

（二）滇中城市群水资源问题分析

一是降水时空分布不均，水土资源组合不匹配。滇中地区属亚热带、温带季风气候区，冬季受来自北方南下冷空气的作用，降水较少；夏季受印度孟加拉湾暖湿气流和太平洋气候的影响，降水量较为充足。该区地处长江、珠江、澜沧江、红河四大水系的分水岭地带，属云南省的降水低值区。径流由降水补给，由于受降水分布不均的影响，多年平均径流中间区域少，四周多，产水模数较小，高值区零散分布且多在滇中边缘地区。与降水相对应，水资源年内分布不均，5 ~ 10 月径流量占全年的 75% ~ 85%，这与作物需水季节要求不相适应，冬春连旱及初夏旱是本地干旱的主要表现。近年的旱情表现为：自 2009 年开始，滇中城市群出现持续重大、特大干旱，干旱一直持续到 2014 年春季。河流源头区的坝子上集中了大片耕地，水资源的空间分布与作物地域分布不一致，水土资源组合不匹配，造成水资源紧缺的局面（伍立群，2004）。

二是多种缺水形式并存。滇中各大经济区集中在高原湖泊盆地，水资源贫乏，且有大型灌区，人均水资源量低，属于资源型缺水。同时，滇池流域、曲江湖泊区、龙川江等区域常发生水质性水资源短缺，这些地区属于复合性缺水地区，水资源的补足难度较大。

三是水利建设滞后，干旱缺水问题约束较大。滇中地区水基础设施建设滞后于经济发展速度，缺水形势依然严峻，水环境和生态环境状况不容乐观。水资源不能很好地转化为支撑国民经济的健康发展的生产力，不仅制约着社会经济发展的速度，而且反过来制约着水资源开发利用工程建设的进度，形成不良循环。

目前在建的滇中引水工程于 2017 年 8 月动工，该工程受水区包括丽江、大理、楚雄、昆明、玉溪、红河 6 个市（州）35 个县（市、区），国土面积 3.69 万平方千米。滇中引水工程远期规划水平年为 2040 年，多年平均引水量 34.03 亿立方米。其中，供给城镇生活、工业用水 22.31 亿立方米；供给农业灌溉用水 5 亿立方米；向滇池、杞麓湖、异龙湖生态补水 6.72 亿立方米。该工程总工期为 96 个月，建成后，将从金沙江干流引水至人口集中、经济相对发达但缺水的滇中地区，以缓解滇中地区城镇生产、生活用水矛盾，改善区内河道、湖泊生态及水环境状况，促进云南省经济社会协调、可持续发展（《水泵技术》编辑部，2017）。

四是灌区配套和节水改造投入不足。当前灌区工程基建主要由政府无偿投资，由于经济基础薄弱，投资有限，对灌区配套和节水改造的投入缺口较大。一是灌区未形成配套，建设标准不高，灌区效益得不到有效保障，不少项目老化失修，效益下降。二是灌区灌溉方式不科学，配水系统不完善，漫灌和串联灌溉造成的损失较多，沟渠系统衬砌率低，现代先进灌溉技术应用有限。

五是水污染较为严重，江河湖库水质不佳。《2016年云南省水资源公报》数据显示，滇中城市群涉及的长江、珠江、红河流域的水质情况为：长江流域评价水功能区153个，按水质管理目标全因子评价达标率为65.4%；珠江流域评价103个，达标率为53.4%；红河流域评价数分别为61个，达标率为72.1%。按水质管理目标双因子评价，长江流域达标率为84.3%；珠江流域达标率为82.5%；红河流域达标率为85.2%。

高原湖泊中，滇池水质为Ⅳ～劣Ⅴ类，处于中度富营养；阳宗海水质为Ⅳ类，处于中营养；抚仙湖水质大部分为Ⅰ类、局部为Ⅱ类，处于中营养；星云湖和杞麓湖水质均为劣Ⅴ类，均处于中度富营养；异龙湖水质为Ⅴ～劣Ⅴ类，处于中度富营养。滇池主要超标项目为总磷、高锰酸盐指数、五日生化需氧量等5项；阳宗海主要超标项目为砷；星云湖主要超标项目为总磷、高锰酸盐指数、五日生化需氧量等5项；杞麓湖主要超标项目为总磷、高锰酸盐指数、五日生化需氧量等7项；异龙湖主要超标项目为高锰酸盐指数、化学需氧量、五日生化需氧量等5项（云南省水利厅，2017）。

第二节　滇中城市群社会经济约束分析

一、社会经济与城市群的关系

城市群与生俱来的经济特性，不仅牵动自身发展，并且依托创新动力及其示范效应助推区域、国家乃至世界的经济发展，使自身成为财力富足的经济主体。产业、金融、科技、信息和贸易等主要经济要素汇集在城市群中，影响着区域经济活动走向和强度，它们同时也是区域分工协作和市场竞争的关键因子。城市群兼具较高的聚集动能和辐射扩散功能，时刻流通、聚集、互换着各类国内外经济社会信息和要素。区域经济发展受城市群整体的引领，反映在城市群自身蕴含的内在自我驱动效应和对城市群背景区域、相关区域的外在带动效应。

城市群在与经济和产业发展相互作用的过程中产生并逐步发展壮大。城市群可由自发的内生动力和外在驱动效应共同推动区域经济发展，并且随着区域经济及产业的发展也使得城市群进一步完善其功能。城市群发展演化离不开产业体系的构架，产业体系既是城市群发展所要投入的重要一环，也决定着后者所能达到的空间广度和深度。产业发展过程中有着集聚效应和扩散效应，它们自始至终贯穿于城市群的形成和发展演化当中，产业集群乃至集聚区域的形成将大大促进城市群的稳步崛起。

二、城市群的社会经济约束效应

（一）内部城市空间经济联系方面

城市群是在加速发展的城镇化进程中，依托特定区位条件，聚集人口、资源、产业、技术等生产要素的一种先进的空间组织形式。以紧密的经济联系为纽带和先决条件，城市群中城市因此在空间上产生集聚和扩散效应。要素自由流动受城市群各城市之间的空间经济联系日益紧密的推动而进一步加快，由此产生的产业分工与协作也趋于高效可行，促进了城市群各子系统的协同发展，从而夯实了城市群的综合实力，提升了竞争水平。在空间相互作用视角下，通过区域与产业的双维度来剖析城市群中各城市间空间经济联系，可明确各城市间空间交互及产业外向发展的状况，寻求内部城市空间联系约束问题的缘由，同时为城市群编制科学合理的发展政策提供理论指导。

（二）产业发展速度与产业结构方面

城市群内各城市间空间经济联系相对紧密，城市群产业总体的发展将引领城市群内部各城市产业主体的发展，各城市的具体产业发展水平和状况也将制约着城市群产业总体的水平和状况。从根本上来说，只有协调好城市群总体产业增量、增速与各城市具体产业的增量、增速，维持较为稳定协同的增速，方可避免总体与部分之间因产业速度相差过大而导致步调不协调的矛盾。

不同发展阶段城市群内部产业结构的相似性是处于不断变化发展过程中的，它们的相似性在时间序列上是不同的，其动态变化具有一定规律性。城市群产业分工水平与其内部产业结构相似性之间存在着负相关关系，产业结构相似性越高，则表明产业分工层次越低，反之亦然。城市群发展初始阶段，居于中心的城市凭借其得天独厚的区位优势，以较强的竞争优势推动产业发展，不同城市产业发展之间存在较显著的差距。随着经济社会的发展，城市群也逐渐壮大起来，其内部各产业之间的分工合作也渐趋成熟，并将促进产业结构优化升级，使不同区域差距进一步缩小并趋于均衡。城市群内各城市主导产业应基于区域自身本底和特色，发展符合区域利益以及与可持续性发展相结合的优势产业，从而避免产业重构带来的约束。

（三）市场一体化程度方面

资源市场配置的基本功能以及市场价格机制功能对城市群产业的发展起着不可或缺的作用。市场经济作为指引城市群发展方向的重要因素，城市群中各要素的自由流动可进一步提升其市场一体化的程度，最终形成区域内的统一市场。因各区域间存在着行政边界的行政建制区划，不同区域间竞争程度激烈，各地利益直接与产业分布、重大项目落地关系紧密，为占有并守住更多益于本地的资源，地区之间的市场形成了壁垒，从而也增加了彼此间信息、时间和设施的成本，严重时阻碍了各要素的自由交往贯通，使得市场一体化程度降低，大大削减了市场这只"无形的手"调配资源的固有功能。

（四）交通运输乘数效应

交通运输乘数效应是通过建设交通基础设施，从而产生的国民收入及社会总需求扩大为原先数值数倍的效应，其主要驱动因子是交通基础设施建设的各项投入。作为国民经济基础产业之一，交通基建在项目在建时即形成了交通投资产生的乘数效应，随着交通发展，城市群中产业也将得到快速的发展壮大，并将创造更多的就业机会，促进经济社会的发展。具体而言，城市群在建设初期优先投入大量交通基建资金，在这一过程中将大力推动相关产业（如冶金、能源、装备制造业等）发展，交通干线、网络的建成后，又可进一步刺激物流、运输业的发展，最终为地区生产总值的提升注入更多动力。

（五）交通基础设施溢出效应

交通基础设施的空间溢出效应是因其网络性和外部性所致的，交通基础设施加强了地区间的经济社会联系程度，区域间的贸易往来频繁，促使市场经济各要素在区内、区域间相互交换，自发优化配置，各地实现资源调配互补，这将促进企业合理分布和产业集聚的形成，推动产业分工和生产专业化迈向新台阶。交通基础设施作用于经济活动空间聚集和扩散，由此产生了空间溢出效应。测度某地区交通基础设施对其背景区域或相关区域的溢出效应，需确定该地在区域大背景中对要素的集聚、扩散所发挥的作用，也就是计算物质流、非物质流的流向、流量及其产生的效应状况。这其中必然存在着一定的约束，即在物质流、非物质流流动的过程之中，某地区的经济增长有可能是以牺牲其背景区域、相关区域的经济利益为条件的。城市群中的中心城市集聚了较多的区位优势，以及人才、高科技集聚，拥有良好齐备的基础设施、庞大且成熟的消费市场、较高的产业化程度，随着交通基础设施建设完善，区域的优势度将进一步提升，既促进了区域自身经济社会发展，又对周边区域发挥虹吸、辐射作用，优势地区对临近劣势地区形成负的空间溢出效应。

三、滇中城市群产业发展约束

滇中城市群经济高速发展，中心城市功能增强。国内、国际竞争力提升不明显；城市群内各州市经济发展水平和产业结构差距大；城市群内各州市主导产业趋同。

（一）滇中城市群产业现状

2016 年昆明全市地区生产总值（GDP）4300.43 亿元，按可比价计算，同比增长 8.50%。其中：第一产业增加值 200.51 亿元，增长 6.00%；第二产业增加值 1660.46 亿元，增长 7.60%；第三产业增加值 2439.46 亿元，增长 9.30%。昆明第一产业对经济增长的贡献率为 3.40%，拉动 GDP 增长 0.30 个百分点；第二产业对经济增长的贡献率为 36%，拉动 GDP 增长 3.10 个百分点；第三产业对经济增长的贡献率为 60.60%，拉动 GDP 增长 5.10 个百分点。三次产业结构为 4.7∶38.6∶56.7。昆明全市农林牧渔业及农林牧渔服务业增加值 207.22 亿元，同比增长 6%。农林牧渔业及农林牧渔服务业总产值 349.69 亿元，增长 6%。其中，农业增长 5.80%，林业增长 29.40%，牧业增长 4.50%，渔业增长 7.90%，农林牧渔服务业增长 3.80%。全年农作物总播种面积 27.45 万公顷，同比增长 0.90%。粮食产量 124.84 万吨，增长 1%；蔬菜产量 286.78 万吨，增长 5.60%；鲜切花产量 50.64 亿枝，增长 2%；肉类总产量 59.53 万吨，增长 4.90%。规模以上工业增加值同比增长 4.50%，其中轻工业增长 3.50%，重工业增长 5.50%。从工业三大门类看，采矿业工业增加值增长 5%；制造业增加值增长 2%，电力、热力、燃气和水的生产和供应业工业增加值增长 7.70%。从主要工业品产量看，水泥 1889.37 万吨，增长 3.70%，磷矿石 2253.53 万吨，下降 14.50%，卷烟 846.04 万支，下降 4.30%，10 种有色金属 85.66 万吨，增长 3.60%。规模以上工业综合能源消费量 1395.96 万吨标准煤，下降 7%（郭希林，2017）。

2016 年曲靖全市实现地区生产总值（GDP）1775.11 亿元，按可比价计算比上年增加 9.2%，增速高于上年 1.8 个百分点，高于全国 2.5 个百分点，高于全省 0.5 个百分点，在全省排名第十位。人均 GDP 达 29266 元，同比增加 8.5%。其中，第一产业实现增加值 335.56 亿元，增加 5.6%，拉动 GDP 增加 1.09 个百分点，对经济增长的贡献率为 11.9%；第二产业实现增加值 681.91 亿元，增加 9.7%，拉动 GDP 增加 3.85 个百分点，对经济增长的贡献率为 41.9%；第三产业实现增加值 757.63 亿元，增加 10.3%，拉动 GDP 增加 4.25 个百分点，对经济增加的贡献率为 46.2%。与上年相比，一产增速回落 0.4 个百分点，在全省排第 11 名；二产增速上升 3.8 个百分点，在全省排第 10 名；三产增速上升 0.8 个百分点，在全省排第 10 名。三次产业结构比为 18.9∶38.4∶42.7。农业方面，曲靖市大力发展高原特色农业，粮食产量稳定增长，流转土地 32 万亩，建成蓝莓、猕猴桃、银杏、玫瑰 4 个万亩种植基地。实现农林牧渔业增加值 341.96 亿元，按可比价计算比上年增加 5.7%。2016 全年粮食播种面积 1020.90 万亩，增加 0.59%；粮食总产量 340.6 万吨，增加 1.82%；单产 333.59 千克，增加 1.23%。稻谷 38 万吨，增加 2.8%；玉米 156.1 万吨，增加 2.3%；薯类（折粮）95 万吨，增加 2.1%。油料 21.8 万吨，增加 9.4%；烤烟 17.8 万吨，减少 6.1%；蔬菜及食用菌种植面积 239.31 万亩，产量 27.32 亿千克，增加 6.4%；中药材产量 10.2 万吨，增加 10%。肉类总产量 178.69 万吨，增加 2.63%。水产品产量 15.77 万吨，增加 5.6%。工业方面，2016 年曲靖市工业增加值实现 525.52 亿元，按可比价计算比上年增 7.8%，拉动 GDP 增加 2.45 个百分点，对经济增长贡献率为 26.6%。主要支柱产业中，煤炭开采和洗选业实现工业增加值 80.02 亿元，增加 38.8%；烟草制品业 159.75 亿元，降低 5.2%；电力热力的生产和供应业 96.28 亿元，增加 1.6%；炼焦业 10.82 亿元，增加 12%；黑色金属冶炼及压延加工业 8.99 亿元，降低 32.6%；有色金属冶炼及压延加工业 37.21 亿元，增加 19.9%；化学原料及化学制品制造业 18.68 亿元，增加 2%；食品加工及酒类制造业 20.33 亿元，增加 23.4%；非金属矿物制品业 23.2 亿元，增加 16.2%；汽车制造业 2.16 亿元，增加 8.7%。曲靖全市主要工业产品产量：原煤 2307.39 万吨，降低 4.4%；焦炭 741.45 万吨，增加 0.8%；发电量 174.45 亿千瓦时，降低 11.7%；汽车 18259 辆，增加 8.6%；十种有色金属 123.51 万吨，增加 17.4%；钢材 285.48 万吨，降低 13.9%；粗钢 201.69 万吨，降低 2.4%；水泥 1773.99 万吨，增加 16.2%；生铁 217.12 万吨，增加 31.9%；平板玻璃 68.58 万重量箱，降低 78.9%；黄磷 15.24 万吨，增加 17.7%；合成氨 48.84 万吨，降低 0.7%；农用氮、磷、钾化学肥料 31.08 万吨，降低 25.5%（陈发成，2017）。

2016 年玉溪全市完成地区生产总值（GDP）1311.9 亿元，按可比价计算增长 7.6%。分产业看，第一产业增加值 135.0 亿元，增长 6.1%；第二产业增加值 685.3 亿元，增长 4.4%；第三产业增加值 491.5 亿元，增长 12.9%。三次产业结构由上年的 10.2∶55.0∶34.8 调整为 10.3∶52.2∶37.5。一、二、三产业分别拉动 GDP 增长 0.6、2.5、4.5 个百分点，对经济增长的贡献率分别为 8.2%、32.1% 和 59.7%。人均 GDP 达到 55389 元，按可比价计算增长 7.0%。农业方面，2016 年玉溪全市实现农林牧渔业增加值 136.7 亿元，按可比价计算增长 6.2%。其中：农业（种植业）增加值 89.0 亿元，增长 5.8%；林业增加值

3.8 亿元，增长 4.0%；牧业增加值 40.2 亿元，增长 7.1%；渔业增加值 2.0 亿元，增长 4.6%；农林牧渔服务业增加值 1.7 亿元，增长 11.0%。粮食总产量为 62.4 万吨，增长 1.4%。烤烟总产量 8.019 万吨，减少 0.6%，烤烟收购 153 万担，收购金额 24.5 亿元，均价 32.0 元/千克。油料产量 3.904 万吨，增长 2.9%；园林水果产量 66.867 万吨，增长 5.6%；甘蔗产量 75.526 万吨，减少 12.2%；蔬菜产量 229.669 万吨，增长 4.6%；核桃产量 1.1601 万吨，增长 16.3%。2016 年，全市肉蛋奶总产量 51.7 万吨，增长 8.9%。其中，肉类产量 37.0 万吨，增长 9.2%；禽蛋产量 13.9 万吨，增长 7.7%；奶类产量 0.8 万吨，增长 19.1%。水产品产量 1.68 万吨，增长 1.9%。工业方面，2016 年玉溪全市完成全部工业增加值 632.0 亿元，按可比价计算增长 3.0%，拉动 GDP 增长 1.56 个百分点，对经济增长的贡献率为 20.5%。分轻重工业看，轻工业实现增加值 443.8 亿元，下降 1.4%，其中烟草制品业完成 391.0 亿元，下降 4.8%；重工业实现增加值 153.5 亿元，增长 15.5%，其中：黑色金属矿采选业完成 25.4 亿元，增长 12.5%；黑色金属冶炼及压延加工业完成 24.7 亿元，增长 8.2%；有色金属矿采选业完成 9.1 亿元，增长 7.2%；有色金属冶炼及压延加工业完成 20.6 亿元，增长 12.2%。部分工业产品产量增长较快，其中增幅最高的是纸制品增长 56.6%，其次是磷酸增长 53.2%，其余依次是塑料制品增长 28.8%、农用薄膜增长 28.1%、变压器增长 21.1%（孙金会，2017）。

2016 年楚雄州全州完成地区生产总值（GDP）846.72 亿元，比上年增长 10.98%。分产业看，第一产业地区生产总值 162.63 亿元，占红河州的 19.21%；第二产业地区生产总值 321.95 亿元，占红河州的 38.02%；第三产业地区生产总值 362.14 亿元，占红河州的 42.77%。规模以上固定资产投资完成 1009.45 亿元，增长 31.0%；地方一般公共预算收入完成 73.64 亿元，增长 10.2%；社会消费品零售总额完成 298.77 亿元，增长 12.5%；外贸进出口总额完成 5.11 亿美元，增长 18.1%；城镇和农村常住居民人均可支配收入分别为 2.92 万元、9181 元，分别增长 9.1% 和 10.3%。农业方面，2016 年楚雄全州农林牧渔业实现总产值 290.72 亿元，比上年增长 6.0%，其中农业产值 152.76 亿元、林业产值 25.51 亿元、牧业产值 108.01 亿元、渔业产值 4.44 亿元；第一产业实现增加值 162.63 亿元，比上年增长 5.9%。实现工业增加值 225.4 亿元，比上年增长 10.1%。其中，规模以上工业实现增加值 211.68 亿元，增长 10.3%；非烟工业实现增加值 137.52 亿元，增长 21.1%。工业产业结构持续优化，烟草制品业实现增加值 74.15 亿元，比上年下降 5.2%；生物医药产业、新能源新材料产业分别实现增加值 30.5 亿元和 10.91 亿元，分别增长 44.6% 和 97.3%；冶金、石化（含其他化工）产业分别实现增加值 38.92 亿元和 9.96 亿元，增长 14% 和 0.2%；卷烟工业增加值占规模以上工业增加值比重由上年的 42% 下降到 35%，非烟工业规模以上工业增加值比重由上年的58%增长到65%（郭孟贤，2017）。

2016年红河州7县（市）完成地区生产总值（GDP）1108.87亿元，占红河州的83.14%。分产业看，第一产业地区生产总值214.30亿元，占红河州的72.15%；第二产业地区生产总值601.33亿元，占红河州的87.42%；第三产业地区生产总值518.16亿元，占红河州的82.71%。农业方面，2016年红河州7县（市）主要农产品中，蔬菜为138.94万吨，水果为120.87万吨，油料为2.92万吨，甘蔗为2.15万吨，烤烟为7.13万吨，肉类总产量为67.52万吨，水产品产量为5.24万吨，奶类产量为9.26万吨。工业方面，个旧市主要为：有色矿产金属总量10.42万吨，下降3.3%；十种有色金属67.07万吨，增长10.3%，其中：锡8.46万吨，下降3.9%；铅14.4万吨，增长30.1%；锌5.07万吨，下降2.1%；铝30.22万吨，增长6.3%；硫酸（折100%）81.96万吨，下降1.2%；中成药371吨，下降36.7%。开远市主要为：化肥产量65.9万吨，增长3.6%；水泥产量228.1万吨，下降1.9%；二甲醚产量14.3万吨，下降12.2%。建水县主要为：生产原煤18.8万吨；铅选矿产品含铅0.8万吨；锌选矿产品含锌0.8万吨；高锰酸钾1.06万吨，铝加工产品42.9万吨；水泥74万吨；人造板88776立方米；铁合金5.3万吨；锰矿石原矿量97.07万吨；机制纸及纸板11.9万吨；预焙阳极29.7万吨。石屏县主要为：食糖10864吨，增长29.7%；铁矿石63.14万吨，增长9.2%；铅选矿含铅1.04万吨，下降15.9%；红砖8457万块，增长2.5%。泸西县主要为：焦炭61.76万吨；灯盏花74.47吨；复烤烟叶2.76万吨；白酒2884千升；人造板21.01万立方米，水泥77.9万吨。蒙自市逐步形成以冶金、建材、进出口加工、新能源等为重点的支柱产业。弥勒市主要推动生物谷项目、协兴科技项目、冶金建材项目、磷电公司项目、锌粉项目等大力发展（谭萍，2017）。

（二）滇中城市群产业问题分析

一是滇中城市群主导产业鲜明并趋同。滇中城市群的主导产业主要集中在有色金属、烟草、黑色金属、化工等行业，主要产业趋于雷同。从产业发展对区域经济增长的贡献来看，第二产业特别是制造业是滇中城市群经济增长的主导产业，具有明显的产业优势。但工业化程度不高，第二产业以矿业和制造业为主，会带来严重的节能减排和生态环境问题，如何处理好工业化与城镇化协调发展的问题，还有很长的路要走。

二是滇中城市群产业存在低效同构的约束（邹敏、吴映梅，2015；彭邦文、曹洪华，2015）。产业效率低、同构化，导致城市与各区域间产业互补不足，难以形成区域间产业分工合作，区域整体产业优势较难实现，造成区域市场割裂、碎片化，产生较低水平的重复建设和恶性竞争；粗放的生产方式必然导致区域产业结构水平的下降和区域经济发展质量的降低，这与产业优化升级的大势背道而驰。

四、滇中城市群交通发展约束

滇中城市群交通基础设施建设虽在近几年取得了较快发展，交通对发展的瓶颈约束已有缓解，以昆明为中心的现代化综合交通网络初步成型，但仍存在交通设施水平不高、交通结构不合理的约束。

（一）滇中城市群交通现状

2016 年昆明全市完成综合交通固定资产投资 632.53 亿元。公路里程17915.47 千米，公路网密度每百平方千米达 83.43 千米，公路密度居全省第一。其中，高速公路通车里程达 622.05 千米；二级及以上高等级公路达 1932.89 千米，占总里程 10.79%。完成公路运输总周转量 156.09 亿吨千米（年度 GDP 核算采用数），增速 11.51%，居全省前列。"环线" + "射线"骨干路网基本形成，路网等级不断提升。截至 2016 年末，线路总延展长度 6280.69 千米（正线4889.56 千米），营业里程 3709.69 千米（复线铁路 1194.39 千米），电气化铁路2651.25 千米，电气化率 71.47%、复线率 32.20%。

2016 年曲靖全市公路通车总里程 30273 千米，全市含村道公路密度 104.75千米/百平方千米，其中高速公路 554.29 千米，一级公路 211.6 千米，二级公路723.5 千米。自 20 世纪 70 年代贵昆铁路开通运营以来，截至 2016 年 12 月 28日，曲靖市铁路通车运营里程（铁路专线除外）629.7 千米。其中，南昆铁路经陆良、师宗、罗平、富源 4 县，里程 185 千米；贵昆铁路曲靖境内跨马龙、麒麟、沾益、宣威、曲靖经济技术开发区 5 县（市、区），里程 212 千米，已全线复线化营运；贵昆铁路盘西支线穿过沾益、富源进入贵州省盘县与南昆线相连，里程 63 千米（沾益至红果）；贵昆铁路羊场支线横贯宣威市东南部，里程 54 千米（宣威格以头至喜鹊乐）；沪昆客专经富源、沾益、马龙和曲靖经济技术开发区 4 县（区），里程 115.7 千米。

2016 年玉溪市全市公路通车里程为 17230.12 千米，其中高速公路 258.97 千米、一级公路 107.50 千米、二级公路 685.02 千米、三级公路 893.05 千米、四级公路 14838.52 千米、等外公路 447.07 千米。昆玉铁路为国铁Ⅱ级标准地方铁路，线路全长 55.4 千米。2016 年，昆玉铁路公司完成货物运输量 1213.8 万吨，比上年增加 213.7 万吨，增长 21.3%；旅客发送 30.2 万人，比上年增加 3.1 万人，增长 11.4%。

2016 年楚雄全州公路通车总里程 1.91 万千米。其中，农村公路通车里程

1.5 万千米，占全州公路通车总里程的 78.7%；高速公路通车里程 339.4 千米，一级公路 68.6 千米，二级公路 307.2 千米，三、四级公路 1.29 万千米，等外公路 5143 千米。2016 年，位于楚雄的昆明铁路局广通车务段管辖铁路里程 800.06 千米，全段接取送达货物 492.3 万吨，比上年增长 45.8%，实现运输收人 7148.5 万元，增长 56.1%。

2016 年红河州全年公路运输完成货物运输量 9755 万吨，货物运输周转量 1142789 万吨公里；完成公路旅客运输量 3718 万人，旅客运输周转量 247736 万人公里。年末全州公路通车里程达 2.29 万公里。滇中城市群 7 县（市）中，个旧市各种运输方式完成公路运输总周转量 7.49 亿吨公里，增长 10.4%；开远市各种运输方式共完成货运量 3228.6 万吨，比上年增长 9%，其中，铁路运输 779.1 万吨，增长 9.9%，公路货运量 2796.8 万吨，增长 11%。货物周转量完成 382011 万吨公里，比上年增长 10.4%；蒙自市年末全市公路通车里程达 1676.2 公里，高等级公路 153.9 公里。全年公路运输完成货运量 1475 万吨，货物周转量 172828 万吨公里；弥勒市货运周转量 204617.2 万吨公里，比上年增长 4.2%；建水县全年公路运输完成货物运输量 2577 万吨，货物运输周转量 391430 万吨公里；石屏县全县公路通车里程达 2545 公里；泸西县全县年末公路通车里程 2171 公里。货运量 617 万吨，货运周转量 60041 万吨公里。

（二）滇中城市群交通问题分析

一是交通基础设施建设水平不高。尽管滇中城市群交通基础设施的建设近年来取得了快速发展，但交通基础设施的质量和等级不高，这是由云南山区面积广，以及起伏较大的地势、复杂的地形造成交通基建困难和历史上欠账较多等多种因素造成的。2017 年，云南省高速公路达到 5022 公里，为全国高速公路里程（13.10 万公里）的 3.83%；一、二级公路达到 1.33 万公里，为全国二级以上公路里程（60.12 万公里）的 2.21%。同时在滇中城市群地区内，已建成公路的规模和通行能力与中部和东部地区有着较大差距，仍有许多制约和瓶颈，在一定程度上限制着滇中城市群经济和社会发展水平的提高。

二是运输结构不合理。由于铁路路网设施相对薄弱，云南交通运输方式以公路为主，这其中有两个突出问题：第一，物流成本高。发达国家的物流成本一般只占 GDP 的 10% 左右，我国约为 17%，而云南则高达 24%，云南公路运输成本约 0.6 元/吨公里，国家铁路运价（此处运价计算不含两端倒装费用）仅为 0.14 元/吨公里（合资铁路为 0.26 元/吨公里）。如铁路运输份额增大，将有效降低物流成本。第二，单位能耗大。据测算，公路的单位能耗是铁路的 18 倍、水运的 22 倍（耿彦斌、姚金炳、谢典，2016）。物流成本的约束，将从侧面影响云南省的产业发展和招商引资的开展，并且这对本省的电力供应优势的发挥形成了一定的障碍。

参考文献

[1] 程超、童绍玉、彭海英等：《滇中城市群水资源生态承载力的平衡性研究》，载于《资源科学》2016 年第 8 期。

[2] 陈发成、范利军：《曲靖年鉴 2017》，云南人民出版社 2017 年版。

[3] 耿彦斌、姚金炳、谢典：《云南综合交通运输体系构建问题探究》，载于《中共云南省委党校学报》2016 年第 4 期。

[4] 郭孟贤：《楚雄州年鉴 2017》，云南科技出版社 2017 年版。

[5] 郭希林：《昆明年鉴 2017》，云南民族出版社 2017 年版。

[6] 交通运输部：《2017 年交通运输行业发展统计公报》，交通运输部官网 2018 年 3 月 30 日，http：//zizhan. mot. gov. cn/zfxxgk/bnssj/zhghs/201803/t20180329_3005087. html。

[7] 昆明市水务局：《2016 年昆明市水资源公报》，昆明市水务局官网 2017 年 9 月 18 日，http：//slj. km. gov. cn/c/2017 – 09 – 18/2122406. shtml。

[8] 彭邦文、曹洪华：《城市群产业分工与结构趋同演进研究以滇中城市群为例》，载于《资源开发与市场》2015 年第 10 期。

[9]《水泵技术》编辑部：《云南滇中引水工程进展情况》，载于《水泵技术》2017 年第 5 期。

[10] 孙金会：《玉溪年鉴 2017》，云南人民出版社 2017 年版。

[11] 谭萍：《红河州年鉴 2017》，云南人民出版社 2017 年版。

[12] 伍立群：《滇中地区缺水成因分析及对策研究》，载于《水文》2004 年第 2 期。

[13] 云南省统计局：《云南统计年鉴 2017》，中国统计出版社 2017 年版。

[14] 云南省水利厅：《2016 年云南省水资源公报》，云南省水利厅官网 2017 年 7 月 18 日，http：//www. wcb. yn. gov. cn/arti？id =63781。

[15] 云南省交通运输厅：《2017 年全省交通运输工作总结》，云南省交通运输厅官网 2018 年 2 月 7 日，http：//www. ynjtt. gov. cn/Item/200432. aspx。

[16] 邹敏、吴映梅：《产业视角下滇中城市群城市分工与发展模式研究》，载于《资源开发与市场》2015 年第 4 期。

[17] 周瑞刚：《边疆城市经济圈人口、资源与环境协调发展研究》，云南大学博士学位论文，2016 年。

[18] Hettige H. , Lueas R. & Wheeler D. The toxic intensity of industrial Production: global Pattems, trends and trade policy. *American Economic Review*, 1994, 82 (2)：478 –481.

第十五章

滇中城市群发展的 SWOT 分析

　　21 世纪以来，城市群已经逐渐成为区域经济增长、区域发展的重要引擎，城市群中中心城市地位也变得日趋重要。滇中城市群作为全国 19 个城市群之一，虽处于引导培育的地区级城市群，但是在西南地区经济发展、对外开放中具有举足轻重的作用，是云南省经济重心的重要地带。虽然当前面临着历史性的发展机遇，但同时也面对着一系列潜在的威胁。因此，本章在系统分析滇中城市群发展现状的基础上，采用 SWOT 分析法研究滇中城市群发育条件及其发展前景。

第一节　SWOT 分析的基本原理与方法

一、SWOT 分析的起源

　　SWOT 分析即态势分析法，包括优势（strength）、劣势（weakness）、机会（opportunity）和威胁（threat）分析。实际而言，SWOT 分析法是一个决策过程。

　　SWOT 分析最早由美国旧金山大学管理学教授海因茨·韦里克（Heinz Weihrich）于 20 世纪 80 年代初提出，是一种在综合考虑企业内部条件和外部环境等各种影响因素基础上，进行系统评价，并进行策略配对，从而形成行动战略的方法，是战略分析中最常用的方法之一。在此之前，早在 60 年代就有人提出过 SWOT 分析中涉及的内部优势和弱点、外部机遇和威胁这些变化因素，但只是孤立地对它们加以分析。该分析方法出现之初，被用于企业战略管理，通过分析企业内部因素（优势和劣势）以及外部因素（机会和威胁）为企业的战略规划提供依据。现在，SWOT 分析法应用范围已经从单个企业的战略管理延伸到产业群体、区域经济、城市规划、旅游研究、灾害研究、国家战略等领域。

二、SWOT 分析中的关键因素

(一) 分析环境因素

运用各种调查研究方法，如实地问卷调查，列出与研究对象密切相关的各种主要外部机会、威胁和内部优势、劣势。

SWOT 分析主要从四个方面对研究对象进行分析（Micheal Porter, 2014），即 S（strength，优势）、W（weakness，劣势）、O（opportunity，机遇）、T（threat，威胁）。其中，S（优势）表示影响研究对象在发展过程中的优势，该优势一般是指研究对象自己本身所包含的优势、是与生俱来的优势，并不以人的意志转移为转移；W（劣势）表示研究对象自身的不足，该缺点会给研究对象的发展带来不利的影响，或者是阻碍研究对象的进一步发展；O 表示经济机会，是指研究对象本身具备着巨大发展潜力，并且在发展的过程中能得到进一步的发展，对自己产生有利的影响；T（威胁）表示研究对象在发展的过程中由于自身的不足或者发展速度较慢会面临着巨大的竞争压力，甚至是被竞争对手所淘汰。SWOT 中四个关键要素如图 15 – 1 所示。

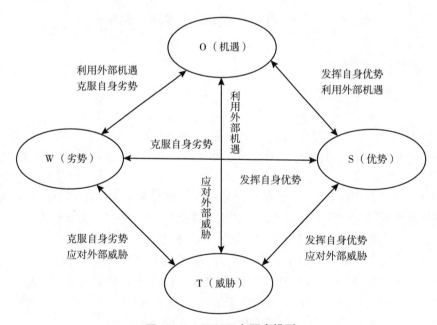

图 15 – 1　SWOT 各要素模型

（二）构造 SWOT 矩阵

SWOT 分析法最早应用于管理学领域，迈克尔·波特综合运用系统分析的思想，把企业的发展战略、企业定位等内在因素和国际环境、行业发展态势等外部因素相互结合，并将内部环境的优势与外部环境的机会相匹配，形成 SO 战略；将内部环境的劣势与外部环境的机会相匹配，形成 WO 战略；将内部环境的优势与外部环境的威胁相匹配，形成 ST 战略；将内部环境的劣势与外部环境的威胁相匹配，形成 WT 战略。

（三）制定行动计划

根据各个战略匹配，制定相应的行动计划，行动计划应能发挥内部环境的优势因素，克服内部环境的劣势因素，利用外部环境的机会因素，规避外部环境的威胁因素。

三、SWOT 分析的方法论研究

SWOT 分析从提出以来，很多国内外的学者都就其具体分析的方法流程进行了大量研究，美国管理学家迈克尔·波特于 1985 年提出了基于 SWOT 分析的 4 种可供选择的战略，即 SO 战略、WO 战略、ST 战略、WT 战略，SWOT 分析框架如表 15 - 1 所示。

表 15 - 1 　　　　　　　　　　　SWOT 分析框架

		内部因素	
		优势（S）	劣势（W）
外部条件	机遇（O）	SO 战略	WO 战略
	威胁（T）	ST 战略	WT 战略

我国学者陈昭楠（1995）提出，要根据 SWOT 中四个要素对所处的环境和形式进行深入的分析，以便充分认识、掌握、利用和发挥有利条件和因素，控制或化解不利因素和威胁，达到扬长避短、争取最好结局的目的（陈昭楠、周智佑、刘东维等，1987）。姜涛指出在对某一对象进行决策时，可通过调查将 4 个方面因素罗列出来，并依照一定的次序按矩阵形式排列，然后运用系统分析的思想，把各种因素相互匹配起来加以分析，从中得出一系列相应的结论和对策（姜涛，2013）。袁牧等（2007）指出 SWOT 分析法包括要素分析、要素归纳与交叉分析

形成战术、战略体系形成及校验 3 个基本步骤，如图 15 - 2 所示。

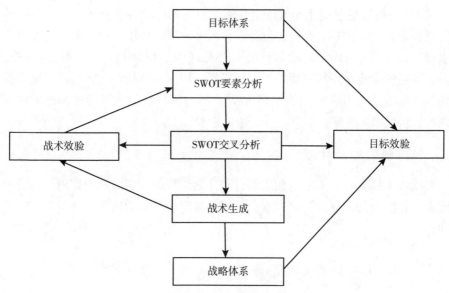

图 15 - 2　SWOT 的分析流程

SWOT 分析是一个决策过程，因此难免会存在非客观的缺陷。为减轻或者克服这样的非客观性，需在分析过程中引入量化的过程，从而确定各个环境因素的分值和权重值，为后面的决策提供依据。近年来一些学者对定量分析的 SWOT 分析进行了研究。部分学者列举了几种 SWOT 分析的定量方法，包括外部因素评价矩阵（external factor evaluation matrix，EFE）和内部因素评价矩阵（internal factor evaluation matrix，IFE）（Holtgrave and Greenwald，2016）；还有的学者将层次分析法（AHP）与 SWOT 分析整合在一起，使 SWOT 分析降低了其自身存在的非客观不稳定性（Stewart，Farver and Gorsevski et al.，2014）。层次分析法（AHP）是 20 世纪 70 年代由美国运筹学家提出的，其基本思路为：首先找出问题所涉及的主要因素，将这些因素按照关联、隶属关系构成阶梯层次模型，通过对各层次中个因素的两两比较的方式确定诸因素的相对重要性，然后进行综合判断，确定评价对象相对重要性的总排序。

唐韬智（2002）将 SWOT 分析的程序归纳为明确目标、确定分析对象、信息搜集与整理、进行 SWOT 分析四个步骤。而在 SWOT 分析中，首先要构造 SWOT 矩阵，即按照各因素的重要程度进行排序，将那些对发展有重大和长期影响的因素有序排列，反之则做次要排列。其次进行定量评估分析，即对列出因素按照其重要程度，分别确定一个加权系数，然后对其进行逐项打分，并加权求和，以判断其中的内部优劣势以及外部机会和威胁。孙蕊（2006）在分析中指出，德尔菲法可作为尽量回避主观因素对 SWOT 分析法影响的一个重要方法。德尔菲法是20 世纪 60 年代的美国专家为避免集体讨论存在的屈从于权威或盲目服从多数的缺陷提出的一种定性预测的情报分析方法，在我国更习惯于将德尔菲法称为专家预测法。其最大优点是简便直观，建立在众多专家的专业知识、经验和主观判断能力的基础上，最后汇总得出一个能比较反映群体意志的预测结果。韩晓静（2006）较详细地阐述了层次分析法（AHP）以定性和定量分析相结合的优势，应用于 SWOT 分析研究决策中，可以弥补 SWOT 分析的缺少定量分析的缺陷，并以某企业为例，进行了 AHP – SWOT 分析。

四、SWOT 分析法在区域发展中的运用

规划在区域经济发展中起着宏观战略指导的作用，规划的编制注重区域内城市间的协调、联动，城市规划体系是区域发展的核心内容。城市规划体系是个开放体系，随着新制度，新技术的不断出现，该体系一直不乏对相关社会、经济、公共行政与管理等相关学科领域理论和技术手段的学习和借鉴。而 SWOT 分析法在城市规划中的应用，正与当前城市竞争、城市经营、规划策划等方面的发展趋势紧密联系。

吴子稳（2008）在对县域特色产业战略规划的研究中指出，定性方法进行SWOT 分析带有很大的主观性与盲目性。针对以上不足，采用了定性方法与基于德尔菲法的定量方法相结合，对县域特色产业发展环境进行 SWOT 分析，并以合肥市肥西县为例，阐述了分析的全过程。周宇（2007）运用 SWOT 分析法对黑龙江省城市化的优势、劣势、机会与威胁进行分析，全面认识其内部条件和外部环境，为制定科学、合理的城市化发展战略提供依据。

就 SWOT 分析法本身而言，国内的研究基本都将其过程总结为：首先将与研究对象密切相关的各种主要优势、劣势、机会和威胁等，通过调查列举出来，并依照一定顺序排列，然后用系统分析的思想，把各种因素互相匹配起来加以分析，最后得出一系列相应的结论，而结论带有一定的决策性。也就是说，目前国内已经形成较为统一的 SWOT 分析的一般过程。

SWOT 分析方法的关键在于深入到表象之后分析各种因素的来源、变化和影响，而由于这些因素存在很大的变化性，使得 SWOT 分析法体现出一定的理性与非理性的特征。SWOT 分析法作为一种战略决策的辅助工具，其分析结果可为决策提供支持，使之从最初应用于企业的战略决策，逐渐到各个不同的领域层次的应用。目前，SWOT 分析法的应用范围很广泛，已涉及自然环境保护以及城区规划等。然而，这些研究要么将 SWOT 分析应用于较具体的自然资源与环境保护层

次，要么将 SWOT 分析应用于区域或城市的一般发展规划层次，还有将 SWOT 分析应用于包含了环境保护与一般发展规划的区域可持续发展方面，至于如何将 SWOT 分析具体地应用于区域可持续发展战略的研究，有待进一步探索。

第二节　基于 SWOT 分析的滇中城市群发展定位研究

当前，云南已将促进滇中城市群建设作为未来一段时期经济发展的核心内容之一。致力于将滇中城市群建设成为面向东南亚南亚具有较强竞争力和影响力的特色门户城市群作为云南省的重点工程。滇中城市群作为云南省政治、经济、科技、文化教育、金融、交通运输中心，甚至是西南地区重要的物流、人才流、科技流、信息流、资金流的中心和云南省最具综合功能、最具辐射能力的都市区以及推动云南经济快速发展的集散地。

一、滇中城市群地区的优势分析

（一）突出的地理区位

云南省因其地缘优势成为中国与东南亚、南亚交流往来前沿，2011 年国务院将云南定位为我国面向西南开放重要桥头堡，进一步突出了云南作为我国在连接东南亚、南亚国际大通道的结点作用。2015 年习近平考察云南时明确提出云南要主动服务和融入国家发展战略，闯出一条跨越式发展的路子来，努力成为民族团结进步示范区、生态文明建设排头兵、面向南亚东南亚辐射中心。"一带一路"倡议、"长江经济带"发展战略的推进实施，为云南带来了重大战略性机遇；"孟中印缅"和"中国—中南半岛"经济走廊的建设，国际经济和区域经济格局的深度调整为全省跨越式发展带来了重大的开放性机遇；国家新型工业化、信息化、新型城镇化、农业现代化同步发展和全面深化改革、全面推进依法治国为全省经济社会发展注入了强大的动力性机遇；国家继续实施西部大开发、加大脱贫攻坚力度、全面建成小康社会为全省跨越式发展提供了难得的政策性机遇；全省基础设施保障体系建设的全面提速和"两型三化"产业升级方向的进一步明晰，为全省跨越式发展提供了强大的支撑性机遇；国家和云南省"十三五"规划的颁布，为云南今后五年的发展指明了方向。从地理区位上看，云南东向与珠三角、长三角经济带相连，南向将通过建设中的泛亚铁路东、中、西三线直达河内、曼谷、新加坡和仰光，北向可达四川和中国内陆腹地，面向缅甸直抵孟加拉国吉大港口出印度洋。

（二）丰富的自然资源

滇中城市群内的五市（州）地势均相对平坦，是土地资源相对丰富的地区，集中了全省2/3的平地，是云南平地资源相对丰富的地区。年平均气温15～21℃之间，最热月平均气温20～25℃，最冷月平均气温13～17℃，气候极有利于人的身心健康。矿产资源储量大、经济价值高，资源极其丰富，集中了云南绝大多数磷、铜、铁、铅、煤等矿产资源。滇中人文资源丰富，拥有国家级历史文化名城——昆明、建水、会泽，全国仅有的两个彝族自治州之一的楚雄；拥有中国"南方喀斯特"——石林、玉溪澄江化石地两个世界自然遗产地；拥有多个国家级风景名胜区和旅游胜地，是我国面向南亚东南亚的重要旅游休闲度假胜地。滇中地区生物资源种类繁多，是云南粮食、烤烟、蔬菜、花卉、畜牧等主要农牧作物的主产区。滇中地区生态环境总体水平保持良好，森林覆盖率超过50%，加之良好的气候条件利于动植物生长和生态环境恢复，是全省生态环境承载力较强的区域。

（三）优越的总量经济

滇中地区是云南省经济发展最快的区域。2016年云南省GDP总量为15029.97亿元，滇中五市（州）的经济总量为9322.36亿元。其中，昆明市的GDP总量为4302.93亿元，曲靖市的GDP总量为1768.33亿元，玉溪市的GDP总量为1305.45亿元，红河州北部七县区的GDP总量为1108.87亿元，楚雄州的GDP总量为836.78亿元。从2016年县城经济数据来看，云南省2016年GDP排名前10位的县（县级市、区）滇中地区就有九席之多；云南省排名前20位的县（县级市、区）中滇中地区就占据了15席。2016年，滇中地区五个市州贡献了云南省62.30%的国内生产总值；滇中地区已基本建成门类齐全的产业体系，在烟草及配套、装备制造、化工、冶金、机械、商贸物流、电子信息、休闲旅游和生物资源开发创新等产业方面具有较强的市场竞争优势。同时，滇中城市群内五个城市自身实力的增强，不仅为滇中吸引外资和承接产业梯度转移赢得了契机，也为城市群内的合作共建创造了良好条件。因此，滇中五城具备一定的经济规模和合理的经济格局，其规模效应和集聚效应已经初显成效。

（四）完善的交通枢纽

滇中城市群内拥有四通八达的交通网络。按照滇中城市群的规划，未来将构成由"七出省、四出境"高速公路和"八出省、四出境"铁路组成的"出省、出境"陆路综合交通体系。从区域内看，交通运输网以昆明为核心呈放射状的五大通道通过铁路、公路网沟通内陆连接东南亚、南亚。滇东北通道连川、渝、黔直接与成渝经济带相连，是中国广大的内陆腹地和长三角地区进入东南亚、南亚最便捷的陆路通道；滇西北通道面向川、藏和金沙江上游与关中城市群呼应，是中国西部地区通边达海的重要通道；泛亚铁路西线以及中缅陆水联运通道开通以后，滇西南国际运输成本将进一步降低，滇中城市群作为中国面向南亚、印度洋开放的枢纽地位将进一步凸显；滇南国际通道是大湄公河次区域经济发展的重要基础设施，直接降低中国与东南亚国家的陆路运输成本，有利于中国与东南亚国家的经贸往来，更有利于中国和东南亚旅游业的发展；滇东南通道处于中国—东盟自由贸易区、泛北部湾经济合作区、大湄公河次区域、泛珠三角经济合作区等多区域合作相互叠加、融合的区域，为将滇中经济圈建设成为中国—东盟物流、商贸、加工制造基地、信息、交通枢纽和金融中心创造有利条件。

（五）发达的科技教育

虽然云南省的科研能力和教育力量与东部沿海发达省份相比较为薄弱，但就云南省来看滇中地区是高校、科研机构的主要集中地。滇中地区具有较强的人才优势，科研院所众多、水平高，部分研究领域在国内外居领先地位。高等院校的聚集，为未来人才提供培养的摇篮。

二、滇中城市群地区的劣势分析

（一）综合竞争实力犹显不足

受制于地理位置的影响，云南地处集"民族、边境、贫困，经济发展相对缓慢，四位一体的西南沿边地区，经济基础相对较薄弱，经济发展相对缓慢，综合经济竞争力略显不足。与我国其他城市群相比，滇中城市群无论是从经济总量还是从中心城市对区域内其他城市的辐射能力上，都与发达地区城市群存在很大的差距。同时，经济发展的外向度明显偏低使得滇中城市群出口需求对经济增长的拉动力有限，这一限制不但制约了经济增长的进一步扩张，也影响了区域经济发展活力的积累。由此可见，滇中城市群要成为云南省经济发展的重要"引擎"，综合实力还应进一步地壮大，竞争力还应进一步地提升。

（二）滇中地区水资源相对匮乏

云南是个水资源时空分布极不均匀的省份，水资源的分布与耕地、人口和经济发展严重地不相匹配。根据国家相关部门统计，云南水资源丰富，多年平均水资源总量居全国第三位。从总体上看，人多水少、水资源时空分布不均、水土资源和生产力布局不相匹配，仍然是现阶段云南省的突出问题；干旱缺水、洪涝灾害、水污染和水土流失等问题，仍然是制约云南省经济社会可持续发展的重要因素。从滇中地区所处的地理位置看，滇中城市群地处金沙江（长江）、南盘江（珠江）、元江（红河）水系的分水岭地带，属于云南省相对少雨区域之一，水资源相对贫乏。然而，滇中城市群内却集中了云南省1/3人口和1/4的耕地，近十年的年均水资源储蓄量仅占云南省的14.7%，水资源的消费量却占到了云南省总消费量的80.06%。同时，由于滇中城市群内人口密集、工业集中，造成生活污水、工业废水排放量大，导致水污染问题也十分突出。云南省九大高原湖泊里，就有五大湖泊位于滇中城市群辖区内，其中仅有抚仙湖一个湖泊的水质能够达到水环境功能要求，其余四大湖泊（滇池、杞麓湖、星云湖、阳宗海）都不能满足水环境功能要求。

（三）开放创新意识缺乏

开放意识是一个地区与外界联系的核心纽带，是区域经济一体化的重要支撑。虽然云南地处于东南亚、南亚开放的前沿，却缺乏对外开放的拓展精神，2011年以前对外开放度相对较低，2011年"云南建设中国向西南开放重要桥头堡"战略的提出，使得云南省对外开放局面相对有所好转。

创新意识，是一个地区先进生产力的具体体现，是一个地区经济发展的动力源泉。我国经济发展较快、创新意识较强的地区往往地处沿海，而地处西南边疆的云南，在创新意识上与沿海省份还有很大的差距，具体表现在资源开发缺乏战略思维、科技发展缺乏创新源泉、人力资源发展缺乏创新模式、产业发展缺乏创新意识。

（四）区域一体化成长机制缺失

由于发展阶段所限和地方利益驱使，滇中四个城市之间尚未形成较高层次的分工、协作和互补关系，城市间投资市场竞争呈现白热化阶段，低水平重复建设较普遍、产业结构雷同，缺乏具有核心竞争力的经济基础和特色产业，四城之间尚未建立高效的区域协调机制。从产业结构来看，曲靖、玉溪和楚雄的产业相似系数高；从管理体制来看，行政管理、协调机制尚未完全形成，内部竞争激烈，城市之间明显地存在着为加快区域发展在提升经济地位、利用外资等方面恶性竞争的现象。

三、滇中城市群地区的机遇分析

（一）国家新型城镇化战略

过去30多年，工业化和城镇化是中国经济长期高速增长的重要支撑。然而，随着资源环境问题的日益凸显、人口结构的快速变迁，以及城镇布局体系的初步形成，传统的城镇化道路已经越来越不能适应中国经济增长的需要。2013 年 12 月，中央经济工作会议提出"积极稳妥推进城镇化，着力提高城镇化质量"的战略任务；2014 年 3 月 16 日，国务院发布了《国家新型城镇化规划（2014～2020 年）》。新型城镇化建设不仅将对教育文化、医疗、卫生、娱乐休闲等软性基础设施的开发建设提出要求，而且地方政府在有关软性基础设施方面的投资也有望加大，甚至会大大超过硬性基础设施的投资规模。这将成为推动我国经济长期增长的不竭动力。基础设施的投资随着城市规模扩张、城市化进程加快、城市人口增加、城市空间范围增大而增加。新型城镇化基础设施建设将趋向于区域化开发，并要求城市功能集约化发展。

（二）国家"十三五"规划

《中华人民共和国国民经济和社会发展第十三个五年规划纲要》明确提出把深入实施西部大开发战略放在优先位置，更好发挥"一带一路"建设对西部大开发的带动作用。加快内外联通通道和区域性枢纽建设，进一步提高基础设施水平，明显改善落后边远地区对外通行条件。大力发展绿色农产品加工、文化旅游等特色优势产业。设立一批国家级产业转移示范区，发展产业集群。依托资源环境承载力较强地区，提高资源就地加工转化比重。加强水资源科学开发和高效利用。强化生态环境保护，提升生态安全屏障功能。健全长期稳定资金渠道，继续加大转移支付和政府投资力度。加快基本公共服务均等化。加大门户城市开放力度，提升开放型经济水平。云南作为西部大开发和"一带一路"的前沿地区，机遇难得。

（三）党的十九大报告

党的十九大报告中指出：加大力度支持革命老区、民族地区、边疆地区、贫困地区加快发展，强化举措推进西部大开发形成新格局，深化改革加快东北等老工业基地振兴，发挥优势推动中部地区崛起，创新引领率先实现东部地区优化发展，建立更加有效的区域协调发展新机制。以城市群为主体构建大中小城市和小城镇协调发展的城镇格局，加快农业转移人口市民化。云南省是一个集民族地区、边疆地区、贫困地区等为一体的地域空间，面临前所未有的发展机遇。

（四）"一带一路"倡议

2017 年是"一带一路"建设具有里程碑意义的一年，在国家高层引领和相关部门的密切配合推动下，"一带一路"建设各项工作加快推进，国际合作范围和领域不断扩大，国内推进机制不断完善，重点方向及重点领域建设取得积极进展和显著成效。展望 2018 年，国际国内经济形势总体保持稳定，但大国间博弈依然激烈，沿线国家安全形势仍不容乐观，国内经济仍面临稳定增长和结构转型的双重压力。在新的一年，如何按照党的十九大对"一带一路"建设提出的新要求，逐项落实"一带一路"国际合作高峰论坛形成的成果，更加积极主动地推动"一带一路"建设再上新台阶，仍将是我国构建全面开放新格局的重大努力方向。云南作为我国丝绸之路上的重要省份，在面向南亚、东南亚有着得天独厚的地理、区位与政治优势，应充分利用好这一机会，抓住机遇，迅速发展。

（五）孟中印缅经济走廊

1. 中缅油气管道项目

中缅油气管道项目由天然气管道和原油管道两个组成，天然气管道起点为缅甸皎漂，原油油管起于缅甸西海湾马德岛，从中国西南边陲瑞丽入境，接入保山后，借由澜沧江跨越工程连接大理，继而经由楚雄进入昆明。

2010 年 6 月，中石油与缅甸国家油气公司签署了一系列协议，明确中国将在缅甸境内建设并经营天然气与原油两条管道，经营期 30 年。中缅天然气管道干线全长 2520 千米，缅甸段 793 千米，国内段 1727 千米；原油管道全长 771 千米。天然气管道设计输量 120 亿立方米/年，原油管道缅甸段设计输量 2200 万吨/年。缅甸每年可下载天然气总输量的 20%，以及下载 200 万吨原油。

2013 年 10 月，中缅油气管道的天然气管道正式投产。2015 年 4 月，中缅天然气管道在缅配套建设的皎漂、仁安羌、曼德勒、当达等 4 个天然气分输站全部投用。

中缅油气管道每年将为缅甸带来包括税收、投资分红、路权费、过境费、培训基金以及社会经济援助资金等巨大的直接收益，并将带来大量的就业机会。中缅油气管道作为一个多国合作的国际化商业项目，已发展成为中缅两国能源合作的重要平台，成为孟中印缅经济走廊和中国与东盟国家开展互联互通基础设施建设的先导项目。

2. 缅甸皎漂工业园与深水港项目

皎漂经济特区位于缅甸西部的若开邦，濒临孟加拉湾，居连接非洲、欧洲和印度的干线上，是缅甸政府规划兴建的三个经济特区之一。特区内的皎漂港为世界级的天然良港，中缅油气管道的起点就位于这里。2015 年 12 月 30 日，缅甸皎漂特别经济区项目评标及授标委员会（BEAC）宣布中信企业联合体中标皎漂经济特区工业园和深水港项目。工业园项目占地 1000 公顷，计划分三期建设，预计 2016 年 2 月开始动工。深水港项目包含马德岛和延白岛两个港区，共 10 个泊位，计划分四期建设，总工期约 20 年。

2013 年 12 月，孟中印缅经济走廊联合工作组第一次会议在昆明召开，各方签署了会议纪要和孟中印缅经济走廊联合研究计划，正式建立了四国政府推进孟中印缅合作的机制。2014 年 12 月，在孟加拉国考斯巴萨举行了孟中印缅经济走廊联合工作组第二次会议。联合工作组展开了广泛讨论并展望了孟中印缅经济走廊的前景、优先次序和发展方向。同时第 12 次孟中印缅地区合作论坛于 2015 年 2 月 10 日至 11 日在缅甸仰光召开。本次论坛的主题是"加强孟中印缅地区的合作"，会议结束时发表的联合声明：孟中印缅地区合作论坛应继续作为一个多轨平台发挥作用；承认保护环境可持续性需要共同框架；强调促进贸易和交通便利化改革的需要；同意考虑开发和利用水道；鼓励成员国商务和工业部门主官开展更多交流；决定考虑孟中印缅旅游圈的概念；同意考虑建立一个新闻媒体联合报道计划（Joint Media Coverage Program）以提升本地区的全球知名度。

四、滇中城市群地区的威胁分析

（一）全球经济变化的不确定性

经济全球化是一把"双刃剑"，在给区域经济带来发展良机的同时还携裹着可能的世界性经济危机风险。未来一段时期，全球经济存在诸多不确定性，包括美国量化宽松政策的退出、欧洲经济复苏态势、日本经济发展方向、新兴市场经济发展、地缘政治冲突以及世界各国政策不确定性等方面。除了个别方面的风险，从政策层面来看，首先，整体国际经济增长的不确定性。未来 5 年能否实现 2% 的经济增长目标。其次，全球各国的宏观经济政策的不确定性。特别是在非常规的货币政策退出之后，财政政策如何实施？最后，就是 IMF 的权威和有效性的不确定性。目前，IMF 对欧洲的贷款量已经占到全部贷款量的 85% 以上，在这种情况下 IMF 如何应付未来全球其他地方可能发生的危机？因此，滇中城市群在主动融入经济全球化、区域一体化过程中不可忽视对风险的研究。

（二）区域间竞争压力愈演愈烈

改革开放 40 多年来，城市群的涌现是中国经济发展的突出成果。长江三角洲城市群、珠江三角洲城市群、京津冀城市群、武汉城市圈、长株潭城市群、中原城市群、成渝城市群、关中—天水城市群等城市群成为了区域经济快速成长的新的增长极。滇中城市群地处我国西南地区，与北部湾城市群、成渝城市群、黔中城市群相邻相连，互相之间无疑会有对外贸易、固定资产投资等方面的竞争。虽然滇中城市群同其他三个城市群的建设都纳入国家 19 个重点开发区规划范围，然而滇中城市群的经济总量、产业结构、城市化水平、人才存量、科技实力等方面与其他城市群相比还存在很大的差距。未来必须加强滇中五城的经济建设，充分发挥比较优势和统筹协调功能，完善产业结构，构建完整的产业链，充分发挥市场作用，才能使滇中城市群在区域内城市群竞争中冲出垫后位次。

(三) 优势产业特色逐渐减退

滇中城市群优势产业正在面临着极大的威胁。主要体现在旅游产业和烟草及配套两大支柱产业，正经受着来自周边及其他省份的威胁。

随着周边的四川、贵州、西藏、广西等省区旅游业的快速发展，旅游基础设施的不断完善，旅游服务质量的逐渐提升，滇中地区的旅游业面临的压力越来越大。

一直以来，烟草产业始终是云南支柱产业。然而，随着国内外名牌卷烟的发展和进入滇中市场，加之全球范围内对烟草危害健康认识的不断提高，滇中城市群烟草业正面临着前所未有的市场威胁。

(四) 东南亚局势的不稳定

当前，东南亚地区的安全形势可谓稳中有忧，总的来看情况基本稳定，没有重大威胁，但面临的挑战也很严峻，主要有如下五个方面：

1. 正在重塑的大国关系

东南亚地区安全环境变化的最主要特征，是大国在东南亚地区的力量出现重新组合、关系重新布局。原来的大国美国和日本在该地区的影响与存在仍然是最强大的。但是，崛起中的大国，包括中国、印度在该地区的影响与存在正处在上升的过程中，其发展趋势令人瞩目。由于东南亚地区特殊的地理位置和资源禀赋，该地区一直是大国争夺势力范围的重要战场。冷战后，这个地区的重要性并没有下降，从某种角度来说，它的战略地位更加凸显了。

2. 持续的扩军热潮

冷战后，东南亚国家的军费开支不仅没有减少，反而有逐年增长的趋势，这种增长的趋势直到1997年的金融危机才受到暂时的遏制。

近年来，随着各国经济复苏和增长，军费开支又恢复了增长的势头。新加坡、泰国、马来西亚、印度尼西亚和菲律宾都制定了雄心勃勃的军队现代化的计划。由于东南亚国家本身没有军火工业，因此，东南亚成为世界各大军火生产商和出口商的盛宴。据外电报道，仅印度一个国家，其国防军工企业生产的武器装备便有1/4出口到了东南亚国家，东南亚成为印度军工用品出口的重要市场。东南亚扩军和积极购买军火的原因有三：一是要更换陈旧的军事设备和基础设施；二是区域军备竞赛；三是与邻国之间的海洋纠纷。英国《简氏防务工业》2008年3月1日报道，印度尼西亚、新加坡和马来西亚在2005~2009年购买军火增幅明显增加。斯德哥尔摩国际和平研究所在2010年的一份报告中说，2005~

2009年，亚洲和大洋洲主要常规武器进口占全世界进口额的41%，在东南亚，马来西亚军备进口量暴增722%，新加坡增长146%，印度尼西亚增长84%。

考虑到上述因素，东南亚国家军事现代化的努力及其后果就有点令人担忧了。也就是说，东南亚国家的军事现代化努力的目标已经不仅仅是为了一国的国防安全，而更多的可能是为了进攻，为了在今后的领海主权和海上资源的争夺中占据有利位置。今后，这种军备竞赛的速度会随着各国经济实力的提升而加快，各国军事现代化的性质也将发生蜕变。

3. 变幻莫测的国内政局

首先，东南亚各国政治均处于从原来的威权政治向民主政治的过渡时期，有个人魅力和崇高威望的老一辈政治家相继退出历史舞台，年轻一代的政治家既缺乏经验，又缺少个人魅力，有些还贪得无厌。

其次，东南亚是一个多元种族、多元文化和多元宗教的地区，长期以来，这些不同的种族、文化和宗教和睦共处，共同生活在一个家园，没有发生大的冲突，然而，随着一些极端势力的抬头，这种和睦相处的时代可能已经终结，随之而来的可能是频繁爆发的种族纠纷和宗教冲突等。

最后，最早发生在菲律宾，后来在缅甸、泰国蔓延的"人民力量"运动已经告一段落，但其影响却非常深远，加上该地区实力不断增长的各种非政府组织，一有风吹草动，尤其是遇上选举等合适的时机，便会活跃起来，大肆活动，成为影响该地区各国政治稳定的一个重要因素。

4. 低烈度冲突

与相邻的南亚地区相比，东南亚要平静得多，各国国内基本上没有大规模的武装叛乱活动，没有高烈度的战争与冲突，整体而言，东南亚地区是和平、稳定与有秩序的。然而，该地区一些国家小规模的恐怖主义活动、武装叛乱及要求独立的运动却一直存在，低烈度的战争和冲突使一些国家的中央政府伤透脑筋，也耗费了大量的人力、物力和财力。这些小规模的战争和低烈度冲突主要发生在菲律宾南部、泰国南部、印度尼西亚外岛部分地区、缅甸边境少数民族聚居地区等，导致冲突的原因既有民族方面的因素，也有宗教方面的因素，还有历史的以及其他方面的复杂原因。

5. 海洋安全

除了老挝之外，东南亚各国均为海洋国家，印度尼西亚和菲律宾则为群岛国家，海洋既是东南亚国家领土的一个组成部分，同时也是东南亚各国赖以生存和发展的不可或缺的重要资源。此外，由于东南亚所处的地理位置，海洋还赋予了东南亚特殊的战略意义。这里说的海洋安全包括海上通道、海洋资源和领海主权三个方面。

东南亚各国之间存在复杂的领海主权纠纷和争端，这些纠纷和争端一旦有合

适的条件，也有可能爆发成为武装冲突，危害该地区的和平与稳定，因而成为东南亚安全面临的重要挑战之一（武友德，2018）

参考文献

［1］陈昭楠、周智佑、刘东维等：《我国城市中小企业情报需求调查研究》，载于《情报学报》1987 年第 3 期。

［2］韩晓静：《层次分析法在 SWOT 分析中的应用》，载于《情报探索》2006 年第 5 期。

［3］海因茨·韦里克、马克·V. 坎尼斯、哈罗德·孔茨：《管理学》，张晓君等译，经济科学出版社 2011 年版。

［4］迈克尔·波特：《竞争战略》，陈小悦译，中信出版社 2014 年版。

［5］迈克尔·波特：《重塑战略》，陈媛熙译，中信出版社 2016 年版。

［6］姜涛：《规制环境、组织特征与企业效率》，载于《管理学报》2013 年第 3 期。

［7］袁牧、张晓光、杨明：《SWOT 分析在城市战略规划中的应用和创新》，载于《城市规划》2007 年第 4 期。

［8］孙蕊：《主管因素对 SWOT 分析法的影响及对策分析》，载于《科技与管理》2006 年第 5 期。

［9］唐韬智：《竞争情报的 SWOT 分析法与竞争战略选择》，载于《情报杂志》2002 年第 3 期。

［10］武友德，王源昌，陈长瑶等：《云南经济地理》，经济管理出版社 2018 年版。

［11］吴子稳：《安徽省科技资源配置的现状及其对策研究》，载于《决策咨询通讯》2008 年第 5 期。

［12］周宇：《黑龙江省城市化的 SWOT 分析》，载于《科技信息（科学教研）》2007 年第 7 期。

［13］David R Holtgrave, Robert Greenwald. A SWOT Analysis of the Updated National HIV/AIDS Strategy for the U. S. , 2015 – 2020. *AIDS and Behavior*, 2016 (1).

［14］Lauren R Stewart, John R Farver, Pece V Gorsevski et al. Spatial prediction of blood lead levels in children in Toledo, OH using fuzzy sets and the site-specific IEUBK model. *Applied Geochemistry*, 2014 (12).

后　记

　　《滇中城市群研究》框架由"中国城市群研究丛书"主编张学良教授和肖金成研究员，潘玉君教授及其博士生高庆彦、肖翔等研究设计。高庆彦作为常务副主编协助潘玉君教授负责该项研究和著作撰写。具体分工如下：第一章：高庆彦、潘玉君、陈永森、华红莲、马立呼；第二章：高庆彦、潘玉君、朱海燕、丁文荣、马立呼；第三章：张谦舵、潘玉君、童彦、王胜德、甘德彬；第四章：李佳、潘玉君、姚辉、林昱晨；第五章：郑省念、潘玉君、郭映泽、杜斌；第六章：张谦舵、潘玉君、施玉、成忠平、吕赛鹄；第七章：马佳伸、潘玉君、李玉琼、刘化；第八章：李润、潘玉君、王顺美、成忠平；第九章：潘玉君、韩磊、张谦舵、童彦；第十章：李佳、潘玉君、孙俊、韩丽红；第十一章：刘化、潘玉君、王爽、吴菊平、辛会杰；第十二章：汪顺美、潘玉君、朱海燕、吕赛鹄、韩丽红；第十三章：马颖涛、潘玉君、高庆彦、张谦舵、李玉琼；第十四章：肖翔、潘玉君、王顺美、张谦舵、刘化；第十五章：韩磊、潘玉君、施玉、李玉琼、马立呼。另外，多位本科生作为科研训练参加了有关工作，是研究性教学的组成部分。

　　在本书出版之际，特别要感谢上海财经大学城市与区域科学学院副院长张学良教授、中国宏观经济研究院研究员肖金成和丛书各位编委等对本书写作的指导与帮助，特别感谢云南省测绘与地理信息局的李俊梅审查员对本书中地图细心的审查与修改指导。